守正创新 奋楫者先

2021上海出版青年编辑论文集

学林出版社

上海市出版协会　上海市编辑学会　编

编委会名单

编者的话

在中共上海市委宣传部出版处支持下，上海市出版协会、上海市编辑学会今年再度举办上海青年编辑出版研究论文征集活动，截至6月底，共收到青年编辑提交的论文近百篇。经专家两轮评审，从中选出52篇，汇编成《守正创新　奋楫者先——2021上海出版青年编辑论文集》，仍由学林出版社出版。这些入选论文以习近平新时代中国特色社会主义思想为指导，联系出版工作实际进行理论思考，有一己之见，同时也符合论文写作的一般要求。值此论文集出版之际，我们向入选论文的作者表示祝贺，向所有参与论文征集活动的青年编辑表示感谢！

《“十四五”规划和2035年远景目标纲要》提出，要坚持马克思主义在意识形态领域的指导地位，坚定文化自信，坚持以社会主义核心价值观引领文化建设，围绕举旗帜、聚民心、育新人、兴文化、展形象的使命任务，促进满足人民文化需求和增强人民精神力量相统一，推进社会主义文化强国建设。实现这一目标，要求出版人特别是青年编辑守正创新，开拓奋进，坚定文化自信，坚持改革创新，打造传世精品，重视总结实践经验，不断深化理论研究。恩格斯说过：“一个民族要想站在科学最高峰，就一刻也不能没有理论思维。”推进社会主义文化强国建设，实现上海出版高质量发展，又何尝不是这样。上海市出版协会、上海市编辑学会连续两年举办上海青年编辑出版研究论文征集活动，也就是想在这方面做一点实实在在的推动工作。

从今年入选的论文看，图书出版单位居多，也有期刊出版单位的，总体水平和去年差不多。一些青年编辑的论文已两度入选，看得出是有思考的。但也有一些论文不符合要求，或文不对题，泛泛而谈，或介绍出书过程，没有上升到理论高度，还有少数论文东拼西凑，没有多少自己的东西。理论研究需要学习借鉴，更需要独立思考，有自己的真知灼见。这是需要认真总结和改进的。同时，深化出版理论研究，也不是举办一两次征集活动就能奏效的，需要持之以恒，久久为功。我们希望能和青年编辑一起在这方面继续努力。

《守正创新　奋楫者先——2021 上海出版青年编辑论文集》出版后，我们将和去年一样评出优秀论文，颁发获奖证书，并挑选一些论文参加闽浙鄂苏赣沪五省一市出版理论研讨会和作为中华优秀出版物奖论文奖评选的备选论文。我们还设想青年编辑出版论文征集活动能作为一种制度性安排，每年举办。对这次没能入选的青年编辑来说，也不要有太多的遗憾，在出版工作实践中深入思考，认真总结，撰写论文，又何愁没有入选和发表的机会？让我们一起努力，以认真而不是敷衍的态度，提升上海出版理论研究水平，推动上海出版高质量发展。

目录 Contents

编者的话　001

理论探讨

002　高品质学术专著出版中的编辑素养
复旦大学出版社　孙程姣

008　聚焦三个维度　推动专业学术出版中心学术体系建设
格致出版社　潘丹榕

013　兼顾美观、时效、安全
——学术出版中二维码技术的应用
格致出版社　贺俊逸

019　大学出版社与新时代高校内涵式发展的协同
复旦大学出版社　宋朝阳

025　学术期刊的内卷与超越路径
上海社会科学院《社会科学》编辑部　周小玲

031　数字赋能出版产业高质量发展
东方出版中心　马晓俊

038　突发公共卫生事件中出版人的责任与担当
——以抗击新冠肺炎疫情为例
复旦大学出版社　魏　岚

045　以融合创新推动高质量教材建设
华东师范大学出版社　赵建军

053　挖掘经典内容，创新表达形式
——以《〈考工记〉名物汇证》出版为例
上海教育出版社　周典富

059 后疫情时代音像教育类出版社数字教材出版路径探究
上海教育音像出版社 罗 媛

066 浅析高校外语教材建设与出版方向
——以高校德语专业本科教材为例
同济大学出版社 戴如月

073 文创周边产品开发的意义与策略
上海译文出版社 黄雅琴

078 融合发展背景下的传统出版社转型
上海译文出版社 马 惠

084 出版直播活动的实际应用与发展趋势初探
上海科学技术出版社 汪 茜

090 学术期刊选题策划对提高期刊学术水平的作用
上海海关学院《海关与经贸研究》编辑部 赵世璐

096 培根铸魂：理科教材编制的原则与策略
上海教育出版社 黄 伟

102 经济学原创著作“走出去”中的编辑角色
复旦大学出版社 方毅超

108 略论出版社非传统优势图书从 0 到 1 的突破
复旦大学出版社 朱建宝

114 全媒体时代的出版融合发展
少年儿童出版社 叶 蔚

120 面向大众 深入浅出
——以“青年自学丛书”的编辑与出版为例
上海韬奋纪念馆 王草倩

126 20 世纪 20 年代《儿童世界》的办刊理念及实践
上海社会科学院出版社 王 睿

132 主题出版人才培养与队伍建设重在“复合”与“创新”
上海人民出版社 熊 捷

138 人工智能在专业出版中的应用和展望
——以医学专业出版为例
上海科学技术出版社 陶 俊

143 把握“风向标”，提高成功率
——浅谈2021年国家出版基金资助项目入选情况
上海古籍出版社 王 珺

149 新形态职业院校教材开发对出版提出新要求
上海教育出版社 公雯雯

155 浅论教辅图书的策划与开发
——以“SSTP IB I SEE”丛书为例
上海科学技术出版社 朱先锋

出版实务

162 浅析ERP系统在出版编辑实务中的应用
——以华东师范大学出版社为例
华东师范大学出版社 朱妙津

168 浅析书籍设计中色彩语言的优化法则
—— 以“最美德国图书”为例
上海科学技术出版社 蒋雪静

174 中职电子教材“模块群”设计模型的构建
华东师范大学出版社 罗 彦

182 引进图书须慧眼识珠用心打磨
——以《小学英语语法1+2》为例
上海教育出版社 施永琴

188 对外输出科学教材编制的特点与模式探索
上海教育出版社 章琢之

195 浅议数据分析在零售图书重印中的应用
华东理工大学出版社 王 雪

201 浅论小语种国别文学的译介与推广
——以“挪威现当代文学译丛”为例
上海译文出版社 杨懿晶

207 古籍图书编辑中简繁转换造成的词语错误及对策
上海古籍出版社 乔颖丛

213 “大思政”观视域下的外语教材出版策略与实践
华东理工大学出版社 王一佼

219 大型墓志图录的整理与出版浅探
上海古籍出版社 盛 洁

225 “互联网 +”时代图书品牌建设及发展方向
——以“独角兽”图书品牌为例
上海人民出版社 张晓玲

231 日语借词在出版物中的常见误用形式及其规范化方法
复旦大学出版社 赵楚月

238 混合式外语教材的出版路径和发展展望
上海外语教育出版社 张传根

245 全民诗词热背景下的古诗词普及读物出版分析
上海交通大学出版社 宋丽军

251 浅析碎片化阅读时代的口袋书出版
——以“小文艺·口袋文库”为例
上海文艺出版社 于 晨

255 药学图书出版热点与走势浅探
上海科学技术出版社 王佳琳

262 沪教版高中语文教科书编写的经验与不足
上海辞书出版社 周 燕

271 儿童科普音频创制与运营模式浅探
——以《赛思叔叔的十万个为什么》原创儿童科普广播剧为例
上海科学技术出版社 孙 云

275 回应社会热点 策划图书选题
——以人工智能法律、民法典图书为例
上海人民出版社 秦 堃

281 基于核心素养的中小学音乐教材建构与实施
——沪教版全国音乐教材浅析
上海教育出版社 王 俭

287 法学类图书编校中的两点心得
上海人民出版社 周文臻

292 传承三联品牌，探索新时代主题出版之路
——以《解放·城市底片》丛书为例
上海三联书店 姚望星

297 科普期刊“内容产品化”的探索
——以《科学画报》青少年科技创新系列科普教育课程为例
上海科学技术出版社 顾淼飞

302 立德树人背景下的职教劳动教育教材建设探索
华东师范大学出版社 李 琴

308 纸数融合教材的策划机制和研发路径
上海科学技术出版社 何孝祥

312 浅议美育视野下艺术类图书的编辑出版
上海交通大学出版社 彭亚星

后 记 318

探讨

理论探讨 >

高品质学术专著出版中的编辑素养

复旦大学出版社　孙程姣

摘　要

我国的大学出版社通常以出版学术专著和教材教辅为主。鉴于各大学出版社和学术性出版社的品牌定位以及编辑的学科背景存在差异，不同编辑策划选题的方向有所不同。除教材教辅产品外，学术专著几乎占许多大学出版社图书品种的半壁江山。在这种情况和国家提倡高品质出版的大背景下，编辑素养的优化与提升对确保学术专著的高质量出版十分重要。本文通过总结笔者10多年来的工作经验以及对一些资深编辑的访谈，探析编辑在高品质学术专著出版中应该具备的编辑素养及其实现路径——善于与作者交流沟通、钻研如何甄别选题优劣、练就扎实的案头功底、积极投入宣传推广活动，以期与同行尤其是青年编辑共同探讨优化工作的方法，提升编辑的使命感与成就感，进而为读者奉献更多高品质的学术专著。

关键词

高品质出版　编辑素养　学术专著

2021年5月9日，习近平总书记在给《文史哲》编辑部全体编辑人员回信中指出："增强做中国人的骨气和底气，让世界更好认识中国、了解中国，需要深入理解中华文明，从历史和现实、理论和实践相结合的角度深入阐释如何更好坚持中国道路、弘扬中国精神、凝聚中国力量。回答好这一重大课题，需要广大哲学社会科学工作者共同努力，在新的时代条件下推动中华优秀传统文化创造性转化、创新性发展。高品质的学术期刊就是要坚守初心、引领创新，展示高水平研究成果，支持优秀学术人才成长，促进中外学术交流。"这段话深深激励了作为图书编辑的笔者。本文正是在学习、体悟习近平总书记回信的基础上，尝试探析编辑在新时代高品质学术专著出版中应该具备的素养及实现路径。

近10年来，我国出版业发展势头迅猛，但这种发展主要体现在图书品种的增加上。

根据 2020 年 11 月 29 日第五次修订的《出版管理条例》第三条，出版活动必须坚持为人民服务、为社会主义服务的方向，传播和积累有益于提高民族素质、有益于经济发展和社会进步的科学技术和文化知识，弘扬民族优秀文化，促进国际文化交流，丰富和提高人民的精神生活。然而，在相关行政法规已经明确出版基本导向的大背景下，目前市场上学术出版物的质量仍然呈现鱼龙混杂、泥沙俱下的现象，高品质学术专著可谓凤毛麟角。

显然，高品质是图书出版实现可持续发展的必然要求，学术专著是人类科技与文化知识积累的重要载体，是各大学出版社和学术出版社的主要出版物，而相关编辑又是出版活动的重要参与者，那么编辑如何通过优化自身素养为高品质学术专著的出版保驾护航就显得尤为重要。本文从与作者交流沟通的能力、甄别优秀选题的能力、一丝不苟地加工书稿的能力，以及使图书更具影响力的能力等方面，探讨编辑在高品质学术专著出版中的编辑素养及其实现路径。

一、编辑要善于与作者交流沟通

作（学）者是学术专著的内容提供者，是精神产品的源泉。编辑在出版活动中常常扮演客户经理的角色，要维护作者资源，这是编辑工作中非常重要的内容。编辑与作者之间的良性沟通，不但能够缩短出版周期，而且能够提升出版物的质量。按照与作者交流沟通的特征，笔者把与作者的交流沟通分为长期定时沟通和短期高频互动。

在暂时没有选题作为介质的情况下，编辑可以通过长期定时沟通密切与作者的关系。具体而言，编辑可以通过阅读作者的文章，了解作者的学术动向，并把阅读感想分享给作者；编辑也可以通过参加学术研讨会，追踪学术的发展态势，并在学术研讨会后有的放矢地与学者取得联系，因为一些优质选题往往诞生于研讨会上、产生于头脑风暴中；编辑还可以在获得作者的许可后，旁听作者在学校开设的某门课程或举办的相关讲座，这有利于编辑全方位地介入相关课程和作品框架的建构。编辑要主动将上述措施嵌入日常工作，如何才能抓住契机，关键在于编辑要长期不断地关注学界动态和作者动态。

在有明确选题作为介质的情况下，为了使选题从设想变为现实，围绕学术专著出版的具体工作，编辑与作者的互动往往呈现短期高频特征。具体而言，首先，编辑可以在选题立项之初，与作者讨论包括写作大纲、写作进度、体例规范、宣传推广、应急预案等在内的一揽子出版方案，这无疑会为后期顺利推进出版计划提供保障；其次，编辑也可以在书稿的编辑加工阶段，与作者进行面对面的交流沟通（如果条件不允许线下面对面交流，可以视频会议代之），这可以高效地解决书稿中存在的问题，避免作者在修订、校阅过程中产生误解，进而提升出版效率和质量；再次，编辑还可以在图书出版之后，在宣传推广方面多与作者沟通，通过作者的圈子精准定位读者，这势必对图书的美誉度和知名度有所助益；最后，编辑在图书发行一段时间后，要跟踪销量，及时给作者开稿酬，保障作者的权益，为与作者的长期合作奠定基础。

综上所述，编辑通过与作者的长期定时沟通和短期高频互动，建立强连接的信任关系，有利于编辑在出版的各个环节借助作者的力量提升学术专著的品质，促进学术出版的良性发展。

二、编辑要钻研如何甄别选题优劣

“问渠那得清如许？为有源头活水来。”优质选题于出版而言就是那源头的活水。学术专著出版走高质量发展道路，从选题申报环节就把住关口，无疑会事半功倍。在选题申报环节，编辑可以从如下三个方面来强化职业素养，确保所做选题的高质量，出版更多高品质的学术专著。

首先，编辑要全面了解学科概况与学术前沿发展趋势。对学科基本状况和学术发展趋势的了解能够为编辑判断选题价值提供客观依据。编辑如果了解这些信息，在众多选题中就可以甄别选题的权威性、前沿性和时效性，并进一步判断学术专著的读者群体和市场影响力。编辑至少要了解自己所负责学科的主要议题、发展趋势和权威学者，这样不但能够在与作者沟通选题的过程中展现出专业性，还能够有针对性、系统地策划新的选题。

其次，编辑要勇于对质量不过关的选题说“不”。正如前文提及的，当前学术专著品种虽呈繁荣发展之态，但主要体现在数量上，能够让学界、让广大读者津津乐道的学术精品少之又少。编辑作为出版事业健康繁荣发展的把关人，在选题申报过程中对一些出版价值不高甚至没有出版价值的选题说“不”，尤为关键。对某些选题说“不”也就是对某些作者说“不”，这对大部分编辑而言都不是一件容易的事，因此学会恰当地对作者说“不”也是编辑的一种基本能力。笔者在实践工作中总结出两点对作者说“不”的方式，一是在选题本身较有价值，但提纲和写作计划无法配套支撑的情况下，编辑可以暂时拒绝作者，并提出中肯的、可操作的修改建议与方案，鼓励作者修改书稿，等书稿成熟后再申报选题。二是如果选题本身没有出版价值，编辑要适当地打“苦情牌”，让作者了解此类选题无法申报出版的原因，毕竟人心都是肉长的，耐心、恰当且合理的解释往往能够获得作者的理解，从而“买卖不成情意在”，继续保持与作者的良好关系。

最后，编辑要善于建立智囊团。前文提到编辑要全面了解学科概况和学术前沿情况，但是无论编辑如何努力也不可能如作者那样对学术概况了解得那般系统深刻。所以，编辑要动脑筋、花心思组建主要由作者构成的智囊团，在遇到无法把握的选题时，向智囊团请教，他们往往会从学术价值方面给出中肯的建议。编辑在智囊团建议的基础上，再进一步判断选题的出版价值就相对有把握。比如笔者策划的“21世纪的美国与世界”丛书，在丛书主编吴心伯教授的帮助下，进入丛书的选题至少要得到两位同行专家的推荐意见。目前这套丛书在学界的知名度与美誉度都颇高，成为研究中美关系和了解美国国内政治绕不开的基本文献。

三、编辑要练就扎实的案头“内功”

案头工作是编辑从事出版行业必须具备的能力。一本图书由想法转化为现实，编辑的案头工作发挥着不可小觑的作用。案头工作涉及包括“三审三校”制度在内的所有与书稿内容、形式相关的工作，是整个出版周期中耗时最长的工作。编辑如果能够练就扎实的案头工作“内功”，不断提升编辑的业务素养，必然能在学术专著的编辑加工过程中提升图书品质。

首先，保持一颗旺盛的好奇心。好奇心是驱动编辑学习知识、探寻究竟的动力。编辑从事出版工作越久，好奇心在日常工作中就越显重要。在好奇心的驱动下，编辑通常能够在深耕于本专业学术之外，拓展自己的知识领域，完善自己的知识结构，渐渐成为“杂家”。比如，编辑在审稿过程中发现某些生僻的词汇、有趣的例子时，也许作者已经作了一些阐述但并不透彻，编辑就可以通过阅读文献或请教其他相关专家的方式，进一步核实这些自己未接触过的知识和内容，为作者提供详细、准确的修订建议，图书品质的提升在这一过程中水到渠成。再比如，编辑手头正在编辑加工的书稿中提及的例子在另一本书中也存在，但是两者的表述却是矛盾的，那么编辑就不该放过心中这个疑问，或者自己去寻找答案，或者把问题标记出来请作者核查，这无疑可以消除书稿中的一些知识性差错，进而提升图书品质。

其次，善于借用外力。编辑在处理案头工作的过程中既要善于借用二审、三审、校对这些制度规定内的外力，又要善于使用黑马、方正等校对软件工具。需要指出的是，编辑在借用外力的过程中，也要发挥主体能动性。比如，编辑在稿件一审环节中对一些涉及政治导向、学术知识方面的内容无法判断，可以提请二审、三审处理，但是在提请他们处理前编辑需要整理一份比较详细的问题清单，这样有利于二审、三审在处理书稿的过程中聚焦，进而提升出版进度与书稿质量。再比如，有些出版社已经没有校对部门，校对工作通常是由排版公司负责的。随着近些年排版公司业务量的增长，其校对质量无法保证，因此编辑要更认真、严谨地处理校对返回的校样，除了核红、答复校对提出的质疑外，还要利用校对工具，消灭类似错别字、字词重复、背题等低级编校差错。

最后，养成在书稿中标注修改说明的习惯。学术专著的篇幅短则十来万字，长则几十万字，编辑在加工书稿的过程中常常要回过头去查看之前的修改痕迹，以保证全书体例、叙述的统一。如果编辑在加工书稿的过程中不标注修改理由，那在回过头去查阅时，往往要浪费时间和精力重新阅读、梳理相关内容，导致工作效率低下。当然，编辑在加工书稿的过程中标注修改说明，也不意味着每一处修改都要有相应说明，一些涉及常识或错别字的修改不必再额外说明。但是，有些比较细微的改动，哪怕一个标点，可能编辑在旁边注明修改原因就会引起作者的高度重视，在下次写作时会注意避免此类差错。比如，作者对冒号、分号和句号的误用，有些作者在写作时会用“本书主要关注：（1）理论性。……；（2）创新性。……；（3）实践性。……。”这样的句式，但是根据2012年6月实施的《标点符号用法》，这里的理论性、创新性、实践性后的句号都要改为逗号。因为句号是句末点号，分号是句内点号，用了句号再用分号，必然会破坏句子的逻辑关系。如果编辑在与作者沟通之初就向他（她）讲明这些规范，那日后编辑和作者就不必把精力耗费在书稿中的这些最基本的文字表达上，进而可以把主要精力集中在提升学术专著的内容质量上。

四、编辑要有意识地投入宣传推广活动

从选题到图书，学术专著的生命周期才刚刚开始。一本学术专著的生命力和影响力是衡量学术专著质量的重要指标。因此，对编辑而言，拿到样书并不意味着工作的结束。相反，编辑若想自己策划的学术专著取得优异的社会效益和经济效益，就得在宣传推广方面下功夫，在持续的宣传推广活动中扩大学术专著的影响力。具体而言，编辑可以在如下活动中发挥能动性，促进学术专著的推广，提升学术专著的影响力，进而实现学术专著的高品质出版。

首先，编辑要充分挖掘作者的资源，请作者成为“流量”担当。实际上，大部分作者在图书出版后基本就停止了对学术专著的相关投入。这部分原因是作者往往不够重视后期的宣传推广活动，还有部分原因是编辑在其中没有起到很好的解释、督促作用。试想，如果作者在图书的宣传推广阶段不予重视或不积极配合甚至缺席，学术专著的宣传推广效果必定会大打折扣。如此，编辑就需要在学术专著出版后积极争取甚至督促作者从事一些与图书推广相关的活动，如发布朋友圈或微博官宣、举办新书发布会、请其他

学者撰写书评、配套学术资源等。

其次，编辑要与出版社内部的宣传部门保持有效沟通。出版社的宣传部门是学术专著走向市场的第一窗口。在学术专著的宣传推广过程中，编辑把学术专著的相关信息准确、有效地传递给宣传部门尤为关键。编辑是学术专著的第一读者，是除作者之外最了解图书的人，如果编辑能够主动在加工书稿的过程中将书稿中的精彩片段摘录出来，那么在给宣传部门提供资料时就具备翔实、丰富的素材基础。此外，编辑如果能向宣传部门的同事准确介绍作者学术成就、学术理论创新、版式装帧特色、图书对象群体等，就更有利于宣传部门有针对性地联系相应的、颇具影响力的媒体。编辑通过向宣传部门提供学术专著概要和宣传推广文案，减轻了宣传部门的工作压力，并帮助宣传部门精准营销，对扩大学术专著的影响力必然大有助益。

最后，编辑要积极拓展与专业媒体的联系。学术专著的受众通常比较有限，如何快速汇聚这些有限的读者群体就显得格外关键。在自媒体时代，许多专业的微信公众号（以下简称“公号”）聚集了大量与专业学术相关的精准受众。比如，在政治学领域，“政治学人”公号就有近17万粉丝。编辑可以积极主动地与专业媒体取得联系，通过发布新书信息、举办线上沙龙、开展云端辩论等形式，在线上掀起关于学术专著的宣传高潮，进而辐射到线下，实现流量转化。在学术专著的宣传推广过程中，编辑、作者、专业学术公号是个学术共同体，都以不同的方式为高品质学术专著的出版贡献力量。同时，这些参与到线上推广中的主体也实现了多赢：编辑获得了社会效益和经济效益；作者扩大了知名度；专业学术公号丰富了原创内容。更重要的是，学术专著因此聚集了人气，扩展了影响力，实现了可持续的高品质发展。

聚焦三个维度　推动专业学术出版中心学术体系建设

格致出版社　潘丹榕

摘　要

习近平总书记2016年5月17日在哲学社会科学工作座谈会上指出，构建中国特色哲学社会科学，应“构建具有自身特质的学科体系、学术体系、话语体系，我国哲学社会科学才能形成自己的特色和优势”。作为学术理论创新成果的最终体现，出版尤其是学术出版理应与学术界学科体系建设同步，推进学科出版物的体系建设。本文围绕专业学术出版中心建设，提出要聚焦学术著作、学术译著和学科教材三个维度，夯实中国智慧走向世界的基石，吸收滋养中国学术的世界资源，优化学科发展迭代更新的媒介，助力学界研究发展，助力我国哲学社会科学界走近世界学术舞台中央。

关键词

中国特色哲学社会科学　学术出版中心　学术出版体系

十八大以来，党中央高度重视哲学社会科学工作。2016年5月17日，习近平总书记在哲学社会科学工作座谈会上发表重要讲话指出，构建中国特色哲学社会科学，应“构建具有自身特质的学科体系、学术体系、话语体系，我国哲学社会科学才能形成自己的特色和优势”。作为学术理论创新成果的最终体现，出版尤其是学术出版理应与学术界学科体系建设同步，着力推进学科出版物体系建设，为构建中国特色哲学社会科学作出应有的贡献。

上海市新闻出版局2014年起设立专项资金，培育和打造上海专业学术传播中心。到“十三五”末，全市挂牌专业学术出版中心已增加到30家。学科出版物的体系化建设是一个长期规划和积累的过程，是专业学术出版中心建设和发展的题中应有之义。格致出版社经管编辑中心（以下简称“经管中心”）和上海人民出版社世界政治出版中心（以下简称“世政中心”）分别于2018年和2020年挂牌上海市学术（专业）出版中心，笔者曾先后供职于这两个出版中心，本文将结合在上述两个专业学术出版中心的工作经历，浅议在构建中国特色哲学社会科学的道路上，专业学术出版中心如何构建专业学术出版体系，助力学界研究发展，助力我国哲学社会科学界走近世界学术舞台中央。

专业学术出版体系的建构，并不是一蹴而就的，而是需要经过若干年甚至几十年的选题规划积累，以及队伍建设的薪火相传，才能见其成效。本文围绕选题规划中的三个维度——学术专著、学术译著和学科教材，来探讨构建如何建设专业学术出版中心。

一、学术专著：夯实中国智慧走向世界的基石

习近平总书记在哲学社会科学座谈会上的讲话指出："我们的哲学社会科学有没有中国特色，归根到底要看有没有主体性、原创性。"故而，国内学者高质量的学术专著是一个以学术出版为己任的出版机构在制定自身出版规划时一个重要的考虑维度。以格致出版社"当代经济学系列"中的"当代经济学文库"为例。文库创始于 20 世纪 80 年代，30 多年来，始终追求自身的高质量发展，以及对于国内经济学界的学术输出的质量。我们可以在文库并不算太长的书目中，看到目前国内经济学领域诸多顶级学者（如林毅夫、姚洋、樊纲、张维迎等）的代表作，其中有中国第一部社会主义宏观经济学著作，第一部社会主义微观经济学著作，第一部研究中国通货膨胀问题的著作，第一部研究中国资金流动问题的著作，第一部研究中国财政补贴问题的著作。可以说，"当代经济学文库"在创立之初，便以"力求达到中国经济学界当前的最高水平"为定位，为中国经济学学者提供了出版高质量学术成果的平台，为读者提供了系统了解中国经济学前沿研究的窗口，为政策制定者提供了政策制定的理论前瞻与支撑。

与"当代经济学文库"相类似，上海人民出版社世政中心也有一套有着 26 年历史的学术专著丛书"当代国际政治丛书"。这套丛书是中国第一套以国际政治理论研究为主题的原创丛书。26 年来，丛书秉持着优中选优、宁缺毋滥的宗旨，结合学科研究最新动态，借力学界外脑，精挑细选学科各分支领域的精品佳作，已出版 34 种图书。作为一套开放式的丛书，26 年 34 种这样的出版速度着实可以算作"龟速"。然而，正是由于近乎严苛的选题把控，这套丛书自出版以来便成为国际政治理论界的标杆，在 2012 年发布的《中国人文社会科学图书学术影响力报告》"政治学论文引用国内学术著作前 10 名"文献的前三名中，丛书中的作品便居其二，分别是《西方国际政治学：历史与理论》和《当代国际政治析论》。

从"当代经济学文库"和"当代国际政治丛书"的发展历程，我们可以看到，出版

学科内重要学者和重点研究领域的学术专著，是学术出版中心建设过程中的基石，一方面可以为学术界提供优质的学术成果，另一方面可以为政策制定提供高质量的智识支撑，同时也为出版机构在学界奠定专业领域的出版声誉打牢坚实基础。

出版优秀的学术专著，也为中国文化、中国声音“走出去”提供了优质资源，是中国智慧走向世界的基石。在较长一段时间内，中国的哲学社会科学界主要以研究、消化西方学界的学术成果为主。随着中国哲学社会科学领域自身不断地深入发展，近些年来，各学科也开始有意识地创建具有中国特色的学科体系和理论流派，相关的优秀学术专著不断涌现。这为中外学术交流主要以从西方向中国单向输出转变为中西真正形成对等的双向交流奠定了基础。加之国家各项“走出去”政策的扶持，国内优秀学术成果的输出也自然成为各专业学术出版中心的又一块重要工作领域。像世政中心和经管中心，近些年来先后与世界顶尖的学术出版社剑桥大学出版社、施普林格等合作，输出《世界政治的关系理论》《东亚秩序论》以及反映中国成就的《中国道路的学术表达》《纵横“一带一路”：中国高铁全球战略》等，在国际上引起了学界的关注，传播了中国学者的思想理念，提出了“能够体现中国立场、中国智慧、中国价值的理念、主张方案”，并且通过“走出去”，努力实现“让世界知道‘学术中的中国’‘理论中的中国’‘哲学社会科学中的中国’”。

二、学术译著：吸收滋养中国学术的世界资源

出版高品质学术专著自然是学术出版中心的重要使命，与此同时，吸收引进对于推动国内学术界发展进步具有借鉴作用的国外学术成果，也是专业学术出版中心的任务之一。正如上文所述，在某些社科学术领域，西方学术界的起步比我国要早几十年甚至更久远，在我国哲学社会科学界的起步以及与世界接轨阶段，出版引进西方学术经典和前沿成果成为学界了解国外学术进展、批判地吸收学术成果的必要途径；甚至在国内学界着力构建中国特色哲学社会科学的当下，引进“国外哲学社会科学的资源，包括世界所有国家哲学社会科学取得的积极成果，这可以成为中国特色哲学社会科学的有益滋养”。学术译著作为是学术出版中心的工作要点，将是世界范围内有益的学术成果滋养中国学术界的桥梁。

格致出版社“当代经济学译库”同“当代经济学文库”同属“当代经济学系列丛书”，旨在翻译当代经济学名著。由于注重选题的学术价值及其前沿性，注重跟踪国外知名学者的学术成果，译库自创立以来，便一直是国内众多经济学研究者了解当今世界经济学领域研究进展的一扇窗口。30 余年来，译库的书目中包括了 10 余位诺贝尔经济

学奖得主的理论专著。有媒体如此评价格致出版社经济学理论译著的高水准："格致出版社这些年来一直在出版当代经济学的理论专著，然后等着这些经济学家排队获得诺贝尔经济学奖。"

与"当代经济学译库"相似，上海人民出版社世界政治出版中心也有一套始自20世纪90年代初的译丛——"东方编译所译丛"。这套在汪道涵先生指导下创立的译丛，始终坚持着"开放胸襟、海纳百川，知己知彼、百战不殆"的初衷，历经三次在形式和选题定位上的改版之后，目前已经成为国内国际政治学和政治学界规模最大、涉及学科分支领域最多的一套译丛。其选题的系统性和全面性，体现为译丛涵盖国际政治学领域中的三大流派，并基本覆盖学科教学研究的各个分支。国内国际政治学研究者通过这套开放式译丛基本可以了解世界范围内国际关系学科的发展史以及当下的研究现状，这也为我国国际政治学界创建自身的理论体系、话语体系和学科体系提供了重要的参考。

三、学科教材：优化学科发展迭代更新的媒介

如果说学术专著和译著的出版为学界提供了必要的研究参考资料，教材出版则是为相关领域提供了教学支持，为学科的体系建设储备了教学资源。众所周知，一个学科的发展，需要几代学人的共同努力和开拓才能够形成较为完整和全面的学科体系。知识要形成有效的代际传递，并且迭代更新，便需要有优秀的教材作为传递媒介。学术出版中心以服务学术研究和学术发展为导向，教材出版理应是其出版物拼图中不可或缺的一块。还是以格致出版社经管中心为例。前文提及的"当代经济学系列"中，除了"当代经济学文库"和"当代经济学译库"之外，其第三个重要板块便是"当代经济学教材参考书系"。"当代经济学教材参考书系"在设计之初便以国内外著名高等院校最新的经济学通用教材为主要出版内容，至今所出教参涵盖经济学领域中宏观、微观、金融、货币、计量、策略等多个分支领域，形成了较为全面的教学参考体系。除了经济学教参书系外，经管中心同时在管理学、贸易、方法等领域布局，有的教材已成为常销20余年的高版本教材，如《进出口贸易实务教程》自1996年出版以来，已更新至第八版，其最早的一批读者现在有的已成为国际贸易领域的学者、专家，有的作为业务骨干活跃在教学一线。

综上所述，专业学术出版中心建设应聚焦学术专著、学术译著和教材三个维度。教材系学科发展之基，为学科体系奠定基本框架；译著是学者、专家了解国外学术进展之窗，为学者与世界同行交流提供养料；专著则是国内专家、学者高品质研究成果之集中

呈现，是三者中最能体现当下中国特色哲学社会科学研究成果的环节。通过出版优秀专著，一方面，推动我国哲学社会科学的研究，学者通过优秀成果的交流，共同构建起中国特色的哲学社会科学学术共同体；另一方面，随着中国在国际舞台上的影响力日增，国际学术界对于中国学者的研究也日趋关注，优秀的学术专著可以起到向世界展示中国的作用，最终是“让世界知道‘发展中的中国’‘开放的中国’‘为人类文明作贡献的中国’”。

推进专业学术出版中心学术体系建设，除聚焦学术专著、学术译著和学科教材三个维度外，当前还应在以下三个方面切实加强建设。

第一，建设长期稳定的编辑梯队。做深做强一个学科领域，相关专业背景的编辑团队是不可或缺的。只有长期跟踪学界研究，才能在选题和作者资源方面做到良好的传承。学术出版中心的建设，要有一个稳定的编辑梯队，加强编辑队伍建设和领军人才培养是题中应有之义。

第二，加强学术产品向大众知识产品的转化。哲学社会科学学科体系建设，不仅是为了提高学科的整体水平，更是为了提升全民族的思维能力、精神品格、文明素质，提升国家的综合国力和国际竞争力。学术出版中心建设应高度重视学术产品向大众知识产品的转化，使高高在上的学科知识落地扎根，使产品的社会效益实现最大化。

第三，加快媒体融合，构建适应数字化时代学术传播特点的学术出版体系。除了在内容上大力建设立体的学术体系外，还要在传播介质方面构建纸、电、声、影像的立体传播网络，以适应数字化时代读者的阅读习惯。这方面现在做得不够，拓展空间巨大，尤其应该关注。

参考文献

［1］习近平．论党的宣传思想工作［M］. 北京：中央文献出版社，2020.
［2］潘丹榕．“东方编译所译丛”卅载变化中不改初衷［N］. 中华读书报，2015-08-05.
［3］忻雁翔．以经济学学术出版为根基的主题出版路径 // 上海市出版协会，上海市编辑学会编．守正创新　奋楫者先——2020 上海出版青年编辑论文集［M］. 上海：学林出版社，2020.
［4］有一家出版社等着他们的作者排队获诺贝尔经济学奖［EB/OL］. https://www.thepaper.cn/newsDetail_forward_1541697，2016-10-12.

兼顾美观、时效、安全
——学术出版中二维码技术的应用

格致出版社　贺俊逸

摘　要

进入网络时代后，在传统的学术出版中，大量参考文献及注释中出现了网址型资料来源这一新元素。网址作为某一网页在网络世界的唯一地址，为了避免重复，具有冗长、符号杂多易混淆等特点。由于在纸质书籍上阅读参考文献或注释中的网址，没有在电脑等电子平台中来得简单、易操作，读者很少会将这些网址一一手动输入浏览器，进而无法进行文献核对。如何将纸质的出版物与无形的网络世界联系起来？是否可以使用网络时代新技术——二维码——破解这一难题？如何处理二维码在排版美学上的难题？如何解决网址的时效性问题？针对这些问题，本文拟从美观、时效和安全等方面对二维码的技术应用进行初步的探讨，以期抛砖引玉。

关键词

出版　学术出版　参考文献　网址　二维码

随着21世纪网络技术的发展，传统纸质阅读发生了巨大变化，Kindle、得到、微信等电子阅读已成为现代人的阅读选项之一。碎片化阅读、快餐阅读等成为时下的热词。仅就学术类书籍而言，知网、Jstor等学术论文在线分享平台提供了PDF、CAJ等格式的论文电子版本，学者可以通过下载文件，在其电脑或便携电子产品上阅读论文。纸质出版似乎终有一天会被网络所取代。

但是，我们仍能看到，论文集、学术专著等严肃学术出版依然在纸质媒介出版中蓬勃发展，并未因电子阅读的热潮而衰落或彻底消失。当然，网络世界对于这一传统出版领域也造成了实际的影响。其中之一便是，在某些学术研究中，作者使用了网址类的注释或参考资料。有些作者是为了利用网络资源印证其观点，有些是为了提供网络世界对某一观点的看法，而有些作者直接以网络世界作为研究对象，那么他们就不得不提供相应的资料来源。

经过长期的学术探讨，引用书本、报纸、杂志、档案等传统资料，已有明确的注释体例规范。作为一种新型的注释来源，网址型注释格式也已被学术共同体及出版界进行初步规范，一般包括作者名、内容名、网络平台名称、具体网址、浏览时间等。看似这一规范解决了网址类注释、参考文献的所有体例问题，但在实际操作中仍存在不少问题。

首先，网址为了体现某一内容在网络世界的唯一地址属性，具有冗长、复杂，以求不会重复的特点。在电子平台上，这一特点并不会影响使用者的体验；但落到纸质媒介，因为不具备电子平台复制、粘贴或直接点击的优势，直接在注释中使用长段网址就会出现难查、难复核的问题，甚至在某些字体中，0（数字）、O（英文大写）、o（英文小写），1（数字）、I（i 的英文大写）、l（L 的英文小写）无法进行分辨；在某些网址文字换行的过程中，表示英文单词换行连读的连字符“-”是否是网址的一部分难以确定，这些都加剧了网址类注释的复核难度。一般学者对于此类资料，只能通过注释前半部分的作者名、内容名进行额外搜索，且不一定能够指向原作者的网址，这就失却了注释的初衷。

其次，虽然网络世界号称拥有无穷无尽的海量信息，但其时效性问题也尤为突出，有些四五年前的网址点击后已经提示不存在，所以学者在使用网址类注释时尤其重视浏览时间的声明。

那么，出版界是否可以拥抱近五六年来被广泛使用的新技术——二维码——来解决上述困难？其实，二维码在纸质出版上已经得到了初步运用，如《柴德赓来往书信集》《美第奇银行的兴衰》等（具体评述详见下文）。但对于利用二维码解决网址问题，就笔者所知，学术界及出版界并未进行研究探讨，最初提出这一想法的是台湾政治大学历史系的杨善尧博士。针对这个现状，本文拟就二维码在学术出版中的利用前景进行初步探讨。

一、学术出版与二维码

二维码，英文为 Quick Response Code，简称 QR Code，是由一定规律排列的几何形状组成的复杂图形，通过电子产品扫描识别后，快速导向对应的信息（如网址）。常见的二维码为黑白间隔的规则正方形，但二维码具有较高的自由度，存在圆形二维码，不仅条码中央可以排入图片、文字，其基本黑白间隔图形也可以被替换成其他颜色、形状，进行各种美观装饰。二维码被广泛使用的前提，与智能手机的广泛普及有关。当前，二维码在通信、移动支付，甚至在公共卫生领域已广泛应用。

作为一个网络时代的新兴事物，相对于传统网址，二维码的优势是使用者无需了解具体网址是什么，只需要相应的硬件（现在几乎人手一部的智能手机）进行扫描，就可以模拟出在电子平台上直接点击网址的动作，到达相应的网站。如果我们将二维码替代网址作为学术出版中网址类资料的规范，就能够有效地降低输入网址时手动的讹误，减少网址类资料的复核难度，增加进一步学术探讨的可能性。网址与二维码，看似一个需要手动输入，一个需要手动扫描，区别并不大，但实则是重新定义传统纸质书和新型网络媒介的关系（见图1）。

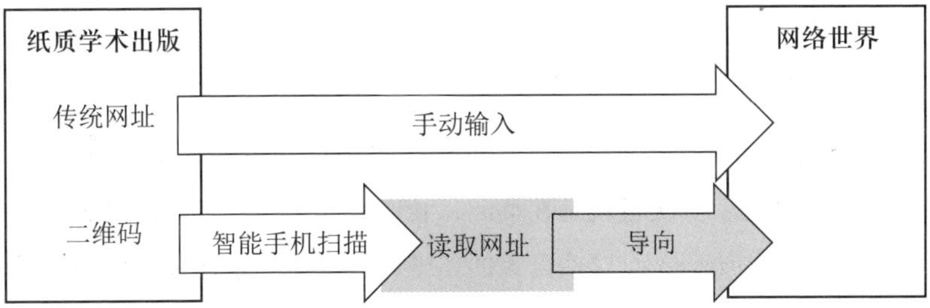

图1　纸质出版与网络世界的关系（灰色部分是隐藏的，笔者自制）

事实上，二维码在纸质出版上已经得到了初步运用。最为显著的一点是，大量出版社会在装帧设计中，在封底附上相应的联系二维码，利用这一方式增进与读者的互动。但在内页中使用二维码的例子并不算多。当然，一些大学教材已在使用。经笔者查证，商务印书馆2018年版《柴德赓来往书信集》曾使用二维码为读者提供书信原件图片："为使读者可以看到书信的原貌，选择其中66通发布于'青峰草堂'网站上，可扫二维码浏览原貌，这也是目前书信类书籍中一个尝试。"如此一来，编者通过二维码，既省去了大量四色印刷书信原件的印刷、版面成本，又丰富了书籍的附加价值。

另一个例子是格致出版社2019年版《美第奇银行的兴衰》，编辑将译者精心整理手绘的家族谱图上传网络，并制作二维码供读者扫描查阅。由于美第奇家族谱图过于庞大，对于一本32开的出版物而言，排版上存在极大的难度，而网络世界并没有大小限制，因此这一决策是十分合理的。本书的台湾版《金融帝国的兴衰》则采用了另一形式，利用巧妙的封面设计，将家族谱图藏在了封面的内部。

2015年左右，台湾政治大学历史系杨善尧博士在一场研讨会上首先创造性地提出将注释中的网址替换成二维码，方便读者利用智能手机直接查阅相关网址，并在其博士论文及后续论文中进行了尝试。

在他的二维码实践中，脚注的体例采用了作者名、文章名、二维码的形式，而浏览时间被巧妙地内嵌在二维码中央的图案之中。这是非常有创新意识的一种尝试。同时亦可发现，原本使用纯文字网址只占一行或两行的注释，由于二维码方正的形状，且因其分辨率所限无法进一步压缩大小的属性，注释被足足撑到了四行左右的高度，对于美观及版面篇幅是一个阻碍。此外，杨善尧的例子中这一页只有一个脚注，因而只有一个网址 / 二维码，如果存在多个脚注 / 网址 / 二维码的情况，应该如何处理？或许可以以这个尝试为基础，进一步探讨学术出版中使用二维码可能会碰到的困境及相应的处理办法。

二、学术出版中二维码应用可能遇到的困境及相应的处理办法

（一）美观问题

如上文提出的版面设计美观问题，即如果一页中存在多个脚注 / 网址 / 二维码的情况，编辑应该如何处理？其实也就是在询问，我们需要多少个二维码？显然，如果每个网址都生硬地转换成二维码，且这些巨大的二维码一个接一个地竖直排列，版面的美观度会打上非常大的折扣。我们可以通过合并该页的网址信息，仅通过一个二维码进入出版社搭设的电子平台，读者扫描后，可以自由选择点击哪一个网址（见图 2）。

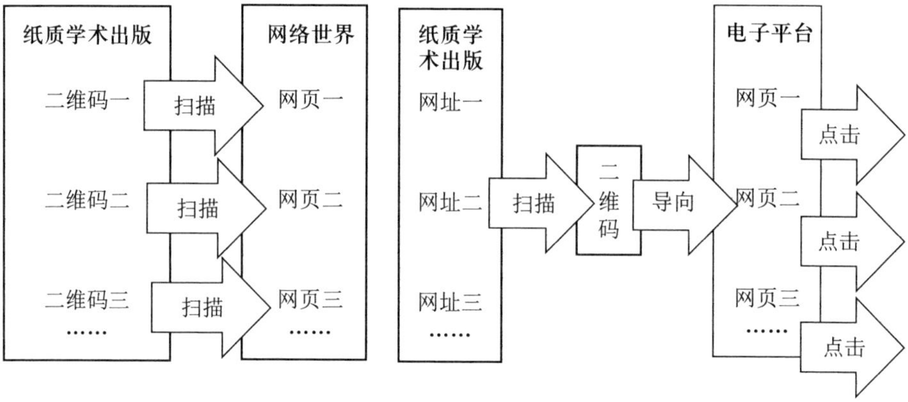

图 2　对一页出现多个二维码的情况进行简化（笔者自制）

合并后的总二维码，可以安排在页面的右下角，或是直接插在文章里面，相当于插图的形式，由美编进行设计创造，达到美观和实用的目的。

上述讨论的是一页中存在多个脚注 / 网址 / 二维码的情况，如果学术论文采用的是章后注、书尾注的形式，同样地，我们可以将多个替换了网址的二维码合并成一个二维码，以配图的形式呈现出来。

不过，这样就产生了一个新问题，既然为了二维码对应网址我们已经架设了一个基

础的电子平台（这个平台现在还十分简单，只是一些网址的对应链接），为什么我们不扩大这个平台的能力，通过二维码直接将纸质出版物与当下的电子阅读联系起来？二维码在这个过程中起到了媒介转换的桥梁作用。这其实是在追问，在二维码的时代，我们需要多少文字？当下，青年学者发论文难与核心期刊版面有限的矛盾持续存在，未来我们是否可以看到这样的学术期刊，其形式是每一页都呈现：论文名、作者、内容摘要、关键词，随后便只有一个二维码，有需求的读者可以针对自己感兴趣的论文扫码阅读。通过这一设计，从而达到一页一篇论文的效果，如此，一期近 200 页的论文期刊就可以从原先的 10 篇左右论文变为近 200 篇论文（见图 3）。

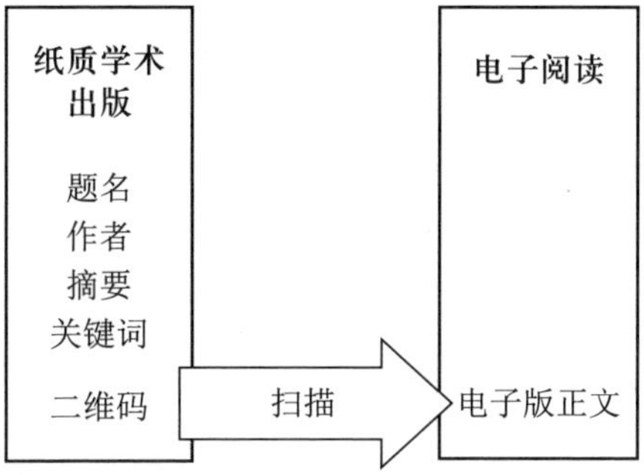

图 3　未来期刊形式的畅想（笔者自制）

（二）时效性问题

当前之所以无法这样做的顾虑在于，或许电子平台并没有纸质书籍那么"长寿"，这与网络世界的无记忆特色也相呼应：一些五六年前的网址已经无法打开。

为了在时效性上保持严谨，学者采用的是明确浏览时间，在某种程度上属于一种"免责声明"。笔者认为解决方案应该由图书馆、档案馆提供，如果说图书馆、档案馆有保存纸质、有形资料的使命，那么，图书馆、档案馆在网络时代同样应该担负起保存电子资源的责任。这些公立机构可以开放生成二维码的途径，由学者输入网址，图书馆、档案馆自动生成二维码（及浏览时间）供学者下载放入其论文中；与此同时，图书馆、档案馆后台对这一网址进行快照截图，当论文刊载出版后，读者或其他的学者扫描二维码后，可以选择登录相关网址，或是在网址过期失效的情况下，浏览由图书馆、档案馆保存的快照截图，达到文献核对的目的。这是笔者的一个初步呼吁，未来，随着网络技术的进步、技术条件的发展，或许会有更为高效便捷的保存网络世界信息的技术出现。

（三）安全问题

由于二维码隐藏了网址信息，在读者扫描二维码时，并不知道扫描后导向的是什么网站；而如果是直接呈现网址，读者通过网址的第一部分，或多或少可以知道这是一个什么网站。这里就存在信息安全的问题，二维码是否会将读者引向高仿、诈骗网站？笔者认为，既然未来二维码可能应用于学术出版，必然需要经过编辑加工处理，责任编辑应当有责任核实每一个二维码的指向是安全、正确的。

三、结语

综上所述，二维码已经开始在学术出版中崭露头角，其便利地连接纸质载体与电子载体的特性，值得出版界进一步探究二维码在未来出版领域施展的可能性。杨善尧说，之所以想到利用二维码取代网址，是因为在其研究影像史学的过程中，学者遇到了在一个纸质的学术出版物上，研究对象——影片——应该怎么插入其中的问题。既然我们生活的不是哈利·波特的世界，那么我们无法在纸质上呈现动态的东西，只有通过网络平台进行信息的传播。而二维码就是相比于网址而言更为便利的桥梁。

笔者通过讨论当前学术出版中二维码使用例子的利弊，分析了未来应用二维码在美观、时效性以及安全层面可能遇到的难题和相应的解决方法，期待今后能有更多的出版社、杂志社尝试这一新技术。此外，笔者提出另一个新的解决网址类资料来源的路径——短链接技术。这是一种通过对网址重新编码的技术，将原先冗长的网址缩减为一个非常短的链接，也是一种可能的技术方向。

参考文献

［1］ 柴念东编注．柴德赓来往书信集［M］．北京：商务印书馆，2018.

［2］［美］雷蒙·德鲁弗．美第奇银行的兴衰：管理教皇财富的银行家［M］．上海：格致出版社，2019：4.

［3］ 郑宇，韩辛．二维码技术在图书馆特色服务中的运用探究［J］．数字技术与应用，2021（2）.

大学出版社与新时代高校内涵式发展的协同

复旦大学出版社　宋朝阳

摘　要

进入新时代，中国高校迫切需要从外延式发展向内涵式发展转型。对于与高校命运休戚相关的大学出版社而言，其设立的初衷就是支持教学、传播学术和服务师生，应责无旁贷地响应和支撑这一战略转型。高校内涵式发展战略对大学出版社提出了一系列新要求，包括握好育人的“笔杆子”、不能只关注“钱袋子”以及进一步深化改革。大学出版社也将在服务高校中“人”的发展、传播高校的文化精神以及持续提供理论支持等方面为高校内涵式发展提供支撑。

关键词

新时代　内涵式发展　大学出版社　协同

在实现中华民族伟大复兴的征程中，各行各业都处于一个转型发展的新时代。中国的高等教育便是其中的典型代表，即我国是世界公认的教育大国，却与教育强国相去甚远。因此，党的十八大第一次明确提出“推进高等教育内涵式发展”，十九大以来高等教育更是将内涵式发展上升至战略高度，这从思想上、理论上、实践上对高等教育的改革提出了新要求。高校内涵式发展对大学出版社也相应提出了一些新要求，而大学出版社作为高校思想传播的前沿阵地和理论创新的蓄水池，应责无旁贷地响应和支撑高校内涵式发展战略。

一、新时代高校内涵式发展的实质是回归高等教育本身

在中国特色的社会主义新时代，国家对高等教育的要求已不是仅满足于数量的提升，而是更加注重其“内核”。大批学者围绕着“我们为什么培养不出创新型人才”这一著名的“钱学森之问”展开了热烈而广泛的讨论。一个基本的共识是，外延式发展是造成这一问题的重要原因之一。有学者总结出了我国高等教育发展中的“五大困局”：其一，低质量的教育过多，在国际上处于领先地位的学科不足；其二，办学特色不够突

出，单一化趋势明显；其三，忽视作为教育目的的“人”的全面发展，片面强调分数和排名；其四，过于急功近利，过分强调人才的专业化和职业化；其五，高校行政化风气严重，学术环境有待进一步优化。

为了解决这些问题，高等教育的发展模式须从外延式发展向内涵式发展转型。这就需要我们进一步理解内涵式发展的实质。笔者认为，这一内涵式发展的实质是回归高等教育本身，高等教育的根本目的不应是政治的、经济的抑或是社会的，而应聚焦于“人”的发展。那么，“人”的发展又该是什么呢？教育的目标应是培养德智体美劳全面发展的“社会主义建设者和接班人”，立德树人是教育的根本任务，教育的总体要求是“凝聚人心，完善人格，开发人力，培育人才和造福人民”。进一步引申下去，这些内容又可以被细分为“培养什么人、怎样培养人、为谁培养人、靠谁培养人”四个子维度。这无疑清楚地为高等教育内涵式发展指明了方向。

在内涵式发展理念的指引下，教师与学生将处于同等重要的地位，双方应各自发挥主观能动性，不再是一方自上而下传授既定知识另一方被动接受和适应，而是在继承、反思、批判和对话的过程中使教育自然发生，并不断发展。高校将更加尊重教育的内在规律和学术自由，提倡从支持“人”的创新发展的角度重新分配教育资源，而不是将政府某些管理部门的一纸公文或者行政权力凌驾于学术权力之上；教师应深入研究教学内容，在准确定义的基础上精心设计授课的难易程度，同时注重内容的及时更新与拓展，尽量采取能够启发学生思维的教学方式，激发学生学习的积极性，在与先进科技相结合的教学媒介方面开拓创新，但也不能忽视粉笔与黑板的作用。总之，高校应积极实践内涵式发展理念，使全面、创新的人才在高校中不断涌现。

二、高校内涵式发展战略对大学出版社的新要求

对于与高校命运休戚相关的大学出版社而言，在了解了高校向内涵式发展转型的必要性与迫切性，以及内涵式发展是对教育本身的一种回归这一实质之后，我们来讨论高校内涵式发展战略对大学出版社的新要求。

（一）高校内涵式发展战略要求大学出版社握好育人的“笔杆子”

当前，世界百年未有之大变局加速演进，中国国内的改革须进一步推进，经济、社会发展任务艰巨，这就造成了在复杂的国际国内环境下各种思潮涌现，年轻人很容易受到“非正气”思想的影响。一般而言，大学出版社的产品构成中较大比例是面向大学生的教材和学术著作，因此，它有影响年轻人的天然优势。大学出版社应握好育人的“笔

杆子”，坚定不移地向年轻人宣传马克思主义思想及其中国化、习近平中国特色社会主义思想以及中国特色的社会主义市场经济，不仅要面广、量大，更重要的是确保内容的正确、正统。例如，教育部正在组织开展首批9种中国经济学教材的申报工作，采取定向招标和自愿申报相结合的方式，集中力量打造一批体现中国立场、中国理论、中国实践、中国话语的原创性、高水平的经济学系列教材。有着相关经济学积累和品牌的大学出版社应提前布局、精心策划、积极参与，向大学生解释清楚中国近40年来的经济增长方式有何独特性，普及正确、正统的经济学知识和思维方式，是功在当代、利在千秋的大事，也是在践行出版人“文化树人”的初心和使命。类似地，以其他学科见长的大学出版社也可作类似的布局和策划。

（二）高校内涵式发展战略要求大学出版社不能只关注“钱袋子”

从1999年开始的高校扩招使大学出版社享受了十几年的教材红利，大学出版社在中国出版业中的体量不断增加，从1979年的4家增加到2011年稳定在110家左右，出版品种在总量中的占比稳定在26%左右；利润年年攀高，从2002年开始税前纯利润就超过10亿元。这也带来了一些负面作用：个别高校更多地看重出版社的产业属性而不是文化属性，将其视为创收的工具，这使得某些大学出版社唯码洋、毛利至上。另外，随着竞争越来越激烈，一方面，规模扩张需要人员补充，而队伍不断壮大又需要规模继续扩张来支撑，这就使得大学出版社具备了偏向于经济效益的内在动机；另一方面，由于竞争加剧、新技术的引入以及高校扩招红利逐年变小，使得规模扩张逐渐触碰到了天花板，许多对此毫无准备的大学出版社为了生存被迫以经济效益马首是瞻。2017年的一份数据显示，当年全国大学出版社所出版的新书结构如下所示：高等教育占比24.4%，一般性图书占比24.18%，学术著作占比19.29%，基础教育占比16.47%。一般性图书在整个出版结构中的比重超过了学术著作，甚至几乎超过了高校教材。这与大学出版社设立的初衷与担负的使命是极不吻合的。大学出版社离开大学做出版是舍本逐末，是不可持续的，也与高校内涵式发展战略相违背。大学出版社的结构转型与未来规划应该服从于高校的整体规划，立足于立德树人这一教育目标，处理好社会效益与经济效益的关系，不能只将眼光盯在“钱袋子”上。

（三）高校内涵式发展战略要求大学出版社进一步深化改革

截至2010年底，全国大学出版社几乎全部完成转企改制。虽又经过了10多年的发展，目前大学出版社的改革仍任务艰巨。例如，企业事业编制同时存在，同工不同酬现象还未消除，与大学的关系若即若离、不甚明晰，现代化的管理制度缺失，员工培训与职业生涯规划体系尚不完善，无法使人才自动涌现和发展，绩效考核仍停留在传统的“吃大锅饭”的阶段，无法真正起到激励员工的效果，建立起现代化的人力资源管理体系的大学出版社更是寥寥……出版是一个严重依赖人才的行业，要想长期、全面、多维度出版高质量的精品图书，就必须有一个专业而有远见的管理团队，以及一支能够自行“组队升级”“勇于闯关”的高素质出版队伍，这些都需要进一步深化改革。

三、大学出版社对高校内涵式发展的支撑作用

大学出版社设立的初衷就是支持教学、传播学术、服务师生，大学出版社作为高校思想传播的前沿阵地和理论创新的蓄水池，理应责无旁贷地响应和支撑高校的内涵式发展战略。

（一）服务高校中“人”的发展

内涵式发展战略要求将高等教育的根本目的聚焦于“人”的发展，那么大学出版社顺理成章也应更加聚焦于“人”的需求，研究这些需求，主动出击进行精准的供给。这里所指的“人”主要包括三大类，首当其冲的便是在校大学生。对于大学生来说，其主要需求之一是教材和教辅产品，除了前文提到的内容正确、正统，符合实际，引导思考，讲出中国特色之外，还应考虑到新一代的大学生全部都是在互联网泡沫时代前后出生，是标准的“互联网原住民”，且个性十足。因此，教材、教辅产品的网络性、互动性、便捷性应该较以前有较大幅度改进，同时也应尝试一些个性化的模块设计，例如，专属的网络讨论空间、个性化的试题库和案例库等，给学生创造一个美好的学习和发展体验。另外还应看到，近 10 年来在大学“象牙塔”中发生了不少让人大跌眼镜的事件，部分原因在于以往对大学生教育中的“德美劳”部分不够重视。这方面的需求，可由大学出版社供给高质量的、年轻人喜闻乐见的、从人格完善和立德树人角度出发的文化产品来满足。

其次，高校教师既是内容提供者又是产品需求方，他们对于大学出版社的重要性不言而喻。因此，大学出版社应该认真调研他们的真实需求，主动挖掘一批有潜力的年轻学者，换位思考，为他们排忧解难，做好科研和教学的支持工作，适当增加一些目前并不能有较好市场表现但有学术内涵的著作的比例。另外，虽然高校教师队伍的平均学历水平有了较大的提高，但在专业素养和师德学风方面的表现参差不齐，教师大多都有持续学习的需求。大学出版社应该适时跟上，就这一方面在教师的语态下进行专门策划，

出版一批精品、力作；尽可能多地组织一些面向高校教师的线上、线下系列讲座、工作坊、业务培训等，满足教师学习的需求，提升业务水平，帮助他们解决一些教学、科研上的难题。

最后可能也是最容易被忽略的一类人群是高校行政岗位的工作人员以及与学生直接打交道的辅导员。他们对于高校的正常运转起到了不可磨灭的作用，他们的精神面貌和职业素养会对师生产生重要影响，他们也有职场发展、人际沟通、领导力提升等方面的需求。以往，这些需求大部分是被忽视的。为了响应和支撑高校内涵式发展战略，大学出版社要及时补上这一课。

（二）传播高校的文化精神

每一所高校都有其独特的文化精神。高校的文化精神是其在长期的办学实践以及学术研究的基础上，经过历史的沉淀、一代又一代师生的努力，随着国家教育环境的变化而逐渐形成的一种独特的文化形态。这种文化精神深深地影响着现在以及今后的师生群体。加之高校是整个社会知识权威的代表，故它也对社会的文化发展产生重要影响。高校的文化精神会塑造其教育力、创造力和影响力，是其办学的根本，也是其核心竞争力所在。

如前文所述，大学出版社在近 20 年的发展进程中内生性地有追求经济效益的倾向。而对于其母体高校文化精神的传播，由于无法获得即期的经济效益，故坚持做这方面内容出版的大学出版社是比较少的。在内涵式发展理念的指引下，高校更加注重其文化精神的建设和维护，大学出版社不管是为了坚守传播优秀文化的出版使命，还是出于支撑和服务高校建设，都应该费大力气、下苦功夫、花巧心思传播母体高校的独特文化精神，注重纸质出版物与视音频等电子出版物的协同；同时，还应积极探索向国际传播的途径，这也是在落实和推动“高等学校哲学和社会科学‘走出去’计划”。所有的大学出版社都是以其母体高校的名字命名的，如果对母体高校文化精神的传播得到了社会的广泛认可和接纳，不仅是对高校发展的促进，大学出版社自身也将受益颇多。正如复旦大学出版社前任社长贺圣遂多年前就曾提出过，“大学出版，出版大学”，大学出版社应坚持“一流大学，一流出版”，使“出版社成为学校除教学科研之外，与图书馆、实验室并列的第三种力量”。这一论断与高校内涵式发展是极其吻合的，而复旦大学出版社也正是在这个基础上坚持学术出版、深度出版，不仅壮大了自身，凭借着一大批精品力作在出版界占有了一席之地，也极大地推动了复旦大学教学科研工作的开展，传播了复旦大学的文化精神。

（三）持续提供理论支持

高校内涵式发展不是一蹴而就的，它是依据理论的不断发展持续指导实践变革的过程。大学出版社应该肩负起持续提供这方面理论支持的责任。当然，大学出版社所提供的理论支持并不仅限于此，它应该是覆盖多个角度的。例如，总结改革开放 40 多年尤其是中国特色的社会主义进入新时代以来中国经济发展的经验与成就，提炼出对世界经济理论体系的贡献；中国企业管理的实践和企业家精神的独特性对世界管理理论发展的贡献；站在人类共同利益、共同责任和共同价值的全球角度看世界，将整个世界作为一个整体而非局部进行观察，由此提炼出全球治理的理论体系；等等。诸如此类的课题都来源于高校，迫切需要大学出版社将这些研究成果向全世界展示，从而为全球的发展持续提供理论支持。

参考文献

[1] 纪宝成．当前高等教育发展中的五大矛盾［J］. 中国高教研究，2013（5）：4—8.
[2] 范钦珊等．提高课程教学质量要从教学基本功抓起［J］. 中国大学教学，2009（1）：14—16.
[3] 教育部教材局．教育部教材局 2021 年工作要点［EB/OL］. 2021-02-26.
[4] 周蔚华．大学出版社在出版业的地位及当前面临的主要问题［J］. 现代出版，2018（1）：33—35.
[5] 陈玉．大学出版响应新时代大学内涵式发展战略的自觉与能力［J］. 燕山大学学报（哲学社会科学版），2020（5）：141.
[6] 祝智庭，杨桂青．教育从不单纯根据技术需求来变革［N］. 中国教育报，2018-05-31（8）.

学术期刊的内卷与超越路径

上海社会科学院《社会科学》编辑部　周小玲

摘　要

内卷的倾向已经在学术期刊里蔓延滋生。首先，在选题策划上存在同质化内卷。解决的根本途径在于更新现有的管理制度，通过竞争机制激发期刊的内生动力。其次，在外审中存在免责化内卷，其主要表现是，编辑部为了推卸退稿责任而把自己已经判断为退稿的文章仍交给外审专家去审阅。破除免责化内卷，必须摒弃不合理的外审理念。再次，在学术规范上存在精致化内卷，主要体现在对低重复率的过度追求而带来的刻意修改，以及由于缺乏统一格式要求而导致的反复修改。超越精致化内卷需要灵活的查重规范与统一的格式规范。最后，在期刊评价上存在工具化内卷，表现为对影响因子、转载等指标的过分追求，对核心期刊、顶级期刊、权威期刊等级别的过度在意。改进科研考核体系与期刊评价体系，会有效缓解工具化内卷。

关键词

内卷　选题　外审　学术规范　期刊评价

近年来，内卷成为一个热词，频频出现在网络、报刊之中。内卷通常指只有低水平重复而没有实质性进步。其主要表现为一种“没有发展的增长”状态，“低水平的缠绕和自我重复”，对“系统内部细节过分的精细”，让“内部变得更加复杂”等。内卷的手段通常有三种：一是不断地重复自我或复制别人；二是添加不必要的环节，让原本简单的东西复杂化；三是对细节进行反复修改，表现为无意义的精致化。这些手段在操作上往往比较简单，在结果上只是让现有的东西在表面上看起来与原来的不同，实际上却没有任何创新。

如今，职场的内卷、教育的内卷、经济的内卷、政治的内卷，甚至学术研究的内卷都已经被面面俱到地分析过了。然而，关于学术期刊的内卷却鲜有人提及。事实上，按照上述内卷的主要表现与手段来衡量，我们会发现，内卷的倾向其实早已经在学术期刊界蔓延滋生。虽然学术期刊的内卷在某种程度上是学术研究内卷的反映与延伸，因为学术期刊毕竟是学术研究成果展示的载体与平台，但这里我们搁置学术研究的内卷不言，而只探求学术期刊自身的内卷表征及可能的超越路径。

学术期刊的内卷主要表现出四个特征：选题的同质化、外审的免责化、学术规范的精致化、期刊评价的工具化。突破内卷的困境，需要建全管理制度，推动学术期刊发展。

一、选题的同质化内卷

被学界反复诟病的同质化是学术期刊内卷的重要表现之一。目前国内的学术期刊尤其是综合性学术期刊多数不仅在刊名上趋同（多数综合性学术期刊的名字都是 ×× 社会科学或 ×× 学报），而且在内容上也颇为相似，如栏目设置大同小异（多数综合性期刊都是几大学科的拼盘），选题策划重复雷同（不同期刊都关注同一问题）。选题的同质化一方面是期刊对学术热点的共同追逐造成的，另一方面也是对知名期刊刻意模仿的结果。期刊选题追逐学术热点，本无可厚非，但某些学术期刊只重视自己有没有热点选题文章，而不重视选题文章的质量，于是出现了跟风式的选题策划，甚至直接复制名刊、大刊的选题。这样的选题策划是浮躁的，不仅无益于学术创新，还会让刊物走向媚俗与平庸。

破解同质化内卷，需要让学术期刊树立起品牌意识，积极主动地打造自己的特色。而这种意识应该由期刊的内驱力来推动，因此如何激发与释放学术期刊的内生动力就是关键所在。然而，学术期刊活力不足的一大原因是管理制度滞后。目前我国学术期刊多数还是计划经济的经营模式，相比于国外学术期刊的市场化运营，国内的学术期刊往往依赖政府拨款，这种吃皇粮的状态，让某些学术期刊宁愿安于现状，乐于自我重复或复制他人，不愿突破创新。虽然早在 2012 年，新闻出版总署就发布了《关于报刊编辑部体制改革的实施办法》，指明了学术期刊市场化改革的方向。但学术期刊绝不是单纯以盈利为目的的商品，它还涉及学术的传承与创新等国家文化软实力，所以单一的市场标准是不够的。正是这一特殊性，让学术期刊市场化改革实行起来困难重重。因此，如何在引入竞争机制，让学术期刊真正实现优胜劣汰，激发出其内生动力的同时，也能继续发挥传播学术成果、繁荣学术研究的功能是管理层亟待解决的问题。2021 年 5 月 18 日中宣部、教育部、科技部印发《关于推动学术期刊繁荣发展的意见》，明确提出今后要“不断完善把社会效益放在首位、社会效益和经济效益相统一的体制机制”。我们期待新的顶层设计，能让学术期刊积极策划自己的特色选题，打造自己的品牌期刊，走出同质化的内卷怪圈。

二、外审的免责化内卷

如前所述，内卷还会通过添加不必要的环节来运行，让原本简单的事情复杂化，学术期刊外审中的免责性内卷就是这种手段的典型体现。所谓外审的免责性内卷是指，编辑部为了推卸退稿责任而把自己已经判断为退稿的文章仍交给外审专家去审阅，其目的仅仅是为了给作者有个更加冠冕堂皇的退稿借口：外审没有通过。这类稿件明明编辑部就可以直接退稿，但由于作者托了关系，或者作者位高权重、身份特殊等原因，编辑部不敢或不便直接告知作者，而不得不利用外审专家毙稿，从而推卸掉编辑部自身的责任。这种免责性外审已经在不少学术期刊编辑部通行，以至于现在某些外审专家接到这种明显质量不高的稿件也不再惊诧，而是深知编辑部的苦衷，心照不宣地为编辑部代行其职。然而，这种仅仅为了免责的外审显然是增加了不必要的环节，是内卷的表现。

外审是指由编辑部以外的相关专家学者来判断稿件能否刊用或如何修改。通常认为，外审的初衷是出于两方面的考虑：一是借助专家学者的专业知识，对稿件的创新性、学术价值等进行分析，以帮助编辑部对稿件的质量进行把关。这一目的显然非常合理，同行专家学者对同学科、同领域的问题更加熟悉，能对稿件予以更加专业与权威的评价，可以弥补编辑自身的知识局限所导致的审稿偏倚。但另一方面通常也有人认为“同行专家外审，其核心理念是通过‘第三方’评审来确保公正性，有效避免人情稿”。这一外审观点恐怕就值得商榷了。这种仅仅为了免责的外审理念带来的后果就是，很多不必要外审的稿件被送到外审专家的手里，从而造成资源的浪费，不仅浪费外审专家的时间与精力，也耗费了编辑部有限的外审费用，更徒增了作者等候审稿结果的时间成本。只有摒弃利用外审退稿的审稿理念，才能彻底打破学术期刊的免责化内卷。

三、学术规范的精致化内卷

近年来，学术规范越来越受到重视，为了防止抄袭、剽窃等学术失范现象，出现了学术不端检测系统，于是检测重复率成了论文完成后、期刊发表前的必备项目。学术期刊也将低重复率作为一个硬性指标，即只要论文的重复率超标，那么发表免谈。当然，如果是抄袭、剽窃导致的重复率高，那么论文被一票否决无可非议。但有时合理引用也会让查重系统判定为重复，而这时学术期刊同样会要求作者“降重”后再说其他事宜。事实上，目前的学术不端检测系统虽然不断升级，但仍存在不尽如人意之处，无法甄别抄袭与合理引用，于是许多必要自引、合理他引如对权威著作、历史资料、法律法规、专业名词、经典诗词、名言警句等的引用都被判定为抄袭。据学者反映，还有期刊因学术不端检测系统将摘要与正文判为重复，而要求作者修改……可是这种单纯为了“降重”而对合理重复所作的修改不仅无助于提高论文质量，反而有损论文整体内容结构，是毫无意义的。如前所述，内卷的手段之一就是对细节的不断修改，做无实质性意义的精益求精。对低重复率的过度追求，导致作者不得不对正常的文献引用、文字表述进行调整字序、替换同义词、变更表达方式等操作，这些刻意的修改手段确实能降低重复率，但这种修改对提升文章的学术价值毫无意义，可以说严重偏离了学术期刊展示优秀学术成果、促进学术创新的创设目标，实质上是内卷的表现。《人民日报》曾对此批评说：对过低重复率的追求让“学术创作某种程度上陷入了文字游戏”，“学术进步却徒劳无功，最终成为学术论文的形式主义”。

另外，长期以来，国内学术期刊界没有统一的格式规范，多数期刊都是参照国家标准如《文后参考文献著录规则》（GB7714—2015）、《期刊编排格式》（GB/T3179—2009）以及《中国学术期刊（光盘版）检索与评价数据规范》（CAJ—CD B/T 1—2006）等来制定自己的格式。这就导致诸多学术期刊的格式要求都不一样，各有各的标准，于是作者怨声载道：“发表一篇文章各家期刊都有自己的文献标注格式，改起来异常烦琐，而且各家杂志还都不一样，每家杂志都认为自己在捍卫学术规范。”的确，作者“一般采用一种模式将一篇文章书写完毕，但其投稿过程中却要反复修改以应对所要投稿的期刊的格式要求，因为有些期刊有时会直接以‘格式不对’拒绝相关作者的投稿，或者拒绝进入审稿环节，导致很多优秀稿件不能得到及时发表，特别是时效性较强的论文更是错过了较好的发表期”。由于学术期刊界没有统一的格式要求，作者来稿的格式五花八门，即使有些作者已经认真配合所投期刊的来稿须知中的格式要求，但实际上很少能做到十分符合，因此需要编辑对来稿格式进行再加工，于是统一论文格式就成为编辑出版流程中的重要工作，占用了编辑不少的时间与精力。可见，作者和编辑都在修改论文格式方面投入了大量工作。然而关键的问题是，论文的学术价值与撰写格式并没有直接关系，在不重要的细枝末节上不断地精致化，看起来严谨认真，实则是内卷。难怪有学者发问：“学术界为何不能把文献的标注格式统一化呢？早在 2000 多年前秦始皇就知道‘书同文，车同轨’这种标准化所具有的重要意义，我们今天怎么了？”

那么，如何超越这种精致化内卷呢？本文认为需要建立灵活的查重规范与统一的格式规范。一篇论文的重复率到底低于多少才算合理？这很难有一个固定标准。因为是否合理的关键取决于重复的目的是什么，是恶意抄袭还是正常引用？然而目前的学术不端检测系统恰恰在甄别这二者上存在明显的局限性。为了防止检测系统误判，期刊界提倡系统检测与人工检测相结合来判断引用的必要性与合理性，这就要求编辑部不要过度迷信检测报告的重复率数字，而要对检测报告进行具体分析。显然，一个灵活的查重规范可以将期刊编辑的主观经验与检测系统的客观数据结合起来，从而有效减轻追求低重复率而导致的精致化内卷。

与查重规范的灵活性需求相反，在格式规范上，学术期刊却亟需统一。每个学术期刊都有自己的格式要求，并认为这是自己刊物的特色而加以维护。但事实上期刊的特色并非要用形形色色的格式来体现，而应当通过科学的栏目设置、发表高质量的学术论文、刊登新颖的学术思想来体现。相反，学术期刊对“格式的固执，已经逐渐成为阻碍期刊之间相互交流和知识有效传播的‘异化’力量”，学术期刊本是学术交流的平台，是学术传播的载体，因此促进、实现学术论文的有效传播是其题中应有之义。然而，学术期刊对格式的过于执着，已经成了学术论文传播的阻力。此外，期刊出版中对论文格式的要求，本身没有价值上的好坏，也没有位阶上的高低，更没有对错之分。因此，一个科学合理的统一格式，不仅有助于学术传播，也将极大减轻作者与编辑的重负，将二者都从格式精致化内卷的泥淖中拯救出来。

四、期刊评价的工具化内卷

学术期刊对影响因子、引用率、学术影响力等排名的过分追求，对核心期刊、顶级期刊、权威期刊等级别的过度在意，也是内卷的表现。学术期刊本来只是学术成果发表的载体、学术交流的平台，然而，如今我们却把学术期刊进行等级划分与排名，并将其与研究成果的重要性相关联、与高校教师和科研人员绩效考核、研究生毕业等联系起来。这样一来就出现了“以刊定文”“以刊定人”的怪象，即论文的学术价值由发文期刊的级别与排名决定，学者的研究能力由发文期刊的级别与排名来体现。影响因子至上和唯核心期刊现象在学界盛行，而学者对期刊等级与排名的追捧反过来又推动期刊不得不追求更高的影响因子与更前的名次。因为等级越高、排名越前的杂志，稿源就越好，订阅量与影响力就越大。为了获取高等级与好名次，有的期刊会重金买稿，即给著名学者的文章提供高稿酬；有的期刊声明自己倾向于发表长文章，因为无论是转载率还是影响因子的计算都是以文章被转载或被引用的次数除以发表的文章数量总和，而多发篇幅长的文章就会降低文章数量总和即分母，从而期刊就可以坐享其成，即什么都不用做，只改变文章的篇幅就可以有效提高转载率或影响因子；有的期刊明确表示自己偏爱发表基金论文，因为基金论文比是评价期刊等级与排名的重要指标之一；甚至还有期刊明确要求作者投稿的论文必须引用本刊发表过的文章……真可谓八仙过海，各显神通。然而，当学术期刊只注重眼前的名利，如为了获得国家社科基金的资助、为了在各大期刊排行榜中的好名次、为了进入核心期刊目录、为了成为CSSCI来源期刊而不择手段时，其本来的传播优秀学术成果、促进学术交流的功能与定位就消解了，最终沦为了追逐功名利禄的工具，内卷也由此不可避免。

走出期刊评价的工具化内卷怪圈，一方面需要改进科研考核体系，将学术期刊从职称晋升、绩效考核、项目评审、奖项评选、学位获取等科研考核工具中解放出来。近年来国家连续推出的“清理四唯”“破除五唯”政策，显然会缓解学术期刊的工具化内卷现象。另一方面还需要改进期刊评价体系，将学术期刊从现有的单一的以量化指标为主的期刊评价体系中解放出来。量化的期刊评价尽管有盲点和弊端，但也有其合理之处；如“它多一些客观性，少一些主观性，基本是适合目前我们这样一个公正规范评价尚未完善的学术生态环境的”，因此也不必废弃。但我们应想方设法来弥补它的不足，可以尝试把量化评价与同行评价结合起来，利用同行评议来平衡、补充单一的量化评价，从而实现客观评价与主观评价的综合，建立全方位、多维度的期刊评价体系。

学术期刊内卷倾向，主要表现为选题的同质化、外审的免责化、学术规范的精致化与期刊评价的工具化。选题的同质化、外审的免责化、学术规范的精致化是学术期刊内卷的内部机制，而期刊评价的工具化则是学术期刊内卷的外部强化机制。这一外部机制有着强大的生命力，它通过科研管理部门、期刊管理部门的政策导向与期刊评价机构的指标倾向，进一步加强了学术期刊的内卷。要超越内卷困境，除了学术期刊的自身努力，如彻底摒弃不合理的外审理念，不过度追求影响因子、转载、核心期刊等排名与等级之外，还有待于管理制度、科研考核体系与期刊评价体系的更新、完善。

参考文献

[1] 黄宗智．发展还是内卷？十八世纪英国与中国——评彭慕兰《大分岔：欧洲、中国及现代世界经济的发展》[J]. 历史研究，2002（4）.

[2] 韦森．斯密动力与布罗代尔钟罩——研究西方世界近代兴起和晚清帝国相对停滞之历史原因的一个可能的新视角［J］. 社会科学战线，2006（1）.

[3] Geertz, Clifford. *Agricultural Involution: The Process of Ecological Change in Indonesia* [M]. Berkeley and Los Angeles: University of California Press, 1963: 82.

[4] 李昕桐．克服学术研究“内卷化”的路径选择［N］. 中国社会科学报，2021-02-25.

[5] 贺雪峰．注意社科研究“内卷化”倾向［N］. 环球时报，2020-08-26.

[6] 杨雷．克服评议偏倚的关键在编辑［N］. 中国社会科学报，2012-07-18（B06）.

[7] 曹一红．学术期刊稿件外审机制探析［J］. 出版与印刷，2020（1）：81—85.

[8] 汪朝光．有关审稿制的几点思考［J］. 近代史研究，2018（5）：14—15.

[9] 王宇．学术不端文献检测系统研究综述［J］. 西南民族大学学报（人文社会科学版），2013（4）：236—240.

[10] 肖骏，谢晓红，王淑华．论学术不端的深度防范［J］. 编辑学报，2017（4）：365—367.

[11] 莫让论文“查重”成为学术上的形式主义［N］. 半月谈，2019-09-11.

[12] 李侠．如何破解科技界的内卷化现象［N］. 中国青年报，2020-12-10.

[13] 李佳飞．法学学术期刊出版论文格式统一的困境与建议［J］. 科技与出版，2019（3）：108—114.

数字赋能出版产业高质量发展

东方出版中心　马晓俊

摘　要

科学技术作为第一生产力，对文化产业的高质量发展有着强大的推动作用。近年来，借助数字技术的应用，文化产业获得了长足的发展，担当文化使命的能力也得到了空前提升。但是，理应成为引领整个文化产业发展方向的出版业，却在数字技术的应用上比较滞后。为了不负使命，出版人要顺应数字经济大趋势，充分利用好数字技术，以数字赋能出版行业，在数字流程管理、数字营销、数字内容生产以及数字体验等多方面加大力度，以满足人民群众日益增长的阅读需求，推动出版行业改造升级，重塑行业格局，更好地实现出版产业高质量发展。

关键词

数字　赋能　出版　高质量发展

习近平总书记指出："要顺应数字产业化和产业数字化发展趋势，加快发展新型文化业态，改造提升传统文化业态，提高质量效益和核心竞争力。"当前，国内相关数字技术日益成熟，数字消费市场规模不断扩大，这都为加快出版产业供给侧结构性改革，实现高质量发展开辟了巨大的空间，提供了通过数字赋能出版产业实现高质量发展的可操作路径。

一、顺应数字经济大趋势，重塑行业格局

十九大报告明确指出："推动文化事业和文化产业发展。满足人民过上美好生活的新期待，必须提供丰富的精神食粮。"出版人要深刻把握出版物的思想内涵，着眼价值追求，充分发挥精神文化产品创作生产传播的引领作用。新时代的出版使命和责任担当已经不再是解决"有和无"的问题，而是"好不好""能不能满足"人民群众日益增长的阅读需求的问题。

回顾改革开放以来出版行业的发展历程，我们可以看到出版格局发生的诸多变化以及当下面临的崭新挑战：首先，是传统出版产能过剩的问题。根据《中国出版年鉴》与《全国新闻出版业基本情况》的有关数据，2000 年到 2019 年，全国图书品种从 14.33 万增长至 50.60 万，增长了 2.5 倍，定价总金额从 430.10 亿元增长到了 2032.97 亿元，增长了 3.73 倍，而总印数仅仅从 62.74 亿册增长至 86.93 亿册，增长幅度只有 38.55%。换言之，市场上的图书数量越来越多，单品种定价越来越高，单品种印数却越来越少。其次，是图书出版结构不够合理的问题。低水平的重复出版问题比较严重，只有数量、没有质量，跟风出版、同质化出版等至今依然是非常普遍的现象。原创作品越来越乏力，“炒冷饭”或者一窝蜂上公版图书，导致出版市场图书供给在结构上日益失衡。

而另一方面，我国在数字经济领域展现出一个欣欣向荣、大踏步发展的新天地。我国数字经济总量跃居世界第二，成为引领全球数字经济创新的重要策源地。据国家互联网信息办公室近期发布的《数字中国发展报告（2020 年）》显示，我国网民规模由 2015 年底的 6.88 亿增长到 2020 年底的 9.89 亿，互联网普及率由 50.3% 提升到 70.4%，信息消费由 2015 年的 3.4 万亿元增长到 2020 年的 5.8 万亿元。2020 年，我国数字经济核心产业增加值更是占到了 GDP 比重的 7.8%。数字经济持续快速增长，已经成为推动经济高质量发展的重要力量。

传统出版社习惯用图书产品品种的粗放式扩张及提高定价进而提升码洋规模等方式，扩大生产规模，这在一定时期内虽然能实现产值的增长，但各项生产要素的投入比例其实存在较大的失衡，致使出版社重纸张材料、人力、出版资金等一般性生产要素的投入，轻知识、信息、技术等高级生产要素投入。传统的行业生产关系跟不上新时代行业生产力的发展要求，出现了人才流失现象。而知识、信息、技术等高级生产要素恰恰是数字经济时代，企业最应重视的生产要素之一。这在一定程度上制约了出版行业的深度发展。换言之，理应成为引领整个文化产业发展方向的出版业，却在数字技术的应用上出现了滞后的局面。

面对百年未有之大变局，准确把握世界经济发展大势和数字经济发展趋势，推动数字化发展和数字中国的建设，是国家“十四五”规划所确定的国家战略。《中华人民共和国国民经济和社会发展第十四个五年规划和 2035 年远景目标纲要》明确提出要实施文化产业数字化战略，壮大数字创意、网络视听、数字出版、数字娱乐、线上演播等产业。

因此，面对当下新的经济、社会发展阶段，作为文化创意产业的出版业需要有更高质量的发展，需要大力借助数字技术的应用，使自身获得长足的发展，使出版业担当文化使命的能力得到了更好的提升。为此，我们就要顺应数字经济大趋势，充分利用好数字技术，以数字赋能出版行业。笔者认为需要在两个方面推动出版行业的数字改造升级，重塑行业格局，实现出版产业高质量发展。首先是对内，实现数字内容生产的高质量化。要从过去的求量求规模，转变为求质求创新，把高质量和创意作为数字赋能出版行业并且长期坚持的发展战略。出版行业要加大对数字产品内容创意的投入和市场调研。河南卫视传统文化数字节目的破圈和火爆，深刻反映了目前的文化市场对于高质量数字产品的渴求。其次是对外，出版价值链条的去中心化。数字时代会进一步重塑当下出版的价值链条，打破目前相对线性的出版生产活动。特别是在数字环境下，读者、作者、交易平台、出版机构、出版从业人员及周边资源主体会共同在网构建新型的出版活动。对于出版行业来讲，需要充分发挥类似强大网络核心节点的作用，作为数字版权交易的发起点、跨圈跨地域跨时间各种资源的汇集点。考虑到未来进一步扩大出版数字产业的规模，在数字版权的追溯、确定、管理、分发、收益分配以及利用数字技术的对接就显得尤为重要，但这一点还有待如区块链等数字技术的进一步发展。

二、数字赋能出版流程和管理的优化、创新

新时代出版产业高质量发展，要在出版流程与管理方面进一步数字赋能，为优质内容的出现提供更好的基础支撑。

近几年，国家花了大力气在出版社的数字化转型升级上，出台了包括 CNONIX 标准在内的很多数字标准，用以盘活出版资源，再造数字出版流程，构建一整套数字化内容生产、传播、服务的标准体系和规范。不少出版社通过数字化转型升级，改变了以往的剪刀加糨糊的手工小作坊式的生产模式，逐步转变到以社内数字平台（如云因 ERP 系统、天翼系统等）为主体的数字化出版流程与管理上。

但比较遗憾的是，目前包括云因、天翼等系统在内的出版流程与管理数字系统，缺乏必要的功能迭代以及更为深入的数据支撑，导致不少出版单位表面上使用着 ERP 管理系统，实际上却是流程和管理两张皮，线上线下重复操作、数据信息孤岛的现象并不少见，并没有把数字管理平台的最佳生产效率发挥出来。此外，大量的生产、经营数据在编辑、发行、出版等环节长期沉寂，没有充分共享，没有被充分研究利用，且系统因内部封闭要求，更缺乏与外部市场信息的交互与沟通，从而导致有些出版社的优质内容缺乏足够的市场数据反馈以致创新不足，又或者是内部没有优化充分导致市场预期不佳。

因此，在数字经济时代下的出版产业的实践中，要深刻把握内容的数字属性，积极

推动生产要素与数字经济的融合发展，提升图书产品的经济附加值，从出版的流程和管理上，形成内部资源开发到要素转化再到融合产品的生产链条，将策划、编辑、设计、出版、运营、营销、发行、仓储、物流配送管理用数字赋能的方式，实现全流程的数据管理，更好地形成对读者阅读需求的数据洞察、对图书产品的个性化定制以及宣传推广的精准传播。

值得一提的是，现在业内广泛关注的内容产品的 IP 开发与转化也更加需要依赖数字赋能后的版权管理系统支撑。一方面，IP 运营需要依赖更为市场化和细分化的授权种类的数据支撑，如剧本、音乐、词曲、美术造型、影视、广播等等。另一方面，随着数字社会的发展，越来越多的 IP 产品需要运用到数字加密、用户环境检测、付费跟踪、存储管理等多种数字管理手段，这也需要出版社在目前的系统上进行数字赋能，提升相关的系统功能。

2020 年 4 月，国家发改委、中央网信办印发了《关于推进“上云用数赋智”行动培育新经济发展实施方案》，从实施路径上，对于需要数字赋能出版流程和管理的单位来说，“上云”就是要出版社数据上云，出版行业数据上云，并配套云服务支持政策；“用数”就是充分挖掘和运用管理系统的大数据，并且基于大数据，对出版社的产品模式、运营模式和管理模式进行重构；“赋智”就是基于云计算和大数据赋予出版社智能化的大脑，形成智能化的核心能力，进而逐步实现出版社在人、财、物生产要素上的边际效应，形成符合数字时代出版发展要求的生产力和生产关系。

三、数字赋能出版营销模式的变革

云旅游、云直播、云展览、云演唱会……新冠肺炎疫情期间，很多活动被迫转到“云端”进行。这些初期看似无奈的应对之举，却收获了出其不意的效果。

2020 年 1 月以来，出版社也开始纷纷转战线上，从编辑到发行营销人员，再到社长、总编辑们，纷纷转身成为直播带货的主播，书店、电商也加强了直播卖货的技术支持，直播带货常态化成为国内出版行业在 2020 年上半年的热门话题。安徽少年儿童出版社的《中国经典动画珍藏版》现身薇娅直播间，短短几分钟内销售 3 万余套，销售码洋超 500 万；人民文学出版社出版的诺贝尔文学奖得主莫言的新书《晚熟的人》，在线上举办了一场读者见面会，“围观”人数达到 150 万，当晚直播结束，带来的图书销量就达 3.5 万册；东方出版中心出版的由黄圣依和她的妈妈共同编写的新书《岁月可当歌》，在杨子直播间向嘉宾、读者分享爱和成长的故事，开播很短的时间就实现了 1500 套的销售。这些不错的销售数字，其实是数字赋能出版营销的结果。新型数字营销模式的迅速发展，是出版社用丰富优质的线上内容供给，满足人民群众的精神文化需求。

新时代的数字赋能出版营销主要有两个方面的深层含义：

第一，数字经济时代赋予读者需求更加重要的地位。通过数字媒介，在与读者随时随地、直接迅速地线上沟通过程中，读者与书籍之间、读者与编辑之间、读者与出版机构营销之间的传统关系被以数字的方式重新建构，很多以往在传统关系模式下带来的沟通矛盾、需求不足、沟通时效性问题，因数字技术以及互联网模式的加持，直接实现了在场式的优化。更为重要的是，以往的线下活动单纯由主讲全程宣讲，读者在讲后提问由主讲再进行回应。现在，传统互动模式转变为线上直播，主播在主讲的同时，线上读者通过弹幕或者评论区实时留言的方式，实现了主播与读者之间及时互动，主播可以根据读者的线上反馈和提问，马上调整自己的主讲内容，把控性更强，互动更为直接有效，读者的需求因第一时间被回应，获得了极大的满足感。另外，读者还能通过刷礼物等方式，给主播带来新的收益，开辟除线上图书销售实现营收以外的溢价服务收益部分。

第二，数字赋能出版社在营销矩阵化和销售网格化方面“精耕细作”，以期实现更大的市场收益。传统的4P营销理论是大多数出版社开展市场营销工作的基础理论。图书产品、经销渠道、图书价格、价格促销这四个方向是出版社进行市场营销的核心要素。随着市场细分的深入，数字时代信息的饱和和分散、自媒体繁荣以及大量同类新书的涌现带来的过度竞争，这种传统的4P营销理论越来越面临挑战。直线式的营销思维更是这种传统出版营销模式最为典型的特点。发行渠道差，那就增加发行渠道的开拓力度，加大对图书经销商的激励或支持力度；图书推广效果不佳，那就增加营销费用投入，或者直接砸钱买榜或者购买平台的图书资源位；图书价格偏高担心卖不出去，那一上市就打折促销。但是，对于一家出版社来说，市场营销永远存在短板，木桶理论的存在使得出版社在图书产品、经销渠道、图书价格、价格促销四个方向上永远不可能达到完美，永远存在某一方面弱于竞争对手的情况。用有限资源去满足所有的竞争需要就会出现拆了东墙补西墙，这本书打打折扣，那本书铺一下地区性渠道，出版社的市场营销部门永远处于一种被动的救火式的营销模式中周而复始，时间一久更显得对于图书市场有点力不从心。

数字赋能出版社在营销矩阵化和销售网格化上的能力，重点不在于与竞争对手的竞争，而将重点放在和读者的沟通以及对读者需求的研究上，与不同行业、不同品牌企业进行的嫁接合作，实现内容产品市场化和持续收益。销售网格化更意味着出版社的营销资源可以分散到更多的细分市场上，可以适应日渐小众的市场状态。如华东理工大学出版社深耕社群营销，对于特别是日语等语言学习类垂直领域的图书产品，采用大数据分析驱动市场营销，用融合出版的形态促进了产品线的全面发展。

四、数字赋能出版阅读体验的创新

党的十九大以来，“全民阅读”成为扎实推进社会主义文化强国建设的重要举措。2020年政府工作报告指出：“推进城乡公共文化服务体系一体建设，创新实施文化惠民工程，倡导全民阅读。”这是全民阅读连续第八次被写入政府工作报告。在新时代数字赋能出版阅读体验的创新，试从下面两个方面作内涵分析。

第一，出版业的数字生态要求内容产品朝着多元化的方向发展，进一步满足读者多场景的阅读需求。随着生活节奏的加快，5G网络以及手机终端的高普及率，越来越多的人除了追求阅读纸质图书以外，有更多的人，比如在地铁的通勤、在上下班驾车、居家家务、戴耳机个人锻炼等多个场景中选择听书、习惯听书，可以说数字时代进一步放大了人们的阅读需求。

最新发布的《2020年度中国数字阅读报告》显示，2020年用户平均单次有声阅读时长为62.8分钟，已经与电子阅读、纸质阅读的时长不相上下。2020年，中国数字阅读产业规模达351.6亿元，其中有声阅读收入中，付费音频收入更是占到了惊人的62.6%。根据艾媒咨询的数据显示，2020年中国在线音频用户规模已经达到了5.7亿人，预计未来继续保持稳定增长，2022年将达到6.9亿人。这就意味着有声阅读市场的需求将远大于目前的内容供给，这对出版社来讲，是一个通过数字赋能出版实现多场景满足读者阅读体验的发展机遇期。人民文学出版社、上海译文出版社、中华书局、中信出版社等出版单位已经制作了超过数万本有声书。值得关注的是，有声数字读物正朝着精品化、主题化的方向发展，喜马拉雅投入制作的《三体》广播剧，既受到原著作者刘慈欣的高度评价，又让听众感觉“像用耳朵看了一场《三体》电影”。国家新闻出版署组织实施的“2020年全国有声读物精品出版工程”项目中，如《从一大到十九大：中国共产党全国代表大会史（有声书）》《〈共产党宣言〉与新时代》《星火燎原・精选本（融媒书）》《耕海探洋》等一批题材丰富、风格多样、制作精良的有声读物入选。

第二，对美好生活的新期待，让读者对于书店的阅读体验在数字新时代也有新的需求。上海黄浦区将最好的建筑空间交给图书阅读，交给文化，成就了思南书局，读者在这样的阅读空间，体验到的是历史老建筑、闹中取静的社区文化；上海中心52层朵云书院（上海中心旗舰店）成为上海海拔最高的“空中书店”，抬头看云，低头看书，更让读者有前所未有的阅读感受。而数字赋能出版，同样需要进一步满足读者在追求美好、追求新阅读体验，结合新的实体书店阅读空间，充分运用数字化手段，提供适合产品乃至品牌发展需要的数字阅读服务。

上海市文化和旅游局新近发布了上海市《2021年“建筑可阅读”十大行动计划》，传统的线下建筑阅读以数字技术结合的方式，通过二维码扫描，实现了建筑的“可读”“可听”“可看”“可游”。上海人民出版社出版的《这里是上海：建筑可阅读》通过图书出版，讲述老建筑的故事、上海的故事、中国的故事，并结合上海电视台“侧耳”主播团队的现场朗诵关于中共一大会址、外滩建筑群、武康大楼、上海国家会展中心等多处建筑主题内容，吸引了一大批市民驻足聆听。通过强化主题式文化活动，吸引大量读者就图书内容，围绕老建筑、城市历史、城市文化进行主题性引导、话题性设置，通过数字手段与图书内容的深度结合，为阅读空间引流，进而提升图书产品的竞争力，增强出版社品牌文化在数字时代的影响力，核心就在于为读者提供层次更为丰富的阅读体验和阅读服务。

综上所述，通过数字赋能出版，实现出版的高质量发展，对于出版行业的未来尤为重要。在国家层面，正在大力推进数字经济、数字城市、数字政府的宏观战略背景下，出版单位应及时把握新时代读者需求的变化，了解数字技术的革新并找到适合自身情况的数字发展道路，深耕内容、精准营销，多出精品力作，以满足人民群众日益增长的追求美好生活的需要。这是时代赋予出版的文化使命，更是党领导下的出版业必须承担的历史任务。

参考文献

[1] 中国数字出版产业年度报告课题组.步入高质量发展的中国数字出版——2019—2020年中国数字出版产业年度报告[J].出版发行研究，2020(11).
[2] 鲍洪俊.聚焦数字赋能，构建出版发展新格局[J].中国新闻出版广电报，2021(1).
[3] 夏德元，刘博.智能媒体时代的出版变局与编辑身份危机[J].编辑学刊，2020(6).

突发公共卫生事件中出版人的责任与担当
——以抗击新冠肺炎疫情为例

复旦大学出版社　魏　岚

摘　要

2020年初，新冠肺炎疫情突然暴发。在党中央领导下，全国上下迅速展开疫情防控的总体战、阻击战，取得伟大胜利。出版机构克服重重困难，尽心尽职，出版了一系列抗疫图书，在发挥融合出版优势，将传统出版和网络出版、数字出版有机结合方面进行了积极探索和实践，从专业、科普、人文等角度全方位记录这场百年大疫，并同全国和全世界人民一起担负起防疫的重大责任，显示了出版界在这场疫情防控行动中的责任与担当。

关键词

突发公共卫生事件　新冠肺炎　编辑出版　责任与担当

2020年初，新冠肺炎疫情改变了我们的生活，也改变了世界。这次突如其来的疫情有涉及面广，传染性强、难以防控等特点。在党中央领导下，全国上下广泛动员，各司其职，行动迅速，取得伟大胜利。面对突发的公共卫生事件，作为出版人究竟能够做些什么？出版机构与出版工作人员需要肩负起怎样的职责？新冠疫情期间，中国的出版工作者用实际行动交出了一份出色的答卷。

2021年2月23日，习近平总书记在统筹推进新冠肺炎疫情防控和社会经济发展工作部署会议上发表讲话指出，加大宣传舆论工作力度，统筹网上网下、国内国际、大事小事，营造强信心、暖人心、聚民心的环境氛围。任务重，时间紧，国内各类出版机构克服了重重困难，努力将传统出版和网络出版、数字出版有机结合，在第一时间之内就出版了大量疫情防控读物，从专业、科普、人文等角度全方位记录这场百年大疫，为共同战“疫”贡献了自己的力量，在危机中出色地承担起了出版人的职责。

一、出版人的责任与担当

在抗疫斗争的大格局下，国内的出版机构行动积极，快速地出版了围绕疫情的相关读物，使广大人民群众能在第一时间获取相关信息，能够较为全面地了解关于疫情的科学知识，坚定抗疫信心。据统计，国内561家出版社（不包括军队系统出版社）中有275家推出相关图书676种，占49.0%。其中114家开设了182个知识资源服务平台，占20.3%。还有72家兼具两种模式，占12.8%。

（一）学术专著：面向专业读者

此次疫情来势凶猛、发展迅速、波及面广，但是人们对新冠病毒知之甚少，相关的知识储备不足。病毒传染力强、变异快，暴发初期流行病学数据也不充分。临床一线需要相关的权威研究成果和数据支撑就成为一项十分迫切的任务。

复旦大学出版社（以下简称“复旦社”）在疫情初期，克服居家办公的种种困难，策划并出版了上海救治新冠肺炎专家组组长张文宏教授主编的《2019冠状病毒病——从基础到临床》。专家组的医生们在1个多月的时间里，成功救治300多位新冠肺炎患者，这是非常宝贵的治疗经验。本书将宝贵的诊治经验进行整理归纳，在专业层面上深入探究了新冠肺炎的一些流行病学特点，包括病原学、病毒分子生物学、病毒学研究经过以及国内外相关的最新研究进展，还深入地介绍了国内外关于这一新发传染病的临床表现、诊断及治疗等内容。专家团队还利用业余时间撰写了20多篇关于疫情分析、科学正确的防控策略和防控方法的战役日记，在华山医院微信平台陆续推出，市民反响热烈。本书将这些战疫日记收录于附录中，以非常具体、生动的形态来反映新冠肺炎的流行病学及诊治、防控方法，以及临床一线的深入思考。这是国际上第一部介绍新冠肺炎的专业书籍，为临床一线的诊断、救治和护理工作提供了第一手的参考资料。同时，复旦社还策划了由复旦大学附属华山医院李圣青主任总结武汉前线救治经验的《呼吸危重症临床实践手册》。

为了加强参战医护人员对新发突发传染病的防控能力和专业技术训练，人民卫生出版社（以下简称“人卫社”）应急出版了《方舱策——武汉方舱医院的实战与经验》《抗击新型冠状病毒感染医务人员临床防护培训手册》《新型冠状病毒肺炎安全防护》等图书，上海科学技术出版社（以下简称“上海科技社”）出版了《方舱医院感染控制手册》（电子书），上海交通大学出版社（以下简称“上海交大社”）出版了《新冠肺炎防治精要》，为提升一线白衣战士的自我防护水平和应急抗疫能力提供了重要保障。

（二）数字教材：停课不停学

为了有效地阻断传染源、防止群体聚集、保护易感人群，必须进行有效的隔离和防控，全国大中小学生因此不能按时返校正常学习，停课不停学、网上继续学。人卫社应急启动“人卫教材电子版上线工程”，免费开放教材、慕课、学术专著、科普读物等网上读物 776 种，其中教材 561 种，慕课 173 种，学术专著和科普读物 42 种。

复旦社也为全国各高校的师生免费提供教材课件 800 余种，并免费开放网络学习平台——eLearning，帮助学校和老师顺利完成停课期间的教学工作。

（三）科普读物：面向普通读者

在全媒体时代，一旦发生突发公共卫生事件，往往伴随大量的民间讨论，很容易就会引发舆情问题，尤其是在网络空间。市民对病毒的了解非常有限，相关的医学知识往往是一片空白，由于信息良莠不齐，公众容易造成恐慌。所以图书出版，尤其是医学类图书的出版承担着重要任务，应发挥专业优势，积极、客观地传递科学的信息。

上海科技社在这场战斗中表现积极，从防疫科普到心理健康，出版了一系列抗疫图书，如《抗疫・安心——大疫心理自助救援全民读本》《张文宏教授支招防控新型冠状病毒》《上海战疫硬核科普》《张文宏教授再支招新冠疫情常态化下健康生活》《新型冠状病毒肺炎预防与控制 100 问》（电子书）。《张文宏教授支招防控新型冠状病毒》更是受到广泛的欢迎，总共印刷 111 万册，以图文并茂、通俗易懂的风格向普通读者普及科学的防疫知识。

复旦社仅用了 16 天就策划并出版了由上海女医师协会组编的《对新型冠状病毒肺炎说“不”》，还出版了《新型冠状病毒肺炎公众防护简明知识读本》（电子书）。人卫社也迅速出版了《新型冠状病毒感染的肺炎公众防护指南》。随后，《新型冠状病毒肺炎公众问题答疑》《新型冠状病毒肺炎健康教育手册》等权威系列科普读物也相继陆续出版。

科普图书的及时出版将科学权威的防护知识及时准确地传播给老百姓，起到了积极作用。

（四）医学人文：讴歌逆行出征的白衣天使

为了打赢这场疫情阻击战，党中央果断决策，从全国调集 340 多支医疗队、22 支国家紧急医学救援队、36 支防疫队，4.2 万名医护人员、疾控人员驰援湖北，与湖北医务人员并肩作战。当笔者看到自己的校友们义无反顾地奔赴抗疫前线的时候非常感动，觉得应该做些什么来记录他们临危不惧、逆行出征的感人事迹，于是策划了《白衣战疫为人群：复旦上医抗击新冠肺炎疫情纪实》，以记录复旦大学上海医学院援鄂医疗队511名队员及驻守上海的医生、护士、疾控人员临危不惧、大医精诚的崇高精神和感人事迹。同时还策划了后疫情时代总结公共卫生教育体系改革和建设的《当下与未来》和反映复旦青年担当的《向心而行——复旦青年如是说》。人卫社组织策划了“白衣执甲、逆行出征：致敬最美战‘疫’医务工作者丛书”等一系列医学人文选题。上海交大社策划了《查医生援鄂日记》，一经推出便获得读者青睐，且获得多个奖项。

（五）版权输出：讲好中国抗疫故事

这场疫情关乎人类共同的命运，没有一个国家能置身事外，只有全世界人民团结起来，同心协力，才能取得抗击疫情的胜利。

复旦社策划出版的《2019冠状病毒病：从基础到临床》受到了广泛关注。本书是一部介绍新冠肺炎的专业书籍，张文宏教授将各语种版权都无偿捐赠复旦社，并由复旦社免费输出海外。在翻译志愿者的热情参与下，复旦社仅用了两个月的时间就将本书翻译成英语、西班牙语、法语并在全球首发，反响热烈。这是人类命运共同体思想的一次伟大实践。本书中文版的出版与海外版权输出充分体现了习近平总书记所强调的大国担当：“中国始终秉持构建人类命运共同体理念，既对本国人民生命安全和身体健康负责，也对全球公共卫生事业尽责。”

人卫社和五洲出版社联合将《新型冠状病毒肺炎公众防护指南》《新型冠状病毒肺炎公众心理自助和疏导指南》翻译成英、意、日、韩、法、西、俄、波斯、阿拉伯、马其顿语等10种语言在海外发行，并在2020年3月26日20国集团（G20）网络会议召开时全球首发；上海科技社向海外授予了《抗疫安心——大疫心理自助救援全民读本》《张文宏教授支招防控新型冠状病毒》19个语种的版权；上海交大社的《查医生援鄂日记》《新冠肺炎防治精要》也向海外授权多个语种的版权。

这些优秀图书的出版和版权输出为全球抗疫提供了中国方案，与全世界人民战“疫”分享了中国经验，为人类卫生健康事业的共同体作出了自己积极的贡献，体现了大国担当、中国精神。

二、几点思考

在这次疫情中，各级各类出版机构进行积极探索和实践，及时推出了一大批优秀的战“疫”出版物，发挥了积极作用，相关经验值得总结，以提供有益参考。

（一）政治敏锐性

疫情全球蔓延后，出现了疫情政治化倾向，个别国家或政客为了抹黑中国，完全无视我国取得的卓越抗疫成绩，试图在病毒源头问题上做文章。在这样的背景下，出版机构和编辑无论是在策划选题时还是在图书编辑过程中都应该保持高度的政治敏锐性，对有可能引起歧义的问题严格把关，努力普及科学知识，让医学科学始终站在第一线，避免造成不必要的各种问题。

（二）科学性与严谨性

强大的作者团队是优质选题和内容科学性、严谨性的重要保证。编辑在平时的工作中应该紧跟学科前沿动态，积极参加学术会议，充分深入作者群，了解作者的研究方向以及最新的科研成果，并积累自己的作者资源。这样才能在策划选题时，根据权威性、专业性和实践性选择最合适的作者。如《2019 冠状病毒病：从基础到临床》主编张文宏教授长期从事感染病学的研究和临床诊疗工作，这次战斗在抗疫一线。所以请他做主编是本书科学性的有力保证。出于对读者的高度负责，出版单位应将严谨科学的治学精神贯穿于策划出版的整个过程。从策划思路的建立到成书出版，编辑应全程参与，与作者共同推敲书稿。

从出版团队来讲，在这类图书的组织策划和出版工作中，有医学图书出版资质的出版社更有优势，可以发挥更大作用。原因有二：一是这类图书涉及医学知识，有医学图书出版资质的出版社的编辑具备医学背景，在内容的把握上更具专业性；二是有医学图书出版资质的出版社对医学专业领域非常熟悉，作者资源丰富，对相关选题的组织、策划和出版更有经验。

（三）时效性

公共卫生突发事件的特点是突然性、快速性、激烈性，所以这类图书出版周期要短。这打破了出版的一般节奏与规律，需要反应速度快，让大众在最短时间内从正规渠道获得相关知识，以最大限度地减少流言的产生和扩散。这既有利于整体防控，也有利于缓解恐慌情绪。在这次疫情防控的过程中，第一本关于新冠肺炎防护的图书于 2020 年 1 月底出版，截至 3 月底，相关图书已出版约 600 种。

从 2020 年 1 月 29 日启动，到 2 月 2 日电子书上线，上海科技社仅用 100 个小时就出版了《张文宏教授支招防控新型冠状病毒》，出版速度达到了一个新的高度。《新型冠状病毒感染的肺炎公众防护指南》(人卫社)也是超常规出版，2020年2月1日就已经把第一批1万册图书送到武汉。

值得注意的是，此次应急出版，数字出版在保证时效性方面发挥了重要作用，绝大多数的出版物都实现“纸电同步”，在出版纸质图书的同时，线上同样得到广泛传播，各大媒体平台都免费发布各种图书的电子版。

（四）避免重复——视角独特

面对突发的公共卫生事件，出版单位和出版人都在第一时间，尽其所能出版大量相关的图书，努力为满足社会的需求作出贡献。然而，众多同类图书涌入市场时，读者眼花缭乱，难以找到真正需要的图书和真正需要的知识，对于宝贵的出版资源来讲是一种浪费。因此，出版社在选题策划时应该依据自身优势，注重质量，错位发展，不跟风、不蹭热点，以质量取胜。

复旦社在组织、策划出版《对新型冠状病毒肺炎说“不”》时，发挥女医师的特长，关注儿童、女性和老年人等群体。在内容编排上，除了一般的防疫知识外，特别强调孕、产妇在疫情时期的紧急应对，儿童的行为、心理与营养防护，以及患有各种慢性病的老年人应该如何应对疫情等问题，为市民的日常防护和就医提供了非常详尽的指导建议。

（五）融媒体——网络传播的重要性

随着新媒体的发展，公众获取信息的途径发生了根本性的改变。据《光明日报》报道，中国新闻出版研究院组织的第16次全国阅读调查显示，在2018年，我国居民数字化阅读方式（包括网络手机阅读、在线阅读、电子阅读器阅读、Pad阅读等）的数字接触率为76.2%，相比较2017年上升了3.2%。目前，新媒体的传播媒介日趋多样，新书出版后既可通过官方网站、微信公众号发布信息，与公众互动，又可充分运用“互联网+”手段，通过短视频、直播、VR技术等音视频形式对医学科研成果、科普热点等进行宣传，打造权威的医学科普内容。

人卫社推出《新型冠状病毒感染的肺炎公众防护指南》电子书只用了1周时间。新华社通稿权威发布，学习强国、国家卫生健康委官网、官微权威发布图书出版新闻和免费电子版本。2月2日，人卫社官方“快手号”上线，首个视频《消除恐慌，理性应对》得到快手平台重点推荐，三天内播放量达到273.9万次。

上海科技社的《张文宏教授支招防控新型冠状病毒》(电子版)在“上海发布”“新

华网”“人民网”等平台免费发布;《抗疫·安心:大疫心理自助救援全民读本》(有声书)免费上线,全书电子版陆续在学习强国、掌阅、亚马逊、微信读书等平台免费上架,并开展一系列动画转化、主题直播、线上讲座、心理热线等公益活动。

复旦社的《2019冠状病毒病:从基础到临床》的中文版与海外版权的输出受到了社会各界的广泛关注和支持,被各大媒体高度关注并报道。截至2020年6月14日,全网约有94篇相关报道,包括学习强国、人民网、新华社、光明日报等各大媒体,总点击量保守估计超过6000万。《对新型冠状病毒肺炎说“不”》一书在各大媒体平台推出免费阅读,在搜狐的公众号上的总阅读量就超过了900万次。

这些实践说明,应充分利用新媒体的特点,将新的数字出版物更快地推送给更多有需要的读者们,借助新媒体手段,让更多的出版资源更好地为处于突发事件中的人民服务。

三、结语

面对突如其来的新冠疫情,全国出版人响应号召,积极行动。张文宏教授曾说:“我们每个参与其中的人都在用自己的方式记录这段历史,100年后,人们回望这段历史时,也许会看到我们的身影。”张文宏的感受,也正是所有参与其中的出版人的感受。在这场疫情防控总体战、阻击战中,我们也贡献了自己的绵薄之力!

参考文献

[1] 张志林,刘华坤.抗击疫情——出版服务快速响应 特点鲜明[J].广东印刷,2021(1):7—13.

[2] 杜贤.执笔出征 出版上阵 知识服务 科学战“疫”——新冠肺炎疫情防控出版实践和创新探索[J].中国出版,2020(13):14—21.

[3] 药蓉,王凤廷,董采萱.关于突发公共卫生事件中图书选题策划的思考[J].出版广角,2020(7):33—35.

[4] 杨中启.跟风出版的特点、成因及对策[J].学报编辑论丛,2006(0):288—291.

[5] 张淑会.突发公共卫生事件报道应把握好“度”[J].采写编,2008(3):36.

[6] 孙馨.突发公共卫生事件下卫生健康期刊选题策划思路探析——以新冠肺炎疫情报道为例[J].传播与版权,2020(12):30—32.

[7] 王斌会.新媒体时代突发公共事件中出版企业社会责任与社会效益契合探析[J].科技与出版,2020(2):1—3.

以融合创新推动高质量教材建设

华东师范大学出版社　赵建军

摘　要

当前在教材建设中存在建设主体对教材的性质和定位认识有偏差、教材开发的科学化水平不高、标准化产品面对多样化需求、教材信息传播不对称等问题。建设高质量教材需要以融合创新为驱动力，从目标导向、开发、生产、传播等环节推动各个创新要素的深度融合。

关键词

课程思政　教材开发　融合创新　全媒体传播

“十四五”时期，高质量发展是我国经济社会发展的核心主题，出版和教育同样如此。包含教材在内的教育出版是出版产业重要的组成部分，教材也是育人育才的重要依托，出版的高质量发展和现代化文化强国、教育强国目标的实现，必然要求建设培根铸魂、启智增慧的高质量教材。这也意味着教材出版依靠书号、人员、生产资料等要素投入实现规模的扩张及这种相对粗放的外延式增长模式急需转型。

据不完全统计，我国各级学历教育教材已近 19 万种，其中基础教育类教材近 1 万种，职业教育与继续教育类教材近 8 万种，高等教育类教材近 10 万种，有效支撑了我国建成世界上最大规模的教育体系。但也要看到，由于对教育教学规律、人才成长规律和教材建设自身规律研究不够，再加上部分教材出版机构对自身的使命和责任认识不到位，片面追求经济效益，教材出版中低水平重复建设的问题比较严重，与各级各类教育高质量发展需求之间的矛盾日益突出。教材出版的发展需要有新的动能，在出版融合发展的趋势下，以融合创新推动高质量教材建设成为教材出版发展现实的、可行的选择。融合创新主要是指将各种创新要素通过创造性的融合，使各创新要素之间互补匹配，从而使创新系统的整体功能发生质的飞跃，形成独特的创新能力和核心竞争力，包括产品创新、服务创新、业务流程创新、业务模式创新、管理创新及制度创新等。

教材的融合创新，可以从教材建设的目标导向、开发、生产、传播全流程进行研究和实践探索。

一、以课程思政为导向，促进三维目标的深度融合

习近平总书记旗帜鲜明地提出教材建设是国家事权。教育部发布的教材建设规划和教材管理办法，也明确指出教材必须体现党和国家意志，全面贯彻党的教育方针，落实立德树人根本任务，服务国家发展战略，强化规划和审核。教材建设必须坚持马克思主义的指导地位，体现马克思主义中国化要求，体现中国和中华民族风格，体现党和国家对教育的基本要求，体现国家和民族的基本价值观，体现人类文化知识积累和创新的成果，“一坚持五体现”指明了教材建设的指导思想和总体要求，是教材建设的基本遵循。

教材出版机构作为教材建设的主体之一，需要转变观念，准确地、深入地理解党和国家对教材建设的定位、指导思想和总体要求。教材是一种特殊的商品，不仅有市场属性，还有文化和政治、教育属性。教材出版机构的企业目标要服从和服务于国家的政治和文化目标、学校的教育目标。从根本上说，教材建设核心的问题是倡导什么价值、传授什么知识、培养什么能力，即价值引领、知识传授、能力培养三维目标。这与当前我国大中小学正在进行的课程思政研究和实践一致。

课程思政是一种“课程承载思政，思政寓于课程”的育人理念和方法。课程思政要求充分挖掘课程中蕴含的育人资源，强化育人理念，构建“价值引领、能力培养、知识传授”三位一体的教学目标，促使所有教学活动都肩负起立德树人的功能，与思想政治理论课同向同行，形成协同效应和育人合力，从而全面提升学生的思想水平、政治觉悟、道德品质、文化素养。

教材作为日常课程教学的基本依托，不仅是学生学习的重要资料，也是教师教学工作的重要参考。教材出版机构需要学习、借鉴学校课程思政建设的理论、方法和成果，将思政元素显性地或隐性地融入教材内容和教学资源中，促进价值引领、知识传授、能力培养三维目标的深度融合。

上海市教委联合上海10所课程思政领航高校，正在研制各个专业的课程思政教学指南、教学范例，已经出版《生物学科课程思政教学指南》《大学英语课程思政教学指南》《生态环境专业课程思政教学指南》《地理学类专业课程思政教学指南》，还有《法学学科课程思政教学范例》。这些成果都可以成为教材建设的重要参考。

二、从经验到理性，提高教材开发的科学化水平

传统模式下，教材一般是学校教师根据课程教学的需要自己编写然后向出版社投

稿，或者是出版社编辑根据市场调研向学校教师约稿。教材研发的主体单一，教材质量的好坏取决于教材编写者和教材编辑经验的丰富与否，仍然是一种经验范式，这往往导致教材理论与实践相脱节、教材中的知识体系落后于学科的发展。教材的研发需要实现主体的多元化和跨界融合，需要有规范的流程作保障，以及科学的方法和工具作支撑，进而实现教材研发从经验范式向科学范式转型。

（一）编写主体的多元化

根据教材管理办法，教材编写实行单位编写制。编写单位可以是院校、教科研机构、行业领先企业和出版机构。由编写单位组织编写团队，编写团队的组成人员包括：思政专家，主要从思想政治方面进行指导和审核把关；课程专家，起引领作用，给予编写人员课程开发理论、方法和工具等方面的指导及培训；学科专家，能较好地把握教材中的学科知识体系，包括基础的和前沿的学科知识；一线教师，长期从事教学工作，积累了大量教学资源，有着丰富教学经验，对学生的学习水平和特点非常了解；教材编辑，须提前介入，要让所有参编人员了解教材编写的基本要求和规范。职业院校的教材还需要吸收企业专家参与编写，因为职业院校专业课教材的内容必须与职业岗位的能力要求、操作规范相吻合。

高质量教材是团队合作集体智慧的结晶，是编写团队的创意和编辑人员的创意相互激发、融合的产物。复旦大学出版社发行量超 500 万册的《管理学：原理与方法》、华东师范大学出版社发行量过 3000 万册的《大学语文》、上海外语教育出版社的《大学英语》系列教材都是由专家团队联合编写的。

（二）开发流程的规范化

教材开发团队组建好后，要明确流程和分工，使教材研发工作合理分工、有序进行。

教材研发的流程一般为：组建开发团队；研读课程标准，主要是教育部发布的《普通高等学校本科专业类教学质量国家标准》、职业教育各个专业的专业教学标准；调研，开展人才需求和学科专业发展调研；制订教材开发总体方案，可以规定教材开发的理念、目标、基本要求和规范、进度安排、评价标准、保障措施等；教材结构设计，主要包括教材纵向结构设计，即知识序化的逻辑结构，以及教材横向结构设计，每个单元知识呈现的体例结构；试编教材样稿，供每位编写人员参考，并请思政专家、学科专家、企业专家等进行预审，安排学校试教试用，目的在于审查教材的思想性、科学性、适用性、可读性等；进行分工编写，及时沟通，尽早解决出现的问题；初稿出来后，主编一定要对全书进行统稿直至定稿；根据“凡编必审”的原则，教材出版前一定要进行审核，主要包括思政审核、专业审核、综合审核、专题审核、比较审核等。

（三）开发方法的工具化

由于教材研究的薄弱，目前还没有专门的教材开发工具，需要将各种课程开发的方法和工具加以改造和应用。比如，PBL 课程（问题式学习或项目式学习）有一套相对成熟的课程开发的理论和方法，职业教育中比较成熟的课程开发理论和方法如华东师大徐国庆教授的项目课程理论、北京师大赵志群教授的学习领域课程理论等，同济大学的蔡跃教授对活页式教材的开发也有比较系统的研究。

徐国庆主编的《中餐服务与管理》是按照项目课程的模式开发的，宋彩虹主编的幼儿保育专业系列教材也是按照学习领域课程模式开发的。

三、技术和设计双轮驱动，开发融合创新产品

融合创新产品主要解决的是标准化产品与多样化需求之间的矛盾，因为传统纸质教材一旦生产出来就成为标准化产品，其承载的内容和表现的形式固化，不会因用户不同而发生变化。但不同的学校由于人才培养目标、师资、生源、教学条件等不同，其对教材的需求也是多种多样的。另外，教材一般三到五年改版一次，远远滞后于当前知识更新的速度。信息技术在教材开发以及学校教育教学中的广泛应用和深度融合，为解决这些问题创造了多种可能。信息技术的运用，可以推动教材形态的创新，开发丰富多样

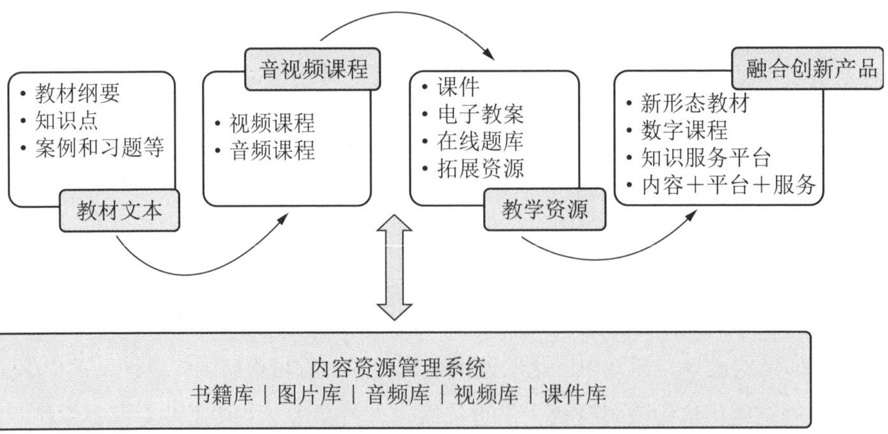

图 1 融合创新产品一体化设计制作流程及支撑平台

的融合创新产品，如纸数融合的新形态教材、数字课程、知识服务平台以及各种组合产品。

（一）一体化设计制作和多样化组合

一体化设计主要指的是教学设计和艺术设计的整体考虑。

在教学设计方面，教材是为课程教学服务的。首先，要围绕教师和学生的需求及实际情况，将一门课程的教学目标分解成单元目标再细分到课时目标；其次，根据目标选择教学内容，也即每个单元和课时涵盖的主要知识点；再次，根据知识点的性质进行媒体的设计和制作，知识可以分为动作技能、态度、言语信息、认知策略、智慧技能等不同类型，不同类型的知识可以用不同媒体形式来呈现，如文本、图文、音视频、动画、虚拟仿真软件等；最后，除了教材的主体内容外，从助教和助学的需求出发，还需制作一些配套的教学资源，如给老师用的课件、电子教案、备课素材等，给学生练习和复习用的在线题库、拓展阅读材料等。

艺术设计主要是从学校师生的审美需求出发，对融合创新产品的各个要素和整体进行形象设计，包括教材内容里的图表，教材的版式、封面、材料，数字课程的标志、片头片尾，知识服务平台的用户界面设计等。要让融合创新产品具有鲜明的辨识度，并能给师生带来美的享受。

按照上述一体化设计制作流程，将教材文本、数字课程、配套资源等开发好，可以将不同类型的内容资源进行多样化的组合。比如，将教材文本通过二维码与视频微课链接起来，就可以组合成微课版新形态教材；将教材文本与数字课程、学习平台等组合，可以形成慕课版新形态教材；音视频资源进行结构化或二次开发，可以作为独立的数字产品上线销售；数字资源积累到一定规模后，可以自建知识服务平台，这样平台或者“内容资源＋平台＋服务”都可以作为产品，向学校等机构客户销售。

（二）资源的碎片化、精细化管理，一次制作多次应用

融合创新产品开发的过程中会形成海量资源，特别是音视频、课件等，需要建设内容资源管理系统作为基础支撑。华东师范大学出版社的内容资源管理系统，分为书籍库、图片库、音频库、视频库、课件库等（如图 1 所示），对近万本图书及其相关的各类型多媒体资源进行管理，为新形态教材等融合创新产品开发提供了技术支撑。

为了对内容资源管理系统中的资源进行灵活的检索、提取和多次应用，需要将资源拆分成相对较小的组成单位，即将资源碎片化，如将教材文本拆分成封面、正文、附件

和排版文件等，将教材中的图片拆分出来归入图片库，将音视频资源按知识点拆分等。拆分出来的资源，要进行精细化管理，做好分类和标引，便于检索。这样资源就容易实现一次制作多次应用，比如同一张图片或同一个视频微课等可以用在不同的融合创新产品中。

四、线上线下相融合，构建教材全媒体传播渠道

教材传播渠道主要解决信息流、物流、资金流的问题。新媒体的兴起和发展，为教材出版机构建设全媒体的传播渠道创造了条件，教材传播中的信息不对称问题可以得到有效解决。

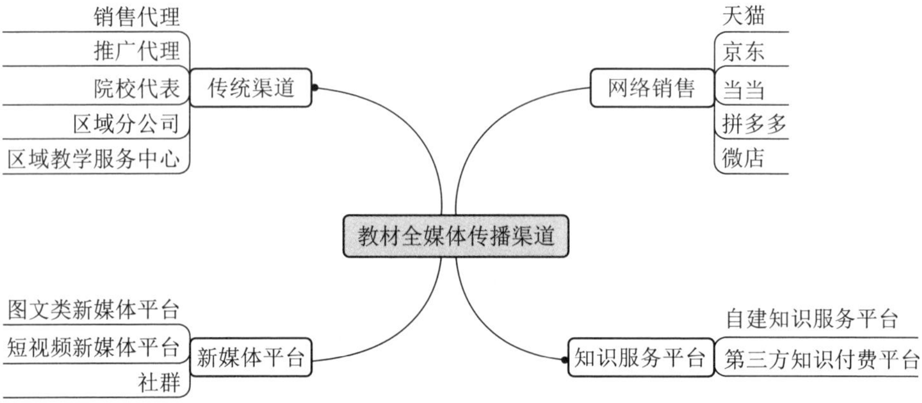

图 2 教材全媒体传播渠道

（一）传统渠道

传统的模式一般是层层分销制，从出版社到一级代理，再到二级代理，甚至更多层级，最后到终端客户。由于中间的环节较多，出版社未能与最终用户建立直接联系，很难洞察用户的需求及变化，也不能及时有效地将产品和服务信息传递给用户。为了克服这一弊端，不少教材出版单位组建了专门的院校代表队伍，负责拜访院校教师，还有的在地方设立分公司或者教学服务中心。但通过业务人员的上门拜访，覆盖的面仍然有限，并且业务成本较高，随着出版社教材产品线的增多和产品规模的扩大，这一模式的局限性就更加突出。

（二）网络销售

淘宝（天猫）、当当、京东以及拼多多等网络销售渠道的兴起，让出版社能跳过很

多中间环节将教材直接销售给用户，有效缓解了出版社与用户之间信息不对称的问题，特别是一些相对小众的长尾产品，用户通过网店的关键词搜索能够快速、准确地找到。随着网络购书和物流服务的日益发达、完善，很多学校特别是本科高校，将原来的教材统一征订改为由学生自主选购。很多出版社教材网络销售的占比越来越高。

（三）新媒体平台

近年来，新媒体的兴起和快速发展、分化，教材传播的渠道日益丰富和立体化，很多出版社逐步构建起了自己的新媒体传播矩阵，并积累了一定规模的粉丝群体。新媒体平台一般分为两类：一是图文类新媒体平台，包括微信公众号或服务号、微博、小红书、词条、问答等；二是短视频新媒体平台，包括抖音、快手、B 站、视频号等。出版社一方面是经营自己的自媒体账号，发展自己的宣传阵地，传播教材信息；另一方面也可以与社交媒体的意见领袖，即大 V 等合作，如软文营销、直播带货等，可以迅速扩大教材的曝光率，并且往往也能带来一定的销售转化。

（四）知识服务平台

自 2016 年起，互联网迎来了内容创业风潮，付费社区、音频问答、在线课程等知识付费产品异军突起。教材出版社由于强大的作者资源、内容储蓄以及知识生产经验，在从知识生产向知识服务转型的过程中具备一定的优势。面对这一趋势，出版社采取的策略一般有两种：一是与第三方知识服务平台合作，如慕课平台、得到、喜马拉雅等，将自己开发的电子书、音频课、视频课等数字产品放到这些平台销售。二是自己建设和运营知识服务平台，包括网络教学平台和移动学习平台等，如上海外语教育出版社的“WE 外语智慧教育平台”、华东理工大学出版社的“华理日语”App、华东师范大学出版社的“i 教育”App 等。自建平台，出版社既可以将数字资源单独销售，也可以将数字资源和平台打包销售给学校等 B 端客户。不过，自建平台前期投入较大，需要有专门的技术开发人员和运维人员。

总之，融合创新不仅是一种理念，更要成为一种方法论，在教材建设的全流程中积极开展研究和实践，推动各种创新要素的深度融合，实现教材的产品创新、服务创新、流程创新和模式创新等，形成教材发展的新格局。

参考文献

[1] 曾天山，马建华，刘义国.以国家规划教材提升职业教育教材质量[J].课程·教材·教法，2021(5).
[2] 刘新，吕延杰.融合创新的概念、背景和特点[J].通信企业管理，2002(12)：69.
[3] 郑富芝.尺寸教材 悠悠国事——全面落实教材建设国家事权[EB/OL].http：//www.moe.gov.cn/jyb_xwfb/moe_176/202001/t20200121_416245.html，2020-01-21.
[4] 高德毅，宗爱东.课程思政：有效发挥课堂育人主渠道作用的必然选择[J].思想理论教育导刊，2017(1).
[5] 徐国庆.职业院校专业课教材建设要充分发挥企业专家作用[EB/OL].http：//www.moe.gov.cn/jyb_xwfb/xw_zt/moe_357/jyzt_2020n/2020_zt04/jiedu/zhuanjia/202001/t20200109_414802.html，2020-01-09.

挖掘经典内容，创新表达形式
——以《〈考工记〉名物汇证》出版为例

上海教育出版社　周典富

摘　要

传统文化与当代出版是近年来出版界关注的热点。如何找到两者的契合点？出版人不断探索，在传统经典与当代读者之间搭建桥梁，取得了较为理想的成绩。本文拟以《〈考工记〉名物汇证》的出版为例，探讨新时代下如何开发优秀传统文化资源，创新表达形式，采用多途径宣传方式，使其焕发出更加蓬勃的生命力，进而不断推动优秀文化的传播与发展。

关键词

《考工记》　经典文化　创新表达　传播路径

上海教育出版社（以下简称“上教社”）历来重视中华优秀传统文化的出版工作，自觉承担做好优秀传统文化传播与发展的社会责任，坚持原创、高端、前沿的出版原则，服务学术创新。其中颇具特色的出版领域是出版以语言文字学为视角进行研究的名家名作，在推动我国语言学研究的科学化、现代化、国际化方面产生了重要的影响力。近几年来，上教社出版的精品有《近代汉语词典》《敦煌俗字研究》(第二版)、《敦煌俗字典》(第二版)等，为读者阅读文献典籍提供了必需的工具书，也推动了俗字学、词汇学、敦煌学研究的深化拓展，更为传统文化的阐释与传播作出了积极贡献。

策划《〈考工记〉名物汇证》，也是秉承这一出版理念。随着近些年来出土文献、实物的大量出现，对《考工记》中的名物进行一次集大成式的汇证，条件已十分成熟。作者注重交叉学科的融合创新，汇集一百多年来特别是数十年来对《考工记》进行的局部和零星的相关研究成果，尝试从训诂学、文献学、考古学、科技史的角度，考察百年来有关名物及其制作方式或检验标准的疑点、难点，力图纠谬补缺、释疑解惑，还原并介绍先秦手工艺技术，为读者了解当时的匠人工艺提供可靠的文字记载，也为了解当时生产管理和营建制度背后的思想观念搭建桥梁。这既符合当下党和国家提倡弘扬和传播中华优秀传统文化的政策，也迎合了人民群众对优秀文化的迫切需求。选题 2016 年开始筹划，2017 年顺利立项，在社领导关心和支持下，团队精心打磨，几易其稿，在内容加工、版式设计、宣传推广等方面倾注大量心血，历时 4 年，2019 年出版。2021 年 7 月，《〈考工记〉名物汇证》获第五届中国出版政府奖图书奖。

一、以经典为载体，讲述中华文化

习近平总书记在党的十九大报告中要求，推动中华优秀传统文化创造性转化、创新性发展。这为出版界深入挖掘和传播优秀传统文化提供了根本遵循。在新时代背景下，如何做到现实文化从优秀传统文化中汲取营养，彰显文化自信，在继承中发展，在发展中继承，是当代出版人需要认真思考的课题。

古代经典文献是记录优秀传统文化的宝库，是古代贤达的智慧结晶，具有深厚的文化积累。以经典文献的精准解读为切入点，加深对优秀传统文化的认识和情感，可以有效解决当代人对传统文化了解不多、领悟不深的现实问题，进而使他们逐步学习和了解先辈的智慧成果，为文化创新创造活力，从而有效推动文化建设工作持续深入，扎实推进社会主义文化强国建设。

基于上述认识，我们选择儒学经典《考工记》中的名物作为介绍中国文化的载体，具体考虑如下：

第一，因为《考工记》是中国第一部手工艺技术汇编，素有“先秦之百科全书”之称。作为现存中国最早的科学技术文化类典籍，《考工记》以其独特的精神价值追求、思想体系、逻辑结构和话语系统，对中华工匠文化体系和中华考工学设计学体系的创建具有开创性奠基性的经典价值，对构建中国当代设计理论体系具有极其重大的建构性价值和历史意义，值得深入系统研究、传承与创新。

第二，从种类而言，《考工记》中的名物分为车舆、玉器、冶铸、兵器、纺织染色、乐器、宫室沟洫、饮器陶器、农具、度量衡等大类，不仅科学呈现了制作过程、技术手段，全面展示了先民生活智慧，而且大量有关的研究成果条分缕析背后蕴含的物理原理、科学原理，对于今天的手工艺传承与创新具有重要的启发意义。

第三，《考工记》中的名物是中华文明的别样记录，通过对名物的解读，能达到去伪存真，解决名物训诂疑难问题的目的，可以更加准确地展现春秋战国时期的手工艺水平，凸显手工匠人的创新精神、精湛技艺在新时代文化传承中的重要意义，让人们热爱传统文化，增强文化自信，最终升华到热爱祖国。

第四，作者汪少华教授长期致力于训诂学研究和古籍整理工作，小学功底扎实，学养深厚，治学严谨，对《考工记》名物研究积累多年，成果丰富，著有《中国古车舆名物考辨》一书，并整理出版《周礼正义》（包括《考工记》等六部分内容），可以说前期的准备工作已相当充分；又身处复旦大学出土文献与古文字研究中心的良好学术氛围，便于接触到丰富的学术资源。

综上所述，选择系统考察《考工记》名物，集中体现了出版社在挖掘、展示、讲述中华传统文化精神内核上所付出的努力，符合新时代的社会需要和市场需求，也为出版市场打造精品拓宽了视野、丰富了思路，具有重要的学术价值和出版价值。

二、注重内容创新，提升图书价值

《〈考工记〉名物汇证》作为“十三五”国家重点图书出版规划项目，是国内外首次对《考工记》中的名物进行汇证的集大成之作，不仅解决了名物研究的分歧、争议和疑难问题，为交叉学科的融合创新提供了翔实数据，也为传统旧学今后的研究指明了方向，更为优秀传统文化的发扬光大提供了切实可行的路径。本书内容的创新集中体现在以下方面：

一是广泛搜罗，注重实证。此前对《考工记》名物的研究大多是从局部着眼，而且规模不大。在《〈考工记〉名物汇证》中作者既汇集了孙诒让等前代学者的考证成果，又搜采现代考古资料加以印证，并参考训诂学、文献学与考古学、科技史等领域的研究成果，对名物研究的疑难点加以考证，堪称胜义纷陈，考辨精当，总字数达到110万，是一部学术质量较高的专著。这种综合吸收相关学科研究成果的做法，打破了现代训诂学呈现的日益明显的封闭性，有助于引起学界对社会的、文化的现象的关注，进而得出论证翔实、结论可靠的研究成果。

二是新旧结合，开辟方向。本书不仅从训诂学、文献学等视角重新审视文本内容，利用“校勘学四法”（本校、他校、对校、理校）将旧籍文本做到精密无讹，纠正文本中的错误近500处，而且认真践行王国维先生的“二重证据法”，将实地勘察与古文献结合，广征百年来新发现的考古实物，将文献记载名物与出土实物作充分比读和相互印证，可以说为传统旧学在网络时代如何发展指明了一条有效路径。

附带一提，由于主客观条件的限制，作者只收集了2016年以前的成果，但在质量和数量上基本涵盖了当前所能收集到的非常重要的内容。随着科研条件的不断完善和人们认识水平的逐渐提高，比如地下文物的不断发现、多学科的进一步交叉融合，学界对《考工记》名物的认识会更加准确、更加科学，一般读者对先秦手工技艺的了解也会更加全面，相关领域对相关先进技术的继承与创新也势必会事半功倍。

三、创新表达形式，突出生动形象

众所周知，古代文献特别是先秦文献，在逻辑思维、语言表达等方面与今人有着明显差异，加之今天的读者大多缺乏古代汉语的基本素养，书稿体例又颇为复杂，如何做好内容的解释和呈现，是摆在编辑面前的一道难题。特别是《考工记》中记载的名物，我们今天还没有十足的把握对它们的形制、规格全部讲清讲透，如果只是单一地用文字表述，着实枯燥艰涩，很难引起读者的阅读兴趣，更无从谈论如何开展传播与弘扬的工作。

基于以上考虑，作者首先将《考工记》名物分为车舆、玉器、冶铸、兵器、纺织染色、乐器、宫室沟洫、饮器陶器、农具、度量衡等十大类，每类下又视具体情况分若干小类，将相应的《考工记》原文、郑玄的注释和孙诒让的注疏，用不同的字体、不同的字号、不同的颜色表示，分别置于这十大类若干小类之中，接着进行汇证，旁征博引，进而得出结论。

其次，为了便于读者阅读理解，书稿提供了大量的线条图和实物图。不过，这两种类型的图片普遍存在模糊不清的情况，特别是实物图绝大多数来自二手资料，清晰度较低，不能满足印刷要求。为了解决图片清晰度不够高的问题，编辑与作者耐心沟通后，遴选出清晰度尚可的图片备用，对于不清晰的实物图则用从线装古籍或其他载体获取的图片予以替换，线条图则请专业绘图老师重新绘制，并提交作者查看效果。此外编辑还查找增补了书稿缺失的必需的图片。最终，作者、编辑和绘图老师齐心协力，攻克了图片模糊的难题，做到了图文并茂，为读者理解文字内容提供了近千幅精美图片，大大拉近了读者和文字的距离，提高了阅读的舒适度。

在解决了配图问题后，接下来是思考如何设计装帧排版，确保内容完美呈现。经与作者、美编沟通，结合本书的特点，最终决定使用现代设计语言诠释传统文化内涵，即以双色双栏排版格式为主、以随文排版为辅的方式，将大小示意图 880 幅错落有致地放置在合适的位置。具体地说，根据当页内容多少和图片大小，对于较大的图片采用左右居中排列，类似于传统的串排方式；对于较小的图片采用边排方式，做到与正文内容一一对应。这种排版方式将上古文献佶屈聱牙的文字借助精美的图片生动形象地展现在读者面前，可读性和易读性大大地提高，拉近了当代读者与传统优秀文化的距离。

最后，本着打造内容上乘、装帧雅致的学术精品的初心，按照整体共融和谐的设计思想和理念，版式采用双色印刷，护封、硬封、工艺和用纸别具匠心，增强了图书的观赏性，得到了专家的一致认可，在第十一届华东书籍设计双年展中荣获整体设计奖。

四、注重宣传推广，扩大图书影响

《〈考工记〉名物汇证》研究方法严谨，就问题罗列已有科研成果；资料翔实，广泛征引文献资料和出土材料；视角新颖，在训诂学之外，充分参考文献学、考古学、科技史等领域成果，考证疑难，纠谬补缺，创新之见颇多。可以说，这部 110 万字的图书，是当前关于《考工记》名物研究的扛鼎之作，新材料、新方法、新结论一应俱全，正所谓一册在手，尽览百年研究结晶，对于训诂学、文献学、考古学、科技史的专业爱好者和青年学子多有助益，对于文史感兴趣的其他读者，如果在阅读《考工记》等先秦文献时遇到理解名物的困难，也可借助此书扫除阅读拦路虎。基于此，为彰显本书的出版价值和学术价值，我们创新宣传方式，主要做了以下工作：

一是作为国家“2011 计划”（指高等学校创新能力提升计划）出土文献与中国古代文明研究协同创新中心成果，在书稿定稿后，我们积极申报国家和地方资助，成功入选国家出版基金资助项目、上海文化发展基金会资助项目、上海市文教结合“高校服务国家重大战略出版工程”，获得了可观的出版资助，同时也扩大了本书的社会影响力，起到了良好的宣传效果。

二是出版后，我们利用“上教语言学”“汉语史与文献学微刊”“古典文献学微刊”“汉字学微刊”“亚洲考古”等微信公众号，提炼图书亮点，以读者喜闻乐见的语言表达方式撰写宣传文案，采用集中式和分散式相结合的形式在学者群推送有关信息，得到专家学者的赞许；邀请学界专家撰写书评，在《复旦学报（社会科学版）》《文汇报》《中华读书报》及时刊出高质量的书评；抓住 2020 上海书展的机会，借助书展官方网站，做好图书宣传，获得 2020 上海书展二十大好书、上教社 2020 年度二十大好书等荣誉，成功入选由《中华读书报》邀约沪上名家推荐的 2020 上海书展十大优秀新书，并被澎湃新闻转载，社会影响力进一步扩大。

三是借助上教社微店和旗舰店，做好基本盘的图书销售工作；利用天猫、京东、当当促销季，参与图书满减活动，既扩大了图书的市场影响力，也取得了不错的营销业绩。同时积极联系高校图书馆，配合做好馆配工作。本书总印数 2000 册，截至目前仅剩 400 册在售，这在语言、考古类图书中已是相当不错的销售成绩。

令人欣慰的是，因为本书出版契合了当下中国传统文化传播与弘扬的需要，契合了人民群众当下对优秀文化的迫切需求，加之此前取得的良好社会效益和经济效益，获第五届中国出版政府奖图书奖，得到了国家和社会的高度认可。这更加坚定了出版社今后继续坚持这条特色出版之路的决心和信心。

《〈考工记〉名物汇证》选取名物作为研究对象，融合训诂学、文献学、考古学、科技史的成果，在疏通字词语句、订正文字内容的基础上，解释齐国关于手工业各个工种的设计规范和制造工艺，同时迎合当代读者的审美趣味，对图书进行整体设计，搭建起传统经典与当代读者之间的桥梁，经过精心打磨，无论是内容还是形式都得到了相关领域专家的认可和赞许，获得了与之相应的荣誉。本书之所以获得我国新闻出版领域的最高奖——中国出版政府奖图书奖，我们认为最值得总结的经验是：在发掘与弘扬传统经典文化工作中，出版人既要在内容的编创上精耕细作，又要在表现形式上创新思路，更要观照时代，拿出符合时代需求、反映时代特色的出版物。只有保证内容质量、创新表现形式、迎合时代需求，才能让更多的读者热爱传统文化，进而让传统文化资源焕发更加蓬勃的生机，持续推动优秀传统文化传播与发展，让中华文化展现出永久魅力和时代风采。

参考文献

［1］ 王井辉．从古籍整理出版工程看中华传统文化的出版与传播［J］．出版广角，2020（12）．
［2］ 刘宇，周建新．文化自信视域下传统文化资源的出版创新［J］．出版广角，2020（17）．
［3］ 闻人军．喜读《〈考工记〉名物汇证》［N］．中华读书报，2020-10-28．
［4］ 陈尚君．网络时代的传统学术［N］．中华读书报，2020-12-09．

后疫情时代音像教育类出版社数字教材出版路径探究

上海教育音像出版社　罗　媛

摘　要

2020年的新冠肺炎疫情导致中国各类学校的教学历经“世界上最大规模的一次在线教育实践”考验，也对出版市场，特别是教材出版市场形成了不小挑战。作为教材主要输出方的教育出版机构，在后疫情时代如何快速推进与实践数字教材的出版转型，以满足教育信息化新时代对线上资源的内容与服务两方面的综合需求，是一个重要而有意义的命题。本文立足危机与变局两个辩证的角度，从教育出版机构面临的政策优势、技术优势、内容优势入手，在音像类出版社出版管理改革、产品研发新模式、复合型编辑人才培养等几个方面，对后疫情时代数字教材的出版路径进行探究。

关键词

后疫情时代　数字出版　全媒体数字教材　教学变革　新媒介素养

2020年伊始，突如其来的新冠肺炎疫情打破了社会常态，更是改变了全国乃至全世界各类学校的教学模式。受疫情影响，国内所有大、中、小、幼学校都延期开学，面对面课堂教学全面停课，取而代之的是以电视、电脑、iPad为媒介的线上学习，这一改变，也在短时间内促成了一系列线上资源的整合、开发与利用。

随着国内疫情形势持续向好，整个社会逐渐进入疫情防备常态化的后疫情时代，而中国各类学校的课堂教学在历经这个“世界上最大规模的一次在线教育实践”后，其教育信息化的不足更加凸显，教学模式的变革也更加迫在眉睫，这种变革的迫切需求必然对服务于教与学的教育出版提出更高的要求，而教育出版机构的主要产物——教材，作为重要的知识载体和教学工具，在这个特殊时期产生的新需求下，必然要加快数字化出版的步伐。本文主要立足于后疫情时代教学模式的变革，从教材出版的角度探讨音像出版社数字教材开发的路径。

一、后疫情时代对出版行业的影响

2021 年 1 月，北京开卷公司发布了 2020 年中国图书零售市场报告，报告显示，在过去一年，疫情对于出版业的影响十分明显。在 2020 这特殊的一年，肆虐的疫情，不仅使大量实体书店遭受重创，而且让中国图书零售市场码洋规模首次出现负增长，同比下降 5.08%。而一向稳步增长的教辅类出版物虽仍实现正向增长，但增速相较 2019 年明显放缓。笔者所在的上海教育音像出版社所受影响也很明显，首先，多个选题因无法及时与作者沟通，加上编辑居家办公的低效率，导致选题进展缓慢甚至延宕；其次，音乐和美术两个拳头产品疫情期间无法进行课堂实拍，导致项目完全停滞；最后，由于线下教学的停滞，部分教材、教辅读物因为载体形式的限制，无法投入课堂使用，带来无法弥补的经济损失。

二、后疫情时代对教育教学模式的影响

疫情期间，学校教育从面授教学向大规模在线教学转型，知识的获取方式和传授方式、教和学的关系均发生了明显变化。这是一次“教育理念的大检阅、课堂革命的大契机、在线教学的大培训、校际教研的大协同”。疫情中的“停课不停学”，作为大规模线上教学的一次全面推行，初有成效地解决了学校无法面授教学的难题，却也充分暴露了教育信息化发展中的不足，凸显了数字资源开发与服务能力不强的问题。在线教学要求师生对于线下教材、教辅读物与线上教学资源的需求真正融合起来，而长期以来，线上平台普遍充斥着两种数字资源，一是简单地将传统媒体内容（包括纸质与数字两种形式的资源）照搬到线上，一是基于传统媒体内容的简单增值，它们都曾在线下的课堂教学中被充分利用，较好地辅助了教与学，但是在完全的线上教学模式中，根本无法作为独立的资源满足教师的授课需求，更无法有效地承担起线上教育的资源辅助重任。

三、教育类出版社数字教材出版的现状

喻国明教授在谈及传统媒体转型时认为，转型分为三个层次：第一层次是将传统媒体内容照搬到线上，第二层次是借助社交平台作基于传统媒体内容的增值和互动，第三层次是应用、服务、社交的充分结合。当前我国传统媒体的数字出版普遍处于第二层次，数字教材的出版也是如此。笔者所在的上海教育音像出版社，作为一家主营教材教辅出版的音像电子类出版社，虽然也进行了为期不短的数字教材出版探索，通过对数字

资源的整合和开发，对原有的数字化内容深度和广度上的延展，进行了一定的数字化产品出版和数字化服务的探索，但由于长期固有的体制桎梏以及出版业固有的制约因素，教材数字化出版的实践依然不成气候，线上使用率仍较低，距离真正实现盈利也还有相当远的距离。

四、音像出版社数字教材出版优势

（一）技术优势

毋庸置疑，音像出版天然地带有亲数字的属性，其本身的内容产出便是数字化形式，面对教育信息化数字教材出版强调的“内容的数字化、生产模式和运作流程的数字化、传播载体的数字化和阅读消费、学习形态的数字化”，较之图书出版社，音像出版的技术力量是有积累的，内容的数字化也是有基础的。

（二）市场与专业优势

尽管疫情暴发以来，教育类出版物的增长不如以往，但是不可否认，教育类出版活跃依旧，后疫情时代教学模式的新变革，也给教育类出版提供了新的市场增长点，因此出版市场尚算客观。另外，因为教育出版内容的专业性极强，相较于日渐崛起，甚至已经做得风生水起的民营出版机构和各类科技公司而言，传统教育类出版社深耕细作教育领域多年来形成的专业权威的编写团队、科学完善的教材出版流程、长期稳定的客户群体无疑是宝贵的。

五、后疫情时代数字教材出版新思考

疫情这个特殊的时代特征加速了课堂教学的变革，对教材建设和出版也提出了更高的要求。教材出版应当更多地策划出适应教育教学信息化要求的，适合线上、线下两种学习场景的多形态教材。对于音像类教育出版社来说，除了以光盘、U 盘为载体的音视频教材，更要借助自身内容数字化、技术力量的优势，努力出版“信息技术与教育教学深度融合、多种介质综合运用、表现力丰富的新形态教材”，这也的确是本社不断探索并实践的课题。

随着后疫情时代的到来，如何调整自身的出版模式，以适应时代赋予教材出版的新要求，我们在前期实践的基础上，也有一些新的思考。

（一）积极探索出版管理改革

我社作为长期从事教材出版的音像电子出版社，一直致力于将自身打造成“集优质内容资源为中心、数字化管理为手段、多元化立体开发的教育出版商”，努力将自身从单纯的内容提供商转换为兼具提供商与服务商双重身份的出版商。

1. 做实做强新媒体部门，完善线上办公系统

疫情缓解复工之后，我社首先着手做强做实新媒体部门，重新定义新媒体部门的职能和目标，积极引进数字化出版专业人才；其次，完善了原有的线上办公系统，使之更适应数字化出版环境，实现了出版社从编辑、印制、发行再到行政、财务等业务与管理流程的完全数字化管理，增强了全社的数字化意识，也大大提升了各部门的沟通效率，为更加快速地提供优质的数字教材资源与服务提供了保障。

2. 在出版全流程中实施数字化流程的出版理念和模式

出版流程中实施数字化流程是传统出版向数字出版转型的基础，也是提升出版工作效率和市场竞争力的有效途径。与传统出版相比，这一流程中的出版物构建和运营方式较好地契合了后疫情时代构建线上线下教学模式教辅全新的形态与结构，实现精准服务于教学模式的系统性的整合、开发、出版和营销。

实现出版全流程数字化，既要借力传统出版流程的各种优势资源，又要有相对独立的出版流程和管理模式。从产品的策划阶段起，我社就将数字化出版流程一以贯之，在传统策划思路的基础上，依托官微、书店线上社群、小红书、B站等互联网多维互动空间，充分调研、精准定位线上资源需求，策划、整合、开发针对不同教学目的与群体的教材。其次，在数字教材出版过程中，强调编辑要树立全新的编辑观念，结合传统编辑专业技能与新媒体技术，对传统出版资源进行具有针对性的开发与整合，进而利用图片、文字、声音、视频、动画等多样化的媒体形式完成数字教材的编辑出版。最后，在产品的营销阶段，尝试利用数字化的手段改造传统出版的营销方式，积极构建发行营销网络，全力推进内容、技术与市场的融合。借助天猫线上销售、微信平台、微店、知识付费平台、小程序等多种销售平台，充分提高了出版社的销售效率。同时，安排编辑与发行人员在多个平台开设账户进行直播带货与社群营销，产生了一定的销售效果。

（二）积极探索新模式，推进教育教学变革中数字教材的研发

后疫情时代市场对于多媒介融合的教材教辅产品的呼声也越来越高，融合出版和在线教育的紧迫性更加凸显。在这种形势下，我社在原有数字化资源的基础上，对今后的出版方向进行了深入的思考，积极推进数字教材出版的转型升级，以适应新的教育教学创新。

1. 完善数字资源共享平台，促进优质资源二次开发

要适应后疫情时期对教材的新要求，必须加快构建全媒体策划、编校、生产与管理为一体的综合性资源共享平台。通过对优秀资源的二次开发与整合，一方面达到对传统出版模式改革的目的，从过去“一次生产、一次利用、单一营销”的传统模式，向“统筹策划、一次组稿、多元生成、精准服务”的全媒体出版模式转型，以实现教育资源的效益最大化；另一方面，改变目前读者、编辑、作者三者之间信息不共享、资源不互通的现状，以提高出版管理一体化水平。

以上海教育音像出版社为例，原有教材内容大部分已经是数字化形式的音视频，但多存储在光盘、U 盘等移动载体内，网络化程度不够，这一弊端在疫情期间也充分暴露，优秀的数字资源碍于载体的局限，无法及时快速地送到教师和学生的手中，在给教学带来不便的同时，也给自身造成了极大的经济损失，单单音乐一个学科的数字课件，由于线下授课的停止，销量在一个学期内持续低迷，这给出版社敲响了警钟，促使出版社开始尝试出版多种线上形态的教育产品。

上海教育音像出版社数字媒体制作部囿于各种限制，至今不成气候，基本没有经济效益产生。但是疫情期间免费提供的线上教材，让教师与学生亲身感受到了良好的使用体验，这对出版社是一个肯定，也是一个重要的机遇。出版社意识到，依托数字媒体制作部，有针对性地重新整合已有数字资源，同时满足线上线下教学形式是一个重要的出版方向。因此，出版社首先进一步完善了原有的数字资源共享平台，让各学科编辑对平台上庞杂丰富的数字资源，从内容、形式、使用对象等多个维度进行了分类整理，将各学科资源一一对应在平台相应的资源库中，这样根据教学实践的实际需求，可以高效率地二次开发并补充更新教学资源。

2. 积极开发新产品，满足后疫情时代教育教学创新需求

一直以来，数字出版多局限于线下产品的线上化，线上资源大多只是作为线下资源的简单增值服务，围绕产品的出版活动也依然是以音像制品为主体。疫情暴发以来，学

校教学呼吁一种共享性更便捷、互动性更友好的数字化教材资源。出版社及时调整了原有的简单数字化出版思路，积极研发新产品，以优质的学科内容为基础，利用多媒体技术，将各类学习资源以不同的多媒体形式，如视频、音频、PDF 文件、图片、动画等通过适当的学习工具与互动手段进行整合、内嵌，通过互联网进行传播，并按照标准正式出版。

上海教育音像出版社面向上海市广大高中学生、教师群体开发的上海高中数学学科自适应学习平台，便是通过移动互联网技术整合线上线下学习资源，打造的集“自主学习、问题诊断、学习规划、结构完善”于一体的自主学习平台。通过平台跟踪，掌握学生特点、学习行为、学习过程，利用大数据技术，采用科学模型分析出学生的知识缺陷及能力缺陷，帮助教师采用针对性个性化的教学策略，智能推荐科学的学习路径和学习资源，满足学生“个性化学习”的需要，同时也将线下面对面的授课延续到了线上有针对性的教与学。

对新产品的技术赋能开发，建立纸质出版物与数字出版物之间的联系与相互作用，也是我们近期的一个重要方向。新开发的两个选题《中考现代文读考练》与《开口学诵读》，便是在纸质出版物的基础上，打造了一个同步面向使用者、作者与编辑三方的配套学习 App，App 覆盖学生线上学习与测试、教师备课与授课、师生互动交流等多种功能。作为使用者之一的学生，可以通过扫描二维码进入线上课程（包含课前、课中与课后三个环节）学习，并使用三个环节中的文字、名师指导音频在线学习，进行相应的测试，完成这一模块的学习；教师——作为另一端的使用者，可以及时、全面了解学生的学习频率与成果，也可通过数据反馈收集每个学生的学习薄弱点，从而提供有针对性的指导与帮助，也可在产品线上建立在线班级群，通过讲解音视频、在线直播互动等多种手段发布学习任务、讲解重点难点；产品的第三端——出版社编辑，可以通过学生与教师使用者对线上资源的使用情况，及时收集反馈信息，为进一步的改版与修订提供及时有效的依据。

（三）全面引进数字化出版专业人才，提升传统编辑新媒体素养

传统出版向数字出版转型瓶颈期持续已久。在这个转型中，传统出版最大的优势在于内容，最大的短板在于数字出版复合型人才。传统编辑大多还不能熟练运用新的媒体工具、媒体技术和线上平台。

上海教育音像出版社改变以往以学科为标准的编辑招聘思路，将招聘目光更多地投向各大高校出版专业新媒体方向的人才。目前 23 名编辑中，新媒体编辑 4 名，他们都

是在掌握出版业务和能力的同时，又掌握互联网技术和数字出版技术，能够运用各种技术网络平台进行产品加工和管理的复合型编辑人才，这对于保证出版社做大做强数字教材出版业务，适应教育教学改革助力良多。对于传统的学科专业编辑，社内一方面多次让他们参加国家与地方的相关数字培训班，帮助他们了解数字出版动态，掌握数字出版知识，近距离地接触数字出版产品与运营平台，学习出版实践经验；另一方面，要求他们在日常工作中，主动了解、学习和掌握新媒体工具开阔自己的眼界，提升自己的专业素养。在互联网平台这个新的出版渠道和空间，以新媒体技术为抓手，要逐渐实现自我编辑身份的网络化，逐步实现从内容提供者到产品服务者的身份转换。

后疫情时代的到来，推动着学校更加积极地对教育模式的变革，发掘创新教育模式，也势必推动服务于教学的教育类出版机构加快数字教材出版的步伐，更好地服务于线上线下混融共生的教学方式，在这一危与机并存的时刻，教育出版机构只有适应教材出版市场的实际需求，以新媒体技术为翼，深度挖掘优质内容资源，积极打造兼具传统出版技能与新媒体素养的编辑人才，才能利用先进的出版理念与实践在新的教育市场赢得一席之地。

参考文献

[1] 解放周末 . 黄荣怀：被频频吐槽的网课，正是一场世界大规模的在线教育实践［EB/OL］. https：//www.sohu.com/a/383482471_701640，2020-03-27.

[2] 报告显示：2020 年中国图书零售市场规模出现负增长［EB/OL］. https：//new.qq.com/omn/20210108/20210108A0E93O00.html，2021-01-08.

[3] 刘利民 . 这次世界规模最大的“教育实验”将推动中小学学习模式“革命”［EB/OL］. 人民政协报微信公众号，2020-03-12.

[4] 罗文心 .“后疫情时代”的教辅出版流程再造［N］. 中国新闻出版广电报，2020-08-26（3）.

[5] 教育部 . 关于印发《中小学教材管理办法》《职业院校教材管理办法》和《普通高等学校教材管理办法》的通知［EB/OL］. http//www.moe.gov.cn/srcsite/A26/moe_714/202001/t20200107_414578.html，2019-12-19.

浅析高校外语教材建设与出版方向
——以高校德语专业本科教材为例

同济大学出版社　戴如月

摘　要

教材建设应紧密围绕培养目标和教学要求展开，教材既是教学必不可少的工具，也是学科发展的总结和展望。本文以高校德语专业本科教材为例，根据2020年4月发布的《普通高等学校本科外国语言文学类专业教学指南》中提出的本科德语专业培养方案，对应其中专业核心课程的具体要求，来梳理和分类目前图书市场上已出版的高校德语教材情况。从而从出版的角度，来探究未来在这一新教学指南指导下高校外语教材的建设和出版方向。

关键词

教材出版　教材建设　高校外语教材　德语教材

本科教育是高等教育的基础和根本，专业是人才培养的基本单元和基础平台，而专业教材更是人才培养中必不可少的教学工具。为实现高等教育内涵式发展，落实提高教育质量的基础工程，教育部2018年发布《普通高等学校本科专业类教学质量国家标准》（以下简称《国标》）。这是向全国、全世界发布的第一个高等教育教学质量国家标准，与全世界重视人才培养质量的发展潮流相一致，对建设中国特色、世界水平的高等教育质量标准体系具有重要的标志性意义。

这其中，涉及高校外语专业的《普通高等学校本科专业类教学质量国家标准（外国语言文学类）》也是我国外语教育历史上第一个覆盖外语类各专业的高等教育教学质量国家标准。为了贯彻落实《国标》中的各项原则和规定，2020年4月，教育部高等学校外语专业教学指导委员会推出了《普通高等学校本科外国语言文学类专业教学指南》（以下简称《指南》）。《指南》分上下两册，上册是英语类专业教学指南，下册是俄语、德语、法语等其他语种专业教学指南。《指南》中对各个外语专业的课程体系、教学要求、专业核心课程等内容进行了全方位的描述和规定。

教材既是教学必不可少的工具，也是学科发展的总结和展望，教材建设应紧密围绕培养目标和教学要求展开。本文将以高校德语专业教材为例，根据《指南》中提出的本科德语专业培养方案，尤其是核心课程的具体要求，结合目前图书市场上已出版的高校德语教材情况，探究未来在《指南》指导下高校外语教材的建设和出版方向。高校英语类专业所涉及的专业方向更多，其对应的专业教材体系也不同，与其他语种的教材建设和出版的现状与发展有很大差异，因此英语专业教材可在今后的研究中单独另作探讨，暂不在本文讨论范围内。同时，本文是从出版的角度讨论教材建设和出版方向，而不是从学科科研发展的方向来讨论学科具体内容。

一、普通高校本科德语专业的培养能力要求、课程体系框架及专业核心课程

《指南》中对于德语专业的培养目标和培养规格都作了明确的规定和释义，其中在培养规格的能力要求方面提出："德语专业学生应具备德语运用能力、文学赏析能力、跨文化能力、思辨与创新能力，以及一定的研究能力、国情研判能力、信息技术应用能力、自主学习能力和实践能力。"在这九大能力中有外语专业所特有的要求，也有与其他专业共通的能力要求。但"国情研判能力"这一概念是首次提出的，这一能力是在跨文化能力的基础上，进一步提出致力于培养学生掌握德语国家的国情，并对德语国家的重大社会事件作出研判的能力。《指南》中指出，这一能力的提出"是中国特色社会主义进入新时代的背景下对德语专业人才能力结构的新思考、新表述，有待在教学改革的实践中进一步探索"。

围绕具体的培养目标和规格，《指南》还明确了德语专业课程体系的总体框架，包括公共基础类课程、专业核心课程、专业方向课程、实践教学环节和毕业论文五个部分。在总体框架下，又将德语专业核心课程分为德语技能课程和专业知识课程，这两类课程的具体建议如下：

- 德语技能课程：德语语音与正音、德语口语、基础德语、高级德语、德语分析阅读、德语基础写作、德语视听说
- 专业知识课程：德语国家概况、德语文学概论、德语语言学导论、德语语法、翻译理论与实践、跨文化交际、研究方法与学术写作

德语技能课程注重培养学生循序渐进地掌握德语听、说、读、写各个方面的基础内容，专业知识课程则是在语言学习的基础上延伸出的专业方向和建议课程。

与英语不同，大多数在高校学习英语以外的其他语种外语专业的学生都是在进入高

校后从零基础开始学起的。因此这类语言教材的内容通常要求比英语教材在进度上更快，跨度上也更大。编写教材时需考虑到要在普通本科有限的4年时间内，如何稳扎稳打同时又高效率地将语言学习从零基础提升到较高水平，甚至延伸至语言学习以外的其他相关专业中。

下面结合《指南》中的培养能力要求，按照《指南》中建议的专业核心课程分类，整体梳理和总结目前已有的高校德语教材出版情况。

二、高校德语专业核心课程教材出版情况

普通高校本科德语专业教材、教辅产品目前主要由外语教学与研究出版社（以下简称“外研社”）和上海外语教育出版社（以下简称“外教社”）两大外语出版社出版。除此以外，同济大学出版社和高等教育出版社也出版了大量德语培训和考试辅导类的教材教辅产品。但本文主要讨论高校德语专业学历教育的教材，故选择这一领域的主要出版社外研社和外教社作为代表来梳理教材出版概况。下表根据《指南》中对于专业核心课程的分类和描述，以外研社和外教社出版的对应课程教材为例，列举了目前已出版的高校德语专业本科教材。

高校德语专业核心课程及相应教材（以外研社和外教社出版教材为例）

专业核心课程		已出版教材
德语技能课程	德语语音与正音	《德语语音（第二版）》
		《德语语音教程》
	德语口语	《德语口语教程》
	基础德语	《当代大学德语》（全套共18本）
		《德语综合教程》（全套共7本）
	高级德语	《文化视窗——高级德语教程》（全套共4本）
		《高级德语》（全套共3本）
	德语分析阅读	《德语中级阅读教程》
		《德语高级阅读教程》
		《德语阅读训练》
		《中德文化阅读教程》
		《德语阅读教程》
	德语基础写作	《德语商务信函写作》
		《德语日常信函写作》

续表

专业核心课程		已出版教材
德语技能课程	德语视听说	《中级德语视听说教程》
		《德语初级听力（修订版）》
		《德语中级听力（修订版）》
		《德语高级听力（修订版）》
		《德语听力教程》(全套共 6 本)
		《高级德语视听说》
专业知识课程	德语国家概况	《德语国家国情》
		《德语国家国情文化》
		《德国概况》
		《德语国家社会与文化》
		《德国简史教程（德语版）》
		《德语史概述》
		《跨文化研究入门》
	德语文学概论	《文学理论入门与实践》
		《德国文学简史》
		《文学与认识》
		《德语文学选集》
		《德语经典诗歌解析》
		《现代德语戏剧赏析》
		《中国文学名作德译本选读》
	德语语言学导论	《德语语言学教程（新版）第二版》
		《德语语言学导论》
		《德语篇章语言学》
		《汉德语言实用对比研究》
		《德语词汇学概论》
		《德语词汇学》
	德语语法	《德语语法强化教程》
		《新编德语语法（修订版）》
		《德语语法教程：形式与功能》

续表

专业核心课程		已出版教材
专业知识课程	翻译理论与实践	《德汉翻译教程》
		《汉译德理论与实践》
		《德语口译教程》
		《汉德口译实践入门》
		《中德跨文化高级口译教程》
		《中德国情口译教程》
		《新德汉翻译教程》
	跨文化交际	《中德跨文化高级口译教程》
		《跨文化研究入门》
	研究方法与学术写作	暂无
	其他	《新编德语报刊教程》
		《新编德语报刊阅读》
		《德语经济知识导论》
		《经济德语基础教程》
		《科技德语阅读教程》
		《科技德语听力教程》
		《中国文化简明教程（德语版）》
		《商务德语》
		《经济德语》

从上表中可以看出：

对应高校德语专业的各类核心课程，目前外研社和外教社在市场上已出版发行了94个品种的相应教材，除“研究方法与学术写作”暂无对应的专项教材以外，其余课程均有专门对应课程教材。整体上来看德语专业教材已发展出较为完整的体系，其中德语技能课程类的教材有53种，专业知识课程类的教材有41种，两类课程教材数量基本持平。

从细分领域的核心课程教材分布来看，基础德语课程的教材数量最多，有25种，占30%；其次是德语视听说课程教材，有11种，占13%；然后是高级德语、德语国家概况、德语文学概论、翻译理论和实践，这四类课程均各有7种教材，各占8%。

教材较为丰富的基础德语、德语视听说、高级德语等课程均为培养学生德语技能的核心课程。尤其是基础德语，该课程的培养目标是让学生全面掌握德语的基础语法知识点和基本词汇，帮助学生打下扎实的语言基础，因此这一课程的教材对于德语专业学生学习生涯是“地基”一样的存在。目前市场上基础德语课程的教材均是经过多年打磨的成套教材，内容成熟，体系完整。同时，与国别 / 区域研究、文学、翻译学相关联的专业方向课程也有较为丰富的教材，凸显出了不同的专业特色。

数量较少的课程教材主要有德语语音与正音（2 种）、德语口语（1 种）、德语基础写作（2 种）、跨文化交际（2 种），以及研究方法与学术写作（暂无）。这其中，德语语音和正音是基础中的基础，通常在入门学习阶段才需要使用语音教材，但这一部分内容在大多数基础德语课程所用的教材中均已囊括，因此很多高校已不再使用单独的语音教材。与此相同，基础写作课程的内容也有很多内容包括在了基础德语课程当中。

跨文化交际方面的教材近几年来正在陆续建设和出版中，而德语口语和研究方法与学术写作两类课程的教材目前还不丰富。口语和学术写作方向的课程通常被认为是实践性较强的课程，比如不少口语课程会由外教使用讲义开展，而研究方法和学术写作是在临近毕业阶段以导师负责制的形式开展，不一定有系统的课程。因此，这几类课程的配套教材目前还比较缺少。

表中专业知识课程类别的“其他”均为《指南》中未具体列举的专业课程，包括了报刊、经济、科技、商务以及中国文化的德语教材，这也对应了《指南》中在课程体系中建议的，鼓励各高校德语专业课根据办学特色、师资条件等灵活设置特色课程，以及“根据经济社会发展需要建立动态课程调整机制”的要求。因此，今后还可以结合实际来开发更多不同专业类别的专项德语教材。

三、高校外语教材建设与出版方向

从《指南》要求的核心课程要求以及目前已出版的教材情况来看，高校德语专业教材已形成较为完整的体系，尤其是在基础德语以及高级德语等语言技能类的核心课程方面的配套教材均已较为成熟。但是在专业知识课程方面，一些实践性较强的课程，以及不同专业类别方面的课程，还有不少可以建设和发展配套教材的方向。

对于目前已较为成熟的德语技能课程类教材，可在将来改版升级的过程中，将原本纸质出版的优质内容作为基础和依托，实施“互联网 +”战略，通过数字平台的转化和推广，使传统教材更为立体化多元化。近几年出版的教材大多均已将配套的音视频等多媒体材料和点读笔、手机 App 以及网页结合起来。除此以外，还可以结合在线课程、在线题库、直播互动的形式，将教材出版数字化的形式延伸至课堂。尤其是视听说方面的教材，在建设纸质教材的同时打造数字平台；在增加教材出版活力的同时，也可以丰富课堂教学手段。

德语口语、研究方法与学术写作的教材建设。如上文分析到的，德语口语、研究方法与学术写作均属于实践性较强的课程。结合这两类课程的特性，这两个方向的教材也应有较强的实用性，并且能够成体系地介绍实训方法和把握学习时间节点，从而使课程内容更有系统性和阶段性。尤其是研究方法与学术写作类的课程，是本科生在毕业阶段必不可少需要学习的课程内容，但目前还没有对应的系统教材，因此这也是出版社将来在德语本科教材方面可以重点拓展和完善的方向。

丰富专业知识课程类别的不同专业德语教材。除了《指南》中建议的语言学、文学、翻译学等方向，目前国内还出版了经济、商务、科技等专业的德语教材，可见不少高校在这些专业方向有结合德语学习的需求。今后还可以在不同的高校结合实际学科发展需求，继续细化和深化出不同专业方向课程的德语教材来，例如汽车、化工、医药、机械等与各学科、专业配套的德语教材等。但这一类教材的编写与出版不仅需要有德语语言知识，同时还需要有相关专业知识，因此出版社在组织编写时需要有跨专业的作者力量，同时要注重不同专业作者间的相互合作与协调。

探索“国情研判能力”培养方向的跨文化教材内容。在已有教材改版以及新教材建设时，根据教学改革中的实践经验，不仅仅要有外语专业常强调的国际视野和国情教育，同时也要融入中国情怀，结合思政教育理论内容。在将来的跨文化教材出版中，要注重将外语语言学习内容与国际传播内容相结合，从而从教材出版的角度实现将知识传授与价值引领进行同步同向的有机整合。从教材建设着手，培养外语专业学生的国情研判能力，有利于我国进一步打造出融通中外的中国表述，讲好中国故事，发出能够赢得国际社会广泛理解和认同的中国声音。

参考文献

［1］ 教育部发布我国高等教育领域首个教学质量国家标准［EB/OL］.http：//www.moe.gov.cn/jyb_xwfb/gzdt_gzdt/s5987/201801/t20180130_325920.html，2018-01-30.

［2］ 教育部高等学校外国语言文学类专业教学指导委员会等 . 普通高等学校本科外国语言文学类专业教学指南（下）［M］. 北京：外语教学与研究出版社，2020：29.

文创周边产品开发的意义与策略

上海译文出版社　黄雅琴

摘　要

越来越多的出版社试水文创周边产品，但我们注意到这个领域一直处于不温不火的局面。本文分析了文创周边产品的短板，也肯定了这块业务的意义和作用。此外，本文从实践角度出发，探讨了提升出版社文创周边产品质量的策略，还有一些需要亟待解决的实际问题，例如版权、渠道、品控等等。出版社文创周边产品理当以出版内容和出版社形象为核心，在此基础上进行开发才能取得事半功倍的效果，赢得大众的认可和喜爱。

关键词

文创周边产品　多元化经营　核心 IP/ 版权　开发

最近几年，我们注意到实体书店会辟出一部分店面用来经营文创周边产品，也有不少出版社及文化公司在内部设立相关部门，配备专人来经营这块业务。书店和出版社都试图通过这种多元化经营来丰富自己的产品线，在图书市场日趋微利的形势下，增加营收。

一、何谓文化创意、文化创意产业以及文创周边产品

文化创意是以文化为元素、融合多元文化、整理相关学科、利用不同载体而构建的再造与创新的文化现象。文化创意产业是指依靠创意人的智慧、技能和天赋，借助于高科技对文化资源进行创造与提升，通过知识产权的开发和运用，产生出高附加值产品，具有创造财富和就业潜力的产业。出版业属于文化创意产业。

下文论述将重点落在出版界的文创周边产品上。

二、出版文创周边产品的困境

既然出版文创周边产品并非新概念，那为何这块业务一直处于一种不温不火的局面，除了企鹅—兰登集团的产品，鲜有让人印象深刻的成功之作？的确有不少出版社或

者文化公司试水这项业务，却经常呈现出看似热闹却又无疾而终的现象，其问题在于：

（一）没有形成长线产品

文创周边产品中的“周边”两字暴露了核心问题，它不是出版社的主营业务。大多数出版社会对自己的图书产品进行长期规划，形成固定的、有特色的书系。比如，上海译文出版社的“译文经典”系列被广大读者昵称为“窗帘布系列”，“甲骨文丛书”以出品历史类作品闻名，中信出版社则擅长经管类图书。这些图书系列因其鲜明的特色在读者心中形成了难以磨灭的记忆点，而出版社或文化公司又通过不断往图书系列中添加新品种来进一步巩固这些系列的存在感。出版社的文创周边产品却更类似星巴克的当季新品，一次性销售完毕，就此结束。众所周知，出版业很注重两个概念，畅销书和长销书，前者如同短跑，后者如同长跑，长销书虽然销量不如畅销书爆发力强，但它们常常是一个出版社压箱底的资产，是一个出版社能有长久发展的保障。文创周边产品若只是走短期路线，那它短促的寿命必然无法在大众心中留下印象。反观企鹅，它有几款经典产品，比如马克杯、帆布包，坚持采用企鹅 Logo 作为设计元素，反复不断地强化大众的记忆点，便形成了一种购买的反射性反应。但凡提起文创周边产品，人们就会不由自主地想起企鹅的形象和产品。

（二）文创周边产品和核心业务之间关联性不强

还是以企鹅为例，它最经典的产品是上文提到的马克杯、帆布包，还有笔记本，这几样东西都和读书行为有一定关联。读书的人需要笔记本来写读后感，需要帆布袋来装书，在读书的时候可以倒上一杯咖啡或者清茶。因此，读者在买书的时候，也会比较自然地接受这类相关的周边产品。但如果文创周边产品和出版主业相差太远，就会在读者心中产生疑惑：我们为什么要买一个出版社做的充电宝而不去买小米的？为什么要买出版社的雨伞而不是天堂牌的？术业有专攻，跨界经营总是困难的，因为大众会先天持有不信任感，而我们需要花费大量的精力（包括人力和财力）来说服大众接受，这种成本是大多数出版社支付不起的，所以最终局面就是那些关联性不强的文创周边产品乏人问津。

三、开发文创周边产品的意义

文创周边产品的困境显而易见，但为何出版社还是愿意试水？那自然是因为文创周边产品自有其价值所在。

（一）为图书和出版社起到良好的宣传效果

图书有时因其内容深刻而让人望而生畏，连同出版社都会让人产生严肃的印象。文创周边产品通常拥有亲民的外形，且与日常生活相关，可以拉近读者和出版社之间的关系，让读者更加亲近图书。

（二）充分利用图书的内涵价值，提升图书附加值

每年中国图书市场有大量新书上市，但每本新书能够获得的注意力十分有限，上市一个月如果没有在图书市场引起反响，就很有可能悄然无声了。这是一个“抓眼球”的时代，作为大众图书出版社的编辑，必然需要使出浑身解数来为自己责编的图书增加曝光度，文创周边产品就是一个不错的选项。在充分理解图书内涵的基础上开发出的强关联的文创周边产品，如同锦上添花之作，让读者多了一个购买图书的理由。

（三）丰富出版社产品线，提升出版社利润空间

出版社的主要销售产品自然是图书，纸张涨价、印刷人力成本提高都会影响到图书产品的利润。产品太过单一，抵抗外部风险的能力相应较弱。如果能加入文创周边产品，丰富出版社的产品线，就可以分摊风险。此外，现在图书利润并不高，除了刚才提到的各种成本之外，销售渠道，例如两大网店因其具备的流量优势，出版社给的图书折扣越来越低，但对于文创周边产品，出版社可以开辟新的渠道，或者用不同于图书的折扣来谈判，争取提升出版社的利润空间。

（四）应对新需求，增设工作岗位，为就业市场出一分力

文创周边产品的设计和运营离不开专业人才，和出版社的固有人才之间有一定交集，比如美术设计，文案写作等，但我们也必须承认文创周边产品要从设计变为实物，需要专业的人来联系制作商，来进行品控，来投入专门的渠道。人民文学出版社就成立了专门的部门，招兵买马，面向社会提供了更多的就业岗位，也让富有创意的年轻人有了施展才能的空间。

四、如何制定出版文创周边产品的提升策略

鉴于我们正面临一个愈来愈饱和的图书市场，我们的确可以尝试文创周边产品这种多元化的经营途径。那么，我们可以在哪些方面加以提升呢？

（一）以阅读活动为核心，坚持人文属性

出版社还是应该以出版为根本，文创周边产品，顾名思义，那就是围绕在出版周围

的产品，是锦上添花之作，是为了提升主营出版业务的增值产品。

出版社出版的书都是人类智慧的结晶，但不可否认，有的图书显得有点高冷，而文创周边产品能使高冷的书“活”起来，以全新的面目出现在大众面前，让读者眼前一亮，更为出版社带来新的活力。出版社的文创周边产品开发要坚持以阅读活动和书籍内容为核心，通过设计将创意形式和阅读内容有机融合在一起，将文化的内在价值转化为受市场肯定的文创周边产品。出版社拥有丰厚的内容资源，可以通过各种形式来深挖资源，比如，挖掘书籍的历史故事、对文本进行内涵解读、塑造作者形象等等，将文化的精神内涵真正融入商品设计之中，达到文化传递、智慧启迪的最终目的。

（二）以生活美学为立意，创新产品形式

出版社目前推出的文创周边产品大多以年历、笔记本、马克杯等为主，市场上面存在着大量同质化的产品。那么，读者为什么非要买你的产品，而不是买别家的产品呢？那就要精准定位读者的精神需求，我们贩卖的并不仅仅是一份商品，而且是一种生活方式，一种生活信念。以上海译文出版社为例，核心读者群是“小资青年”和“文艺青年”，这类人群大多有喝咖啡的习惯，讲求生活情趣，所以上海译文出版社挑选了10位文学巨匠，把他们的金句印在挂耳咖啡的包装袋上，将这款咖啡命名为“纸间漫游”。这款咖啡产品以文学为起点，延伸出了视觉、味觉、嗅觉、触觉方面的体验，引领读者在书香和咖啡香中共同品味“慢节奏”和“慢生活”。这种开发理念不仅真切地反映出了用户的生活方式及其需要，而且与读者产生了更多的价值共鸣。

所以，出版社在推出自己的文创周边产品时，应该明白核心客户群的精神诉求，设计出和竞争对手有明显区别的独特产品，从而填补相关市场空白，力争个性化，避免同质化。

（三）提倡跨界经营，整合出版社资源，形成联合经营模式

出版社具有发展文化产业的先天优势，因为出版社有内容资源。但是，做文创周边产品，还需要供应商，需要销售渠道，而在出版集团中其实有可以负责生产的上游资源，也有负责销售的下游资源，可以在集团内部实现强强联合，甚至是不同品牌之间的组合，实现资金、技术、人才、市场要素的精准对接。专业活儿就让专业人士来干。

五、出版业从事文创周边产品开发应注意的几点问题

（一）IP或版权错综复杂的所有权问题

文创周边产品的开发离不开核心IP或者版权，比如开发迪斯尼的产品需要向迪斯

尼购买使用权，开发哈利·波特的产品势必要得到作者 J. K. 罗琳的授权，无论是外版还是国内原创，其原理都是一致的。首先要取得授权，之后再谈妥利润分配方案，最后敲定合同，寄送文创产品的样品。

在实际操作中，我们发现有的权利持有人会持犹疑的态度，因为对方担心不恰当的文创周边产品会损坏原有 IP 的价值或者形象，那就要通过撰写营销方案，提供之前的成功案例来说服对方，这样的合作一定会是双赢的结果。

（二）解决销售渠道

出版社的固有渠道是用来销售图书的，因此，需要为文创周边产品开辟全新的渠道。当然，图书和文创周边产品有些类似，比如，实体书店可以同时售卖这两类产品。在实体渠道上，除了书店，应开拓更多销售途径，像文具店、售卖艺术品的小店。网络销售方面，自营天猫店可以有更多自主权，而其他网络销售平台则需要投入更多人力物力来打通原有图书销售和文创周边产品销售之间的隔阂。

（三）控制文创周边产品的质量

开发文创周边产品，本意是提升出版社的形象，宣传相关图书，实现盈利。就像所有的图书需要在内容差错率、印刷质量等方面进行品控一样，其他产品同样也要质量过硬，不能得不偿失，反过来损害到出版社的声誉。

总之，文创周边产品是“通过知识产权的开发和运用”的产品，而出版社手握的最核心的知识产权就是图书的版权，一个出版社的品牌很大程度上也是基于它出版的图书。经营文创周边产品，也是经营一个出版社的形象，而一个有着鲜明个性的出版社开发的文创周边产品也更加有说服力，更能吸引大众购买。企鹅用了几十年的时间建立起了自己的品牌形象，甚至有专门的书籍来论述企鹅的 Logo 设计、封面设计。企鹅用了大量精力来维护这份无形资产，由此衍生出的文创周边产品令文艺青年趋之若骛，因为这成了一种象征，一种值得在社交网络上分享的生活态度，购买和使用企鹅的文创周边产品，可以彰显自己的审美品位。

总而言之，文创周边产品从某种意义上来说，已经脱离了产品本身，我们更在意的是传达一种价值。在这点上它和图书达成了一致：精神内容才是最重要的。

融合发展背景下的传统出版社转型

上海译文出版社　马　惠

摘　要

我国进入 5G 时代后，“数字阅读”有了更为丰富的内涵和外延。在科技改变阅读方式、改变传播环境的背景下，传统媒体受到了前所未有的冲击，如何在前进的洪流中“刀刃向内”，实现成功转型，达到高质量发展，将是传统出版社亟待解决的课题。本文通过对融合发展背景下传统出版社出版转型的分析，探讨传统出版社转型的方向和途径。

关键词

出版转型　数字阅读　IP 赋能　知识服务

近年来，“互联网 +”已上升至国家战略。2015 年，国家新闻出版广电总局和财政部联合印发《关于推动传统出版和新兴出版融合发展的指导意见》，深刻阐释了出版业跨界融合发展的新起点，旨在“按照积极推进、科学发展、规范管理、确保导向的要求，立足传统出版，发挥内容优势，运用先进技术，走向网络空间，切实推动传统出版和新兴出版在内容、渠道、平台、经营、管理等方面深度融合，实现出版内容、技术应用、平台终端、人才队伍的共享融通，形成一体化的组织结构、传播体系和管理机制，打造一批形态多样、手段先进、市场竞争力强的新型出版机构、建设若干家具有强大实力和传播力、公信力、影响力的新兴出版传媒集团”。推进“互联网 +”的出版转型，不仅是履行国家政策的战略目标，更是顺应时代发展的需要。在这样的大背景下，国家牵头创建了多个融合出版国家实验室，各出版单位也都开始探索融合发展。他们或者积极推进本单位产品的数字化转型，或者同互联网企业通力合作，借助互联网企业的技术优势推出一批让人耳目一新的融合型内容产品，出版产业融合之势渐成燎原之势。

一、大力推进数字化，推进“阅读 + 互联网”出版转型

根据第 47 次《中国互联网络发展状况统计报告》，截至 2020 年 12 月，我国网民规

模达9.89亿，较2020年3月增长8540万，普及率达70.4%，较2020年3月提升5.9个百分点。其中，手机网民规模达9.86亿，较2020年3月增长8885万，网民使用手机上网的比例已经高达99.7%，较2020年3月提升0.4个百分点。数字技术的发展模糊了传统媒体与新媒体的界限，报刊、广播、电视、电影等媒体形态已经完成了进驻移动互联网终端的前期任务，智能手机成为当下极具影响力的媒介终端。在以移动互联定义的web3.0时代，传统出版单位在坚持做好传统纸质图书出版的基础上，自上而下地贯彻开展数字化转型，数字阅读（电子书）和移动音频（有声书等）渐渐渗透到读者和用户的生活中，成为不可缺少的一部分。

数字阅读伴随着数字技术和互联网技术的发展而产生，是互联网信息技术行业和数字出版行业交叉融合形成的新兴行业，在国内已经发展了10多年。时至今日，正规出版物的数字化已经是各出版单位的标准动作，电子书市场也在出版社的不断试错和各互联网企业、电商平台的野蛮生长之后渐趋规范，部分出版社已经率先享受到了数字化带来的红利，并在此基础上进一步加大投入，形成了良性的盈利闭环。

有声书市场近年来也开始呈现了不断上升的趋势，“把世界读给你听”正渐渐为新一代的年轻人所接受。从2009年豆瓣FM推出早期有声阅读，到2011年蜻蜓FM正式成立，“移动有声市场经历了2015年的‘圈地’运动以及2016年业界对商业模式的深度探讨，到2017年2月，移动有声市场的活跃用户规模破亿”，市场构建基本完成。喜马拉雅FM、懒人听书等有声书平台一方面积极与出版社达成合作，争分夺秒上线全本有声书供会员下载，另一方面也积极尝试自己生产优质的视听内容，极大地丰富了有声音频的内容和种类。他们依托自身的技术能力，通过云计算、大数据分析等手段已经能够在一定程度上实现了精准推送和投递，“在你需要的时候为你送上你想要的”。

而且，我国用户知识付费意愿连年提升，尤其是经历了2020年的新冠肺炎疫情，线上教育模式为更多人所接受，也一跃成为当年“最闪亮的星”。艾媒咨询发布的《2020年中国知识付费行业运行发展及用户行为调研分析报告》显示，2020年，中国在线学习用户中88.8%购买过知识付费产品；46.8%的知识付费用户每月花费500—2000元购买知识付费产品。知识付费已不再是洪水猛兽，情愿为优质内容买单的读者=用户数量不断增加。在未来一段很长的时间里，知识付费产品将成为出版社和平台的主要盈利模式。在这样的背景下，出版社除了跟各电声平台保持良性的合作，为读者=用户输出知识性、正能量的优质内容外，实力雄厚的出版社（集团）更可以考虑投资构建自有品牌平台，缩短与读者=用户之间的环节，充分利用各种互联网技术真正了解读者=用户的需求，为出版形式与内容的创新提供思路，探索解决“我们的读者在哪里，我们的读者需要什么”的难题。

比如中读 App。这是三联生活周刊旗下的社交阅读和知识服务平台，为读者打造了一种介于纸质书籍“慢阅读”和移动碎片化“快阅读”之间的“中阅读”模式，围绕艺术、音乐、生活美学、历史、健康科普、心理教育等内容领域为用户提供全方位的知识服务。加入中读 VIP 后，用户除了能够阅读《三联生活周刊》20 多年来积累的各种文章，还能够收听有声书、作品解读、国外顶级期刊杂志的精华总结等内容。而之前《三联生活周刊》在 App 上策划“我们为什么爱宋朝”10 堂音频课，一个月内卖掉 2.8 万份，公开数据显示实现收入近 300 万元。可以说，这是中国出版集团在新媒体领域的一次比较成功的创新，也再一次验证了知识付费模式的可行性，这种化繁为简将会是出版社向“内容供应商”转型的关键。传统出版单位不应再满足于单纯的内容输出，而是应该积极向“内容 + 体验”升级，毕竟良好的用户体验才是增加用户黏性，提高忠实度之王道。

二、积极尝试“IP 全链服务”，为 IP 赋能

IP，即知识产权，是人们就其智力劳动成果所依法享有的专有权利。作为专业的优质内容供应商，出版单位应该立足自己的专业领域，积极打造优质 IP，利用 IP 进行文学、影视、动漫、游戏等各方面的跨界融合，在内容生产层面实现 IP 的多元开发和深度开发，保证 IP 的动态良性可持续发展。

在 IP 运作方面，目前全世界做得最成功的便是迪士尼公司。迪士尼的所有形象设计将来都会转化成商品，商品可能是各种各样的实物商品、玩具，可能是授权。大到整个迪士尼乐园的建设和运营，小到迪士尼人物相关的贴纸，即便授权条件苛刻，授权申请依旧络绎不绝，迪士尼公司每年仅授权一项便能够获得极其可观的收入。迪士尼公司构建了一个庞大的授权数据库，签约单位每年支付巨额费用，通过对方提供的账号密码登录进行卡通形象的选择和下载，迪士尼公司通过强制性的送审制度来控制形象的展示质量，完全是一边倒性质的卖方市场。而且，这些形象的授权并非独家，一个形象 IP 就可以为迪士尼公司带来可观的版权收益。

迪士尼公司的成功并非偶然，它凭借雄厚的经济实力先后收购了皮克斯、漫威、卢卡斯、21 世纪福克斯，一步步成了名副其实的“IP 大亨”。庞大的迪士尼王国有优质的故事支撑，有无数家喻户晓的卡通形象，有全球闻名的迪士尼乐园，故事 IP、形象 IP、产品 IP、企业 IP 相辅相成，形成了良性的 IP 运作模式。迪士尼投入大量资金创造 IP，在工业化的运作模式下，这些 IP 又会带来可观的收益。

从迪士尼的成功中我们可以得到某些启示，那就是：内容是王道，IP 是核心。对

出版社来说，我们不缺优质 IP，我们缺的是对 IP 进行多元整合开发的能力。也就是说，在未来，出版社不光要做优质内容的生产商，更要掌握主动权，积极参与游戏、影视等跨界合作和融合，最大程度地发挥 IP 的作品，为 IP 赋能。而 IP 运作的成功反过来又可能促进纸质图书的销售和推广，甚至可能走出国门，在发出中国声音的基础上获得可观的授权收益。

比如，以讲谈社为代表的日本出版社，不光是 IP 形象的商品转化落地，在影视化、动漫化方面也有着丰富的经验和一套行之有效的运作模式。据讲谈社版权事业部（负责改编动漫、动漫周边产品制作和宣传及参与动漫相关的活动）负责人介绍，2014 年以前，讲谈社只是授权，所获得的收益只是授权费，并不承担任何风险。但是，2014 年后，讲谈社开始自主出资，制作动漫剧集。这是风险与利益共存的一个决定，动漫的宣传效果非常明显，一旦成为话题作品，不但投资能够收回，对纸书和电子书的销售也有非常大的促进作用。由讲谈社牵头组建“制作委员会”，选定制作公司，每部动漫 13 集左右，播出时间 3 个月，所有的花费在 3 亿日元（约人民币 2000 万元）左右。虽然并非所有作品都能够收回资金，但是其对纸书和电子书的销售促进作用有目共睹，对于以漫画出版为主要经济支柱的讲谈社来说，动漫改编与书的出版息息相关，是否能够成为话题也在很大程度上影响了原著作品的畅销程度。这一战略的实施取得了不俗的成绩，甚至走出了日本的国门。成功破圈登录中国中央电视台的动漫《工作细胞》，正是一个名利双收的成功案例。

编辑部（内容生产部门）制作优质的内容，以此为原点，改编动漫、动漫电影、真人电影、电视剧，制作销售文创周边产品，举办大型活动吸引读者和观众消费，进行海外授权（包括图书、影视和游戏等）；最大限度地挖掘 IP，提供 IP 的全链服务，将 IP 的内在价值完全发挥出来，是 IP 运作的最终目的。

相比之下，国内的出版社在 IP 的挖掘方面还有很大的空间，就笔者所了解到的情况来看，还没有哪家出版社能够真正跳出出版的圈子，以更高、更融合的角度来考虑自有 IP 的开发和运作。当然，像上海人民出版社、朵云轩在文创周边产品上的尝试，像上海译文出版社积极尝试的“图书 + 咖啡（饼干）”的混搭销售模式，都是各出版单位积极主动的尝试。然而，身处 5G 时代，传统出版社尝试转型将会面临更多的不确定因素和新鲜玩法，也有更多的课题亟待解决。

三、5G 时代，出版业融合发展靠什么？

在 5G 时代，出版业在迎来新机遇的同时，也会面临全新的挑战。5G 时代，信息服务将会全方位、无死角地融入生活、生产的方方面面，产业之间的边界进一步模糊，联系更加紧密，出版业的内涵和外延也将不断有新的突破，出版业的跨界融合也会有更加广阔的空间。出版业同娱乐、教育、电商等多领域有了交叉，也开启了融合发展的新场景。在产业加速融合中，新的服务模式和消费场景也会给出版业带来新的发展。而这，也倒逼出版单位与时俱进，更新理念，主动破圈，在大时代洪流中找到突围之路。

（ ）持续深入贯彻内容为王的理念，提升专业化、精细化水平，强化 IP 意识

内容是出版业发展的根基和核心优势，无论是跨界合作，还是 IP 赋能，没有了内容，“巧妇难为无米之炊”。而这一点，相信出版业内已经达成共识，用户对内容的专业化和精细化程度的高要求，已经引发了一场业内的“内卷”激战。因此，出版社应当顺应 5G 时代的新要求和市场环境，充分利用新的技术手段，进行全方位、立体化、精细化的内容产出；进一步强化 IP 思维，由点到面，深度融合，提升品牌形象，打造多平台、多渠道、多场景的营销矩阵，强化出版社的社会影响力和公信力，在激烈竞争中脱颖而出。

（二）加强技术与内容的深度结合，补短板，强优势，育人才

对传统出版社来说，技术是短板，内容是优势。出版单位应该积极研究开拓转型路径，借助大数据、云计算、人工智能、物联网等技术在出版流程上的应用，让先进技术为出版融合服务，也通过出版融合的尝试为先进技术的进一步发展提供更多的应用场景。以“内容 + 技术”，为读者打造更加优质的阅读体验。

而这一切的实现，需要培养一支与融合发展相适应的高素质、高水平的人才队伍。不但要注重对创新型人才、全媒体型人才，特别是有内容策划、技术应用、产品设计、版权运营和品牌形象设计相关的人才的培养，更要加快与融合转型发展相适应的人才培养和管理机制的建立，加强人才对新形势下全流程的了解，在出版集团层面建立起良性的激励机制，鼓励人才破圈，鼓励推陈出新。

数字技术和互联网技术几乎每天都在进行着革命，互联网思维模式催生了个性化出版和阅读，带来了 IP 开发的蓝海。产品形态日新月异，但是出版的初衷和本质从未改变，内容为王依旧是出版业的生存法则。基于此，传统出版社必须经历改革的阵痛，“唯有改革还能发展”。我们要充分利用自身内容产品的优势，根据自身条件进行科学定

位，不光是出版社层面，更要在出版集团层面，将各种经营要素进行开发重组，不断延伸产业链，打通行业壁垒，团结一切可以团结的力量，利用一切能够利用的资源，使出版物价值最大化，最大限度地发挥党和国家宣传阵地的作用，最大程度地为我们的读者带来全方位的精神盛宴，不断融合发展，最终成为有情怀、有担当、有内容，能够与国际出版大亨比肩的出版社。

参考文献

[1] 朱逸伦，郝雨．新文创，让传统文化更好地“活”在当下［J］. 出版广角，2019（12）：18—21.
[2] 雷鸣，闫阿雯．数字环境下大学出版社图书产品的 4R 营销策略［J］. 出版广角，2019（10）：32—34.
[3] 毛文思．对 5G 时代下出版业融合发展路径的几点思考［J］. 出版广角，2019（17）：9—11.
[4] 杨沾．新文创模式下网络文学内容与技术、社交的融合［J］. 出版广角，2019（12）：22—24.
[5] 郭全中．我国出版业融合发展新进程［J］. 出版广角，2019（16）：14—17.
[6] 徐东，崔然．我国数字出版融合发展趋势探讨［J］. 出版广角，2020（5）：15—18.
[7] 中国互联网络信息中心 .CNNIC 发布第 47 次《中国互联网络发展状况统计报告》［EB/OL］. http：//www.cnnic.net.cn/hlwfzyj/hlwxzbg/hlwtjbg/202102/t20210203_71361.htm，2021-02-03.

出版直播活动的实际应用与发展趋势初探

上海科学技术出版社　汪　茜

摘　要

在新媒体飞速发展的时代，直播成了大众日常生活中的重要娱乐新方式。出版业作为传统媒体行业，应积极响应政策引导和市场导向，尝试和探索媒体的新业态。出版直播作为出版行业在网络直播渠道中的应用，从实践层面上实现了从1.0时代到3.0时代、从单向信息输出到双向信息及时反馈互动的优化更新。本文以上海科学技术出版社“灵感工匠”系列图书直播为例，对出版直播活动的现状和发展趋势进行了反思和展望。

关键词

出版直播　市场营销　网络直播　新媒体

一、政策背景

2021年3月，《中华人民共和国国民经济和社会发展第十四个五年规划和2035年远景目标纲要》发布，提到我国2035年远景目标包括实现“国民素质和社会文明程度达到新高度，国家文化软实力显著增强”。除此以外，“十四五”时期经济社会发展主要目标包括“公共文化服务体系和文化产业体系更加健全，人民精神文化生活日益丰富”。这些内容站在推进社会主义文化强国建设的高度，着眼满足人民日益增长的精神文化生活需要，提倡在未来建立并应用适合现代生活方式的文化宣传推广机制，加强优秀文艺作品的有效传播。

上溯至2014年，《国务院关于推进文化创意和设计服务与相关产业融合发展的若干意见》明确指出，到2020年，文化创意和设计服务的先导产业作用将更加强化，与相关产业全方位、深层次、宽领域的融合发展格局基本建立。文件提到，应重点加快数字内容产业发展，推动文化产品和服务的生产、传播、消费的数字化、网络化进程，强化文化对信息产业的内容支撑、创意和设计提升，加快培育双向深度融合的新型业态，并且应大力推动传统文化单位发展互联网新媒体，推动传统媒体和新兴媒体融合发展，提升先进文化互联网传播吸引力。

作为出版人，我们应以政策为依据、以市场为导向，寻找、尝试并应用新的配合营销的宣传策略，在新媒体飞速发展的时代，找到适合出版行业的方式，让出版这一传统行业能顺着时代改变而焕发出新的生命力。网络直播作为新媒体表现手段的一种，是出版行业已经开始尝试的新的宣传方式之一。

二、出版直播的发展与相关案例分析

网络直播是一种由工作人员出镜对产品进行详细解说的宣传营销模式，是一种强有力的具有强直观性、即时性和互动性的产品信息传递方式。

中国网络直播的热潮从 2014 年开始兴起，鉴于其适应于现代生活模式，直播平台的数量和质量都在短时间内有了大幅度提升。2016 年被称为“直播元年”，2020 年达到了井喷式、爆发式的发展。

2021 年 2 月，中央网信办、国家网信办和中国互联网络信息中心发布了《第 47 次中国互联网络发展情况统计报告》，报告指出，截至 2020 年 12 月，我国网络直播用户规模达 6.17 亿，较 2020 年 3 月增长 5703 万，占网民整体数量的 62.4%。将网络直播用户分为电商直播用户、游戏直播用户、真人秀直播用户、演唱会直播用户和体育直播用户等后，电商直播用户占比最高。

随着网络直播技术的发展和对功能的需求变化，出版直播作为出版行业在网络直播渠道中的应用，实现了从 1.0 时代到 3.0 时代、从单向信息输出到双向信息及时反馈互动的优化更新。

出版行业的直播 1.0 时代是单向的信息传递模式。在网络直播萌芽时期，一些出版社敏锐感知到直播营销的光明前景，开始尝试将出版和直播相结合。但受限于技术和对直播的理解水平，直播形式比较单纯，主要是将新书上市等一系列营销活动进行线上直播。这是一种单向的信息传递，本质上是传承了电视直播的特质，只是媒介由传统的电视变成了网络平台。此时，出版直播是由出版方通过直播平台将活动信息传递给观众，观众只能单向接收信息。

随后，出版直播的 2.0 时代到来。明星 IP 效应从直播大环境渗透到出版直播细分领域来。电商主播职业化、直播电商常态化、明星直播场景化和综艺化成为当代的消费新文化。部分出版社也开始适应此趋势并进行了一定的尝试，如 2020 年 4 月 14 日，人民日报新媒体、北京出版集团等文化机构联合抖音、今日头条、番茄小说，邀请华中师范大学教授戴建业、历史学家阎崇年、观复博物馆创办人及馆长马未都等文化名人担任首批“领读人”，发起了一项致力于推动大众阅读的计划——“都来读书”，有效增强了影响力。安徽少年儿童出版社的《中国经典动画珍藏版》和少年儿童出版社的《三毛流浪记》分别于2020年3月和5月联手薇娅直播间，借助专业顶流主播的能量，获得较高销售业绩。不仅是线上，相关图书线下销售也受此影响有所提升。由专业主播带队的直播活动不单单是一种线上的销售推广，在挖掘出版物的潜在读者和消费群体上也是有益的。自此，借助专业主播的IP效应进行直播成了出版直播的一道风景。

2020年，出版行业直播营销爆发式增长，品牌效应持续发挥作用，“私域流量”的概念被提出，出版直播进入3.0时代。从出版依赖直播平台转换成出版占有主动权，基于媒体融合的大环境寻求多种跨界合作，使得出版获得较高的经济效益和社会效益。从单纯的卖书直播变成“直播+X”概念，如：“直播+科普”“直播+手工艺教学”等。在此阶段，有代表性的是《张文宏教授支招防控新型冠状病毒》一书的直播活动。上海科学技术出版社的资深编辑们迅速联系张文宏教授团队，对民众最需要了解的防范知识进行梳理和总结，汇集成书。除了出版图书之外，上海科学技术出版社开展直播活动，围绕《张文宏教授支招防控新型冠状病毒》一书，向观众普及了相关知识，对科学科普防疫起到了实际推动作用。张文宏教授作为专业人士，用高品质的专业知识获得民众认可。

从出版直播1.0到3.0，随着整个直播技术和观念的更新，出版单位也在不停地调整策略来更好地适应市场需求。在此过程中，出版社不仅仅收获了经济效益，社会效益也有更实际和更直观的体现。直播中，出版单位和作者（包括译者或相关人员）将文化知识进行生动形象的普及，在飞速发展的信息时代语境下，对提高全民精神文明素养有了更高的参与度，增强了社会责任感。

三、实际活动案例分析——以上海科学技术出版社“灵感工匠”系列图书实际直播活动为例

（一）图书背景情况

在对出版直播有所了解后，上海科学技术出版社决定以“灵感工匠”系列图书为产品进行直播推广。

上海科学技术出版社2014年起策划并出版“灵感工匠”系列图书。系列图书均为引进书，内容涉及陶艺、金属、珠宝等工艺美术领域，重点介绍大手工艺门类的一些手工技法、操作注意事项和灵感启发。

（二）直播实施情况

编辑部和市场部沟通，首先确认邀请业内知名陶艺师高艺峰老师作为直播嘉宾，通过与高艺峰老师多次沟通，就直播的活动形式和活动意义达成初步共识，确定直播活动的题目和脚本。在直播现场，预计的参与人员提前到位，根据大概流程确定走位和直播流线，并依此确定直播机器的摆位和互动环节的插入方式。

直播现场准备完成后，先对本次活动和高艺峰老师进行了介绍。直播中，根据陶艺制作的流程，从坯料到拉坯成型、烧成到上釉，高艺峰老师对重要环节的知识进行演示和介绍，并配合具体器物介绍图书的内容，增强针对性。直播中，高艺峰老师还热情地回答在线观众的提问。临近结束时，仅当当平台在线观众就已超过 10000 人。

（三）收益分析

本次直播活动的收益可以分成经济效益和社会效益两方面。在经济效益上，本次销售数据比起观看直播的观众数来说，转化率不算高。但就社会效益而言，本次活动观看观众数较多，是一次“陶艺小白的入门课”，同时也是对上海科学技术出版社“灵感工匠”系列图书和高艺峰老师个人 IP 的宣传与引流。在直播的过程中，高艺峰老师认真负责地向观众展示陶艺师的世界，虽然时间有限，但对观众而言，也是一次成功的陶艺手工概念的传播，从此角度看来，本次活动具有较高的综合效益。

（四）活动经验与总结

本次活动能顺利开展并圆满结束，离不开领导部门的关心和相关部门的高度配合，鉴于实际情况的复杂性，在策划和实践时难免有疏忽，此时同事之间、编辑与嘉宾老师之间讨论和互相提醒十分重要。但对于此结果和过程中的一些经验与不足，作为策划编辑，笔者有以下几点反思与总结：

（1）直播的成功离不开优质的图书内容。“灵感工匠”系列图书在顶层设计时就考虑推广要做到内容广、操作指导性强。所以直播中介绍陶艺操作流程时，每个重点环节都可以有相关的书予以配套支持，知识链系统而完整，读者也可以更方便地了解感兴趣的内容或相接近的内容。

（2）前期的宣传要找准平台，强调社群营销。虽然本次直播加入陶艺手工操作部分，比起其他类型直播更为新颖和生动，观看人数较多，但经济效益还不甚理想，以后在直播前要注意直播平台的选择，抓住有购买力的爱好者社群进行营销。

（3）在活动开始时应关注相关的节日，可提前观察研究最近阶段或类似阶段其他电商的前期宣传活动，对主题和场景进行重点设计。例如在 4.23 图书日进行直播，可以做一系列关联“图书日”主题的宣传海报，强调整体和系统感，这样更容易让读者有兴趣参与活动。

（4）直播之前，策划人员可以有针对性地找一些平台上较为成功的或类似方向的直播案例，取其精华。根据图书本身的特点和内容优化其活动形式，以期实现经济效益与社会效益的双丰收。

四、对出版直播活动发展趋势的思考

回顾和总结这次出版直播活动，引出笔者在直播 3.0 时代，如何利用好窗口期的一些新思考。

（一）把控图书高品质内容输出

内容是品牌和消费者之间的对话窗口，高价值的信息内容是加强品牌构建和提高消费者体验的重要部分。出版业应利用优秀作者和引进知识资源，持续输出优质内容，推动图书品牌化建设，生产出更多高品质图书产品。

出版业的本质是以文字等符号为媒介，传递两大内容——思想和情感。所以对于出版直播而言，直播的内容就是图书的内容，是文化知识与情感价值的传递。

输出高品质的图书内容不仅是对直播活动质量的保障，更是为了提升读者、观众精神文化素养，这同样也是出版业和出版人的工作目标。

（二）受众细分与社群矩阵构建

在信息丰富的现代社会，内容生产者、平台和用户融合共生，私域流量与裂变营销盛行。与此同时，用户的需求也在升级换代，广泛而粗糙的泛娱乐化知识已经越来越不能满足大众的深层次需求。直播平台开始追求垂直化，而受众群体也开始细分。针对不同受众群体特质推送不同类型的直播内容，对用户和出版方而言都是效率最大化的。

作为团体的社群也将会被这些有针对性的内容所吸附，在社群中的个体也可以就主题进行良好的互动和讨论，与出版方形成高效率的反馈讨论机制，从而得到较高的用户黏性。在出版直播活动中也可以更加准确和单纯地对社群进行市场营销。

（三）活动主题和场景化设计

近些年来，“泛生活化”的娱乐风格也多开始被大众所接受，如电视上出现的慢综艺、社交软件上出现的记录一天生活的 vlog、记录日常生活的抖音短视频、快手短视频，这些比起传统的信息传递方式，更能提供生活化的场景，能让处在快节奏生活中的大众感到有趣和放松，从而获得大众的偏爱。

出版直播也可以进行如上风格的尝试，例如，除了依靠图书本身的特性宣传重点进行活动外，也可以选择更多活泼的直播场景来丰富效果和活动内容。例如各类书展、图书发布会、本次案例中的陶艺手工坊等。在直播内容上，也不必拘泥于图书本身，可以从其他活动入手，生动自然地引入。

在推广宣传的过程中，可以多层次宽领域地进行全方位品牌建设，对全产业链生态和衍生品进行开发，形成更丰富的产品文化形态。

在新媒体环境下，网络直播走进大众视野，获得越来越多的关注。出版直播活动作为内容较为特殊的一类直播，应抓住营销市场，利用出版业独特的优势和特色，为广大读者服务。在探索与实践中总结经验和不足，及时调整，从而实现最佳的出版经济效益和社会价值。

参考文献

［1］余晨璐．出版社图书直播营销实施路径及优化策略思考［J］．北方传媒研究，2021（2）：53—57.
［2］刘得存．图书直播营销现状和前景分析——以青岛书城直播营销为例［J］．出版广角，2020（12）：68—70+93.
［3］胡春玲．基于“出版＋直播”营销模式的知识变现新业态思考［J］．出版参考，2020（12）：12—15+22.
［4］冯馨瑶，靖鸣．出版直播营销 3.0：体验、情感、沉浸［J］．出版广角，2020（12）：6—10.
［5］崔亮，黄震．打造直播产业链，出版直播营销迈入 3.0 时代［J］．出版广角，2020（12）：15—18.
［6］杨芷芸．直播电商 2.0：从电商主播到“明星 IP”直播特色［J］．营销界，2021（21）：1—2.
［7］王凯．如何玩转图书直播带货?［J］．出版人，2021（4）：80—81.
［8］齐蔚霞．社交媒体时代出版社的内容打造策略分析［J］．出版发行研究，2016（11）：33—35.
［9］梁将军．内容营销，进入后链路时代［J］．销售与市场（营销版），2021（5）：82—85.
［10］李钟国，崔京实，金香珠．以编辑·出版为媒介的文化传播——以编辑·出版的文化媒介功能为核心 // 中国编辑学会编．第十四届出版学术会论文集［M］．北京：中央编译出版社，2010.
［11］李晨阳．基于平台特性的出版业网络直播营销路径研究［D］．合肥：安徽大学，2019.

学术期刊选题策划对提高期刊学术水平的作用

上海海关学院《海关与经贸研究》编辑部　赵世璐

摘　要

学术期刊的选题策划是学术期刊采编工作的基础，是构建精品学术期刊的重要步骤。通过对2014—2020年《海关与经贸研究》刊发论文的分析，可以发现经过选题策划组织的稿件，总体质量都比较高，在被下载量、被引频次、被全文转载等方面都高于自投稿，学术期刊的选题策划有利于凸显期刊的办刊定位、形成期刊的办刊特色，对于提高期刊学术水平有重要作用。

关键词

选题策划　精品学术期刊　期刊学术水平

学术期刊是传播学术信息、反映学术研究成果的重要载体，学术期刊的选题策划是提升学术期刊水平的关键环节。2021年5月18日，中宣部、教育部、科技部门联合印发《关于推动学术期刊繁荣发展的意见》，明确要求提升编辑策划与把关能力。笔者基于《海关与经贸研究》编辑部开展选题策划的实际情况，并依据相关统计数据对学术期刊开展选题策划与期刊学术水平提升之间的关系进行分析探讨。

《海关与经贸研究》是由海关总署主管、上海海关学院（以下简称“学院”）主办的学术期刊，其前身为《上海海关学院学报》。2014年，根据学术期刊向专业化、特色化、品牌化、集约化、规模化方向发展的要求，《上海海关学院学报》更名为《海关与经贸研究》，依托学院海关管理这一特色专业，坚持特色化、专业化的办刊策略，作为学院的一张名片，在海关系统、经贸领域产生了一定的影响力。

一、选题策划对学术期刊发展的重要意义

学术期刊的选题策划是学术研究规律、学科发展和实践发展以及学术期刊发展的必

然要求，也是学术期刊的灵魂和基础。学术期刊选题策划对学术期刊的发展具有重要意义。

（一）选题策划是保证期刊稳定发展的基础

学术期刊通过发表最新的研究成果，为读者提供最前沿的学术信息。通过科学合理的选题策划，引导作者、读者对热点问题的关注，从而促进理论的完善和深化。学术期刊的选题策划能够保证期刊的稳定发展，创造良好的经济效益和社会效益。选题策划是保证期刊稳定发展的重要基础。

（二）选题策划是提升期刊学术水平的前提

期刊的学术水平是建立品牌优势、树立学术信誉和权威的重要因素。优秀的选题策划，不仅能够大幅度地提升期刊学术水平，更能够凸显学术期刊的特色和价值。学术期刊通过合理的选题策划，能够确保期刊的内容符合期刊的办刊宗旨和定位，形成稳定的作者、读者群体。选题策划是提升期刊学术水平的前提。

二、《海关与经贸研究》开展选题策划工作的主要途径

（一）对接国家战略，贡献学术智慧

2013 年，习近平主席提出“一带一路”倡议，作为承载时代使命的世纪工程，掀开世界发展进程的新一页。2015 年 3 月，中国政府正式发布《推动共建丝绸之路经济带和 21 世纪海上丝绸之路的愿景与行动》，提出要以“政策沟通、设施联通、贸易畅通、资金融通、民心相通”（简称“五通”）为主要内容，打造“一带一路”沿线国家政治互信、经济融合、文化互容的利益共同体、责任共同体和命运共同体。其中贸易畅通与海关工作密切相关。为此，编辑部组织策划“一带一路”倡议与海关专题稿件，2015 年 6 月组织专题学术研讨会，邀请海关总署研究室、政法司、大连海关、厦门海关、中国海关管理干部学院、《海关研究》编辑部、《中国海关》编辑部、复旦大学法学院、大连海事大学法学院、上海大学法学院、上海昊理文律师事务所、海华永泰律师事务所等单位的专家学者与会研讨，从海关视角探讨如何为国家战略服务。从 2015 年第 4 期开始持续刊发专题稿件，截至 2021 年 6 月，共刊发与“一带一路”倡议相关论文 20 篇，其中 1 篇被人大复印资料全文转载，产生了较大影响力。具体情况见表 1。

表 1 “一带一路”倡议专题策划刊发论文被引频次前 10 名统计表

序号	篇　名	作者	年／期	被引频次	下载次数
1	试探“一带一路”战略实施中的海关知识产权保护	张乃根	2015 年第 5 期	16	1489
2	“一带一路”视野下《贸易便利化协定》的实施问题	张乃根	2017 年第 5 期	13	659
3	“一带一路”背景下国际经贸制裁风险与法律应对	龚柏华	2017 年第 6 期	10	852
4	“一带一路”背景下对外投资与可持续发展的法律问题	何　力	2018 年第 4 期	9	1145
5	“一带一路”视角下青岛海关主动融入和服务国家战略的实践与思考	王锡刚 张　奎 邹德志	2015 年第 5 期	9	697
6	“一带一路”战略与海关国际合作：对接发展的障碍、框架与对策	王菲易	2016 年第 3 期	8	1041
7	“一带一路”视角下中国双边投资条约中间接征收条款的完善	谷望舒	2019 年第 1 期	7	345
8	海关服务“一带一路”建设的若干思考	蔡俊伟	2015 年第 5 期	7	867
9	海关支持“一带一路”建设路径及策略探析——以支持中蒙俄经济走廊建设为例	崔建高	2016 年第 3 期	5	658
10	论“一带一路”背景下我国履行《巴黎协定》的机制创新	肖　峰	2018 年第 4 期	4	263

数据来源：中国知网数据库，数据统计截止日期为 2021 年 6 月 20 日。

（二）依托专业优势，回应现实问题

跨境电子商务是当今互联网时代发展最为迅速的国际贸易新业态，在创新商业模式变革，推动外贸转型升级，带动国内消费市场，推动监管服务体制创新，引领国际经贸规则重构等方面发挥着重要作用。跨境电子商务相关的税收、进出口监管等问题成为网民关注的热点问题。编辑部依托学院海关管理特色专业，组织开展跨境电子商务专题策划。从 2014 年第 1 期开始持续刊发了专题稿件，截至 2021 年 6 月，共刊发与跨境电子商务相关的论文 21 篇，其中被引频次最高为 88 次。具体情况见表 2。

表 2　跨境电子商务专题策划刊发论文被引频次前 10 名统计表

序号	篇　名	作者	年 / 期	被引频次	下载次数
1	海关视角下跨境电子商务的税收政策选择	张建国 王　浩	2014 年第 1 期	88	2938
2	跨境网购中海关监管职能的完善与发展	王　涛	2014 年第 2 期	60	1812
3	跨境电子商务进口业务的发展与邮递渠道海关监管改革	余建明	2015 年第 2 期	43	1955
4	跨境贸易电子商务进口治理体系框架研究	石　权 钟　华	2015 年第 2 期	33	987
5	跨境电子商务零售进口税收新政评析	余建明	2016 年第 5 期	32	1374
6	跨境电子商务与海关管理研究综述及展望	张建国	2016 年第 1 期	28	2377
7	论海关对进境电子商务 B2C 贸易方式的监管	刘嘉旻	2015 年第 1 期	25	968
8	以治理理念指导跨境电子商务海关监管创新——以进境零售为视角	张俊榕	2015 年第 1 期	25	960
9	中国跨境电商零售进口监管面临的挑战与对策——基于海关与消费者角度的定性分析	于　倜	2018 年第 1 期	22	1017
10	跨境电子商务背景下我国行邮物品税的改革探讨	钟昌元	2016 年第 3 期	17	492

数据来源：中国知网数据库，数据统计截止日期为 2021 年 6 月 20 日。

（三）把握学术前沿，推动理论繁荣

“评价一个期刊的影响力和生命力，最重要的一点，就是看它能否主动设置具有重大学术影响的标识性概念，引领学术潮流，推动学术进步。”学术期刊的选题策划要善于把握学术前沿问题，刊发高质量的学术论文，推动理论繁荣。根据 2014—2020 年《海关与经贸研究》刊发论文被人大复印资料全文转载的统计情况可以发现，被全文转载共 10 篇，其中与选题策划有关的稿件 7 篇，被转载的论文涉及《跨太平洋伙伴关系协定》(TPP)、贸易便利化、中国自由贸易港、中蒙俄经济走廊、“一带一路”倡议等学术前沿问题。具体情况见表 3。

表 3　2014—2020 年被人大复印资料全文转载论文统计表（按原刊发时间先后排序）

序号	篇　名	作者	原刊发年 / 期	被转载刊名	被转载年 / 期
1	三十年来国内关于中国近代海关总税务司赫德研究成果综述	赵雨田	2014 年第 2 期	经济史	2014 年第 4 期
2	TPP 生效条款及其我国的应对	何　力	2016 年第 3 期	国际法学	2016 年第 10 期

续表

序号	篇　　名	作者	原刊发年／期	被转载刊名	被转载年／期
3	TPP与中国海关法中通关便利化规则之比较	王淑敏 张　丹	2016年第5期	国际法学	2017年第2期
4	近代国产普通药物的国际和国内贸易	芦　笛	2016年第6期	中国近代史	2017年第4期
5	中蒙俄贸易结构对实现中蒙俄经济走廊的影响及对策	王淑敏 戴　蕊	2017年第2期	国际经济文摘	2017年第3期
6	国际条约法视角下WTO《贸易便利化协定》生效问题探析	何　力	2017年第4期	国际法学	2017年第11期
7	欧盟AEO立法实践及对我国的借鉴意义	万曙春	2017年第4期	国际法学	2017年第12期
8	上海自由贸易港海关监管制度构建初探	胡　蓉 干春晖 李华东	2017年第6期	国际贸易研究	2018年第3期
9	美国《云法案》对跨境司法机制的新发展	田　旭	2018年第4期	国际法学	2019年第3期
10	论“一带一路”背景下我国履行《巴黎协定》的机制创新	肖　峰	2018年第4期	体制改革	2019年第1期

数据来源：2014—2020年中国人民大学书报资料中心发布的复印报刊资料转载统计情况。

（四）关注热点事件，解决突发问题

2018年3月22日，美国总统特朗普签署总统备忘录，依据“301调查”结果，对从中国进口的商品大规模征收关税，并限制中国企业对美投资并购，中美之间贸易战开始并不断升级。为此，编辑部及时组织了中美贸易专题策划。从2018年第3期开始持续刊发了相关稿件，截至2021年6月，共刊发与中美贸易相关论文9篇，其中最高下载次数为2879次，由此可见这一主题稿件非常受关注。具体情况见表4。

表4　中美贸易专题策划刊发论文被下载次数前3名统计表

序号	篇　　名	作者	年／期	被引频次	下载次数
1	中美贸易真实情况及海关应对贸易摩擦措施研究	崔建高	2019年第4期	6	2879
2	重新审视特朗普贸易新政下的中美经贸关系	王　翀	2018年第4期	4	2258
3	“中美贸易战”背景下稳定中国产品在美国市场的策略——以“关税吸收”理论为分析框架	苏　铁	2018年第5期	5	1340

数据来源：中国知网数据库，数据统计截止日期为2021年6月20日。

2020 年初，突如其来的新冠肺炎疫情蔓延全球，各国纷纷采取了管控措施，阻碍了跨境货物、人员的自由流动，对全球经济造成了重大影响。在此背景下，编辑部及时开展了新冠疫情防控专题策划，向高校学者、海关业务专家就此问题约稿。从 2020 年第 2 期开始，每期开设这一主题专栏，共刊发论文 6 篇，其中最高下载次数为 2051 次。具体情况见表 5。

表 5　新冠肺炎疫情防控专题策划刊发论文统计表（按被下载次数排序）

序号	篇　　名	作者	年／期	被引频次	下载次数
1	新冠肺炎疫情事件的法律应对	马忠法	2020 年第 2 期	/	2051
2	新冠肺炎疫情防控涉及海关法律问题的思考	管伟星	2020 年第 2 期	2	1428
3	妨害国境卫生检疫罪的理解与适用——以新冠肺炎疫情防控为例	高震泽	2020 年第 4 期	/	501
4	论“国际关注的突发公共卫生事件”下的过度公共卫生措施	马得懿 周明园	2020 年第 5 期	2	327
5	论完善我国突发公共卫生事件法律体系	王丽英 格根其日	2020 年第 6 期	/	223
6	近代上海霍乱疫病的风险感知与海港口岸卫生检疫	董　强	2020 年第 3 期	/	219

数据来源：中国知网数据库，数据统计截止日期为 2021 年 6 月 20 日。

三、结语

通过对 2014—2020 年《海关与经贸研究》刊发论文的分析，可以发现经过选题策划组织的稿件，总体质量都比较高，在被下载量、被引频次、被全文转载等方面都高于自投稿，学术期刊的选题策划有利于凸显期刊的办刊定位、形成期刊的办刊特色，对于提高期刊学术水平具有重要作用。

参考文献

［1］ 王新利，徐全正 . 学术期刊选题策划要诀［J］. 江汉大学学报（社会科学版），2008（4）：102—103.
［2］ 刘志武 . 学术期刊选题策划的思考［J］. 中国出版，2011（10）：37—39.
［3］ 武勇 . 学术期刊的责任与担当［N］. 中国社会科学报，2018-11-12（3）.

培根铸魂：理科教材编制的原则与策略

上海教育出版社　黄　伟

摘　要

“培根铸魂　启智增慧”是党和国家对精品教材的标准和要求。理科教材以培养理性思维、科学方法与技能为要，“启智增慧”历来受到重视，而“培根铸魂”在学科教材层面具体如何落实，有待进一步探讨和明晰。如何通过理科教材为青少年培养中华文化之根、中国精神之魂，如何与科学态度、科学精神、社会责任等相衔接，成为摆放在每一位教材编制者面前的重要课题。本文以理科教材的出版实践为基础，探索理科教材落实“培根铸魂”目标应当遵循的重要原则，并提出了一些具体的教材编制的策略。

关键词

培根铸魂　理科教材　教材研发

2020年11月29日，在给人民教育出版社部分老同志的回信中，习近平总书记提出“用心打造培根铸魂、启智增慧的精品教材”的殷切期望。这为新时期教材出版的高质量发展定下了基调、明确了要求。

“培根铸魂”，点出了教材出版的“育人”初心；“启智增慧”，更为强调“育才”目标。不难发现，“培根铸魂”为“启智增慧”的实现创设了前提条件，“启智增慧”可谓“培根铸魂”的进阶和发展。在义务教育阶段，每一门学科的教学都对应着独特的教育对象的身心发展特点、教育形式、教育方法和教育资源等，因此有必要进一步深入学科教材的贯彻落实层面的研究，从而提升“培根铸魂”理念在学科教学实践中的针对性、实效性。

就理科教材而言，虽学科众多，但共同的学科目标中都有培育创新型人才的迫切需求，使得教材尤为注重培养学生的创新精神和实践能力。其中“启智增慧”的意味更显浓郁，如何强化理科教材“培根铸魂”的内涵是一个值得深入探讨的课题。

一、"培根铸魂"的文化根源

教材编制的素材极为重要，犹如烹饪的基本食材。为了打造"培根铸魂"的精品教材，就需要有真正反映根与魂的素材。那么，究竟什么是我们国家的根和魂？从习近平总书记系列重要讲话中，我们能深切地感受到，这里的"根"是中华文化之根，"魂"是中国精神之魂，中国人民的伟大历史实践正是根与魂的根本来源。

在百年未有之大变局中，文化的力量更显广泛而深厚，引导着人们的价值观念和行为规范。于个体而言，文化对人的全面发展进步起到了启蒙和推动作用；于国家而言，文化兴国运兴，文化强民族强。厚植文化自信自然成为"培根铸魂"的题中要义。同时，在实现中华民族伟大复兴的新征程上，迫切需要弘扬以爱国主义为核心的民族精神，进一步培育以改革创新为核心的时代精神。因此，教材编制者在编写教材的过程中，一方面需要注重挑选反映中华优秀传统文化、社会主义先进文化的素材来彰显文化自信，另一方面也要通过弘扬改革创新精神来构筑中国精神，激发青少年的爱国热情和攻坚克难的精神动力。

二、理科教材出版的重要原则

（一）方向性原则

方向性是一项工作的最根本、最鲜明的原则。"培根铸魂　启智增慧"既是精品教材的评价标准，也对教材建设起到了举旗定向的作用。青少年是民族的希望和未来，中小学阶段正是接受全面教育、发展核心素养的关键阶段。文化自信的核心和实质是价值观自信。将社会主义核心价值观融入教材的编制工作属于意识形态属性，应当坚持以习近平新时代中国特色社会主义思想为指导，从而建成具有强大凝聚力和引领力的社会主义意识形态，为实现中华民族伟大复兴凝心聚力、引领方向。这样才能确保融入工作有序地开展。

（二）主体性原则

若将现代教育与传统教育进行对比，就会发现两者的一个明显差异：前者更为侧重主体性的发挥，尤其强调学生主体性地位的凸显。中小学生对新鲜事物往往有着强烈的好奇心与求知欲，在编制与科技文明紧密联系的理科教材的过程中，要以学生为本，努力创设丰富的情境与机会；坚持循序渐进的原则，给予每个学段的学生相适应的教材内容；鼓励学生自主学习，激发学生在课堂内外关注科技、参与科技的主动性与能动性。在编制理科教材的过程中强调坚持学生的主体性，其实质就是遵循学生的身心发展规律，尊重他们在课堂中的主体地位，发展其科学探究能力，培养其热爱科学的自强信念。

（三）时代性原则

中华文明五千年来经久不衰，其中关键的一点在于她开放的气度和博大的胸怀。中国文明始终秉承着“美人之美，美美与共”的态度促进文化交流，在代代相传中“创造性转化和创新性发展”。科技的发展是历史的过程，唯有在广阔的时空中认识科技文明的意义与价值，才能让青少年清晰人类文明的发展路径，为筚路蓝缕的探索历程而感动，也为近代科学革命的出现而振奋，更为量子时代、智能时代的到来而惊叹。唯有在教材中以全球视野来呈现最新颖的科技发展成果，彰显国人成果背后不畏艰险、团结奉献的时代精神，才能振奋民族精神、增强科学的魅力，更好地增强学生对文化的自信心、激发学生探究的欲望。

（四）一体化原则

教育事业是一个系统工程。作为反映国家认知、体现国家意志、传承民族文明的重要载体，教材的编制不能局限于学科本身，要做好与其他学科的衔接工作，落实好教育部教材局对重大主题教育的“一体化设计”。考虑到与教学的衔接，教材的编制工作应加强与教研、学校、家庭、社会工作的有效互动。应确保将“培根铸魂”教材编写的指导思想以系统的方式整合到教育目标、教学计划中，并且在与学科教育、素质教育、德育融合上下功夫，使学生不断提高科学素质，真正实现全面发展。

（五）实践性原则

实践是检验真理的唯一标准。任何形式的学习，要想学得深、学得透，最佳途径就是要亲身投入实践活动中去，“知行合一”的教育理念历来受到教育家们的重视。近年来理科教材中常用的项目化学习方式，正是鼓励学生敢于面对实际问题，用实证的态度和方法进行全面而系统的探究，不仅强调对所学知识、技能、理论的掌握和运用，更注重在探究、思考、交流中活跃思维和升华情感的过程。坚持实践性原则，可以不断增强学生发现问题、解决问题的能力，培养学生团队协作的意识，增强其对集体、对社会和国家的责任心和使命感。

三、理科教材出版的常见策略

（一）强化价值观的引导

在中小学校审慎思考“培养什么人、怎样培养人、为谁培养人”等根本问题的时候，教材编制者需要思考的是教材“教什么”“教给谁”“怎么教”。在教材编制过程中，一定要确保内容的真实性、科学性，这也是“以人民为中心”的内在要求。

虽然科学没有国界，但是科学家是有国界的。中小学生正处于良好人格情操形成的黄金时期，理科教材的编制中同样需要注重爱国主义的有机渗透，与社会主义核心价值观做到巧妙融合。习近平总书记指出：“爱国主义是常写常新的主题。拥有家国情怀的作品，最能感召中华儿女团结奋斗。”“培根铸魂”的教材，关键是要有国魂。例如，在实践活动中应大力弘扬“‘两弹一星’精神”“抗震救灾精神”“载人航天精神”“工匠精神”等，将民族精神融入理科教材编制工作中。

要想做到理科教材中价值观念的正确引导，应做到以下两个方面：一方面，教材出版单位从上到下要充分认识到“培根铸魂”对国家安全和促进学生价值观形成的重大意义，将国家对意识形态、价值观方面的最新精神与要求向教材编辑进行及时传达与督促践行。另一方面，教材编写组应该强化对教材中价值观导向的自查评估，并做好不同教材编写组之间的沟通工作，探寻学科教材中价值观渗透的契机。

（二）教材框架下的巧功

框架是教材的主干，犹如骨骼之于人体，教材框架是否合理直接影响到后续的章节编写和师生们的教学使用。传统意义上的理科教材的框架，往往从教师视角、学生视角、社会视角来设计，从而衍生出分别侧重于学科发展脉络、反映学生认知规律、参照社会热点的三种形式迥异的框架体系。近年来随着以学生为本的教育理念的传播，遵循学生认知规律成为主要的框架体系选择，同时在具体的节的设计安排上兼有反映学科脉络的特点，社会热点的专题素材则以栏目形式渗透其中，这种综合性的框架体系能较好地响应教学各方的需要。价值观层面的内容体现，既可在节层面的标题上直接展现，也可在节的内容安排中重点呈现，融入本课程的单元目标乃至课时目标。也因此，在框架设计之初就考虑“培根铸魂”内容的安排，既让编制目标的贯彻落实更为系统、完整，又起到了四两拨千斤之效，让教材的内容安排更显合理、自然。

（三）内容情景化的设计

真实的世界是纷繁复杂的，删减一些干扰因素，保留最为关键的变量，指向真实问题，在身边的故事、人物、话题中反映科技的进步，更有亲和力、参与性。这种情景化的设计因为来自真实的情景，具有足够的迁移潜力，就更容易打动小读者，让他们更为深切地领会到所学内容的价值所在。

情景化既是教学的一种策略，也是教材编制的一种策略。情景化案例可以为学生搭建起前概念与新概念、生活实际与理论原理、感性认识与理性认识之间的桥梁，有利于学生更为深刻地理解科学知识，同时得到思维、能力、情感等的同步发展。教材中“培根铸魂”目标的实现往往不是“疾风骤雨”，而是“润物无声”，所以，要根据青少年的认知特点培养相适应的文化自信，真正将文化自信的精神力量转化为青少年的情感认同和行为习惯。例如，航天员的太空授课，一路向北的大象家族，这些精彩的案例以及与之相关的情景都可以成为绝佳的素材，让学生从国家的发展中发现和汲取精神力量，感受日新月异的科技文明中贯穿着坚定不移的中国精神和家国情怀。

（四）问题的设置与导向

对具体事例产生的感悟不是理性认识，这种感悟难以对学生产生持久作用。要想让正确的理想信念在学生的心灵中生根发芽，教材中应当巧妙设疑，帮助学生抓住问题的要领，在理性认识的高度上去深刻体会和理解什么是爱国主义、社会主义核心价值观是怎样与人们的理想信念紧密联系的。换言之，学生带着问题来到学校，应当带着更多的问题满心欢喜地离开校园。

读一本好书，如同与一位博学的智者对话，你会终身受益。精品教材应当也有这样的作用，读者读完一节后，会有疑问的产生，会有想象的空间。教材不应当是问题的终结者，而应当成为引导学生探索科技世界的“趣味地图”，激发着青少年不断探索新领域的热情和勇气。“祝融号”火星车驶离着陆平台的声音可以告诉我们哪些重要信息，“奋斗者”号载人潜水器实现万米海底作业目标时最大的挑战是什么，《中华人民共和国长江保护法》的实施对周边生态恢复起到怎样的作用……许多调查研究的背后都会给学生以人生启迪、智慧光芒、精神力量。

（五）形散神不散的栏目

教材既是事权载体，本身也是艺术范畴，多样化的栏目设计可以增强教材的感染力。理科教材较为注重实验教学，教材中可以设置难度不同的实验类栏目，引导教师和学生在各种活动体验中进行概念辨析、观点碰撞和理论澄清，使科学理论的出现和发展更显自然，符合逻辑。同时，科学探究活动应避免为了探究而探究的现象，要赋予探究以意义，这在职业教育成为社会热点的当下显得尤为必要。

先进模范是在各个历史时期涌现出的杰出代表，具有很强的精神价值、文化价值和教育价值。理科教材可以安排一些人物的专栏，如阔别家乡 30 载的核潜艇之父黄旭华，教书育人的时代楷模黄大年……充分依托这些"国民榜样"，播撒道德火种，让中小学生成为传播中华精神、坚定中华文化自信的坚强主体。通过民族英雄、时代楷模等道德典范案例，将爱国主义、无私奉献、爱岗敬业之类抽象的高尚道德情操具体化、生动化，让学生从鲜活人物、先进事迹中感悟生命的价值，激发自觉参与祖国建设的积极性。

（六）有回味空间的语言

语言承载着人们的知识体系、情感经验、文化精神，是一种代代相传、生生不息的资源。理科教材往往有自身的语言特色，力求规范、简洁、准确。恰当的语言会让你觉察不到它的存在，犹如鱼在河中畅游一般；而拗口的教材语言，就像一堵墙挡在面前，让读者难解其意，增加了认知负荷，从而影响学习效果。教材语言的功夫需要不断精进，才能将高深道理用浅显故事表现出来，用打动人心的中国故事启发学生的理性思考。例如，有理科教材引用了中国古典诗词，与学科知识相得益彰，引导学生在体悟科学知识的同时，也深切感受到了中华文化的妙趣。

"培根铸魂"就是要培植我们的思想文化根脉，铸造国家和民族之魂。这是一项苟日新、日日新、又日新的工作，需要不断创新。每一位教材编制者唯有通过自身的努力，"积跬步""积小流"，才能真正打造出符合学生身心发展特点的精品教材，培养真实的、幸福的、有作为的新一代青少年。

参考文献

[1] 闫绍杰 . 新时代教材建设：培根铸魂启智增慧［J］. 思想政治课教学，2021（4）：4—6.
[2] 习近平 . 在庆祝中国共产党成立 95 周年大会上的讲话［EB/OL］. 新华社，2016-07-01.
[3] 习近平 . 决胜全面建成小康社会　夺取新时代中国特色社会主义伟大胜利——在中国共产党第十九次全国代表大会上的报告［M］. 北京：人民出版社，2017.
[4] 习近平 . 在文艺工作座谈会上的讲话［N］. 人民日报，2015-10-15（2）.

经济学原创著作“走出去”中的编辑角色

复旦大学出版社　方毅超

摘　要

步入新时代后，我国的经济发生天翻地覆的变化，相应地，一大批反映时代声音，讲述“中国故事”的经济学原创著作也如潮水般涌现。近几年来，复旦大学出版社有一大批经济学原创著作成功“走出去”，笔者参与了其中一些图书从编辑出版到最终“走出去”的全过程，走过一些弯路，也偶有所得。面对“走出去”过程中的种种困境，笔者认为编辑应该扮演好以下四大角色，即优秀选题的谋划者、项目的协同推动者、合适译者的寻找者和书稿质量的把关者，以推动经济学优秀原创著作“走出去”，向世界讲好中国故事，宣传中国主张、中国智慧、中国方案。

关键词

中国经济学　走出去　中国故事　编辑角色

古人说：“财者，为国之命而万事之本。”作为“经世济民”之学的经济学是研究人类社会在各个发展阶段各种经济活动和各种相应的经济关系及其运行、发展规律的学科。经济学家孜孜追求的是“经邦济世，强国富民”，经济学著作则是这种思想的具体呈现。

20世纪80年代，美国著名经济学家、诺贝尔经济学奖获得者弗里德曼看到中国欣欣向荣的经济体制改革后感叹道：“如果中国的哪一位经济学家能够将中国的体制改革与经济成就的因果关系进行描述，他就应该得诺贝尔经济学奖。”在步入新时代的大背景下，我国的经济发生天翻地覆的变化，相应地，一大批反映时代声音，讲述“中国故事”的经济学原创著作也如潮水般涌现，这为出版界响应“一带一路”倡议，不断扩展中国出版走出去的影响力提供了内容基础。

近几年来，复旦大学出版社（以下简称“复旦社”）有一大批经济学原创著作成功“走出去”，笔者参与了其中不少图书从编辑出版到最终“走出去”的全过程，认为有必要将自己的工作经验记录下来以便与大家分享。面对“走出去”过程中的种种困境，笔者认为编辑应该扮演好以下四大角色，即优秀选题的谋划者、项目的协同推动者、合适译者的寻找者和书稿质量的把关者，推动经济学优秀原创著作“走出去”，向世界讲好中国故事，宣传中国主张、中国智慧、中国方案。

一、优秀选题的谋划者

不谋万世者，不足谋一时；不谋全局者，不足谋一域。在中国图书“走出去”的过程中，优秀选题的开发是至关重要的，是整个“走出去”项目的基础，令人欣喜的是，改革开放以来，中国经济的飞速发展为中国经济学优秀原创著作的诞生提供了良好的土壤，给了中国经济学家们用中国理论阐释中国实践，用中国实践升华中国理论的良机。

2018年，改革开放走过40个春秋，为了记录改革开放的伟大历程，深化对中国经济改革和社会发展过程的认识，加强对一些重大经济问题的研究，同时也为更好解决当前以及未来经济发展所面临的问题和挑战，复旦社联合复旦大学经济学院的10余位教师编著了“纪念改革开放四十周年丛书”。丛书主要围绕40年来中国经济体制改革过程中的重大经济问题展开研究，内容包括中国特色社会主义政治经济学的新发展、二元经济发展中的经济增长和收入分配、货币政策调控机制转型及理论研究、国企改革和基本经济制度完善、城乡关系和城乡融合、中央地方财政关系和财政分权、经济结构变迁和产业进入壁垒、经济集聚和城市发展、“一带一路”倡议和对外贸易、政治激励下的省内经济发展和治理模式、保险业的发展与监管、绿色发展和环境生态保护等10多个重大主题。

2020年，新冠肺炎疫情肆虐神州大地之时，复旦社不忘时代赋予的使命，第一时间复工复产，与复旦大学经济学院的陈诗一教授共同策划出版了《经济战“疫”：新冠肺炎疫情对经济的影响与对策》一书。本书主编陈诗一教授在极短的时间内，组织了40多位来自复旦、浙大、南大的学者，在短短一个月时间内完成了书稿的写作。出版社也组织了专门的编辑团队在第一时间内完成了书稿的编校工作。最终，这本书成为国内最早面世的关于新冠肺炎疫情对经济的影响与对策的专业图书，甫一面世，好评如潮。

二、项目的协同推动者

经济学优秀原创著作出版后，就要开始考虑如何“走出去”的问题。在“走出去”的过程中会涉及很多相应责任主体，这就需要编辑在其中协同推动，扮演好项目推动者的角色。

（一）同外方出版机构的沟通

近30年来，复旦社同海外许多出版机构保持了良好的长期合作关系，如牛津大学出版社、剑桥大学出版社、麦格劳·希尔、泰勒·弗兰西斯、新加坡世界科技出版公司等。我们会经常定期交换书目，在北京国际图书博览会、新加坡法兰克福书展和伦敦国际书展中经常可以进行面对面的交流，推荐彼此的重点图书。所以，上文提到的“改革开放四十周年丛书”面世后，笔者便同版权部门的同事通力协作，积极向合适的海外出版机构推荐，阐述丛书的特点和优势所在。目前，已有六本图书与英国劳特里奇出版社、新加坡世界科技出版公司等海外学术出版机构签订了版权输出合同。“改革开放四十周年丛书”之后，《经济战“疫”：新冠肺炎疫情对经济的影响与对策》又与新加坡世界科技出版达成出版意向。

（二）同社内的相关部门的沟通

在编辑与版权部门同外方出版机构达成版权输出意向之后，便进入版权合同的落实环节。版权合同的签订是一项十分严肃的工作，因为版权贸易涉及相应的著作权法与外汇管理制度，就需要编辑与法务部门和财务部门加强沟通。在进行版权贸易的过程中，作为项目的协同推动者，编辑一定要遵守相关的法律规定，听从版权部门、法务部门与财务部门同事的建议，对合同的每一条每一款都要细细推敲，以免陷入对己方不利的境地。

其次，要加强同外方出版机构沟通，及时发现问题之所在，采取行之有效的方法，破解困境，才有可能使整个项目得以顺利进展。

三、合适译者的寻找者

译者的翻译对于作品而言可谓一个二次创作的加工过程，一个符合“信、达、雅”标准的优秀翻译作品才能更好地将原作者的思想主旨表达给国外的读者，所以一个好的译者对于整个“走出去”的项目而言可谓重中之重。

译者难寻是行业难题，原因在于翻译行业中两极分化现象十分严重：价格适中且有一定经验的译者往往档期十分满，通常手头上积压了不止一本书稿。这样就导致译者难以有足够的时间对作品进行必要的打磨，最后交稿时的质量往往不尽如人意。这样一来就会拉长整个项目的周期，难以在预定的时间内向外方出版机构交稿，增加了项目的风险。而经验丰富且档期空闲的译者往往难以被打动，或者即使愿意参与翻译，价格也十分高昂，会导致项目成本激增，从而使得项目难以继续下去。这些因素共同导致译者最后提交的译稿的质量往往不尽如人意，退稿、退改现象极为普遍，导致整个“走出去”的项目进度被延误，给出版社和编辑带来不小的损失。

为了寻找到一个合适的译者，我们通常需要花费大量的时间、精力，对此，笔者有以下建议。

（一）从作者处挖掘潜力与资源

一般而言，符合“走出去”标准的经济学原创著作的作者往往都已经功成名就，如其外语水平足够且有足够的时间与精力的话，那么说服作者自行翻译便最好不过。毕竟自译是作者修正错误，实现自我飞跃与升华的第二次机会，自译作品通常也不只是对原文简单的字面翻译，更是对原文本的充实和补充。

再者，请作者帮忙推荐译者。作者由于经常进行学术交流的缘故，有较多的同领域的人脉资源，从作者的推荐人选入手寻找合适译者往往要比编辑自己盲人摸象来得靠谱。

（二）以国家级重点“走出去”项目为平台，征募译者

2000 年以后，国家陆续设立了一大批基金与奖项以帮助中国出版“走出去”，比较知名的有中国图书对外推广计划、国家社会科学基金中华学术外译项目、经典中国国际出版工程和丝路书香工程等。其中，对于征募译者最有帮助的是国家社会科学基金中华学术外译项目。

以上文提到的《经济战“疫”：新冠肺炎疫情对经济的影响与对策》为例，2020 年 9 月 15 日入选 2020 年度国家社会科学基金中华学术外译项目推荐选题目录后，一时间，便有数十名国内外各大高校、科研机构的优秀青年学者与我们联系。得益于中华学术外译项目的强大推荐效应，笔者与同事们才得以在众多报名者中优中选优，最终确立了一名在时间、意愿、经验和能力等各方面最合适的译者，完成了英文版的翻译。

（三）加强与学术专业型翻译公司的联系

自中国加入 WTO 以后，随着国际交流的增多和经济的日益发展，国内的翻译市场愈发红火，大量的翻译公司如雨后春笋一般纷纷破土而出。但由于成立门槛较低，运营成本不高，行业规范程度较差，大量的翻译公司鱼目混珠、良莠不齐，使得翻译质量难以保证。尽管有着如上缺点，但有一点值得肯定的是，翻译公司手中的译者资源十分丰富。以上文提到的“纪念改革开放四十周年丛书”为例，其中有的译者就是通过翻译公司的渠道联系上的。尽管过程十分艰辛，笔者与同事们付出了大量的时间、精力，但不可否认的是只要擦亮我们的火眼金睛，做好试译甄别工作，翻译公司也不失为一条寻找

译者的可用补充渠道。

（四）重视试译工作

一千个读者，就有一千个哈姆雷特。每位译者由于知识背景、成长经历的不同往往都会形成一些独特的翻译特点与风格，而编辑要做的就是为待译图书寻找一位最适配的译者。我们在寻找译者时有必要请译者先翻译某一部分内容，如书中的前言、序言或某一个章节，以了解其翻译水平、翻译特点和翻译风格。

在译者交出试译稿后，我们要及时组织人员评审，对试译稿作出客观、公正的评价，对基本符合要求的试译稿中的问题要予以指出，并及时给译者反馈。反馈越详细越好，以便译者对试译稿进行修改完善，交出一份令我们满意的译稿。

四、书稿质量的把关者

在确定了“走出去”的图书、外方出版机构和译者之后，我们便要把精力投入书稿的质量把关之上。行百里者半九十，这最后一步对于整个“走出去”项目而言可谓生死攸关。毕竟，内容的质量是评判一本图书的第一标准。对于书稿的质量把关，笔者有如下建议。

（一）政治把关

出版“走出去”是为了讲好中国故事，传播好中国声音，展示真实、立体、全面的中国，响应“一带一路”倡议，传递中国学术影响力和文化传播力，让“学术资源”发挥更大效能，向世界阐释推介更多具有中国特色、体现中国精神、蕴藏中国智慧的优秀作品。为了塑造可信、可爱、可敬的中国形象，编辑在提交外方出版社之前应对译稿中涉及政治和国家主权的部分进行把关，对于一些涉及国家主权与重大事件的英文译法应使用新华社等权威媒体的专门译法，维护正确的对外话语体系。

（二）向译者明确交稿规范

每一家出版机构的交稿规范可能不尽相同，编辑一定要与外方出版机构预先沟通，以免书稿翻译好之后不符合外方的出版要求。编辑明确了外方出版机构交稿规范后，一定要详尽地告知译者。对于译者不理解或容易忽视的地方，如参考文献的特定格式、专门术语的特定译法等，编辑一定要耐心讲解，磨刀不误砍柴工，良好的开端是成功的一半。明确交稿规范，对于译者提高交稿质量，加速项目流程帮助极大。

（三）与译者建立定期联系

在译者开始翻译后，应该与译者建立定期联系，如半个月或一个月一次，或者与译者约定每翻译完一个章节后便联系一次。这样有助于编辑把握翻译进程，对于译稿中出现的问题也能及时解决，以免耽误项目进程。

（四）邀请作者参与译稿审定

翻译作品作为一个演绎作品，是译者在作者的原作品基础上演绎而成的。对于翻译作品是否符合“信、达、雅”的标准，作者最有发言权。所以，在译者最终交稿后，应邀请作者参与译稿的审定工作。假如作者忙于公务，无暇参与，编辑则应该将译稿中存在的重点问题进行提炼后再请作者审定，毕竟有了作者的参与，译稿的翻译质量才能得到最大的保证。

五、结语

中国著名经济学家林毅夫认为：21 世纪到二三十年代，中国经济一定会变成全世界最好的经济，发生在中国的经济现象，一定会是世界上最重要的经济现象，解释中国经济现象的理论，一定是作出最大贡献的理论，提出这种理论的经济学家就会变成经济学大师。这与诺贝尔经济学奖得主弗里德曼提出的“谁能解释中国经济的改革和发展，谁就能得诺贝尔经济学奖”不谋而合。

浩渺行无极，扬帆但信风。值此世界百年之未有之大变局之际，青年编辑当奋勇直上，不负时代重托、国家厚望，讲好中国故事。在波澜壮阔的改革开放实践中诞生的中国经济学，可以成为宣传中国主张、中国智慧、中国方案的中国话语和中国叙事体系的一块基石，加强世界各国人民对中国的认知、认可、认同，为推动构建人类命运共同体作出贡献。

参考文献

［1］孙程姣．编辑在引进版图书出版中的角色定位 // 上海市出版协会，上海市编辑学会编．守正创新　奋楫者先——2020 上海出版青年编辑论文集［M］．上海：学林出版社，2020.
［2］廖承琳．引进版图书交稿前的编辑介入 // 上海市出版协会，上海市编辑学会编．守正创新　奋楫者先——2020 上海出版青年编辑论文集［M］．上海：学林出版社，2020.
［3］王联合．向世界贡献一位诺贝尔经济学家——中国出版人肩负的使命［J］．编辑学刊，2020（3）：24—28.
［4］李琳．中国图书“走出去”让中国精神增强世界力量［N］．国际出版周报，2021-01-04.
［5］张东黎．图书编辑在版权贸易中应具备的意识［N］．山西科技报，2005-07-05.
［6］赵薇．疫情之下，版权贸易如何破局？［J］．出版人，2021（3）：26—27.
［7］习近平．加强和改进国际传播工作　展示真实立体全面的中国［EB/OL］．http：//www.gov.cn/xinwen/2021-06/01/content_5614684.htm，2021-06-01.

略论出版社非传统优势图书从 0 到 1 的突破

复旦大学出版社　朱建宝

摘　要

本文首先分析了出版社开发非传统优势图书的两大劣势：选题资源的劣势、营销资源的劣势；接着结合实际案例，从选题突破、营销突破两个角度提出了出版社开发非传统优势图书的若干策略。

关键词

非传统优势图书　选题策划　突破

毋庸置疑，由于出版社初始的办社方针不同，背靠的出版资源不同，历史文化的积淀不同，经过长期的发展、提升，每个出版社都形成了自身的传统优势图书类别。例如，在上海出版界，一提起教辅类图书，读者自然而然地会想到华东师范大学出版社；一提起外语类图书，读者自然而然地会想到上海外语教育出版社；一提起历史专业类图书，读者自然而然地会想到上海人民出版社……这说明上述出版社的传统优势图书已在读者的心中形成了深刻的印象，凝聚成了强有力的品牌。但事物总是千变万化的，图书出版也不例外。出版社开发非传统优势图书，如果在选题策划与市场营销方面采用适当的方法、策略，也可能从 0 到 1 突破重围；如果再假以时日进行深耕，形成新的图书品牌的可能性也是非常大的。

一、出版社开发非传统优势图书的劣势

俗话说，万事开头难。一个出版社要想零基础开发陌生的、全新的图书品类，会存在很多劣势，遇到很多困难。最明显的，由于没有相关专业的人员储备，出版社自身的审校力量可能都难以保证书稿的编校质量；美编面对不熟悉的新品类图书，怎么进行装帧设计可能都会感到无从下手……这些仅仅是存在于出版社内部的困难。笔者认为，最大的困难还在外部。具体而言，在图书的选题资源与营销资源方面，非传统优势图书的出版社存在较大的劣势。

（一）选题资源的劣势

显而易见，对非传统优势图书而言，出版社选题资源的劣势主要是缺少合适的作者。由于不在相关领域，缺少沉淀，积累不够，和相关的学术领域或教育领域缺少连接，出版社对这一领域较知名的作者或者有潜力的作者自然缺乏少了解、缺少联系。“乍入芦圩，不知深浅”，出版社的编辑对陌生领域选题的开发，肯定“两眼一抹黑”，不知如何是好。

从作者的角度来讲，有了新的选题也会下意识地想到具有相关图书传统优势的出版社，主动联系以谋求出版，不行才会退而求其次。这样，非传统优势图书的出版社，有质量的自投稿选题就很少了。

（二）营销资源的劣势

对非传统优势图书而言，营销资源的劣势可简单地概括为品牌劣势、渠道劣势。品牌劣势不言而喻，指新品类的图书在读者心中没形成印象，不是读者的购买首选，也就是没品牌；渠道劣势一方面是出版社缺少或不了解新品类图书的营销渠道，另一方面是相关的营销渠道对出版社的非传统优势图书不了解或不感兴趣。这一点是和品牌劣势高度相关的。

二、出版社开发非传统优势图书的策略

在入职复旦大学出版社前，笔者曾在某大学出版社从事选题策划工作 10 多年，开发的品类主要是教师教育类图书，这类图书是该出版社的传统优势图书，已经形成了强有力的品牌。复旦大学出版社的传统优势图书是高校教材、学术著作等，毋庸讳言，教师教育类图书不是其强项，品牌、渠道都非常弱。在这种情况下，所积累的教师教育类图书的作者资源、渠道资源能否有效利用，笔者一开始没有把握。但经过周密调研、仔细分析，认为复旦大学出版社开发教师教育类图书有成功的可能性，于是决定从高中历史教学类图书入手进行尝试。3 年来，复旦大学出版社陆续出版了笔者策划的《历史课标解析与史料研习丛书》7 册、《新课标高中历史教学设计丛书》7 册。从目前的市场销量与读者反馈看，这两套书受到欢迎，应该算是小小的成功。因此，笔者试图以这两套书的开发为例，从图书的选题定位、选题时机、作者选择、营销渠道等方面，探讨出版社在非传统优势图书方面从 0 到 1 的突破策略。

（一）选题突破策略

1. 突破的前提：图书与出版社的气质不能“违和”

气质，原指人的相当稳定的个性特点，如活泼、直爽、沉静、浮躁等。出版社气质，是笔者的一种拟人化说法，是指出版社因所出图书给读者一贯的、总体的、稳定的感觉。例如，中华书局、三联书店的气质就是“文气”；中信出版社的气质就是“时尚”；科学出版社的气质就是“严谨”。在策划非传统优势图书选题时，突破的前提就是，新品类选题和出版社的气质未必一定“般配”，但一定不能“违和”，否则成功的难度会很大。

在策划上述高中历史教学类图书的选题时，笔者经过分析得出，复旦大学出版社虽然不是教师教育类图书出版的强社，但文史类图书出版比较强，其气质总体“文气”。笔者所要开发的历史教学类图书，读者对象是高中历史教师，属文科教师，兼具“教师气”与“文气”，和复旦大学出版社的气质并不“违和”。

2. 突破的时机：机遇关键期

笔者始终认为，除了学术传承性图书，其他实用性、教育性等图书的选题开发，“干得早”比“干得好”重要得多。“干得早”相当于是在一片“蓝海”中航行，需求大，竞争少；干得晚的话，即使“干得好”，面临的是一片市场的“红海”。也就是说，如果某一品类的图书在市场中已经铺天盖地、强手如林，非传统优势的出版社想进入，难度是极大的。故非传统优势选题开发突破的时机至关重要，要抓住机遇关键期，以进入市场的“蓝海”。

笔者所开发的高中历史教学类图书的大背景是，教育部对高中各科课程标准的修订刚刚完成，并决定对高中历史、语文、政治等三科教材进行重新编写，全国只有一套统编版本（以前有不同出版社、多个版本的高中历史教材）。教材重新编写，就意味着已经出版的教学参考资料不能用了，一定要有新配套的；全国使用一套统编版教材，就意味着新的教学参考资料在全国范围内可以通用，目标读者比以前成倍地扩大。这个时候，正是开发高中历史教学类图书的机遇关键期。

3. 突破的力量：带入作者资源的编辑

出版社编辑的来源不外乎两种，一种是没有编辑从业经验而直接入社的，另一种是在其他出版社有过一定年限的从业经验而转入的。前一种编辑所具有的思维习惯、作者资源等，往往和出版社已有资源高度一致而缺乏新资源。这类编辑在非传统优势图书开发方面要有所突破，难度较大，他们往往是想不到或不敢想。后一类编辑是在其他出版社成长、成熟起来的，必然带有外社的文化气质、思维习惯，也必然连接着丰富的作者资源，而这些作者资源，往往是现在出版社所不具备的。出版社鼓励这类编辑进行突破，可能难度相对较小，成功的概率也相对较大。例如，笔者曾在某大学出版社供职若干年，开发过很多教师教育类图书，认识很多这方面的作者。入职复旦大学出版社以后，自然而然地考虑从已有的教师教育类作者资源的角度去开发选题，虽然这些作者所对应的选题不是复旦大学出版社的传统优势选题，甚至完全是一个陌生领域的选题。

4. 突破的对象：年轻作者

从某种意义上说，作者由新手到成熟再到知名，也是出版社（编辑）“培养”的结果，作者往往对“培养”他的出版社（编辑）怀有感激之情，有了新的选题，优先考虑的一般是“培养”他的出版社（编辑）。加上本身不是优势品牌，出版社如果打算用“挖”知名作者的方式来开发非传统优势图书，难度非常大。在这种情况下，“退而求其次”是相对合适的策略。“退而求其次”不是说向水平次的作者组稿，而是向发展潜力较大的，但当前职称较低、知名度较低的年轻作者组稿，以之为突破对象。另一方面，强社里面的知名作者云集，有“内卷”趋势，年轻作者未必能够被相中。这种情况下，年轻作者往往也愿意与稍弱的出版社合作且尽心尽力。实际上，有潜力的作者成为知名作者，就是时间问题，“摘桃子总要先种树”。当然，怎么判断年轻作者有潜力，这个需要编辑识人的眼光，本文不展开讨论。

（二）营销突破策略

1. 电商渠道的突破

如前所述，对非传统优势图书而言，出版社没有成熟的营销渠道、销售渠道，甚至没有渠道。因此，即使是合时宜的好书，也很可能不为读者所知而“烂在锅里”。怎么突破呢？利用互联网的力量。互联网尤其是移动互联网去中心化的特点，为出版社的非传统优势图书在营销方面突围提供了有力的平台。

我们知道，不管是哪家出版社，和主要的网上书店如当当、京东总有合作；同时，绝大部分出版社在天猫上有自己的旗舰店。因此，再“弱势”的图书，在这些网店上“露脸”的机会总是有的。如果是传统的实体书店渠道，非传统优势图书在书架上“露脸”的机会就少得多。当然，网店里面的图书品种多如牛毛，图书信息很容易被覆盖。

这时候，借助各种资源宣传就尤为重要了。

复旦大学出版社高中历史教学系列图书第一本出书的时候，笔者采用的策略是用作者的流量进行宣传。高中历史教学系列图书的总主编是教育部课程教材研究所的研究人员，熟悉各地历史教研员、知名教师人数众多，相关的微信好友、微信群（QQ 群）众多；与几大知名的历史教学公众号（如历史园地）也多有联系。除了总主编外，各册主编副主编也都是各地历史教学界的“名人”，流量也不小。于是，笔者与作者共同商讨各种宣传文案（如微店海报、网店的上架资料、微信公众号文章、试读样章、教学课件等）的撰写；完成后，第一时间在作者的微信朋友圈、微信群或所熟悉的知名历史教学公众号发布。这样，成千上万的历史教师就对这套图书有所知晓，产生购买行为。这些用户是基础用户，可称之为“种子”用户。

有了基础用户后，笔者与社里电商组联手，建立“复旦社历史教师群”，很快群成员人数就达到了 500 人的上限。每有后续的新书出版，总是第一时间在此群发布；每逢“双 11”“618”、开学季等，总以较大的优惠力度促销；平时每月也会选一本书进行优惠抢购活动。这样，群的活跃度大大增加，群成员也会就历史教学的各种问题进行讨论、交流。

2. 传统渠道的突破

如前所述，通过互联网发展的用户是“种子用户”，相当于是“直销”用户，这部分用户只对应部分销量。从销售数据看，传统的经销渠道的销量占比依然很大。也就是说，只靠电商渠道是不行的。在传统经销渠道方面怎么突破呢？笔者总结了以下两点：

一是动员已有的经销商。例如，复旦大学出版社以高校教材、学术书为主，已有的经销商皆以代理这两类书为主，但并不代表这些经销商都不销售教师教育类图书。有的经销商也销售教师教育类图书，只是代理其他出版社的书。于是，社内营销部的片区业务人员，与有相关业务的经销商积极沟通、宣传，向其展示高中历史教学类图书在各类网店的销售情况。相关经销商获得市场信心后，自然而然就会进货销售，甚至作为主打推广。传统经销渠道的突破，难在第一批书。经销商逐利的性质决定，如果第一批书卖得好，后续图书就畅通无阻了。笔者后续开发的高中语文教学系列图书、高中英语教学系列图书的销售，充分说明了这一点。

二是开发新的经销商，即新发展专门销售教师教育类图书的经销商。相对于前一种方法，在图书总品种数不多的情况下，这种方法的难度相对大一些。原因是，各出版社对经销商的管理总体趋于严格，对发展新的赊销经销商比较慎重。基于此，发展新的经销商可通过款到的形式考察一段时间，再发展为赊销客户。经销商愿意以款到的形式代理出版社的非传统优势图书，最关键的是，要让其认识到新品类图书的市场价值，使其有信心。经过笔者的宣传与搭桥，已成功发展了几个专业的教师教育类图书经销商。

三、总结与建议

对非传统优势图书从 0 到 1 的突破，上述几点都是从方法与策略的角度进行讨论的，针对的是实施具体工作的编辑、发行人员，未从发展战略的角度论及。笔者认为，清晰的发展战略是上述方法与策略实施的基础，在出版社管理层面形成清晰的发展意识、战略意识，更为基础、更为重要。换句话说，出版社管理层面从战略角度考虑发展非传统优势图书。有了坚定的战略目标，才会有各种支持政策、激励政策等，才能在社内形成创新创造、开拓突破的氛围。

全媒体时代的出版融合发展

少年儿童出版社　叶　蔚

摘　要

随着全媒体时代的到来，出版业面临全新的任务和目标。跨界融合已经普遍存在于出版业生态之中。推动出版融合实践的从业者运用创新思维不断在技术手段、内容生产、运营模式等方面推陈出新，创造融合型内容产品，培养综合型人才，构建全媒体传播格局，不光注重融合的效率，更注重融合的质量，积极加速产业转型升级，推动出版深度融合发展进入全面深化、实施阶段。

关键词

全媒体　出版融合　创新发展

随着数字技术的不断创新和发展，人们已经步入全媒体时代，在此背景下，人们获取知识和信息的渠道更加多元化，对知识内容的传播方式提出更高的要求。人们越来越依赖互联网，将更多时间用于看手机、平板、电脑等电子产品。我们曾经为获得一条知识和信息，四处查阅图书、报纸、杂志，但如今我们已经深陷信息的汪洋大海。

技术的发展不仅改变了人们的阅读习惯，也改变了人们的生活方式，给社会各行业都带来巨大的变革。党的十八大以来，以习近平同志为核心的党中央高度重视传统媒体和新兴媒体的融合发展，推动媒体融合向纵深发展，为媒体融合发展作出战略部署。出版业近年在深度融合发展上的步伐越走越快，“出版 +”的思维，让出版业在内容生产、运营管理、传播方式等方面发生了翻天覆地的改变。

一、高新技术应用推动出版业创新发展

随着转型升级的深入，出版业必须付出更多努力去适应迅速变化的时代，持续推动深度融合和创新，满足用户对出版内容质量要求越来越高的需求。实现高质量发展是出版业当前着重考虑的问题，无论是传统出版利用多样化的新技术和手段，还是新兴出版打造的各种创新项目，近年来都有良好的出版实践及业绩。

（一）传统出版创新内容产品形态

在转型升级的实践过程中，传统出版行业不断更新理念，持续与新技术相融合，技术手段更先进，对内容产品的形态进行多方面的创新。除了将纸质书数字化等形式，早几年出现的 VR、AR 技术应用到出版物上更普遍，更成熟，形式更新颖。最近还出现了一种融合了动画、影视、VR 和 AR 技术等为一身的新兴出版物——“融媒书”，通过营造出多源信息融合、交互式的三维动态视景的沉浸场景，使人在阅读内容时产生身临其境的感觉，让原本单一的、无声的纸质读物，变成了集声、光、影于一体的多媒体读物。借助这些新兴技术，出版业将内容产品淋漓尽致地展现在读者面前，满足读者的感官需求。比如一首古诗文，除了文字的描述，还可将诗中的意境用 VR、AR 技术表现出来，再配上有声阅读，读者在这种可读、可听、可看的沉浸式体验下，更容易接受和理解文化内容。

新时代，读者正感受图书从纸质形态向“多媒体”阅读方式的创新转变。数字技术的创新，让传统出版内容以全新方式呈现，给读者带来丰富别样的阅读体验，帮助他们更好地去理解文化内容，加强他们对出版物的吸引力。

（二）技术创新催生出版新的业态发展

新技术尤其是数字技术带给社会全方位的影响，潜移默化地改变着我们获取信息的方式，模糊了社会各行业的边界，每个人都可以是信息的生产者，也可以是传播者或是消费者。各行各业突破创新边界，出版业与其他行业跨界融合，在内容产品打造、内容运营战略、用户服务思维建设等方面开辟新思路，重塑新闻出版业的产业结构，催生新的业态发展。

进入全媒体时代，网络数字媒体竞相蓬勃发展，一大批知识服务平台迅速崛起，加速了知识价值的货币化，探索了知识服务可持续发展的潜在可能途径。“得到”“知乎”“樊登读书”等互联网内容平台，通过对内容资源的重新整合、包装，并通过新的分发渠道，将用户垂直化和细分化，同时获得了变现能力和市场价值。

比如“得到”在 2019 年全流程策划的图书项目——《了不起的我》，一反传统、常规的图书出版模式，图书的内容来源于“得到”App 的音频课程，“得到”对自家互联网平台上的音频课程内容进行了全新的编辑加工和处理后出版纸质图书，让读者在纸质图书中获得与在线平台上完全不同的阅读体验。这本书在上市以后，创下火爆的销售佳绩。在图书后期营销上，“得到”又在线上开发互动小程序，邀请用户分享自己的故事，然后又从用户分享的故事中精选几十组，策划同名主题摄影展。类似“得到”平台这种线上线下联动，打造课程、维护用户和构建流量等创新做法，形成了一个全新的知识服务商业模式。

人工智能也是近年来发展比较热门的新技术，应用到了人们生活中的各个角落，正在给出版业带来深刻影响。人工智能教育，是通过“智能硬件＋智能耗材＋内容平台”这种新兴的交互方式，深度结合“物联网＋大数据＋人工智能”生态，为用户提供优质的教育资源共享服务。出版机构纷纷加大对人工智能的布局，特别是幼教和学前两个板块，当前主要方式是开发智能机器人。教育陪伴机器人正逐步取代点读机、故事机、平板机等学习工具，成为人工智能应用的重要领域。人工智能技术与出版的深度融合为出版社的内容出版带来了新的可能性和发展机遇，重塑着出版产业新形态。

也有传统出版社积极学习和借鉴这些新兴的互联网内容平台创新思维和做法，迎头赶上高质量发展的先局。以华东理工大学出版社的“华理日语新媒体书院”为例，通过同名微信服务号、H5 页面和 App 应用等构成了“华理日语新媒体书院”新媒体矩阵，目前打造了包含电子书、音视频资源、有声点读电子书等数字资源，以及知识付费产品，还反哺了纸质书出版。

传统出版依靠新技术的发展，提升内容生产新格局；新兴媒体则运用新技术与出版融合，实现出版的新高度。出版业将高质量发展作为关键词，利用多样化的技术手段，打造出各种各样的创新项目，不断提高知识服务的水平。出版深度融合发展拥有广阔的市场前景和无限的可能性。

二、创新思维实现出版内容价值最大化

IP 概念的衍生到现在，已然超出它的原始定义——知识产权，可视为一种内容平台，以文学、动漫 、影视、游戏、文创等多元形式呈现，从而实现价值的最大化。

IP 运营最成功的案例，当属迪士尼公司。从一家普通的动漫工作室发展到今天的 IP 超级巨头，迪士尼塑造了许多经典的形象，这些 IP 被改编成的电影、动漫、游戏，时刻都在为迪士尼提供源源不断的利润，其衍生的文化和商业价值难以估量。迪士尼公司系统化的 IP 运营建设非常成熟和专业。除了影视方面，它以 IP 内容为基础在实景乐园、电子商务与零售业务、创意宣发、跨界合作等多方面持续发力。丰富的 IP 内容、流水线式的开发模式和陪伴式的文化培养，让迪士尼公司始终居于世界前列。

IP 产业成熟化发展的还有日本的动漫产业链，当一部漫画累积了足够人气之后，就会被改编成动画或游戏，随后便进入影视领域；衍生出的大量周边商品，随着动漫的流

行，各种动漫人物形象在深入人心的同时，也开始渗透到社会的各个角落，尤其是在文创产业。强大的动漫产业为文创产业发展奠定了坚实的基础。

我国IP产业发展得较晚，目前处于追赶阶段，网络文学的出现，极快地缩短了我们与国外公司的差距。网络文学这一新兴的文学形式是随着互联网技术的迅猛发展而诞生的，在其逐渐发展到有巨大粉丝量的过程中，被改编成影视剧、动漫、游戏等多种形式，成为“网络文学IP”。从近几年热播的影视剧、热门的游戏动漫来看，可以说基本都是网络文学的天下。起点中文网、晋江文学城、阅文集团等互联网原创文学内容平台，建立了完善的以创作、培养、销售为一体的电子在线出版机制，成为国内优秀的文学作品在线出版平台。《盗墓笔记》《庆余年》《斗罗大陆》等多部网络小说被改编为影视剧，《斗破苍穹》《全职高手》等作品则被改编为动漫和游戏。热门的文学作品有一批固定的粉丝群体，所衍生出的周边文创商品，使其IP产业经营逐渐成熟。

在传统出版领域，怎样深度挖掘出版物的IP价值，探索一条IP产业的健康发展之路，为中国文化产业的蓬勃发展助力，这是出版社近年来不断探索和实践中的课题。文学作品常常是IP创作的源头。传统出版社多年注重内容生产，有大量的内容资源储备，其中就蕴藏着丰富优质的IP项目。目前出版社在开发图书选题时，有了内容版权长线开发的意识，会一举签下优秀图书项目的影视、动漫、文创等多重版权。IP运营思维为出版社提供了新的发展机遇，在IP运作下，内容产品实现了由传统出版物到影视、动漫、游戏、衍生品、海外版权、数字版权等多领域开发，“一种内容、多种产品”的开发形式，使得内容产品由原本只有单本图书的价值一下产生了巨量的增长。比较成功的有改编自刘慈欣原著的电影《流浪地球》，创造了国内31亿票房；改编自马伯庸原著的影视剧《长安十二时辰》获得观众较高的收视纪录。影视剧大热的同时又带动了图书销售，实现了IP的多重开发、多重获利模式。而且基于这些优质IP项目展开的多种衍生合作源源不断，如有声读物、舞台剧、游戏产品、实景娱乐，等等。

IP项目很难一家做大，需要影视、科技、出版企业一起携手，进一步深挖文学IP的价值，全产业链、精细化运营，共同打造具有更大品牌影响力、更长生命周期的IP经典，也进而让传统出版在IP时代发挥出更大的价值。

三、创新营销模式助力出版发展

（一）直播营销模式

直播营销，对于出版来说，已不算新鲜事。2015年，人民文学出版社在《一生里的某一刻》的读书沙龙中首先引入视频直播的方式，对图书进行营销和品牌宣传。但直播这种营销方式当时并未在行业内真正火爆起来。2020年一场突如其来的新冠肺炎疫情对社会各行业造成巨大冲击。在不能出门的情况下，直播成为人们购物消费支出的首要选择。“直播带货”等网络销售新业态迅速兴起。出版业紧跟趋势，各出版单位纷纷加快营销模式创新和数字化转型步伐，越来越多的出版单位开启图书直播营销模式，或是请“网红主播”为自家图书产品代言，或是让自己的编辑们纷纷上阵，力图在提高图书销量、加强文化服务和企业品牌建设等方面有所收获。

2020年5月，中国知名原创漫画《三毛流浪记》走进薇娅直播间，“三毛之父”、漫画家张乐平的外孙詹胜与网友分享了外公创造“三毛”的故事。短短几分钟内便秒杀了5万本图书，一场不到半小时的直播活动，最终销售了近8万本图书。当晚，活动后续效应仍在持续，《三毛流浪记》在图书类商品销量中冲到了全网第一，还有效带动了出版社其他品种的销售。与之同时，作家沈石溪开启直播形式的线上课程，累计有超过14万人观看，当天他的作品《狼王梦》就卖出1万多册。2020年8月上海书展，作家蒋胜男进入某出版社的直播间聊了10分钟，销售图书近3000册。“直播带货”的巨大销售影响力吸引越来越多的出版社加入各大网络平台的直播间，一时成为出版业最火爆的营销方式。

毋庸置疑，直播营销作为一种新兴的营销方式，一场图书分享活动的效果立竿见影，能在最短的时间内得到最直接的营销效果。因此各出版社在此方面纷纷投入大量的人力和物力。但与其他商品相比，图书作为精神产品，有其特殊属性，它蕴含深度的文化价值，可能很难在直播的短时间内传达到读者。直播带货的形式所带有的深厚商业味也冲淡了图书的文化味，一部分读者并不看好和接受这种方式销售图书。另一方面，直播是一种线上与线下即时交互的形式，许多出版社除了请网红主播直接带货直播外，还会请嘉宾或是作者参与，有些人不擅于直播这种形式，会起到反作用。有一场推荐图书的直播活动，因为所请嘉宾是网络上一个有争议的人物，在直播开始后，评论区一直有不少人留负面评论滚动刷屏，最终这场直播活动不得不中断。

（二）其他创新营销模式

社群渠道作为出版的一个新兴渠道，具有明显优势，能够在瞬间引爆销量，为出版社带来良好的营销效果。出版社创新与社群客户合作方式，选择合适的图书产品在社群客户店铺上架销售或者是在自媒体进行团购。相对来说，社群营销一般童书品种占比较大。比较出名的社群渠道有大V店、小小包麻麻、年糕妈妈、丹妈读童书，等等。

有出版社尝试微电影营销。福建教育出版社出版图书《我的母亲胡希明》，以根据这本书题材改编的微电影《越过梦山》在网上开展营销，借力网络为图书的宣传造势、预热。后《我的母亲胡希明》被评为当年海峡出版发行集团十大“年度好书”，微电影也获福建省第八届百花文艺奖，实现了线上线下的双赢。

在经过一轮轮创新营销后，出版社回归理性思考，有许多可总结的经验，如何寻找每一种图书产品最适合的营销方式，促进图书营销多种模式的可持续发展，这些都是要出版社边摸索边发展所考虑的。

四、建立综合型编辑人才队伍

随着媒体融合趋势的加深，出版发展靠创新，创新要靠人才。作为出版工作的核心——编辑的工作模式发生了巨大变化。如今的编辑早已不只是与文字打交道，坐在桌前进行文字处理与加工的单一职能编辑了。在媒体融合发展时代，编辑除了具备传统的编辑素养以外，还要有创新意识和互联网的思维，必须具备多种新媒体技能，有一定的跨媒体开拓能力，以适应当前出版工作的需要。从选题策划开始，就要精准定位目标人群，考虑 IP 内容的最大化开发，以实现纸质图书、数字产品、影视、文创周边等多种衍生项目的联动发展；将文化内容与数字科技创新结合，力求设计多样化和多层次，以实现内容产品最佳的呈现方式；用好新技术手段、制作方式，提升出版物内容传播的广度、强度。

出版的融合发展，除编辑要提升个人的综合业务能力，进化为综合型编辑外，出版单位也要考虑优化人员结构，发挥各人所长，在内容生产、活动策划、媒体宣传等方面打造分工细化、密切配合的人才团队，团结协作，共同应对出版业的转型升级，顺应媒体深度融合的发展趋势。

出版深度融合发展正从相“加”阶段迈向相“融”阶段。在这个时代背景下，机遇和挑战并存。如何应对挑战，从中寻得发展的机遇？这是需要我们认真探索和研究的课题。出版业必须具备前瞻意识，构建全媒体传播布局，用好新媒体技术，抓好内容建设，实现内容的多样化、多渠道、一体化，加快推动出版转型升级、融合发展。

面向大众　深入浅出
——以“青年自学丛书”的编辑与出版为例

上海韬奋纪念馆　王草倩

摘　要

1936年，生活书店曾出版过一套“青年自学丛书”，由著名编辑出版家张仲实主编。丛书深入浅出地介绍有关政治、经济、历史、哲学、文学和国际问题等方面的基本知识，是一套马克思列宁主义的通俗读物，深受青年欢迎。其在编辑、出版、发行等方面都独具特色，至今仍有借鉴价值。

关键词

生活书店　张仲实　青年自学丛书

在中国近现代出版史上曾出现过几套“青年自学丛书”，分别在不同的历史时期为青年点亮知识，探寻人生道路提供指引。最早的一套，是1936年6月起，由我国著名马列著作翻译家、编辑出版家张仲实主编、生活书店出版的“青年自学丛书”。这套丛书深入浅出地介绍了有关政治、经济、历史、哲学、文学和国际问题等方面的基本知识，在全面抗战爆发前开始出版，旋即受到青年读者的热烈欢迎。一直到抗战胜利后都不断被重印，风行全国，总印数超过100万册。它在编辑出版上独具特色，适合普通大众所需，深入浅出，直至今日，仍有一定借鉴意义。

“青年自学丛书”诞生在中华民族危机严重的时期，中国沦为半殖民地半封建社会后，民族解放的道路不是一帆风顺的。中国处于怎样的世界环境之中？怎样理解纷繁复杂的政治经济形势？有诸多困惑和疑问在大众心中悬而未解，在这样的历史背景下，社会科学书籍开始悄然盛行。主打哲学社会科学书籍的“青年自学丛书”正是诞生在这一时期。

这套丛书选择以青年为受众的原因，从张仲实友人的回忆中可以找出端倪。有一次张仲实和友人去观看苏联电影《夏伯阳》，由于观念差异，观众中对红军白军持不同态度的人发生了对抗，参与起哄打架的，大多数是年轻人。当时张仲实意识到，如果不对他们加以正确引导，青年们看不清出路，反而会加深各方矛盾，因而青年的教育非常重要。

生活书店的“青年自学丛书”共出版过两种，第一种由张仲实主编，从初版时间来看出自1936年至1938年。这一时期共出版了三辑30本，有平心（李平心）的《社会科学研究法》、沈志远的《现代哲学的基本问题》、沈起予的《怎样阅读文艺作品》、汉夫（章汉夫）的《政治常识讲话》、吴清友的《民族问题讲话》《资本主义发展的不平衡律》、思慕（刘思慕）的《世界经济地理讲话》《中国边疆问题讲话》、胡风的《文学与生活》、钱俊瑞的《怎样研究中国经济》、张弼（张明养）的《现代外交基本知识》、艾思奇的《思想方法论》、钱亦石的《中国怎样降到半殖民地》《产业革命讲话》、茅盾的《创作的准备》、徐懋庸的《文艺思潮小史》、贝叶（冯定）的《青年应当怎样修养》、何干之的《中国社会性质问题论战》《中国社会史问题论战》、胡绳的《新哲学的人生观》、童振华的《中国文字的演变》、柳湜的《怎样研究政治经济学》、胡仲持的《关于报纸的基本知识》、王纪元的《日本政治研究》、潘梓年的《逻辑学与逻辑术》、张健甫的《近六十年来的中日关系》、王任叔的《读书的方法与经验》、周钢铭的《怎样写报告文学》、孟起（孙起孟）的《写作方法论》、穆木天的《怎样学习诗歌》。第二种为抗战胜利后的新编版，本文暂不论述。

贴合实际　通俗易懂

“青年自学丛书”的编辑，注重介绍各学科基本知识，内容贴近日常生活，以文字晓畅易懂、饶有趣味为特色，这从它自身的广告语中可见一斑：

> 本丛书以介绍各科基本知识和研究方法，辅助青年自助学习为宗旨。态度注重客观而公正。内容包含社会科学、哲学和国际问题的基本知识；文艺阅读、写作修养与文学艺术的基本理论；自然科学的最新而有价值的发明知识，以及其他切要问题的单独研究等。文字力求通俗明畅；取材务求适合大众的兴味和当前的需要，对各项问题的解释，尤重实例，凡讲述基本知识或基本问题的书，每节每章末尾，更列举练习题和参考书目，以便读者作进一步练习自习之用。撰稿者均系各科专家。用三十六开本厚报纸印，每月发行二册，五日及二十日出版，每十二册为一辑，每册约自三万至五万字，必要时加铜锌板插图。本丛书最适宜于中等以上学校采作教本，或参考书之用，有志自修深造者，更不可不一读此书。

正如广告语所述，这套丛书的编辑在通俗易懂上可谓不遗余力。比如平心的《社会科学研究法》中，有不少现象与本质、根据与条件、偶然与必然这些抽象的哲学概念，但作者却从能够穿越时空的时间机器引入，向读者宣告有了社会科学的研究法，就能看透几千年的历史发展，预测未来社会发展方向。

钱俊瑞的《怎样研究中国经济》创造性地运用了故事的叙事方式，用不同人物的对白来描写不同阶层碰到的实际问题和所思所想，从茅盾的《子夜》入手来分析金融活动、民族工业、劳资纠纷、农村状况。全书有不少章节采用小说的白描手法，轻松易读又引人入胜。

柳湜的《怎样研究政治经济学》，则采用了他与一位亲戚半年内讨论政治经济学的十几封通信。由于其中谈到的不少问题，在事后的一年多里一直被问起，而且作者认为“一个由自学中的人提出的问题，比你替他想象出来的问题要实际”，这种人与人之间讨论的形式也更亲切，于是将书信整理后结集出版。

此外，钱亦石的《产业革命讲话》采用了一问一答，互动对话的方式；张健甫《近六十年来的中日关系》后还附有大事记，细数了日本侵略罪状，号召青年团结御侮；孟起的《写作方法论》最后部分列举了各种写作实例，手把手传授写作方法；钱亦石的《中国怎样降到半殖民地》中既有对话，又有问答；既有集体研究，又有公开讨论；既有工作报告，又有会议记录，读来如听故事，饶有趣味。

不少书在章节后附有配套问题，帮助读者进一步思考。有的书还配有参考书目，方便扩展阅读。各书的撰稿者都是各学科的专家，但在前言和后记中都表示，努力摆脱艰涩的学术语言，用日常生活的例子来方便理解，用朴实通俗的话语吸引读者。这样一套用青年熟悉的话语写给青年的丛书，在今天读来，依然是引人入胜的。

装帧美观　定价低廉

要做出一套让青年喜爱的书，除了内容的吸引，形式也是十分重要的。“青年自学丛书”每一册都是薄薄的 36 开，方便携带。封面设计采用红黑套印，红色凸显书名和作者，黑色选取一幅木刻版画置于右下角，大方美观。整套丛书均采用这一形式，非常具有辨识度。

“青年自学丛书”的出版很有策略，虽然是书，但采用定期发行的方式，每月 5 日和 20 日出版，六个月出版一辑，很快形成品牌效应。这套丛书采用少量印制、多次重印的方式。第一个印次仅 2000—3000 册，这样市场的反馈非常敏感，热门书立即脱销，方便快速重印。重印只需花费一周时间，每一版印个十次八次，不断再版，在全面抗战爆发后仍持续热销到大后方及南洋，不断更新。

此外，“青年自学丛书”的定价也非常具有亲和力，在当时，第一辑十二册每本定价大多为3角，等于同期一册《文季月刊》的定价。可见这套丛书出版后，尽可能想让每一位青年都能买得起。

这套丛书的发行还采用了提前打广告，先期预订的模式。在当时，预订方式为一整辑一订，预售价三元，这样能在发售前就吸收存款为流动资金。寄发书籍后，冲减订金。期满继续征订，又增加订金。这样先预付，少印量、多印次的好处是减少库存，形成良性的资金周转。

披荆斩棘　传播真理

“青年自学丛书”是一套学科知识的普及读本，但在后人定义它时，往往称之为马克思列宁主义的通俗读物。这与主编张仲实的经历，以及丛书作者队伍的构成是息息相关的。

张仲实（1903—1987），陕西陇县人，求学期间积极参加学生运动，1925年入党，次年赴莫斯科东方大学留学，1930年回国后首先从事工人运动。1935年经胡愈之介绍进入生活书店，主编《世界知识》杂志。后任生活书店的总编辑、临时委员会主席。

这套丛书的27位作者中，大多为中共党员。他们有的和张仲实一样有赴苏联留学的经历，如沈志远、章汉夫、刘思慕、钱亦石、冯定；有的是党领导下的左联或社联成员。作者中潘梓年后任《新华日报》主编，吴清友曾翻译列宁的《帝国主义论》，艾思奇曾写下马克思主义哲学的通俗读本《大众哲学》。

值得一提的是，不少作者新中国成立后成为党的思想理论战线的骨干，如艾思奇在新中国成立后任中央党校副校长，胡绳任中国社科院院长，钱俊瑞任《世界经济导报》社长，张明养任中国国际问题研究所副所长等，他们从新中国成立前就开始从事的思想理论工作一直持续着。

由于这些著者的学养和立场，他们在写作时自然而然地，就会用马克思列宁主义的社会科学观立论，在介绍知识的同时，巧妙地宣传了马克思列宁主义。

如吴清友的《民族问题讲话》分析了从资本主义初期到帝国主义的问题，指出俄国十月革命对中国的借鉴意义；艾思奇的《思想方法论》推介了辩证唯物主义；徐懋庸的《文艺思潮小史》从文艺作品的角度揭示了资本主义的内部矛盾；童振华的《中国文字的演变》探讨了汉字的简化和拉丁化；何干之的《中国社会史问题论战》号召社会底层人民奋起反抗。

张仲实在自己的回忆文章中曾说："30 年代在白色恐怖、高压禁锢下的上海，马列著作的翻译、评介工作，既缺乏参考书籍，又不能公开讨论，基本处于一种地下工作状态。而出版它们更是困难重重，处处危险。不少名著往往只能改头换面，节译发表。"

在 20 世纪 30 年代的生活书店，张仲实通过联络一批志同道合的专家学者门，披荆斩棘，用各种隐蔽的方法传播马克思列宁主义，形成了一条文化战线。

读者喜爱　广受欢迎

据现今手头能找到的资料，"青年自学丛书"第三辑只出版了 6 册，没有完成出版计划。可能的原因，一是全面抗战爆发后，对战时读物的需求激增，生活书店转而开始出版"黑白丛书""战时读本"等；二是主编张仲实 1938 年底离开重庆赴新疆，丛书的出版由此中断了；三是"青年自学丛书"的影响与日俱增，受到国民党审查部门的留难。

个中缘由现今已难考证。但可以确定的是，"青年自学丛书"其中有好几种书先后被禁止发行，如汉夫的《政治常识读本》、钱亦石的《中国怎样降到半殖民地》、平心的《社会科学研究法》、刘思慕的《中国边疆问题讲话》等。在当时进步读者的心目中，越是被查禁的书越是有价值。生活书店总经理徐伯昕心生对策，在刊登这一套丛书的广告时，把禁书照样列入丛书的目录中，只是在禁书名下加"禁售"二字。聪明的读者不难通过邮购、门市或其他渠道而得到，一传十、十传百地不胫而走。由此自然地形成了公开发行和地下发行相结合的局面。

"青年自学丛书"在全面抗战爆发前即为广大青年所爱读，生活书店发行网深入内地后，更是成为最受当地读者欢迎的书。不同于《世界文库》等书在各大报刊上大肆宣传刊登广告，这套丛书的宣传是低调的，只在同期的《大众生活》上找到一处广告，此外就是书后空白页上刊登同一丛书的介绍。但即便如此，那些引领时代的思想自有它的传播方式，"青年自学丛书"很快突破了一百万册的销量，不断被重印、再版，被查禁后通过生活书店的二三线书店继续被翻印，一直流传到香港、南洋。

《红旗》杂志原主编熊复在回忆文章中曾提及，在全面抗战爆发的前夕，有一位同学回乡结婚，他就特意买了一套"青年自学丛书"作为礼物赠送。历史学家魏宏运回忆自己抗战期间常去西安的生活书店门市部阅读并购买"青年自学丛书"；毛泽东在读了艾思奇的《思想方法论》后还写下批注并曾去信与艾思奇探讨其中的哲学问题。

生活书店所出版的"青年自学丛书"，在中华民族危机严重的时期，响应了广大青年对知识的渴求，是生活书店最畅销的丛书之一，其编辑、出版、发行独具特色。从编辑上，它秉承了生活书店为大众服务的一贯理念，贴合读者需求，深入浅出地传授各科知识。从出版和发行上，它采取了密集、定期出版的策略，定价亲民，少量印刷迅速加印，压低库存，再加上预售的发行模式，降低了现金流压力。同时它又是一套马克思列宁主义的通俗读物，用青年容易接受的语言、青年能购买的价格、青年喜爱的形式传播马克思列宁主义的基本知识，成功地对广大青年读者起到了启蒙和教育作用。“生活自学丛书”的出版理念和出版实践，对今天实现出版高质量发展仍有借鉴意义。

参考文献

[1] 生活书店史稿编辑委员会编 . 生活书店史稿［M］. 北京：生活书店出版有限公司，2013：53.
[2] 石锋 . 怀念无产阶级革命家张仲实同志 // 张积玉，王钜春著 . 马克思主义理论家翻译家张仲实［M］. 西安：陕西人民教育出版社，1991：171.
[3] 生活书店图书目录［M］. 上海：生活书店，1937.
[4] 柳湜 . 怎样研究政治经济学［M］. 上海：生活书店，1937.
[5] 生活书店史稿编辑委员会编 . 生活书店史稿［M］. 北京：生活书店出版有限公司，2013：62+69+111.
[6] 生活书店图书目录［M］. 上海：生活书店，1936.
[7] 张仲实 . 为翻译、研究、出版马列著作而奋斗终生［J］. 马列著作研究通讯，1984（4）.
[8] 熊复 . 我的马克思主义启蒙导师 // 张积玉，王钜春著 . 马克思主义理论家翻译家张仲实［M］. 西安：陕西人民教育出版社，1991：159.
[9] 南开大学历史学院 . 魏宏运年谱［M］. 天津：天津人民出版社，2018：15.
[10] 何平主编 . 毛泽东大辞典［M］. 北京：中国国际广播出版社，1992：551.

20世纪20年代《儿童世界》的办刊理念及实践

上海社会科学院出版社　王　睿

摘　要

本文以商务印书馆出版发行的中国第一本白话儿童文学周刊《儿童世界》为文本资料，对杂志从1922年创刊到1929年的内容进行了文本研究，分析其“以儿童为本位”的办刊理念及其实践。儿童本位是五四新文化思潮影响下引入并兴盛的西方儿童观。在20世纪20年代，受传统的因袭、时局的动荡、思想界的论争甚至政治团体较量的影响，儿童本位的办刊理念在《儿童世界》的出版实务中充分体现了中西文化交流碰撞，以及西学中国化的时代特征。今天重温这段受新文化思潮影响的出版实践，可以从历史中增加对现实的观照。中华文化是交融的文化，在时代变迁的进程中树立文化自信，弘扬传统文化，是时代赋予青年一代编辑的新的使命。

关键词

《儿童世界》　办刊理念　出版实务　历史　现实

受五四新文化运动影响，20世纪20年代中国兴起了一股推广与研究儿童文学的热潮。许多学人引进吸收西方儿童文化思想，在儿童文学创作与研究领域作出不少努力。这些作品，一方面反映了对“现代儿童”形象的建构，另一方面也体现了时人从儿童角度塑造“现代民族国家”的理念。其具体操作，法格哈（Mary Ann Farquhar）曾经有过分析：“首先，它们削弱了孔子的教育实践，指出其‘非科学’的特征。其次，它们加强了在儿童教育方面实施新的发展的讨论，其中包括创建一个儿童文学的‘园地’。”《儿童世界》，即实践“儿童文学”的一个园地。

《儿童世界》周刊，为上海商务印书馆出版发行，就目前的资料显示，它是当时发行量和影响力最大的一本儿童文学期刊。商务印书馆是1897年创立的民营出版社，本来就有出版新式教科书的传统，创办《儿童世界》，是商务印书馆在自己的强势领地——文化教育领域中顺应新文化思潮进行改革的举措之一。这个刊物的编辑群，不仅参与儿童文学的创作和编纂，也同样热衷其他文化革新运动，是新文化运动的积极倡导者和实践者，不少编辑后来都成为共产党员。第一任主编郑振铎，也是后来名震全国的文学社团文学研究会的主要发起人之一。

一、以儿童为本位的办刊理念

在《〈儿童世界〉宣言》中，郑振铎引用美国学者麦克·林东（P.L.Maclintoak）对儿童文学的看法，指出刊物所要抱定的宗旨：

> （1）使他适宜于儿童的地方的及其本能的兴趣及爱好。（2）养成并且指导这种兴趣及爱好。（3）唤起儿童已失的兴趣与爱好。

适应儿童的本性——培养儿童的天性——唤起已失的天性，这三个从“儿童本性”出发的宗旨，可以说代表了当时思想界对于儿童问题的普遍思考。1919—1921 年，美国学者杜威（John Dewey）来华演讲，他的现身说法助长了中国教育界的西学热潮，“儿童中心论”和“实证主义教学法”开始在各类学校广泛开展。那时教材中引入了许多怪诞神奇、王子公主类的文学，质疑之声遂起。对这些疑惑，郑振铎是不予理睬的，他说“人类儿童期的心理正是这样，他们所喜欢的正是这种怪诞之言”“又因为儿童心理与初民心理相类，所以我们在这个杂志里更特别用各民族的神话与传说”。在《儿童世界》第三卷本志中，郑振铎声明：“我们深觉得我们的工作，决不应该‘迎合’儿童的劣等嗜好，与一般家庭的旧习惯，而应该本着我们的理想，种下新的形象，新的儿童生活的种子，在儿童乃至儿童父母的心里。”

《儿童世界》创刊没多久，其丰富的内容和低廉的价格赢得小朋友们普遍青睐，到 1922 年底，已是 30 多个省份和地区的中国儿童可以手捧阅读的宝贝，甚至远在新加坡和日本的儿童也能看到。发刊一个月后，郑振铎着手进行“儿童创作的募集”：号召小读者把自己创作的自由画、儿歌、童谣、童话、戏剧投寄给《儿童世界》，唯需儿童自己作品，不经成人润色；后又设置智力问答、谜语、手工等“悬赏”专栏，稿件被录即有奖品送上，孩子反响强烈。从 1922 年 2 卷 1 期开始，平均每期都会登载“儿童创作”5—6 篇，后来数量日增，更时有儿童创作专刊的刊发。可以想见儿童参与程度之高。1923 年 7 卷 1 期，《儿童世界》花样翻新，征集读者照片，一经采用还会将制成的铜版回寄给小朋友。这种迎合儿童“出镜”心理的便捷方法甫一运用，立即为刊物的订阅锦上添花。当然，这种鼓励儿童参与的形式和杂志的商业性质不无关系。

儿童的积极参与，从愿景来看，使他们在交流中塑造起积极快乐的个性，形成对“儿童世界”的普遍想象，不再如以往蜗居深宅大院，做个缩小成人。这样既开发了童心和智力，又使“儿童的力量”在交流场中得以生成和扩大。

二、世界文学选编中的弱国视角

《儿童世界》广收古今中外的知识和文学作品，力图通过一种世界图景的打造开拓儿童视野。但这些天下图景依然是“师夷长技以自强”心理下的选择。比如为儿童树立榜样的名人故事，往往介绍华盛顿、富兰克林、克伦威尔、甘地这些“民族英雄”，弘扬创世精神。世界文学会着意选择偏远和同样弱小国家的文学，比如印度、匈牙利、巴西，形成“同病相怜”的想象。就连各国时事也是有选择地报道，比如当“五卅”反日风潮之时，适逢日本发生地震，《儿童世界》遂作了报道《最近日本国发生地震，小朋友们想知道是怎么回事么》，表面介绍地震知识，但却未免有些旁逸的味道。

值得一提的是对各国神话的译介，也是顾及弱小国家的神话传说。茅盾是《儿童世界》介绍神话最用力的作者，1924年他翻译的“希腊神话”“北欧神话”系列最先选择刊载的就是《儿童世界》。因为他认为“儿童文学的大本营，是神仙故事（Fairy Tales）”。据他回忆，那时候因为出于对西方文学的热爱，开始从其文明源头着手，“希腊神话”成为首选对象。而《儿童世界》发表的第一篇“希腊神话”不是宙斯、狄安娜，却是普罗米修斯偷火救人类的故事，接下来潘多拉好奇女神的故事则标题为《何以这世界会有烦恼》，尽管语言优美想象奇幻，但这种选择还是让我们反观到了充斥着创世英雄心理和志所不达悲哀愁苦心态的成人世界。

相似的例子还有很多，比如1922年俄国流亡文人爱罗先珂来华，《儿童世界》选择他《拜他尔的故事》连载五期，内容上也透露着成人的哀愁。其实爱罗先珂的各国游记有很多都是欢快长见识的文章，《儿童世界》舍此求他，无怪在“儿童创作”的作品中，我们也经常能看到小朋友学舌模仿的淡淡哀愁了。“以儿童为本位”终究没能脱离焦虑奋发的时代情感，在打造世界图景的同时也给儿童遗传了弱国看世界的眼光。

三、从摒弃到扬弃的中国故事

在1922年创刊《儿童世界》时，郑振铎指出，对于“纯粹的中国故事，我们是谨慎采用的”，因为“有许多流行于中国各地的故事是‘非儿童的’是‘不健全的’。我们虽然反对教训主义，对于那种养成儿童劣等嗜好及残忍的性情的东西却要极力的排斥”。据笔者统计，1922—1924年间，中国故事的采用确实很少。而从1925年开始，情况发生变化，1926年，更是达到45篇之多。这和1926年中国知识界对于“国学”的讨论不无关系。当然这种统计在方法上存在偏差，因为除了“故事”，其他体裁如寓言小说等的取材绝大多数也是会因袭中国传统文化的，但通读20世纪20年代的《儿童世界》，不难看出新文化运动后思想界对于“中国传统文化”的认识及其在儿童文学取材上的影响。

由于“神仙故事是儿童文学的大本营”，编辑们有时还会模仿外国神话故事创造本土的中国故事，用神怪这些符合儿童初民心理的形象灌输中国传统教育思想。以往的中国神话，如盘古开天辟地、女娲造人也会被引用，而作家自己创作的，就很能体现中西文化交融中的碰撞。比如郑振铎1922年创作的《太阳、月亮、风故事》，讲述了太阳、月亮、风三兄弟到表兄弟雷神、电神家去吃饭，太阳和风只顾贪吃，月亮却想着把食物带回家给母亲——天空的星辰。母亲很感动，就让月亮永久是温和、清凉、洁白的，而对在快乐中忘了母亲的太阳和风，决定惩罚他们：让太阳永久地燃烧着，“人们一定会恨你”；让风时刻把尘土沙粒吹起来，“人们也定会讨厌你”。很难想象孩子们读到这篇文章会作何感想，想必他们不会再对月亮、太阳、风抱有更多奇幻的想象了吧，因为“母亲”星辰的惩罚实在是太严重了！而这种将自然现象和人伦孝道联系起来的神话，也不难让我们感受到中国传统的力量。

四、“爱国精神”与“民族国家意识”

20世纪20年代的中国，军阀混战、外侮不断、政治运动时有发生，统一、和平、发展的时代呼声非常强烈。要求建立统一的国家来发展中国的思想沉淀于《儿童世界》。而当“儿童”和“国家”“民族”发生水乳交融的关系后，先前的“以儿童本位”就呈现了更加丰富的时代特征。

当时，政府曾大力宣传民众资本助国，节俭以促国富。《儿童世界》也为儿童创造了节俭生利的方法，即运用科学技能取财生利。诸如手工、常识、科学故事等内容常年登载《儿童世界》，而且教小朋友“圣诞节快到了，我们可以把制作的手工作品拿到市场去卖”，等等。不仅让儿童动手动脑，学习科学知识，而且让他们学会如何利用所学取财生利。

而自晚清“军国民教育”施行以来，对儿童进行军事化的管理和教育就一直存在。在1924年下半年到1925年底，《儿童世界》连续登载了“童子军”专题。每期以4至5篇文章介绍“童子军智识”“童子军礼仪”“童子军健康谈”“童子军散队之后”等内容。1924年11卷8期（1924年8月），《儿童世界》刊载《童子军宣言》：“我们的宗旨和希望，想造成一个大树林，给看官们读了，好像坐在一个绿林的当中，有游戏、有唱歌、有故事以及种种生活的快乐；并实行‘智仁勇’三字去发扬童子军的真精神。”还提到，“童子军没有年龄的限制”“没有加入童子军的，我们也希望你获得童子军的智识”。可以看出，《童子军宣言》坚持了《儿童世界》一贯的愿景：寓教于乐，以儿童为本位。然而“童子军军歌”却并未让人感到轻松：“醒兮醒兮，时其迫兮，大陆蛟龙起，虎视鹰瞵，国其危兮，共谋立足地！谁云稚子无勇气，胆欲大心欲细，努力向前驱！”这首清末就流行的《童子军军歌》，《儿童世界》照单全收，依然借帝国主义的侵略唤醒儿童的爱国热情。“时其迫兮”，只要你是有志气的儿童，就来加入童子军，“努力向前驱”。不管反帝还是反军阀，中国曾经遭受的灾难告诉儿童：要时刻准备着。

五、结语

本文选取的《儿童世界》周刊，是商务印书馆顺应五四新文化思潮创办的中国第一本白话儿童文学期刊，这里聚集了大量新文化运动中的得力干将，年轻且富于革新精神是他们的普遍特点，再造一个“现代中国”是他们的共同心声。他们怀揣“以儿童为本位”的文学思想创办了这本刊物，旨在创造一群健全的中国儿童。但是传统文化的因袭、时局的紧迫、思想界的不断论争甚至政治团体的激烈较量，让“儿童本位”的理念和实践深深打上了时代的烙印。

中国文化一直以来拥有学习和融合的强大内驱力，晚明以来的西学东渐风潮，至五四新文化运动可以说达到了一个新的高潮。越是落后，越是对所谓西方的先进文化有更大的学习热情。本文选取的《儿童世界》周刊及其出版实务一例，或许就能体现时人对于西学理念的学习和实践。回顾历史，我们看到的，依然是“儿童本位”理念的中国化发展，在除旧布新的新文化思潮下，“儿童本位”理念逐渐从属于“现代中国”和“国族主义”的时代语境，并且和爱国精神紧密结合，但却不失对儿童天性的尊重和引导。从那时到现在100年过去了，在中国共产党领导下，曾经积贫积弱的中国已经成为世界第二大经济体。今天，当我们又一次踏上中西文化对话和交流的新征程，或许百年前的出版实践，依然是能指引我们青年编辑向前的“镜鉴”。中华文化的自信与包容，历经千载，在碰撞中始终能够开出更加绚烂的花，树立文化自信，弘扬传统文化，相信这正是时代赋予我们青年一代编辑的新的使命。

参考文献

[1] 参见《儿童世界》，上海：商务印书馆，1922—1929.
[2] 郑尔康，盛撰昌编．郑振铎和儿童文学［M］．上海：少年儿童出版社，1982.
[3] Farquhar，Mary Ann. *Children's Literature in China*：*From Lu Xun to Mao Zedong*［M］. New York：M.E. Sharp，1999.
[4] 贾植芳等编．文学研究会资料［M］．郑州：河南人民出版社，1985.

主题出版人才培养与队伍建设重在“复合”与“创新”

上海人民出版社　熊　捷

摘　要

人才是出版生产力的关键要素。建设一支高素质、高水平、适应融合发展要求的出版队伍，是做好新时代主题出版工作的迫切要求，也是实现出版高质量发展的重要保证。本文分析上海人民出版社在青年编辑培养方面的做法，提出主题出版人才培养与队伍建设的路径：在重大项目的接力出版中锤炼队伍，培养专家型人才；以主题出版中心建设为抓手，培养复合型人才；着力推动出版融合发展，培养创新型人才。出版企业应创新并完善出版人才成长与激励机制，为青年编辑成长成才提供宽阔平台和良好环境，为实现主题出版高质量和长远发展提供有力保障。

关键词

主题出版　人才培养　队伍建设

近年来，随着主题出版工作逐渐由高速发展转向高质量发展阶段，主题出版事业面临提质增效，追求政治性、学术性和市场性高度统一的新局面，这实际上对主题出版从业人员的综合素质和能力提出了更高要求。对出版企业而言，则亟须做好人才培养和储备工作，为主题出版的高质量发展作出长远布局和规划。

上海人民出版社将事业发展和队伍建设统筹考虑，同步推进，近年来在主题出版实战中落实青年编辑培养和团队建设工作，在推出一大批精品主题出版物的同时，也让不少出版人才脱颖而出，不仅有多位青年编辑获中国出版政府奖优秀编辑奖、上海出版新人奖、上海优秀编辑等个人荣誉，也打造出了一支适应新时代主题出版工作需要的能打硬仗、作风优良的青年编辑队伍。本文尝试以上海人民出版社的实践经验为例，探讨主题出版人才培养与队伍建设的路径。

一、在重大项目的接力出版中锤炼队伍，培养专家型人才

传统的新编辑培养，理论层面大多依赖于职业资格考试、在线教育等标准化训练，实操层面则是要求新编辑进社先做一两年案头工作，或是在资深编辑的示范和点拨下，从规模小、周期短、任务较简单的非重点选题做起，目的是熟悉出版流程，由浅入深打好基本功。这样的带教模式往往需要资深编辑从本职工作中分出一部分精力，很难做到面面俱到、随时随地地传授。因此，新编辑在职业适应期，主要还是靠自身的努力和悟性慢慢摸索。这种费时低效的培养模式，已越来越难以适应今天主题出版的工作要求和快速发展的编辑出版新业态。

有别于传统的“传帮带”模式，上海人民出版社对青年编辑的培养更倾向于“沉浸式学习”。在重点主题出版项目中，形成由社领导牵头、老编辑带领若干青年编辑一同参与的“共同体”，新人一进社就投身其中，边干边学，在快速高效强压的环境下得到锤炼，全面提高导向把关能力、编校质量水平、营销推广技能。在新人培养过程中，一方面，出版专家和成熟编辑扮演帮助者、指导者的角色，为新编辑传授各种知识经验和技能、提供各种学习资源，帮助新编辑实现更好更快成长，另一方面，“编辑共同体自身的组织文化也在开放有序、互助交流中得到培育和巩固，从而赋予共同体更大的凝聚力和发展力，反过来惠及所有成员的专业成长”。在放手让青年编辑大胆试大胆闯的过程中，社里给予精心指导，重要问题一起商量，遇到困难及时排解，团队成员之间无私分享、相互补台，可以使年轻编辑少走弯路，减少失误，快速成长。这样一个项目做下来，青年编辑的专业经验和技能可以脱胎换骨，也凝聚起了一个精诚团结、战斗力强的集体。

近两年，上海人民出版社先后完成了几项重大出版工程，如几代编辑经过近40年接力奋斗整理完成的《章太炎全集》，以及接力半个多世纪完成的标志性史学工程“中国断代史系列”，都成为既出书又出人的示范性案例。在跨越数十年的出版历程中，几代编辑接续奋斗，最终成就了壮举。

重大主题出版工程一般具有要求高、任务重、周期长的特点，对于参与其中的编辑而言，无疑具有职业生涯中的里程碑意义，许多人都在大项目中得到了充分历练，之后迅速成长为业务骨干。在重大项目的实施过程中，老一辈出版人耐心、专注和严谨的职业精神，以及为读者奉献立心书、传世书、良心书的理想信念，也会自然而然地感染一代又一代新编辑，从而完成出版工匠精神的薪火相传，这也是出版人才培养的重要一环。

在相关保障方面，上海人民出版社有许多行之有效的合理规范和培训方法。从选题策划、组稿、约稿到三级审稿、编辑加工，每一个环节都严格按照制度要求，为年轻编辑掌握和不断提高编校技能打下了扎实的基础，同时也适时把控风险，帮助青年编辑顺利完成出版流程。在这个过程中，年轻人是一定会犯错的，但是，谁都是在犯错中成长起来的。上海人民出版社有延续了几十年的"录以备考"机制，在图书三审之后，审读室收集全社书稿中出现的各个方面的问题结集成册，下发各编辑室供编辑传阅，在严把政治导向关、保障图书内容质量、强化编辑人员的责任意识和精品意识方面发挥了巨大作用。经过这样磨练的编辑，具备过硬的政治素质和学术素质，包括对国家大政方针、政治局势、经济形势的认知，对政策导向、内容导向、价值导向、文化导向的把握，对书稿思想价值、学术价值和文化价值的判断，而且这些知识不是停留在理论上，而是扎扎实实地落实在选题和书稿里的。与出好一本书相比，培养一代编辑的意义更为深远，人才培养的核心在于构建一个孕育、保留和发扬出版精神的平台和氛围，充分发挥具有丰富经验的老编辑、名编辑的导师作用和榜样旗帜效应，把及时培养适应时代要求的青年编辑骨干作为出版社发展的重要战略，保障优良的出版传统能够代代传承。

二、以主题出版中心建设为抓手，培养复合型人才

出版行业人才是典型的复合型人才，本身对知识能力的需求跨度就很大。而主题出版作为为党和国家立心、为人民立言、为时代立传的重要出版活动，尤其需要长远布局、纵深挖掘、精耕细作，对从业者的知识结构和职业素养都提出了更高的要求。当今时代主题出版的高速发展，使得出版人才的结构性缺口日益凸显，新编辑比例较高、知识技能单一、实践经验较缺乏等情况十分普遍。加快补齐人才短板则成为当务之急，这需要创新主题出版人才培养机制，创造一个有利于青年编辑加速成长和发展的环境。

2019 年 8 月，上海人民出版社成立"党的诞生地主题出版中心"，以新的体制机制对主题出版进行布局。中心 30 多位编辑，绝大多数是"80 后""90 后"年轻人，拥有硕士以上学历。中心挂牌不到两年，已有数十种主题出版物问世，其中不乏两个效益俱佳的精品力作。以双双入选 2020 年度中国好书和中宣部年度主题出版重点出版物选题的《火种——寻找中国复兴之路》《文献中的百年党史》为代表，两本书的责任编辑都是一名"80 后"加若干名"90 后"。《火种——寻找中国复兴之路》的责编高度参与作者创作过程，策划和初创阶段与作者对书的大纲、内容、写作风格、章节安排等进行了反复沟通，确保创作按计划推进。这本书原稿交付时有近 70 万字，经责编核查文献、精简资料、细致加工，最终呈现给读者一部 40 多万字的精品党史读物。《文献中的百年

党史》的编辑出版也是如此，既有作者二十年磨一剑的付出和努力，也有青年编辑团队长达 8 个月的精心打磨。这本书共出过 8 次样稿，每次样稿都由作者、编辑和专家团队同时审看审改，前后吸收近百人次的修改意见，样稿堆起来有一人高。正是由于精细化和精品化打造，本书上市后 5 个月重印 15 次，多次登上各大媒体排行榜榜首。在社领导和老编辑的支持帮助下，这些入行不久的年轻人按照思想精深、内容精湛、制作精良的要求，精心策划选题、精心编辑加工，统筹规划并深度参与出版全流程，在实战中摸爬滚打、增长才干，脱颖而出。

除了给年轻人搭平台、压担子外，上海人民出版社还每年从“党的诞生地主题出版中心”选送多位青年编辑到中央有关部委、上级出版管理部门轮岗锻炼。就具体实践而言，轮岗实践有利于基层编辑自觉形成全局意识和宏观思维，在回到工作岗位时，能够更好地把握导向，从大处着眼、小处着手，更多地用全局眼光去看问题，以宏观高度去处理书稿；有利于增进对整个宣传思想文化行业的熟悉和了解，促使轮岗者广泛学习以适应新岗位的要求，在这一过程中挖掘潜力、识别特长、增广阅历、全面发展；有利于加强与出版管理部门的沟通和配合，以便今后更流畅、更密切地推进出版管理的各项流程，有效提升主题宣传的效率、效果和水平。在轮岗锻炼结束之后，无论是回到编辑岗位，还是在全社或集团范围转岗，这些青年都成长为更加全面的复合型人才，成为出版事业的后备干部和中坚力量。

三、着力推动出版融合发展，培养创新型人才

在主题出版实战中打造青年编辑队伍，是打破传统思维定式、推动出版创新的过程。要让主题出版物吸引年轻一代读者，首先就是要放心大胆地让年轻人用他们的思路和方法，积极探索主题出版的题材、内容、形式和传播上的创新，使其更贴近大众、走进大众，越来越真正“飞入寻常百姓家”。

2018 年马克思诞辰 200 周年时，上海人民出版社的“90 后”青年编辑策划出版了《马克思的 20 个瞬间》，目标是打造一本给年轻人看的马克思传。为此，专门邀请了一群“80 后”教师来撰写，他们也是专业的马克思主义研究者，但是比较年轻，思想开放，思维活跃，契合这本书的主题和受众。全书选取马克思生平中的 20 个经典瞬间，聚焦他的经历，思考对当代中国年轻人的启示作用。这本书出版后，首印不到一周就开始加印，相关音频党课“给‘90 后’讲讲马克思”更掀起收听热潮，总收听量近 3 亿人次。在此过程中，青年编辑与青年作者同步成长，凭借成功经验，2021 年又共同策划和推出了《恩格斯与我们的时代》，在专为年轻读者开发的大众主题读物领域持续深

耕。上海人民出版社还将以这样的模式，扶持越来越多的青年作者成名成家，与青年编辑互相成就。

要做好媒体融合时代的出版工作，最关键的是运用好“互联网思维”。“80后”“90后”青年编辑出生成长于网络时代，天然具备网络时代的生活方式、思维方式、认知方式和行为方式，他们对于书业新生态和未来阅读方式的想象力，都在为主题出版的“破圈”积蓄更大力量。上海人民出版社鼓励和支持年轻编辑跳出传统出版视域，注重内容与技术的融合及行业之间的融合，推动主题出版发挥更大效能。社里由青年编辑为主打造的多种主题出版重点图书，都与喜马拉雅、阿基米德等各大音频平台合作，在纸书上市的同时上线音频；图书相关视频也在B站、腾讯视频等同步上线，形成布局完善的自媒体矩阵。图书出版与新媒体结合，扩大党史读物有效传播，激发了社会各界尤其是青年人的“四史”学习热情。如“红色起点”丛书与阿基米德合作上线有声电子书“重温红色历史，书写时代华章”专辑，与静安区文旅局合作开展“作家眼中的红色起点周周谈”直播活动，新媒体助力“出圈”带动新书连连重印，实现社会效益和经济效益双丰收。基于当代年轻人的阅读行为和习惯，鼓励青年编辑借助电子书、有声书、直播带货、视频荐书、社群互动等形式，多渠道、多平台开展图书推广，逐步推进出版业的跨界出圈、多维联动。上海人民出版社还全面启动文创产品研发和文创体系建设，创立了文创品牌“逗好”和“小启”，今年围绕建党百年和党的诞生地主题，开发红色文创、上海主题文创以及围绕图书IP推出一系列衍生文创产品，社会反响热烈。

可以看到，随着全媒体时代的到来和媒体融合发展，出版行业的边界越来越模糊，主题出版正在实现从平面向立体、从“视觉”向“视觉+触觉+听觉”的转变，走上一条“主题出版+多媒体+服务”的大众化创新之路。科技与文化的深度融合永无止境，今天的主题出版从业者需要灵活运用新思维、新技术、新玩法，不断创新产品形态、实现转型升级，才能更好地服务读者、赢得受众。因此，不给青年编辑的发展设限，给他们提供足够的空间放手去闯是非常重要的，让人才的发展与行业的变化同步，让创新创意被最大限度地认可和实现，被改变的将不只是主题出版的形态和面貌——他们对市场的嗅觉和灵感，对同时代读者群体需求的精准把握，对新阅读时代的设计和构想，将一次次冲破思维壁垒乃至行业壁垒，实现新的盈利模式，成为塑造未来出版产业的决定性力量。

每一代青年都有其成长特点，当下进入出版行业的年轻人，拥有很强的自主意识和学习能力，能够主动适应并拥抱社会的变化，在行业面临的机遇与挑战下，为主题出版的发展求新求变、赢得未来。从出版企业构建人才规划的角度，则需要在发扬传统人才培养优势经验的基础上，创新并完善出版人才成长与激励机制，特别是为青年编辑提供更宽阔的成长平台和更开放的发展环境，鼓励并扶持更多的专家型、复合型、创新型人才，增强整个出版人才队伍的核心竞争力，在助力建设社会主义文化强国的过程中，实现主题出版的转型升级与高质量发展。

参考文献

[1] 韩建民，李婷．主题出版如何实现高质量发展七问［J］．中国出版，2021（7）．
[2] 刘火苟．认知学徒制：新编辑培养的组织与实施探讨——以学报编辑为例［J］．中国编辑，2021（3）．
[3] 李国强．新时代国家重大出版工程实施的理论基础与实践路径 // 中国编辑学会编．分享七十年出版业荣光，共创新时代编辑界辉煌［M］．北京：人民出版社，2020．
[4] 金鑫．靠谱的编辑小哥哥小姐姐们是怎样炼成的？［N］．中国新闻出版广电报，2020-11-10．
[5] 章征柏，任玉琳，江舟．让工匠精神在出版企业生根发芽［N］．中国新闻出版广电报，2019-06-10．
[6] 焦建俊．锻造担当时代重任的出版人才队伍［J］．群众，2020（17）．

人工智能在专业出版中的应用和展望
——以医学专业出版为例

上海科学技术出版社　陶　俊

摘　要

人工智能技术在近几年快速发展，已在出版领域有所应用。目前，人工智能技术与专业出版也在尝试结合，并尝试在专业图书的选题策划、审稿校对、发行营销等各个环节对出版工作带来帮助。本文以医学专业出版为例，针对医学专业出版流程中遇到的问题，阐述人工智能在这些流程环节中的应用，分析其优点和不足，并进行总结和展望，从而为其在医学专业出版流程中的应用提供新的思路。

关键词

人工智能　医学　出版

近年来，随着“大数据”“云计算”等新技术不断兴起和涌现，人工智能也迎来了其快速发展的热潮。2017年《促进新一代人工智能产业发展三年行动计划（2018—2020年）》、2018年《人工智能标准化白皮书》以及2019年《新一代人工智能产业白皮书——主要应用场景研判》的发布，对人工智能发展的总体思想、基本原则、产业和标准化现状作了概述和规划，并对人工智能的发展提出了建议。目前，人工智能已在媒体传播、出版等领域出现了诸多创新，产生了“出版＋人工智能”的新模式，并且取得了一定的成果。同时，学术出版与人工智能技术也在尝试结合，例如，人工智能对医学专业图书的选题策划、审稿校对、发行营销等各个环节起到了一定的辅助作用，从而加速了学术知识传播，大幅提升了学术出版的知识服务能力。

本文将探讨人工智能在医学专业出版流程中的应用，从而为其在医学及其他专业的学术出版流程中的应用提供新的思路。

一、选题策划和组稿

选题策划是学术出版的前提和基础，是一个出版项目实施的源头，对出版企业的运营具有重要意义。策划编辑在进行项目策划时，首先需要明确项目定位和大概的产品形态，并同时明确读者对象。在项目实施过程中，遴选作者一般是策划编辑首先会碰到的难点。这需要策划编辑具有较强的行业即时信息的捕捉能力，对行业的权威人士能深入了解，这样才能沿着选题设想来开发出优质的产品。对于资深编辑而言，由于他们对学科或专业背景早已深入了解，能密切跟踪国内外重要学术会议，准确研判国内外重要学术科研机构的研究成果，熟知国内外该领域顶尖人才的流动情况，所以由他们来实施通常得心应手。其实，这是对大量信息进行处理并精准研判之后的结果，因而对入行不足3年的年轻编辑而言，并不容易。

年轻编辑通常需要对选题方向进行广泛的调研分析、整合信息，寻找有价值的线索，并同时具备较强的信息筛选能力，因此这种学术出版的选题策划方式对于年轻编辑而言耗时长、效率低。他们通常通过电话、邮件等进行组稿，向一些知名专家约稿，存在约稿量少、成功率低的问题。有时甚至会出现专业方向把握错误，组稿时闹出“笑话”的窘境。人工智能是可以弥补年轻编辑这些不足的一项重要技术。目前，人工智能发展的核心是深度学习，一般具有技术、数据和算法（软件）3个重要组成部分。医学领域发展极为迅速，新观点、新理论、新方法、新技术层出不穷、年年更新，人工智能可以通过大数据（例如已发表的海量文献）对这些前沿知识进行深度挖掘和学习，提出以这些内容为导向的选题策划方向，这通常也是专业读者最需要的。另外，人工智能可以对大型医学数据库进行整合并进行深度学习和数据挖掘，构建选题策划的资源库和作者库，并且为年轻的策划编辑提供检索便利。例如一个重点项目遴选主编（或作者）的标准有以下几个：学术影响力强，两院院士等优先考虑；最好是行业协会（例如中华医学会）等相关领域的主任委员；在该领域具有一定学术研究成果，或所在工作单位是该学科的国家重点学科建设单位；能组织该项目具体实施，包括组织全国专家实施该选题的具体工作等。这样的标准对年轻编辑而言，选对合适的人非常不容易。在人工智能的辅助下，首先会根据选题需求选出合适的专业方向，然后选出项目的实施者（候选人），供年轻编辑筛选，从而减小了医学专业出版物选题策划的难度。

二、编辑加工和校对

医学专著通常体量大、内容复杂，按照目前业内通行的“三审三校一审读”制度，对于审稿、编校人员而言，工作量大。一般而言，作者所交的原稿都需要剔除瑕疵，润色加工后方能成为精品力作。这要求编辑以审视的眼光对待作者的初稿，做好审稿和编辑加工工作，按照出版要求，规范专业术语的表达，核实各项图表、数据是否准确，而医学书稿动辄上千万字，编校工作压力不小。并且，由于医学专著专业性较强，编校工作无法由医学专业以外的人来代替，近年来医学图书出版周期又越来越短，从而使得编校人员的工作量日益繁重。例如，某地方科技出版社的医学编辑年人均发稿量已超过500 万字，有一些优秀编辑甚至超过 1000 万字。这使得编辑需要投入大量精力于项目的加工中，导致无暇顾及选题开发等创造性工作。而且，繁重的编校工作也会使编校质量难以保证。因此，如何降低医学专业书稿编校的工作量，并提升编校效率和编校质量是业内重点关注的话题。人工智能成为解决这一难题的新方法。

人工智能通过其强大的学习能力以及图文识别技术、互联网自动搜索、数据挖掘、基于机器学习的勘误技术等对稿件中可能出现差错之处进行审核，并自动编辑加工，提出可能存在错误之处供编辑进行人工查验，甚至还可以从事校对工作。尤其是对于容易出错的医学专业名字，错误的计算公式等进行审核，这是编辑一般容易忽略或者未发现的。另外，人工智能还能对参考文献的著录格式进行统一规范处理，减少了人工处理的时间。此外，人工智能还能结合全稿的体例格式，识别各级标题、图题、表题、参考文献等，完成全书的初排版工作。应该说，未来人工智能的运用可以大大减轻编校工作。

2018 年，方正电子与北京印刷学院联合成立了“智能审校联合实验室”，这是人工智能技术在编校工作中应用的一个典型案例。智能审校包括词汇级的检校、基于规则匹配及相似性算法的检校、基于深度学习算法的检校以及基于自然语言技术进行语义层的检校，通过这些技术，对文本中的错词、病句、专业名词、量和单位等内容进行分析提取，并进行内容及用法层面的校对，从而提高编校效率，提高查全率，有效避免漏查，实现学术出版从劳动密集型到智力密集型的转变。

三、图书发行、营销

医学是一个专业性非常强的学科，读者群体一般为医务工作者，人群体量相对较小，因此，其市场就是一个小而专的市场。对于医学专业图书的销售，必须在选题策划阶段就认真评估市场发展，挖掘专业读者的需求，精准定位专业读者人群，精准分析他们的消费习惯和经济承受能力，从而选择合适的发行和营销策略，最终获得较好的发行量。然而，在大部分的出版社，通常销售人员没有医学知识或背景，让他们直接通过发行过程去定位读者人群，去制订产品的营销或者宣传战略，要求颇高。而医学专业书的读者群体，例如医生，他们是一个非常忙碌的群体，但有不断学习的需求和渴望，如何精准把握需求和精准推送产品，对于策划编辑和营销人员是一个较难解决的问题。人工智能技术可以在其中起到很好的辅助作用。

人工智能可实现图书发行和营销过程的智能化和精准服务。医生就算工作再忙碌，只要是从某种渠道去获取产品信息，或者直接购买产品，就有可能留下“痕迹”，这些可能留下的“痕迹”包括年龄、性别、区域、阅读的专业偏好等。人工智能可以对这些用户数据进行统计分析，并结合用户留下的“痕迹”、使用场景和行为规律，提高专业图书产品的推送效率，并增强用户黏度。另外，人工智能还能充分挖掘交互数据，对“网购过程”中的留言、点赞、评论、收藏等数据进行计算和分析，洞悉用户的专业阅读偏好，精准把握目标用户的消费规律，从而提升产品购买率。另外，人工智能技术还能对读者行为、阅读兴趣等信息进行分析，不断完善和更新读者的兴趣模型，不仅能精准推荐读者感兴趣的内容，还能实现定制化服务，从而实现医学知识传播效果最大化。

四、人工智能在学术出版应用中遇到的问题

1. 人工智能还不够“智能”

诚然，人工智能已经可以在编辑加工、校对、发行、精准营销中提供较大的帮助，但是，人工智能还不能完全替代编辑加工工作，尤其是不能完全替代专业编辑的看稿工作。也就是说，人工智能的智慧水平与人类的智慧仍相去甚远。人工智能主要解放的是人类的重复劳动工作，比如校对过程中的对红，编辑加工中的参考文献著录格式统一等，要想替代人类在出版工作中的主体地位，尚有很长的一段路要走。

2. 人工智能还需要人类来开发

人工智能技术通过其图像识别、机器翻译、自然语言处理、数据挖掘等方面的技术，已能给一些出版流程工作带来巨大帮助，但让人工智能进一步参与选题策划和开发等，需要加入人类意识的主观内容，现在还有难度。人工智能的提升需要人工智能技术人员的开发，其关键前提是人才。但目前的现实是，医学人工智能的专业人才非常紧缺，更不用说人工智能与医学专业出版融合的人才了。作为医学专业编辑，如有机会，应与人工智能领域的人才多交流，甚至创造合作机会，开发应用于专业出版的合作项目，甚至能对所开发的人工智能系统进行算法修改和校正，从而突破专业出版的瓶颈。

3. 专业出版资源的数据化进程非常缓慢

人工智能中所有算法的设计目的、数据运用等均依赖于庞大的数据库，并需进行深度学习的开发，但是专业出版资源的数据化进程非常缓慢，仍然以“印刷品”为主。目

前，大多数出版单位对于运用人工智能、大数据技术的意识依然淡薄，或因为技术能力不足而仍然处于观望状态。尽管有一些出版单位已开始意识到新技术对于出版工作带来的巨大帮助，并进行了尝试或努力，但总体效果一般。一部传统的医学学术著作少则四五十万字，多则上百万字，如果能将其数据化，则可以将其内容进行深度挖掘和多级开发，拆分为几百上千个数据单元，从而大大提升这本专著的整体价值和传播效果，也能迎合移动互联网时代读者“碎片化”获取知识的需求。这一过程很多出版单位已完全明白，但是实施起来非常缓慢，可能受限于技术能力。“巧妇难为无米之炊”，数据化进程缓慢也给人工智能技术的开发带来了巨大难度。2017 年开始，越来越多的国外出版巨头和学术机构看到了学术出版过程中数据化的优势以及智能化转型的趋势，我们也应该迎头赶上，积极布局，抢占优势。

随着人工智能技术的不断发展，它能逐渐从“代替人类做简单反复的动作”到“像人类一样进行理性的思维”，并非只是单一应用到某一个出版项目中，而是应用到整个出版流程体系中，渗透到编校、营销等各个方面，从而逐渐减少目前医学专业图书出版流程中的重复性劳动，显著提升医学专业书的出版效率，并选择最准确的传播方式，将最好的产品精准推送到专业读者的手中。未来，人工智能也将会在其他专业出版领域有所应用，例如出现在高等教育、工业、信息与通讯技术等领域的出版流程中，从而大量出现与人工智能深度结合、精准开发的学术著作，将最前沿的知识、最先进的技术传递到最需要的读者手中，最终实现专业出版的快速和高质量的发展。

参考文献

[1] 张勇，王春燕，王希营．人工智能与学术期刊编辑出版的未来［J］．中国编辑，2019，17（4）：64—68.

[2] 张新新，刘华东．出版＋人工智能：未来出版的新模式与新形态——以《新一代人工智能发展规划》为视角［J］．科技与出版，2017，36（12）：38—43.

[3] 陈亮．学术出版策划活动管理：模式与实践［J］．出版科学，2019，27（3）：35—38.

[4] 李程．基于人工智能技术的新型出版智库建设浅析［J］．出版广角，2020（4）：6—10.

[5] 向飒．人工智能对学术出版流程的再造及知识服务提升［J］．中国科技期刊研究，2018，29（11）：1091—1096.

[6] 刘银娣．从经验到算法：人工智能驱动的出版模式创新研究［J］．科技与出版，2018（2）：45—49.

[7] 刘平，杨志．人工智能构建科技期刊智慧出版模式［J］．中国科技期刊研究，2019，30（5）：462—468.

[8] 莫宏伟．强人工智能与弱人工智能的伦理问题思考［J］．科学与社会，2018，8（1）：14—24.

[9] 黄欣荣．人工智能与人类未来［J］．新疆师范大学学报（哲学社会科学版），2018，39（4）：101—108.

[10] 任翔．学术传播的数据化与智能化：2017 年欧美学术出版产业发展评述［J］．科技与出版，2018（2）：6—12.

把握“风向标”，提高成功率
——浅谈 2021 年国家出版基金资助项目入选情况

上海古籍出版社　王　珺

摘　要

国家出版基金 2007 年设立以来，为精品出版物的选题策划和出版提供了很好的支持和指引。如何更好地把握国家出版基金的申报机会，日益成为许多出版人关注的话题。本文通过对全国各大出版集团 2021 年度国家出版基金入选情况的梳理分析，探讨全国各出版集团在项目申报方面的优势和劣势；通过对《2021 年度国家出版基金项目申报指南》中资助对象、资助重点、申报要求等内容的解读，提出各出版单位要进一步在发挥专业优势、做好主题出版物、提升原创能力、拓展民族文化市场、培育重大工程项目等方面下功夫，从而契合国家出版基金的引领目标，进一步提高项目申报的成功率。

关键词

国家出版基金　出版集团　申报指南　原创能力　高质量发展

2021 年 2 月，国家出版基金拟资助项目名单公示。经国家出版基金专家评审并报国家出版基金管理委员会批准，决定对已公示的八大类别、405 个项目给予资助，分别为：“马列、中国特色社会主义、中国精神”类 23 项，“党史、新中国史、改革开放史、社会主义发展史”类 32 项，“哲学、政治、经济、社会”类 53 项，“艺术”类 49 项，“文学、辞书”类 52 项，“历史文化”类 72 项，“自然科学、医药卫生”类 55 项，“工程技术”类 69 项。

国家出版基金 2007 年设立以来，已成为重点出版物的重要风向标和精品出版物的一面镜子，为精品出版物的选题策划和出版提供了很好的支持和指引。现以全国各出版集团的立项情况为研究对象（不含各出版集团外的单体社），将入选情况梳理如下。

一、全国主要出版集团立项项目分析

2021年国家出版基金入选项目中，上海世纪出版集团以15项居榜首，江苏凤凰出版传媒集团14项、中国出版集团12项、陕西新华出版传媒集团11项、广东出版集团10项、江西出版集团8项，入选数量6项的有安徽出版集团、广西出版传媒集团、河南中原出版集团等9家出版集团。以下从各出版集团入选项目领域分布（见附表1）来加以分析：

一是“马列、中国特色社会主义、中国精神”和“四史”两个主题出版领域。广东出版集团、上海世纪出版集团、江西出版集团和陕西新华出版传媒集团各有2项入选，中国出版集团有1种入选。入选项目多分散于各出版集团、音像类出版社及部分高校出版社，并未有出版集团在此领域占突出优势。

二是哲学、政治、经济、社会领域。上海世纪出版集团入选3项，广东、广西、江西、辽宁、浙江出版集团各有2项入选，中国出版集团入选1项。上海世纪出版集团在此板块略有优势。各出版单位应在健全国家公共卫生应急管理体系、强化依法防控依法治理、加强健康理念和公共卫生安全知识宣传教育，以及切实提高应对突发重大公共卫生事件的能力和水平等方面开发更多的优秀选题，进行项目申报。

三是历史、文化领域。中国出版集团有6项入选，其中有5项来自中华书局，位列第一；上海世纪出版集团和陕西新华出版传媒集团均入选4项；江苏凤凰出版传媒集团和甘肃读者出版集团均为3项；安徽出版集团、福建海峡出版发行集团等5家出版集团均为2项。中国出版集团在历史、文化等传统优势领域依然保持领先，上海世纪出版集团等其他地方出版集团之间也没有拉开距离。

四是文学、辞书出版领域。江苏凤凰出版传媒集团以6项的优势位列第一；四川新华文轩出版传媒集团、广东出版集团、广西出版传媒集团均有3项；上海世纪出版集团、陕西新华出版传媒集团、安徽出版集团各2项；中国出版集团此次有1项入选。在这个领域，各地方出版集团占有明显优势，赶超“国家队”中国出版集团，这与各地出版集团近年来在出版市场的活跃度相匹配，相形之下，京沪两地的大出版集团明显在原创力、策划力、当代性上有缺失。

五是艺术领域。中国出版集团、上海世纪出版集团、江苏凤凰出版传媒集团、山东出版集团、湖南中南出版传媒集团各2项入选。申报指南强调文学艺术作品要“着力讴歌党、讴歌祖国、讴歌人民、讴歌英雄，宣传扶贫、抗疫斗争中的先进典型”，体现原创性和标志性要求，这也对各社未来申报项目有一定指导意义。

六是自然科学、医药卫生领域。福建海峡出版发行集团4项；江苏凤凰出版传媒集团及浙江出版集团各3项；上海世纪出版集团、广东出版集团等4家出版集团各2项。2021年度申报指南专门增加“主动回应国际社会关切，讲好中国抗击疫情故事，介绍中国携手国际社会应对新冠肺炎疫情的积极作为和进展成效，展现中国负责任大国形象”的内容作为资助重点。各专业出版社应针对当前基础研究较为薄弱的现实，进一步策划重点学科基础研究和应用基础研究的选题，尤其是重视对基础医学研究最新成果的出版工作。

七是工程技术领域。全国各地方出版集团在此领域均入选较少，入选项目大多落入各高校出版社，尤其是中国科技出版集团入选5项，占此块面69个项目的7.2%左右，遥遥领先于其他出版集团。

另外，从全国30余家出版集团所属出版社数量以及各集团入选项目的总数来看，各集团入选项目数量平均至每家出版社的项目数量（即“社均入选率”）也值得关注。社均入选率高于1的集团只有江苏凤凰出版传媒集团、陕西新华出版传媒集团、广东出版集团、重庆出版集团4家，其他均为1以下。说明大多数出版集团在国家出版基金项目的申报方面，仍存在部分出版社参与度不够、选题储备不足、申报技巧欠缺以及选题质量不精等问题，有待进一步完善改进。

二、深入解读项目申报指南，提前规划，重点布局

如何更好地把握国家出版基金的申报机会，日益成为许多出版人关注的话题，通过对项目申报指南中项目宗旨、资助对象、重点、申报要求等内容的解读，笔者有以下浅见：

一是笔墨当随时代，精品奉献人民；彰显高质量佳作，奉献新时代精品。主题出版始终是出版工作的核心，也是国家基金的重点板块。2017年，党的十九大召开，十九大报告提出要推动社会主义文化繁荣兴盛。因此，2018年，国家出版基金的申请立项数与项目资助数量大幅提升，主题出版项目明显增多，项目资助比例高达47.67%，创历年最高。这充分体现了国家出版基金服务于党和国家的大政方针，凸显时代主旋律的特色。各出版社要坚持不懈地抓好主题出版，集中力量，全面发动，重点推进，填补空白，关注习近平新时代中国特色社会主义思想学科化、学理化的优秀著作，围绕学习宣传贯彻十九届五中全会精神、庆祝中国共产党成立100周年、党的二十大等党和国家中心工作。从上海来说，还有五个中心建设、四大功能和3+1的重点任务等，紧扣重大主题，集中策划一批反映思想理论研究最新成果的社科新品。

二是开拓新领域、填补研究空白的学术精品，紧跟国家战略，加强出版规划。针对国家基金的组成板块，各专业出版社要加大对基础学科、冷门学科、交叉学科的申报力度；紧跟学术前沿，进一步提升学术原创能力，占领新的出版高地。全国各出版社工业技术、航空航天类项目在“十三五”的5年时间里入选数量翻倍，这与“十三五”期间我国在自然科学和工程技术领域取得重大成果密切相关。各科技类出版社不但要守住中小型项目，更要着眼于服务国家重大战略需要，针对我国芯片研发、生物医药等领域存在关键核心技术受制于人的局面，实施一批具有前瞻性、战略性的国家重大科技出版大型项目，为国家经济社会发展提供理论指导和科技支撑。

三是打造传世精品，培育重大工程项目。中华书局、商务印书馆、上海古籍出版社等学术出版社应在继续保持学术专业出版优势的同时，着力开发重大文化工程项目，开拓打造更多体现新时代特征，富有创新性、集成性的重大文化工程，力争推出和打造更多传世精品的大项目；要借助出版社所属地的文化资源综合优势，努力集聚所属地乃至全国的学术研究力量，围绕大家大师、一流学者，推出彰显大格局、大手笔的大产品。

四是体现创新创造，提升原创能力。2021年度申报指南进一步强化了对项目的创新性要求，对于那些重复出版项目，未经系统整理研究、简单影印结集的文献、档案，一般性个人文集、全集、选集等，明确不予资助。因此，各出版社要集中力量加强中国原创领域的建设，密切关注理论创新、实践创新、学术创新的前沿动态，及时反映各领域、各学科最新成果的原创性项目，进一步创作贴近社会发展新趋势、新格局、新需求的作品。

五是出版专业化，是实现高质量发展的必由之路。2021年度申报指南申报条件部分增加了“申报单位应当立足自身专业定位，有与申报项目相关的专业编辑团队，具备相应出版资质和实施条件”的条款，强调出版单位要立足自身专业定位，策划申报符合自身出版能力和条件的项目。各专业出版社既要巩固已有的厚重积累，发挥优势、保持传统、维护核心竞争力，又要跳出舒适区，摆脱文化惯性，善于利用和转化优质资源，注重在新形势下对优质内容进行盘整和打造，提升质量意识、精品意识和管理意识，提升优质产品供给能力。立足资源和专业优势，打造清晰产品线，形成系列化优质产品矩阵。

六是关注民族、民文类及面向特殊人群的公益性项目，整合民族文化资源，拓展民族文化市场。这些方面的出版实现的主要是特定的社会价值、文化价值，而非经济价值。从近年来此类公益性项目获资助率逐年升高的趋势来看，这些出版物对于国家文化建设和文化公共服务是必不可少的，这充分体现了国家出版基金的公益性定位。相关出版社应进一步创新整合民族文化资源，做好少数民族文化资源的基础开发工作，提高文化资源转化率，将其中蕴含的民族精神、特色内容进行深度挖掘，以形成特色出版物。

七是出版社要加快国际化步伐，加快“走出去”步伐。出版是中外文明交流的推进器。随着“一带一路”倡议的逐步推进，中国出版业的国际化发展已经进入新的历史阶段。应进一步加强“一带一路”沿线国家和地区的少数民族文化出版工作的投入力度，通过积极开展版权贸易，以点带面，进一步深化中国和“一带一路”沿线国家的人文交流，提升综合出版实力。

八是从高频词看国家出版基金资助的重点方向。从历年国家出版基金资助入选项目的名称来看，频次出现最高的词为“中国”“丛书”“集成”“系列”“全集”“文库”“系列丛书”“书系”“译丛”“大系”“研究”等。由此可以看到，国家出版基金资助的重点方向是：国家系列、文化集成以及专题研究类著作。各出版单位应有的放矢，把握风向标。

九是关注国家重点出版物出版规划项目在国家出版基金立项项目中的占比情况。2009—2020年平均来看（见附表2），列入国家重点出版物出版规划的项目占国家出版基金立项总数的34.4%。以2020年为例，在国家出版基金申报项目中，国家重点出版物出版规划项目占国家出版基金立项总数的35.7%；重点出版物出版规划项目申报通过率为58.55%，高出一般项目通过率的1倍多。从以上数据来看，国家重点出版物出版规划项目申报通过率远远高于一般项目。再者，从2020年开始，国家出版基金资助与国家重点出版规划工作进行了更加紧密的衔接，在申报环节，对所报项目中包含国家重点出版物出版规划项目的出版单位，给予增加1个申报项目名额的奖励，鼓励出版单位优先申报国家重点出版物出版规划项目。因此，出版单位在策划选题时，可以争取先列入重点规划，申报项目时可以优先选择较为成熟的重点规划项目。当然，所谓重点支持，关键还是要看申报项目的质量。

三、结语

2021年是“十四五”开局之年，我国将开启全面建设社会主义现代化国家新征程。站在这一重要历史交汇点上，以全国各大出版集团为首的出版单位应对标“十四五”发展规划，把握国家出版基金项目的“风向标”，以推出更多精品力作为中心环节，着力抓经典、促原创、追前沿、补空白，引领出版的高质量发展，更好地承担起举旗帜、聚民心、育新人、兴文化、展形象的使命任务，为建设社会主义文化强国作出自己的贡献。

附：

表 1 2021 年全国各集团入选项目板块分布表

（入选项目 10 项以上的集团）

板块＼集团	世纪出版集团	江苏凤凰	中国出版集团	陕西传媒	广东出版集团
马列、中国特色社会主义、中国精神	0	0	0	0	1
四史	2	0	1	2	1
哲学、政治、经济、社会	3	0	1	0	1
历史、文化	4	3	6	4	1
艺术	2	2	2	1	1
文学、辞书	2	6	1	3	3
工程技术	0	0	0	0	0
自然科学、医药卫生	2	3	1	1	2
总　计	15	14	12	11	10

表 2 国家重点出版规划项目在国家出版基金立项项目中的占比

年　度	基金立项数量	其中重点规划数量	重点规划占比
2009	215	（略）	（略）
2010	95	（略）	（略）
2011	184	（略）	（略）
2012	205	94	45.85%
2013	340	98	28.82%
2014	317	92	29.02%
2015	346	114	32.95%
2016	376	119	31.65%
2017	532	245	46.05%
2018	778	198	25.45%
2019	760	231	30.39%
2020	633	226	35.70%
合计	4781	1538	34.40%
年平均	398.42	153.80	34.40%

注：表 2 数据来自国家出版基金规划管理办公室。

新形态职业院校教材开发对出版提出新要求

上海教育出版社　公雯雯

摘　要

构建现代职业教育体系，教材改革势在必行。为突出职业特色，更好地满足学习者需求，新形态职业院校教材开发成为教材改革的趋势。何为新形态职业院校教材？它的内涵与特点是什么？图书出版如何应对改革趋势？本文基于对新形态职业院校教材内涵、特点、理念等的解读，立足教材的编辑出版，提出应坚持校企合作的出版理念，加强全流程统筹规划，组建科学合理的编写队伍，加强教材研究与交流等，以适应改革的新要求，为出版更多实用有效的新形态职业院校教材贡献力量。

关键词

新形态　职业院校教材　出版新要求

教材是职业院校落实立德树人根本任务、传授相关学科专业基础知识的载体，直接关系到人才的培养质量。当前，职业院校教材种类繁多，质量参差不齐，很多教材职业特征不突出，影响了职业教育人才培养的质量。为突出职业特色，更好地满足学习者需求，新形态职业院校教材开发逐渐成为教材改革的趋势。了解活页式、手册式、立体化教材等新形态职业教育教材的内涵特点，对于开发高质量的职业院校教材有着重要意义。职业院校教材出版作为教育出版阵地的一支重要力量，应当积极应对转型带来的深层挑战，提升创新能力，借助职业教育改革发展的契机，探索出一条适合我国职业院校教材出版的变革之路。

一、职业院校教材改革概况

（一）国家政策的支持与引导

为了加强职业院校教材建设与管理，提高教材质量，2019 年 1 月 24 日，国务院印发《国家职业教育改革实施方案》(简称《方案》)，又称“职教二十条”。《方案》强调“狠抓教学、教材、教法改革……建设一大批校企‘双元’合作开发的国家规划教材，倡导使用新型活页式、工作手册式教材并配套开发信息化资源，以适应‘互联网＋职业教育’发展需求”。

2020年初，教育部又颁布了《职业院校教材管理办法》(以下简称《管理办法》)，弥补了一直以来职业院校教材没有专门管理条例的缺憾，标志着我国职业院校教材的建设和管理开始进入科学化、制度化、规范化发展的新阶段。《管理办法》从教材规划、组织编写、专家审定、教材选用等环节要求职业院校教材体现职业教育特色，提高职业院校教材的实用性，并再次提出“倡导开发活页式、工作手册式新形态教材”。

国家出台的一系列政策为职业院校教材改革指明了方向。全面、深入地理解活页式、手册式新形态教材等概念的内涵及特征，对指导相关单位编写出高质量的职业院校教材具有重要意义。

（二）研究基地助推教材内涵发展

2019年9月，华东师范大学国家职业教育教材建设和管理政策重点研究基地正式挂牌成立，作为首批教育部认定的国家教材研究基地，其承载着新形势下党和国家对加强职业教育教材建设的历史重任。基地集结全国职业教育教材研究骨干力量，以教材设计与开发为根本任务，深入探究教材研发规律，解决长期以来教材编写过程中的突出问题，致力于促进职业教育教材建设的内涵发展。

（三）教材形式趋于立体多元

与普教相比，职教教材有其鲜明的特点：一是品种繁多，二是职业性强，三是时效性强。这些都对职教教材的建设与管理提出了更高的要求。传统纸质教材形式较为单一且更新较慢，对现代教育技术的应用不够，也无法及时吸收各种新技术和新工艺等。新时代的职业院校教材已不再是传统的“纸质教材＋教辅”的形式，而逐步演变为以纸质教材为基础，以信息技术为手段，以互联网为载体，充分融合纸质教材和数字化资源，并通过多种终端形式呈现和应用的新教材。

二、解读新形态职业院校教材

职业教育教材形态变革乃至教材建设的整体推进，必须解决以下两个基本问题：一是定位教材在学生学习过程中的角色和功能，明确教材在知识学习和能力培养过程中的地位；二是明确教材选择的内容及其组织逻辑，确保教材的育人价值能够得到落实，以及教材拥有知识更新的内在机制。

（一）新形态职业院校教材的内涵与特点

新形态职业院校教材概念的提出，突破了以往狭义的教材内涵，弱化“教学材料”的特征，强化“学习资料”的功能，可理解为广泛意义上的“学材”。活页式教材具备了“活页”和“教材”的双重属性。“活页”体现了其结构化、模块化、灵活性及趣味性等诸多符合教学、自主学习、个性化学习的特征。活页式教材的本质是教材内容组织模式的变革，也是模块化思想在教材开发过程的充分体现。

工作手册式教材的提出，主要为了吸取手册简明、专业、实用的特点，完善教材内容结构，重视对能力训练部分的精细设计，更便于进行实践性教学，给予学生更强的职场代入感，从而提高教材的使用效率。

立体化教材是指通过多种教学资源的整合而提出的整体教学解决方案，它是随着教育信息技术的不断发展而逐步出现的教材形式。立体化教材拓展了传统纸质教材的功能，使得学生可以更多的方式使用教材。数字化平台建设、数字教材、慕课、微课等教学载体的开发，将教材出版与职业院校已有的数字教学资源相结合，形成了以学习者为中心的立体教材资源库。

（二）新形态职业院校教材的编写理念

教材形态变革的实质，是职业教育在适应产业发展与学习者需求时所作出的更新与调整，因此如何选择合适的教材形态，应该把握新形态背后的理念。

首先，新形态职业院校教材都是校企合作开发的教材，无论活页式还是新型工作手册式都以“企业岗位（群）任职要求、职业标准、工作过程或产品”为教材主体内容。这就要求教材编写人员最好有企业工作经历，这样才能更好地对接教学内容和企业需求。

其次，从本质上来说，新形态教材都是一种项目教材，它们都以职业知识和职业能力作为教材开发的逻辑起点，并以模块化、项目式实施教学。这也回应了《管理办法》中提出的要“注重以真实生产项目、典型工作任务、案例等为载体组织教学单元”。

再次，新形态职业院校教材强调实用性和灵活性。它们都体现了“基于工作过程”“教、学、做”一体化的教学理念和实践特点。将岗位需求的技术技能分解成一个个项目和任务，选择“必须、够用”的知识贯穿其中，减少过多的理论阐释，让学生在“做中学”的过程中掌握知识，提高技能，提升职业素养。同时，可以灵活适应工作任务及流程的变革。

三、新形态职业院校教材对出版的新要求

职业教育教材改革以及新形态职业院校教材开发的需求，对教材出版也提出了新要求。如何开发出体现职业特色的教材产品和提供配套服务成为出版领域的新课题，笔者认为应该做以下努力：

（一）坚持产教融合、校企合作的出版理念

职业教育作为一种以技术技能型人才培养为目标的类型教育，教材内容不能仅来源于学科知识，或学科知识在职业情境中的简单应用，而应来源于职业岗位的工作情境。职业院校专业课教材的内容必须与职业岗位的能力要求、操作规范相吻合，因此，职业院校教材的开发必须有企业专家的深度参与。

教材改革的关键在于使教材内容开发建立在工作知识开发的基础上，要实现这一点，就必须坚持产教融合、校企合作的出版理念，充分依靠企业专家。企业专家的参与，可以在三个层面进行：第一，开发职业能力，构建教材基于工作情境的职业能力体系；第二，开发工作知识，选择以工作知识为核心的教材内容；第三，提供企业相关素材，如产品质量标准、工艺流程、典型案例、工作情境图片等。只有充分发挥了企业专家的作用，才能保证教材真正反映行业企业实际的工作任务及流程，才可能开发出体现行业要求、突出行业特色的职业院校教材。

（二）加强全流程的统筹规划

为了构建现代职业教育体系，职业院校教材出版必定要进行一次深刻的变革。出版人员作为选题策划和内容生产的掌舵者，只有加强统筹规划，严控出版流程，才可能打造出高质量的职教教材。

首先，在教材整体规划时，统筹开发中高职教材，强化教材之间的联系与衔接。要根据中高职院校同类专业的人才培养目标和专业教学标准，对课程内容、教学重点、能力结构以及评价标准等进行有机衔接和贯通。

其次，在教材内容设计时，要尽可能地对接职业标准和岗位要求，吸收行业发展的新知识、新工艺、新方法，开发适合案例学习、项目学习等不同学习方式的教材，丰富实践教学内容。

再次，在确定教材呈现形式时，应科学地评估教材的适用性。例如，职业院校的公共基础课知识内容较为固定，可不需要以新形态形式编写；而用于技能训练的实习实训

类教材则可直接使用工作手册式。

最后，除了出版纸质教材，还应积极开发补充性和拓展性的辅导材料，开发虚拟仿真实训平台、网络课程、工作过程模拟软件等多种形式的数字化配套教学资源，努力打造动态、共享的教材资源库。

（三）组建结构合理的教材编写团队

编辑在教材出版中扮演着守门员和把关者的角色，优秀的作者可以从源头上保证书稿的质量，因此，搭建结构合理的教材编写团队是出版优质新形态教材的基本保障。职业教育是跨界的教育，需要跨界人员的共同参与。《管理办法》中也强调“教材编写团队应具有合理的人员结构，包含相关学科专业领域专家、教科研人员、一线教师、行业企业技术人员和能工巧匠等”。

首先，要充分发挥课程专家的引领作用，这样才能把教材开发建立在深刻的教材理论研究基础之上。其次，要充分发挥一线专业课教师的主体作用，教材开发不仅工作量大，而且专业性强，只有长期从事一线教学工作，积累了大量教学资源和丰富教学经验的教师，才能撰写出真正符合职校院校学生学习水平与特点的高质量教材。再次，需要充分发挥企业专家的参与作用。同时，还要建立职业教育教材专家智库，凝聚一批在教学上有所成就，且对相关行业发展有深入研究的教材开发专家，同时打造一支产教融合，由行业专家、教学名师、专业带头人共同组成的教材编写与审定队伍。在这个团队中，编辑要发挥好桥梁作用，协调好编写队伍、审定队伍、出版队伍的关系。

（四）加强教材研究，推进教材交流

目前，新形态教材的开发还在循序渐进的转型尝试过程中，国内还没有成型的标准和样本可供参考。从教材的策划、编写到出版、使用、完善，还需要一个过程，需要研究机构的引领和探索，也需要编辑加强对职业院校教材设计理论的研究。国外的出版机构比较重视对教学规律的研究，因此能准确地把握相关职业技能的组成。国内的教材编辑也应该加强教材研究，多去教学一线了解教材使用情况、多逛书店书市等，总结市面上优秀教材的经验做法，并将研究学习贯穿于教材编写出版使用的整个过程。

此外，还应主动加强对外交流，既可以尝试引进国外优秀教材和相关教学资源，还可以探索与国外职教同行合作开发、编写教材。

（五）及时更新修订，做好教材维护

由于职业教育需要密切对接产业转型升级和职业岗位变化，因此教材也需要与时俱

进缩短修订周期。“职教 20 条”提出“每 3 年修订一次教材，其中专业教材随信息技术发展和产业升级情况及时动态更新”。《管理办法》提出了“职业院校教材投入使用后，应根据经济社会和产业升级新动态及时进行修订，一般按学制周期修订”，这既是对“职教 20 条”的呼应，也是职业院校教材发展的现实需求。所以，出版单位要根据经济社会和职业教育发展实际，及时进行教材的更新修订，补充、调整相关内容。

教材出版后，还要加强教师培训。出版单位应及时组织教材专家对一线教师进行培训，明确本教材的编写特色和使用要求等，帮助教师学习使用新教材。

随着我国职业院校教材改革的深入和教育信息化的发展，传统教材形式已不能完全满足当前的教育需要，学生对新型教材形式、立体化学习资源的需求日益增长。但目前，我国职业院校教材内容滞后、特色不突出、重复开发、立体化资源配套不足等现象依旧普遍存在，这些都是教材出版发展的必经之路。今天的教材出版，广义上来说是提供“教学资源整体解决方案”。职业院校教材建设就是以培养学生职业能力为目标，构建丰富、立体的教学资源库，从而提高教育教学质量。

教材形态的变革，体现了职业院校教材建设在面对产业发展与学习者需求时所作出的更新与调整，从而也对编辑出版人员提出了更高的要求。如何培育一支产教结合、素质优良的教材编审队伍，如何进一步挖掘新形态教材背后的理念方法，选择最匹配的教材形态，这些都是值得继续研究的课题。由于目前国内还没有成熟成型的新形态教材标准和样本可供参考，因此本文的探讨仍停留在理论层面，无法作实践案例的深入探讨，笔者也希望今后能参与到新形态职业院校教材的出版实践过程中，不断总结相关经验，努力打造职业院校的精品教材。

参考文献

［1］ 李政．职业教育新形态教材：内涵、特征与编写策略［J］．职教论坛，2020（4）．
［2］ 杜德昌．教材改革：新时代职业院校高质量发展的基本保障［J］．中国职业技术教育，2019（29）．
［3］ 陈高锋，付建军．活页式教材设计及应用探索与实践［J］．陕西教育（高教），2020（5）．
［4］ 徐国庆．职业院校专业课教材建设要充分发挥企业专家作用［N］．中国教育报，2020-01-10（8）．

浅论教辅图书的策划与开发
——以“SSTP IB I SEE”丛书为例

上海科学技术出版社　朱先锋

摘　要

教辅读物作为一个重要的出版门类，虽然经济效益较为明显，但竞争激烈。本文结合出版实例，论述教辅图书策划与开发的几个环节，从确定选题方向、明确图书定位、选择和培养作者、规划营销方案，到图书品牌的树立，阐述教辅策划编辑在这些环节中的作用和能力要求，以及责任意识和使命担当。

关键词

教辅图书　编辑　策划　社会效益　育人功能

教辅读物是我国图书出版领域中的一个重要门类，全国580多家出版社中，绝大多数参与到了教辅读物出版。教辅读物市场的竞争已经白热化，是名副其实的“红海”。本文以上海科学技术出版社“SSTP IB I SEE”丛书的策划为例，谈谈教辅图书的策划与开发。

一、充分调研，科学确定选题方向，明确产品定位和特点

（一）找准选题切入点

教辅图书种类繁多。按照功能，可以分为教材解读类、知识讲解类、练习类、专题类、讲练结合类；按读者的使用时间，又可以分为同步类和总复习类；按读者对象，还可以分为一般教辅、竞赛教辅、国际考试教辅等。教辅图书的策划编辑，要明确选题方向，并就选题方向的市场情况和读者对象等进行调研和分析。对市场情况进行分析，是指对选题方向市场情况进行调研和分析，了解选题方向各品类教辅的产品情况、当前热点等，并对选题方向的发展趋势作出判断等。对读者对象进行分析，是指对读者的需求点、阅读习惯、购买方式、获取信息的渠道等进行分析。之后，教辅图书策划编

辑需要根据调研情况重新审视所确定的选题方向，进而找准切入点。比如，“SSTP IB I SEE”丛书开发之初，只是希望策划一套出国留学考试书，但在对AP、SAT、A-Level、TOEFL、GRE等留学考试教辅读物市场进行调研中发现，这些领域已经形成固有格局，不易进入。同时也发现国际文凭课程（IB课程）这一小众市场还有空白，编辑最终以国际文凭课程教辅读物为切入点进行选题策划。

（二）明确教辅图书定位和特点

在找准选题策划的切入点之后，要进一步明确教辅图书的定位，主要是读者定位和功能定位。读者定位，是指明确教辅图书的读者群体，比如同样是同步类教辅，有的读者群体定位为资优生，有的读者群体定位为后进生。功能定位，是指明确教辅图书的功能，比如确定开发讲解类教辅、练习类教辅还是讲练结合类教辅。教辅图书定位的选择和教辅图书特点的确定，需要更加充分的市场调研，教辅图书策划编辑要收集本选题方向头部品牌教辅，仔细分析其特点，发现其中存在的共性和特性；教辅图书策划编辑还要深入学校进行教学调研，更好地了解学校教师和学生的需求。全面深入的调研分析是确定产品定位和特点必不可少的重要环节和依据。“SSTP IB I SEE”丛书的开发就是在分析了原版教辅图书特点和劣势及其他调研的基础上，确定了由国内教师原创、着重解决中国学生痛点这一图书定位和特点的。

二、强化教辅图书作者队伍建设，打造高效合作体系

（一）选好作者，提升教辅图书品质

作者是书稿的直接撰写者，是选题意图的具体体现者，也是图书取得成功的关键。教辅图书的作者，首先应是某一学科领域的教学专家，不但具有丰富的一线教育教学经验，且能对书稿提出独到的思路及见解，还具备较高的写作水平。教辅图书策划编辑应重视与作者的沟通交流，编辑不能仅仅是将自己的策划意图灌输给作者，也应该从作者处得到有效建议，共同提升教辅图书的水平。好的作者，一旦从内心认同了编辑的选题设想，接着就不仅仅是一个写作任务，还内含对自身教育教学的总结，有助于教辅图书质量的提升。

（二）与作者共同成长，培养作者队伍

编辑和作者就某一选题进行了深入的交流和沟通，达成了共识，设定了共同的目

标，就是良好合作的开端。大部分教辅图书的作者并不一定是站在金字塔顶端的著名教育家，但他们能够运用自己的专业能力将复杂的问题简单化，能把模糊的想法具体化。一次成功的出版合作既能提高作者的行业地位，也能为编辑带来组稿、策划能力的提升。“SSTP IB I SEE”丛书中数学学科教辅图书出版后，在国际文凭课程领域取得了很大的反响，作者在行业内的影响显著提高，多所学校向其发出更高职务的邀请。这位作者在此后成了编辑的长期作者，后续又合作出版了两本教辅图书，均取得了很好的市场反响。

三、科学制定营销方案

优秀的策划编辑必须有很强的市场敏感和市场意识。策划编辑从教辅图书策划之初就应该考虑营销方案。策划编辑需要在选题方向调研的过程中，明确在该选题方向教辅图书一般的销售方式和渠道、宣传方式、定价策略等，为教辅图书推广提供方案和建议。教辅产品的渠道选择其实在产品的选题策划之初就应该确定了，营销策划要做的就是对渠道和通路进一步分析，根据各地民营及国有书店的特点，进一步细化所策划教辅图书经销商的区域、特点和方向。教辅图书购买群体主要是学生和家长，学生是主要的使用者，而家长往往是直接购买者，影响学生和家长购买教辅的因素主要有教师推荐、友人推荐、媒体或活动宣传等。教辅图书的宣传应该抓住这三个主要方面，在图书出版的全过程做好这三方面的宣传准备。教辅图书定价虽然没有明确规定，但有一定的规律可循：各省的评议教辅需要按照国家规定标准定价，编辑不能随意更改；一般市场定价应该基于市场大多数教辅图书的定价水平，过高的定价可能影响销量，而较低的定价又往往影响利润率；但小品类教辅由于竞争品种少、需求刚性等，定价比较灵活。

“SSTP IB I SEE”丛书的市场情况是：就读国际文凭课程的学生人数较少但集中；学生家庭经济条件普遍较好，经济承受能力较强，但对教辅产品的品质要求较高；家长更加关注学生的教育，会主动了解各种教育信息，主动为孩子购买教育产品；教师参考资料较少等。通过分析，营销方案也就基本确定了，在销售渠道选择上，只发线上店，只进行线上销售，避免门店无谓铺货；在宣传方式选择上，采用国际教育自媒体宣传和教师专业活动展示两种方式，精准直接；采用小印数、高定价、高折扣模式。

四、立足社会效益，强化质量意识，落实育人功能

从来没有一个出版领域像教辅图书出版这样饱受争议。一方面社会对教辅图书出版

的认可度不高，出版单位内部对教辅图书的社会效益认识不足。另一方面，学生和家长对教辅图书的期望较高，教辅图书出版构成出版单位重要的出版板块和利润中心。影响千万个孩子、关系千万个家庭的教辅图书怎么可能没有社会效益呢？策划编辑应该辩证地处理教辅图书的社会效益和经济效益，并将社会效益放在首位。

（一）强化教辅图书的质量意识

教辅图书的社会效益首先体现在质量上。质量是教辅图书的生命线，图书质量是出版单位生存发展的根本。高质量的图书不等于好的品牌，但好的品牌图书一定要有好的质量。近几年，国家新闻出版管理部门每年都会开展图书“质量管理”专项检查，教辅图书是检查重点，这对教辅质量的提高有一定帮助，对教辅编辑编校能力的提升有一定促进。编辑除了要保证教辅图书最基本的编校质量合格外，更要关注教辅图书是否符合学生的认知规律，是否起到减负增效的作用，是否满足了学生的学习需要等更加广泛的质量。好的教辅图书使学生受益无穷，而粗制滥造的教辅图书则害人不浅。

（二）教辅图书要落实育人功能

2019 年 3 月 18 日，习近平总书记在学校思想政治理论课教师座谈会上指出：“用新时代中国特色社会主义思想铸魂育人，贯彻党的教育方针，落实立德树人根本任务。”教辅图书作为一种教育产品，理应承担起相应的育人功能。很多出版社和教辅编辑对教辅图书的育人功能认识不足，导致所出版的教辅图书育人功能特征不显，有的还存在各种各样的问题。有的教辅图书中反映我国科技成就的少，突出国外发展的多；国外正面形象事例多，国内负面形象事例多；阅读材料中突出西方对科技和社会的推动，缺少我国对科技发展和社会进步的文献；过多宗教人物、故事、传统、习俗介绍；等等。这些问题看似不大，在图书质量检查中也不算错误，但这些隐性问题会潜移默化地影响学生的思想，对学生造成错误认知。

国际文凭课程的多数教材和参考资料是国外原版图书，书中大量存在上述问题，例如经济学科中涉及垄断、贫穷、落后等负面素材往往有不少是中国的，生物和化学学科中涉及环境污染、温室效应等问题，往往对中国有所批评。而西方国家对环境的破坏，书中往往只字不提，对中国环境治理、生态文明建设取得的成绩却视而不见，等等。这些内容，对学校和教师教学造成很大困扰。“SSTP IB I SEE”丛书特别注意这些问题，严控出版导向，受到了学校和教师的肯定。

五、精耕细作，树立图书品牌

市场上教辅种类繁多，教辅图书质量参差不齐。读者想要找到一本合适的教辅书并不容易，往往只能凭经验和感觉购买，这时知名度越高、品牌越响的教辅被选择的概率越大。图书品牌的重要性无需赘言，但打造一个知名图书品牌却不容易，即使出版单位集中大量资源、花费大量心血也不见得成功。教辅图书品牌的创建是一个长期的过程，需要教辅图书编辑和作者共同努力，在选题策划、内容创作、整体设计、书名确定、宣传营销、资源建设、读者互动等出版全环节通盘考虑，精耕细作。图书品牌一旦形成，不仅会带来良好的经济效益和社会效益，对编辑的成长也大有帮助。

“SSTP IB I SEE”丛书策划之初只有数学、化学、生物三册，通过编辑和作者精耕细作，得到市场认可，很多读者通过邮件、购书评论等渠道询问其他学科教辅的出版情况和购买渠道，同时编辑还接到很多作者的合作邀请。受此鼓舞，编辑陆续策划出版了中文、物理、经济、内部评估写作指导等，丛书品种数超 10 册，在国际文凭课程教辅图书领域形成一定影响。丛书不仅受到国内读者的肯定，还得到国外同行的认可，达成了版权输出。

综上所述，编辑作为教辅图书策划与开发的核心，要关注教育教学的发展，要具有敏锐的市场意识，要善于发现好的作者，要有协调各方的能力，要具备合格的编辑基本功、高度的质量意识和责任意识，要能够沉下心来精耕细作。

参考文献

[1] 姚劲华 . 教辅图书策划研究［J］. 出版发行研究，2014（6）：28—30.
[2] 尹博，刘晓晶 . 教辅图书策划之我见［J］. 编辑之友，2014（5）：45—48.
[3] 孟建华 . 立足社会效益打造品牌教辅［J］. 出版参考，2018，790（12）：61—63.
[4] 应向阳 . 教辅图书品牌建设的实践与思考［J］. 编辑学刊，2019，187（5）：64—69.

实务

出版
实务 >

浅析 ERP 系统在出版编辑实务中的应用
——以华东师范大学出版社为例

华东师范大学出版社　朱妙津

摘　要

积极推进信息化建设是新时代互联网环境下企业发展的必然要求，管理信息化是出版社提升业务管理效率和水平的重要手段之一。华东师范大学出版社自 2009 年上线 ERP 系统，至今已基本形成一个“编、印、发、人、财、物”一体化的企业信息管理平台，覆盖出版社工作各方面的全流程管理系统。本文以此为例，着眼于出版社 ERP 系统，对 ERP 系统在编务工作中的应用价值进行分析，论述这一系统在目前出版社编务工作中的实践要点以及可供提升的实施建议，以期为相关工作人员提供有益参考。

关键词

出版社　ERP 系统　编务

党的十九大报告提出，“推动互联网、大数据、人工智能和实体经济深度融合”，培育新增长点，形成新动能；加快科技创新，建设网络强国、数字中国、智慧社会。对于出版企业而言，积极推进信息化建设是互联网环境下企业发展的必然要求。通过将原有“编、印、发”业务数据化、生产数字化，利用先进的互联网、大数据手段对传统出版流程进行再造，规范管理、梳理流程、提炼信息，最终实现数据业务化，这是出版社引入 ERP 系统的目的。

一、ERP 系统概述

ERP 是 Enterprise Resource Planning（企业资源计划）的简称，是指建立在信息技术基础上，以系统化的管理思想为企业决策层及员工提供决策运行手段的管理平台。出版 ERP 系统，是按照现代出版企业管理的先进理念，结合国内出版行业特点，以项目管理为核心，对企业内部的信息流、资金流、业务流、物流进行规范和优化的管理系统。其涵盖出版的整个流程，包括编辑编务管理、出版印制管理、原材料管理、库房管理、发行管理、财务管理等众多子系统，另外还集成人力资源管理、固定资产管理、对外网站服务等诸多模块。

华东师范大学出版社（以下简称“华东师大社”）ERP 系统 2009 年 9 月正式上线，第一个上线的模块是编务管理系统，到 2012 年夏，最后一个主线系统——发行管理系统上线，历经 3 年磨合，顺利完成从复旦天翼系统到 ERP 系统的切换任务，宣告 ERP 整体工程阶段性的完工。之后，随着出版社业务的发展和管理要求的变化，ERP 不断扩充模块功能，同时打通既有模块之间的“壁垒”，实现信息共享，经过多年的开发和应用，目前已基本形成一个“编、印、发、人、财、物”一体化的企业信息管理平台，是覆盖出版社工作各方面的全流程管理系统。

二、ERP 系统在编务工作中的应用

总编办公室作为出版社编务工作的核心部门，在整个图书生产流程中起到承上启下的关键作用。其日常职能包括选题管理、书号和 CIP 管理、出版合同及书稿档案管理、稿酬管理、样书管理、各类奖项及项目申报，等等。归纳起来，一是信息管理工作，即对与出版流程相关的信息进行及时收集、统计、汇总和公布；二是流程管理工作，即按照进度要求控制图书生产流程各环节的稳步推进，并对各环节“产出物”进行记录或归档。编务工作看似难度不高，但涉及部门、人员多，工作内容繁杂、琐碎，且具有高重复性和低创新性的特点，不管是工作本身还是人员的积极性，从管理的角度来说，都是个难点。

华东师大社 2008 年之前的编务管理使用的是复旦天翼系统，虽然也有编务模块，但弊端在于仅有上报管理功能，没有选题流程管理功能。随着出版社的高速发展，产品规模逐年扩大，年平均出版新书总量逾千种，编辑队伍不断扩充，在此种背景下，依靠手工、单机操作的工作方式严重制约了管理的效率和业务的发展。利用 ERP 系统，工作人员可以依托于网络技术和集合数据，更有效地开展编务信息管理工作，提高管理质量和效率。当然，ERP 系统的应用价值不仅在于保障编务信息的完整上，还体现在以下几个方面：

（一）促进规范管理

管理是总编办工作的本质，需要熟悉各项与出版有关的法律法规，以及行业内执行的各项规章制度，及时领会上级部门最新指示精神，并以此为依据，管理出版社编务工

作的整个流程。ERP 系统利用信息化技术使得管理工作更加规范、高效。

1. 规范出版流程

ERP 系统中的编务模块作为图书出版流程的起点，其功能的设计，信息数据的完整、准确与否对后续步骤能否准确、高效地完成起到至关重要的作用。具体而言，其功能主要为：以选题管理的整个流程为主线，实现对选题策划、论证审批、向上级申报、审稿、发稿、校对、装帧、付印，以及合同管理、稿酬管理、书号与 CIP 管理等环节的流程化、一体化管理（见图 1）。同时以选题为核心，对所有与选题管理各阶段、过程关联的资源、人员、费用、合同、数据交换等进行全面统一、有效的管理。

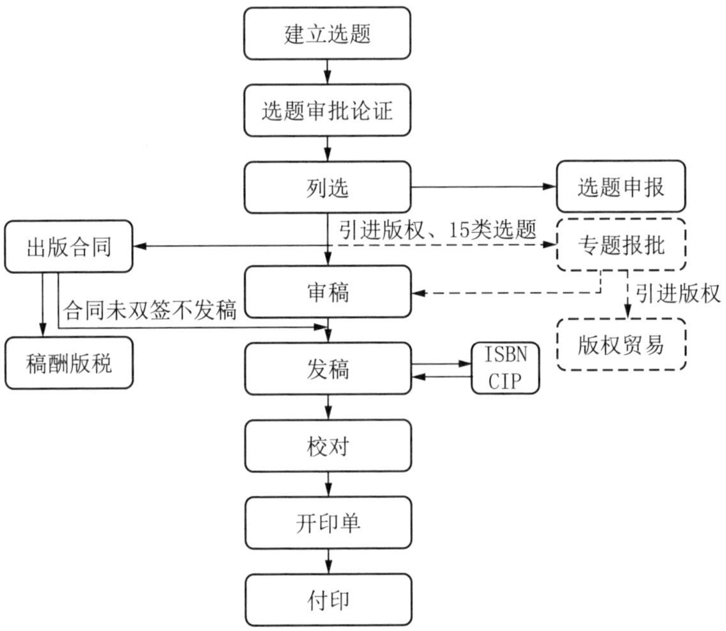

图 1 ERP 系统中图书出版流程

每一本图书从选题策划到出书，大致都要经历选题申请、选题立项、签订合同、三审、发稿、三校、质检、付印、入库等流程。如果是引进版图书，还增加了一个版权贸易的环节。这个流程基本上是环环相扣的线性流程，即完成了前一步骤，才能进入下一步骤。但在实际工作中，遇到特殊情况，比如加急书稿，或者责编本身的项目管理能力比较弱，就有可能出现跨环节这样不规范的行为，而因为流程的不规范进而导致严重后果的例子比比皆是，值得引起重视。而在 ERP 系统中，出版流程的每一节点都有审批人，审批人批准后才能进入下一环节，仅就选题立项来说，就有“个人申请——部门审批——分社审批——社领导审批——总编办列选”一系列节点，再比如在发稿环节，系统规定必须合同双签之后才能提交发稿申请，否则无法通过发稿，且系统具备提醒和查询功能，无须总编办人员人工检查合同档案。这对编务而言，减轻了事务性工作强度，ERP系统有助轻松应对发稿、书号分配、CIP申请、书稿档案等信息管理工作，提升了管理效率；对于编辑而言，则可以动态把握自己所负责稿件的进度，及时解决稿件流转过程中出现的问题，避免无意识的“犯规”，促进了出版流程规范。

2. 规范信息管理

华东师大社ERP系统的编务模块中最基本也是最重要的一项功能，即项目号管理，一个选题从申请开始，系统自动生成一个项目号，如同选题的“身份证号”，从来稿登记、三审到发稿、申请书号和CIP、校对、质检、付印，再到出书后的稿酬申请、营销推广、发行管理、成本核算等，通过项目号查询，皆可一目而然，实现名副其实的全流程管理。

编务工作中，选题是基础。以前是编辑手工或在电脑上填写选题表，交由总编办统一录入，在这一过程中，如何规范表格填写以及之后的汇总、上报、统计，是非常困扰总编办人员的一个问题。利用ERP系统有效提升了选题管理的规范性、标准性和高效性。ERP系统上线之后，从源头上即充分考虑到系统对接和选题信息表中的内容，将业务管理的相关要求、规范直接“嵌入”ERP系统流程中，提升选题信息的规范性和填报的准确性。比如，为保证ERP系统与国家新闻出版署系统的有效对接，在填写选题表时系统规定了必填项、必填要素、字段长短等，规范如书名/丛书名、内容简介、作者简介、营销推广等内容的填报，一经列选，原则上不再改动。再如，对一、二、三审意见的规范填写，从格式到字数也均作了精细的规定，编辑在各环节的操作中一目了然。从2009年上线ERP系统至今，选题信息的填写要求随着上级管理部门的要求进行了多次调整，尤其是2019年国家书号实名申领系统更新之后，ERP系统对选题申请表也进行了更为精确规范的要求，避免因为填写错误产生的重复劳动。可以说，ERP系统的使用在很大程度上改变了编辑/编务的工作习惯，既减轻了编辑的工作量，同时也保证了对外上报数据的准确和规范，系统的导出功能大大便捷了上报选题、申请书号等操作。此外，选题信息的积累，有利于总编办后续对选题信息的各种统计和利用。

（二）强化服务功能

由总编办的日常工作不难看出，在图书生产流程中，总编办承担起社内分散的图书编辑无法或不易独自承担的职能。在这一过程中，总编办也发挥了对全社编辑和编辑部门工作任务的统筹和调度职能，这种统筹和调度是以提供服务的形式呈现的，可以说，服务职能是总编办最基本的职能。

ERP 系统之前的管理，出版的各环节管理各自为政，没有形成一体化管理的集成信息系统，造成信息“孤岛”的情况。编辑在书稿的流转过程中，往往需要跟多个部门打交道，提供多项材料，获取部门负责人的签字同意，不但需要耗费大量线下时间，更有可能因为部门负责人的出差、不在岗而导致环节延误，而 ERP 系统的在线审批功能可以解决这一问题。同时，在电脑版的 ERP 基础上，华东师大社于 2016 年再度推出基于出版社微信企业号的移动 ERP，无论出差还是休假，都可以在企业号中方便查询各种信息，以及进行各类审批，更有效地解决了这一痛点。

ERP 系统强大的信息管理功能，将一个选题从申请到样书入库的所有信息纵向地串联起来。编务与财务、发行等模块的打通，使得图书的库存、成本费用等数据信息实现实时更新。因此，在面对上级部门、社领导、编辑的各种信息需求时，总编办可以利用 ERP 系统快速查询，服务能力大大增强。此外，除了为各上下游部门提供相关信息外，ERP 系统的数据分类和统计功能，有助于总编办的服务能级提升，根据不同市场需求形成的业务数据报告，可为领导层决策提供参考，使得出版社的精细化管理成为可能。

（三）深化部门互动

总编办是全社出版工作的桥梁和枢纽。要保持沟通畅通，才能保证出版社整体工作的顺畅运行。同时，总编办还要在日常沟通中及时发现问题，协助相关部门解决问题。

编务工作的开展，离不开其他部门的支持和配合，工作中的部门互动不可或缺。ERP 系统将出版社的各个业务部门通过信息化技术串联在了一起，总编办可以跟踪全社选题的进度。如若选题流程出现停滞，总编办可以帮助协调解决，利用信息化手段有效增强各部门互动的质量，提高工作效率。另外，ERP 系统对信息的整合功能，使得总编办更容易发现各部门协同中出现的问题，从而使得协调工作更加有针对性和有效。

三、有关 ERP 系统的若干思考

华东师大社 ERP 系统 2009 年上线，至今已走过了 12 个年头，随着系统的稳定运行，越来越多的模块被添加，ERP 系统得到不断完善，已经成为每个人工作中离不开的部分。ERP 系统的使用极大程度上改变了传统编辑的工作习惯乃至工作思路，上文仅就 ERP 系统在编务工作中的应用作了阐述，但 ERP 的实际价值远不止于此。随着互联网的高速发展，ERP 系统的服务模式也在不断改进，不再局限于纯内部流程管理模式，还可以借助互联网的手段进行“外联”，进一步提高工作效率。如在印务和发行模块中：印务模块将用户扩大到各排版厂、印刷厂，由厂家负责相关流程的录入，简化了出版社工作流程，带来了更加精确的数据；发行模块开放与各大电商的数据接口，可直接对接电商进行单据传输，省去烦琐的操作。

利用 ERP 系统提高出版社与行政主管部门之间的互动质量，这也是需要探索的课题之一。目前出版社与行政主管部门的日常互动主要包括选题申报、书号及 CIP 申领，在实际操作中，由总编办编务人员导出出版社 ERP 系统中的 Excel 文件，导入行政主管部门的系统中，下发之后，再由编务人员下载，手工登记到 ERP 系统中，以便责编和印制部门取用，对于出书量较多的出版社，也是一项不小的工作。如能通过 ERP 系统与上级部门的系统进行对接，不仅能提高工作效率，也能减少人工操作所带来的差错。如何合理利用 ERP 系统，提升管理效率，使之更好地服务于出版社的工作，是总编办在出版行业转型升级过程需要重点考虑的问题。

值得一提的是，华东师大社在上线 ERP 的过程中同时也参与了对 ERP 系统的开发，并拥有系统的自主知识产权，ERP 系统已成为出版社重要的技术储备和无形资产。华东师大社 ERP 系统应用的实践表明，ERP 系统的应用和完善过程，其实就是出版社管理理念不断创新、管理流程不断优化和管理手段不断升级的过程。在先进管理理念的引领下，不断根据业务流程的优化修改完善 ERP 系统，才能进一步提升出版社的业务管理水平，从而促进出版社不断发展。

参考文献

[1] 阳化冰 . 对总编室在信息化管理中职能职责的思考 // 中国出版协会科技出版工作委员会编 . 总编室工作刍议 [M]. 北京：高等教育出版社，2015：81—84.
[2] 互联网环境下出版社 ERP 系统在编务工作中的实践 [J]. 新闻研究导刊，2016（3）：195.
[3] 北京大学出版社 ERP 系统应用实践思考——亮点、缺憾和改进设想 [J]. 传媒论坛，2020（5）：82—84.
[4] 基于 ERP 应用的出版企业管理研究 [J]. 传媒论坛，2020（6）：98—99.

浅析书籍设计中色彩语言的优化法则
——以“最美德国图书”为例

上海科学技术出版社　蒋雪静

摘　要

“最美德国图书”评选活动由德国图书艺术基金会举办，历届获奖图书在设计和制作上都堪称典范。本文试从色彩的视角，剖析获奖图书在色彩运用上的方式方法。其中，清晰的文本架构是色彩运用的基石；根据成本预算、文本内容确定色彩使用的数量；体会文本气氛从而酝酿色彩的性质；通过点线面进行色彩的编排布局；利用工艺材料强化色彩的质感。书籍设计历经以上五个环节的色彩锻造，不断优化图书的视觉语言。借鉴“最美德国图书”的色彩运用方法，将有助于设计师举一反三，以期在书籍设计领域游刃有余。

关键词

色彩结构　色彩数量　色彩性质　色彩造型　色彩质感

“最美德国图书”评选活动由德国图书艺术基金会举办，历届获奖图书在设计和制作上都堪称典范，这些独树一帜并具有前瞻性的优秀图书，成为书籍装帧界的风向标。本文试从色彩的视角，剖析获奖图书在色彩运用上的方式方法，以体会既组织严谨而又无限变化的设计魅力。

一、色彩结构

书的主体由封面（为论述简便，本文将书芯之外的其他图书部件一并归入封面范畴，包括封面、封底、书脊、环衬、切口、书签带等）和书芯组成。建立封面和书芯两者清晰的色彩结构，是色彩运用的基石。

封面的色彩设计有两种结构模式，一种是单一型，即选择封面中的一种部件设色，比如只在书脊上设色，或只在环衬上设色。另一种是组合型，即选择封面中的两种或以上部件设色。

书芯的色彩设计有四种结构模式，一是大板块模式，可类比为国家级区划，通过兼并相似的内容，组建大型的结构体系。大板块模式具有大刀阔斧、干净利落的风格特点。如《绵羊和山羊》一书，将全书的文字内容进行合并，置于全书的中部，书前半部为绵羊图集，书后半部为山羊图集，形成了前后图片，中间文字的三大板块。二是中板块模式，可类比为省级区划，通常以章节或主题进行划分，章节、主题的地位得到提升。中板块模式具有抑扬顿挫的风格特点。三是小板块模式，可类比为街道级区划，以标题、事件、图片进行划分，目录甚至被取消或置于全书末尾，没有了章节的阻隔，小板块模式如流水账，具有平稳流畅的风格特点。四是混合模式，大、中、小板块相互穿插组合，结构变得扑朔迷离，具有一波三折、曲径通幽的风格特点（见图 1）。

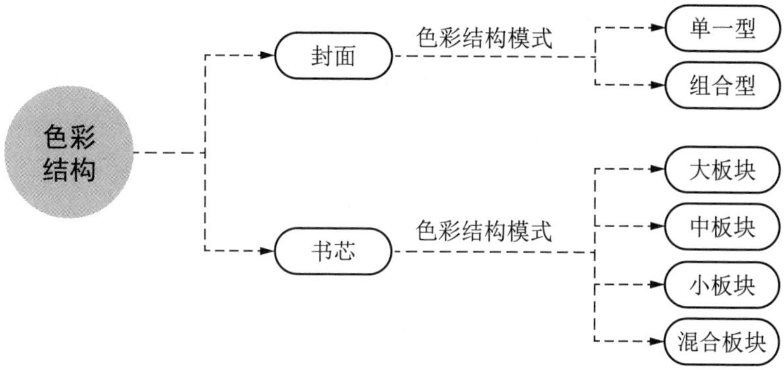

图 1　图书色彩结构模式

二、色彩数量

有彩色的运用，其数量受限于成本预算以及文本内容，可分为单彩、双彩、多彩三大运作模式。

单彩模式，是指从封面到书芯只采用一种有彩色进行设计。单彩并不意味着单调乏味，恰恰相反，单彩拥有广阔的施展天地，并能自由游走于图书所有的结构之中，创造出或动、或静、或简、或繁千变万化的风格。单彩的设计模式适用于各类图书，无论是纯文本还是图文书，无论是黑白文本还是彩色文本都有绝佳表现。

双彩模式，是指从封面到书芯采用两种有彩色进行设计。双彩模式包含两大操作系统，一种是能量系统，包括强对比和弱对比两种操作方式。强对比是指两种色彩在色相、纯度、明度上相距甚远，异类特质明显，如红色与绿色、暗青色与亮橘色、鲜绿色与深青色等；弱对比是指两种色彩在色相、纯度、明度上彼此接近，同类特质明显，如蓝色与青色、黄色与绿色、深褐色与浅褐色、深灰绿与浅灰绿等。另外一种是力量系统，包含不均衡和均衡两种操作方式。不均衡的双彩类型，是指两种色彩的力量对比悬殊，即一种色彩的使用范围远超另外一种色彩，其中以封面、书芯的势力分野为典型，即封面是一种色彩设计的领地，而书芯则是另外一种色彩设计的领地，两者互不侵犯。如 *V+J!* 一书，蓝绿色仅用于环衬，而淡金色则广布于书芯的所有主题页中。均衡的双彩类型，是指两种色彩互相穿插，轮流当值。即图书的一些结构由一种色彩主导，图书的另外一些结构则由另外一种色彩主导，而在图书的其他结构中，两种色彩的使用又不分伯仲。均衡的双彩形成你进我退、你来我往如太极般绵绵不尽的意趣。均衡的双彩设计模式是“最美德国图书”令人叹为观止的设计语言，尤其是在插画文本中的表现最为出色。比如 *POE* 一书的前后环衬的色彩设计以亮橘色主导，内封的色彩设计则转由暗青色主导，接着章名页重新启用亮橘色作为主导色，而全书的插画则以两色图的反转、主次轮换的方式取得动态平衡。双彩均衡的设计模式中，有两个突出的特点。一个是黑色被彻底取消，在两种有彩色难分难解的关系网中，始终无法插足，双彩取代黑色担当了所有文字的润色工作，只是文字的主体色彩由深色担任，页码的色彩由浅色担任；另外一个特点是当有额外的有彩色加入时，这个新的颜色只能栖身于双彩势力薄弱的边缘地带，如环衬以及书芯的末尾，以完成辅佐的任务。

多彩模式，是指从封面到书芯采用三种及以上有彩色进行设计。多彩模式最显著的优点是各个章节或主题拥有了属于自己的色彩，章或主题的结构被丰富的色彩强化。但是色彩的活动遭到章节或主题的严格管制，自由度骤降，色彩呈现封闭的态势。多彩模式多运用于彩色的图文书中。

黑色，为无彩色，可谓全能型色彩，几乎在所有的色彩设计模式中都能一显身手。黑色既可以单打独斗，创建自己的色彩王国，也可以与单彩、双彩、三彩结成同盟，呈现更为强大的色彩视觉效果。即使在均衡双彩的模式中，也能上演李代桃僵的戏法，运行均衡双彩的强大操作系统。如《疯狂如何为我诠释世界》是青少年插画类图书，全书采用黑色与红色的均衡色彩模式，页面忽而黑色作底红色作图，忽而红色作底黑色作图，忽而黑色勾勒，忽而红色勾勒，红黑两色在其中尽情游戏，青少年读物的活泼特质油然而生。

总体而言，“最美德国图书”的设计师在色彩数量的使用上显得冷静而克制，大部分图书选择了单彩、双彩的设计模式（见图 2）。

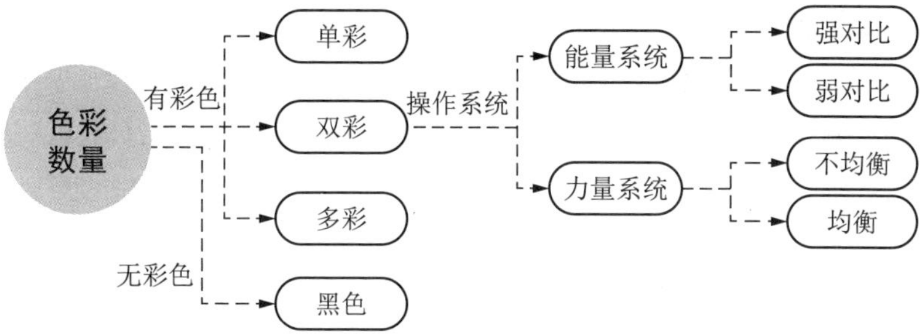

图 2 图书色彩数量模式

三、色彩性质

不同的色彩拥有不同的性格特点，领会文本精神，选择最恰当的色彩，将是一个极具挑战的环节。

色彩有两种选择方式。一种是直接的选色方式，适用于彩图文本，即在彩色图片中筛选出与文本气质相符的色彩，这种选色具有便捷、有效的特点。“最美德国图书”中的彩色图文书，其设计用色都能在各自的彩图中找到对应色，如 *V+J!* 一书选取图片中人物服饰的蓝绿色作为环衬颜色，同时选取图片中油画框的淡金色作为主题页颜色。另外一种是间接的选色方式，适用于没有色彩提示的黑白文本，包括纯文本和黑白图文本。间接的选色方式需要挖掘文本的精神内涵。例如《夜之书》选用了明亮的黄色和黑色，寓意灯光闪烁的夜晚。《苍鹰》选用棕黑色，寓意有棕黑色羽毛的苍鹰。《牡丹灯笼》是一本日本的古代鬼怪故事图书，设计师选用了幽暗的深青色和蓝色，并辅以极少量的黄色，寓意了阴森诡异的世界。

精准的色彩，是色彩设计的生命线。红色是“最美德国图书”设计中当之无愧的色彩明星，无论是纯文本图书还是图文类图书，无论是黑白文本还是彩色文本，红色都备受设计师追捧。学术类图书中使用的红色（大红）普遍偏冷，而生活类图书中使用的红色（朱红）普遍偏暖。偏冷的红色趋于内向，引人沉思而内敛；偏暖的红色趋于外向，令人轻松而愉悦。通过对红色细腻的理解和体会，设计师得以传译出文本栩栩如生的视觉形象。《牡丹灯笼》与《里斯本》是两本色调相近（蓝色调）的图书，《牡丹灯笼》的色彩组合为深青色、蓝色、黄色，《里斯本》的色彩组合为黑色、蓝色、黄色。从深色的角度看，《牡丹灯笼》的深青色在色相上冷于《里斯本》的黑色，深青色令人感到更多的寒意，并散发着浓浓的惊悚味道。从黄色的角度看，《牡丹灯笼》的黄色偏暖（橘黄），而《里斯本》的黄色偏冷（柠檬黄），深青色在偏暖橘黄色的映衬下，显得更加寒气逼人，而橘黄色在深青色的烘托中，则显得更为温暖，灯笼烛火的温度瞬间抵达读者心中。而《里斯本》的黑色在大量蓝色的对比下感觉偏暖，黑色的僵硬感被削弱，显得柔和而轻松，偏冷的柠檬黄，明亮而干净，犹如明媚的阳光，与象征海洋的蓝色一起，共同传达出里斯本风和日丽的海洋城市特质。色彩间微妙的差异，却造就了两种截然不同的阅读体验（见图 3）。

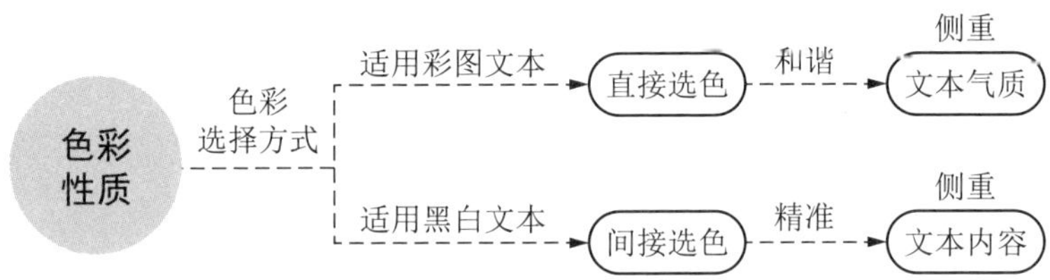

图 3　图书色彩性质

四、色彩造型

点、线、面是色彩造型的三种基本形态，也是平面设计进行视觉时空转换的得力工具。点的色彩形态在视觉上有退远的效果，如电影镜头中的远景，感觉偏柔，具有跳跃的动感。线的色彩形态在视觉上有拉近的效果，如电影镜头中的中景，感觉刚柔并济，具有带方向的流动感。面的色彩形态在视觉上有近在咫尺的效果，如电影镜头中的近景或特写，感觉偏刚，倾向静态。

色彩有两种造型方法，一种是单一型，即选择一种色彩形态进行设计，如《铅白》采用长短不一的黑线形态进行设计；一种是组合型，即色彩采用两种及以上的形态进行设计。组合型又有两种操作方式，一种是渐近式，是由点到面的色彩形态组合，适用于表现愈益高涨的情绪，把读者的视线由整体引向细部；另一种是渐远式，是由面到点的色彩形态组合，适于表现愈益宁静、深远或低沉的情绪，并可把读者的视线由细部引向整体。

色彩留白，属于色彩面形态的设计范畴，是指在色彩区域没有掺入任何图文信息，色彩气质趋于沉静。色彩留白是“最美德国图书”令人印象深刻的设计手法。色彩留白大致有三种运用模式，一是用于章节页，强化章节的分割力度；二是用于文字区与图片区之间，纯净彼此的视阈；三是用于连续多面的文字板块，调节阅读的节奏。色彩留白的运用要注意留白位置得当，以及与前后页面保持气息通贯，避免产生僵硬、局促、孤立的弊病（见图 4）。

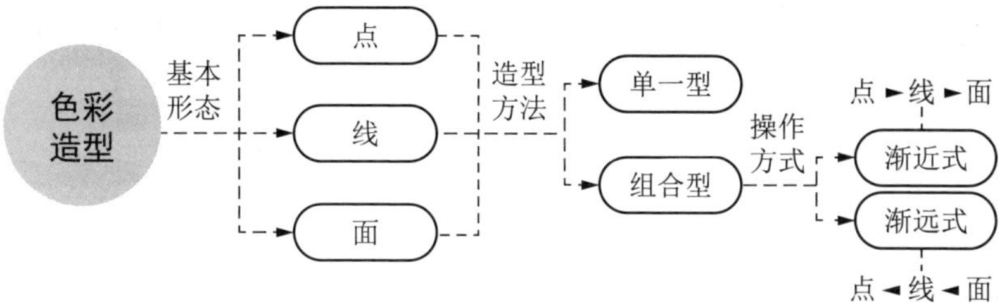

图 4　图书色彩造型形态

五、色彩质感

对专色的极度热衷与依赖，是“最美德国图书”设计的突出特点。专色有两种别具一格的使用方法，一种是强化法，属于同类油墨的组合，通常是鲜艳的专色与低纯度、低明度的专色组合使用，通过拉大专色的色相、纯度、明度的对比，将专色鲜艳的视觉能量推向极致，如 *Tugenden für das21.Jahrhundert* 明亮的专色绿在大面积暗沉的深青色对比下，显得艳丽无比，如雨后的苔藓，生机盎然，苍翠欲滴；另外一种是补偿法，属于不同种类油墨的组合，两类专色的不同质感互相补充，丰富了色彩质感的层次。如 *Spekulationen Transformationen* 以荧光红作为章名页主色，以金属银作为节名页主色，荧光色的未来感与金属银的科技感相结合，组合出了科幻般的意境。

除了用专色加强色彩的质感外，印刷工艺、承印材料对色彩质感的提升都发挥着举足轻重的影响力，限于篇幅，在此不一一赘述。

书籍设计历经结构、数量、性质、造型、质感五个环节的色彩锻造，优化了图书的视觉语言。借鉴“最美德国图书”引人入胜的色彩运用方法，将有助于设计师举一反三，以期在书籍设计领域游刃有余，并为开创新的视觉天地铺平道路。

参考文献

[1]［德］奥斯卡·施莱墨等. 包豪斯舞台［M］. 周诗岩译. 北京：金城出版社，2014.
[2]［德］莫里茨·盖格尔. 艺术的意蕴［M］. 王振波译. 北京：煤炭工业出版社，2016.

中职电子教材“模块群”设计模型的构建

华东师范大学出版社　罗　彦

摘　要

随着中职学校对电子教材开发意愿的不断增强，其中的矛盾和困难也日渐突出，即电子教材产品无法适应课堂教学的实际需求，开发周期长、成本高等。本文聚焦中职教育，基于项目教学理论和电子教材的相关研究成果，并结合师生的实际需求，构建包括教育云服务、教材体例、富媒体资源和教材版式四个主模块的“模块群”设计模型，以实现对电子教材的定制式开发，满足师生的切实需求，为中职教育领域的电子教材设计、开发和应用提供可被借鉴的研究思路和实践路径。

关键词

电子教材　中职　项目式　设计模型

在教育部加快推进中职信息化发展的大背景下，中职学校已经意识到变革教师教育教学模式、转变学生学习方式及提升师生信息素养的重要性。电子教材作为一种结合技术与内容的教育媒体新形态，为教师转变传统教学思维提供了抓手，为学生实现情境式的智慧学习提供了平台，为跨越纸质教材在时间和空间上的限制提供了可能。由于中职教育涵盖的专业类目众多（2021 年《职业教育专业目录》中的专业数量为 358 个），教材版本千差万别，因此应用于中小学的统一蓝本电子教材开发模式在中职教育领域是无法适用的，而较为理想的方式是以学校、专业、教材版本为单位对电子教材进行定制式开发，但这种形式显然不易实现。

中职教育需要一个具备共性特征的电子教材设计模型，学校可以结合课程的教学需求，自由选择相应模块进行组合，从而实现电子教材的个性化开发，突破电子教材与实际需求脱离，开发成本高、周期长等瓶颈。同时，项目教学已成为中职教育领域普遍认可、应用范围广的教学方法。因此，我们将以这一理论为基础，探索中职电子教材的设计模型——“模块群”设计模型，使基于这一模型开发的电子教材产品能够有效支持教师开展项目教学，降低开发成本和周期，为中职项目式电子教材的设计与开发开辟一条可行路径。

一、“模块群”设计模型的构建基础

（一）理论基础

1. 电子教材的结构要素

电子教材是一种特殊的电子书，它不仅包括传统纸质教材的内容，而且还包括扩展的教学材料及辅助教与学的各类工具，具有富媒性、交互性、关联性和开放性的特性。因此，电子教材绝不是数字介质的纸质教材，而是有着更为丰富的结构内涵。关于电子教材的结构，不少研究者已从不同维度对其进行了界定，如有学者认为电子教材包括教材内容、学习终端、学习服务和虚拟学具等要素。而本文的着眼点在于电子教材的可视化结构，即与电子教材设计有关的结构要素。本文结合已有的研究成果，融合教育语义和出版语义，将电子教材可视化层面的结构定义为教育云服务、教材体例、富媒体资源和教材版式四类。其中，教育云服务为师生提供基于云端的互动教学平台和个性化学习环境，包含学习管理、交流协作、虚拟学具和测评反馈等；教材体例指教材内容的组织形式及与栏目的关系（知识内容是由作者提供的，不在本文的研究范围内）；富媒体资源指电子教材中包含的文字、音视频、动画、课件等资源；教材版式是指将每一篇章的视觉要素进行适当配置，形成具有一定规律性的视觉呈现效果。

2. 项目教学的过程分析

项目教学是指让学生在教师指导下通过完成一个完整的“工作项目”而进行学习的教学方法。基于这一理论所形成的教学过程对电子教材的体例有直接的影响，因此，我们需要将项目教学过程与教材设计内容进行对应式解析，以客观、全面地反映项目式教材的体例要素。

项目教学过程可划分为项目引入、项目实施和项目总结三个阶段。其中，项目引入阶段又包括三个环节，即项目描述、知识准备和任务定位；项目实施可根据学生实施项目的具体过程来划分；项目总结至少要包括两个重要环节，即项目展示和总体评价。此外，还可以增加项目实训部分，即让学生在掌握任务的操作方法后，尝试完成完整的项目，或是在原有项目难度的基础上作提升。具体如表 1 所示：

表 1 项目教学过程与教材设计内容的对应式解析

<table>
<tr><th>阶段</th><th colspan="2">项目教学过程</th><th>教材设计内容</th></tr>
<tr><td rowspan="3">1</td><td rowspan="3">项目引入</td><td>项目描述</td><td>导入情境、展示范例、项目内容、学习目标</td></tr>
<tr><td>知识准备</td><td>项目实施所涉及的基本概念与整体工作程序</td></tr>
<tr><td>任务定位</td><td>任务范例、任务内容、任务的完成过程与操作方法</td></tr>
<tr><td rowspan="4">2</td><td rowspan="4">项目实施</td><td>步骤 1</td><td rowspan="4">具体操作步骤及注意事项</td></tr>
<tr><td>步骤 2</td></tr>
<tr><td>……</td></tr>
<tr><td>步骤 N</td></tr>
<tr><td rowspan="3">3</td><td rowspan="3">项目总结</td><td>项目展示</td><td>展示完成情况、交流</td></tr>
<tr><td>项目实训</td><td>贯通原有任务或项目所进行的实践训练</td></tr>
<tr><td>总体评价</td><td>自我评价、小组评价和教师评价</td></tr>
</table>

（二）需求基础

产品脱离用户的实际需求是电子教材设计与开发中存在的主要问题，因此，基于用户群（教师和学生）的需求分析至关重要。我们在构建设计模型之前，对多所中职学校的一线师生进行了非正式访谈，收集并整理了如下需求：

1. 教师视角的应用需求

（1）即时更新行业前沿知识。中职教学与职业岗位工作内容密切相关，而职业岗位的要求会随着社会的发展、新政策的实施、技术的变革而改变。教师希望电子教材可以帮助其及时将前沿知识补充在教学中。

（2）及时反馈学习效果。教师希望通过在线交互功能，即时获得学生的学习情况评估报告，从而有效调整教学策略。

（3）经过设计的富媒体资源。教师希望电子教材中的资源是交互式的、网状的、有内在逻辑的综合体系，这个体系能将项目情境、任务内容和步骤等转化为立体生动的教学模式，使学生的各感官被调用起来，吸引与维持学生的注意，使其自然而然地投入课堂学习中。

（4）融合教师的教学设计理念。电子教材不是零散的教学辅助型信息化资源（如单一的 PPT、微课等），而是一个有一定逻辑体系的教学载体。

（5）资源共享的平台。这里的资源共享有两层含义：一是师师间的资源共享，即教师将自己的教案、教学材料等在平台上与其他教师分享，从而提高整个教研组成员的教学水平；二是师生间的资源共享，即教师将学习资源跨班级、年级分享给学生。

2. 学生视角的应用需求

在学生的应用需求中，有部分是与教师需求一致的，如：电子教材能融合丰富的媒体资源，以支持他们掌握实操技能，提升任务的情境感，拓展知识面，帮助他们自定步调、自主地实现个性化学习。此外，也有不在教师需求范围内的部分，主要有以下两点：

（1）便于开展项目活动。开展项目学习需要填写任务单，而传统的纸质任务单有其局限性，如不便小组共享、修改起来不整洁、容易遗失等。因此，学生希望电子教材能集成电子任务单。另外，他们还希望电子教材能够提供一个小组协作的平台。

（2）提供学习工具。学生希望电子教材能像在纸质教材中一样方便地记录笔记，能够便捷地查看笔记内容。另外还有学生提到了在线绘图、跨页面浏览等辅助功能。

二、中职项目式电子教材设计模型的构建

（一）“模块群”主模块的设定

基于电子教材结构要素的分析结果，我们可以确立设计模型中的四组主模块。

（1）教育云服务模块群。电子教材除了能融合富媒体资源外，其另一优势在于它有能辅助教师进行信息化教学的资源和工具，以及帮助学生进行个性化和多样化学习的材料和学具。为了能将这些教育服务动态、弹性、按需地提供给师生，需要对基于云端的服务模块作合理化的设计。

（2）教材体例模块群。我们基于前期对项目教学的研究和项目式教材的开发经验，确定典型的项目式教材体例模块。不论教材本身是属于项目设计的哪种模式（循环式、分段式和对应式），都有相应的体例模块且能被灵活运用于该模式中，以进行项目设计和工作任务划分。对于这一模块，我们还需要植入相应的媒体资源。因此，在后续开发电子教材的环节中，我们需要根据作者设计的教学活动确定整个教材的过程结构，设定各模块与资源的匹配关系。至于资源的呈现形式将在富媒体资源模块群中进行确认。

（3）富媒体资源模块群。富媒体资源是除学习工具、在线交互之外最能体现电子教材特色的部分。这一模块主要包括文字、图片、音频、视频、动画、课件等教学中常使用的资源类型。以上媒体类型需要根据师生用户的操作习惯来确定其在电子教材中的呈现方式。

（4）教材版式模块群。在教材版式模块群中，主要包括配色和字体的设计，这几个要素的不同组合能构建出不同的设计风格，对应的是教材体例模块群中的内容。在设计模块群的内容时，需要根据用户的需求，秉持以人为本的原则来确定。

（二）“模块群”子模块的设定

基于前文的综合分析结果，以及对四组主模块的深入剖析，我们尝试对各子模块进行设定。

1. 教育云服务模块群子模块

在电子教材教育云服务模块群中，教师需要的教育云服务有班级管理、教师备课、教学资源共享（PPT、电子教案等）、预习发布、项目活动发布、作品展示、核心（重难点）知识发布、拓展阅读、其他补充资源发布、评价（在线测试、任务单、项目综合评价等模块）、交流互动（如解答学生疑问等）；学生需要的教育云服务可能有预习、虚拟实验、笔记、交流分享、学生提问、学习评价。

为了使教育云服务模块部分更为清晰，我们按教师端和学生端对其进行了分类优化，将需求分析中预设的较为零散的教育云服务进行了分类，如表 2、表 3 所示。

表 2　教师端电子教材教育云服务分类情况

模块大类	服务细分
班级管理模块	管理本班的学生账户
备课模块	课件、电子教案等教学资源的共享
教学模块	发布学习准备（预习资源）、核心知识（复习资源）、项目活动、学生作品
测评模块	发布在线测试、任务单和评价表等
社区模块	与学生在线交流；解答学生疑问
自定义编辑功能	发布拓展阅读或其他补充资源；发布虚拟实验

表 3　学生端电子教材教育云服务分类情况

模块大类	服务细分
预习模块	完成教师发布的预习内容
学习辅助模块	能浏览教师发布的拓展阅读、综合资源；能进行虚拟实验；能做笔记
复习模块	能浏览教师发布的核心知识点
测评模块	能在线完成测试题、任务单和评价表等
社区模块	能和同学、教师交流学习中的问题；能向教师提问

2. 教材体例模块群子模块

根据项目教学过程的分析结果，并结合目前纸质项目式教材的体例情况（尤其是国家规划教材），电子教材中的体例模块有：项目描述、项目目标、知识准备、任务描述、任务目标、任务准备、任务流程、任务实施、任务评价、项目展示、项目实训、项目拓展、项目评价和项目小结等。我们将教材体例模块群中的各子模块结合项目教学过程进行了梳理，如表 4 所示。

表 4　项目教学过程与电子教材体例模块群的关系

项目教学过程	体例模块群
项目引入	项目描述
	项目目标
	知识准备
项目实施	任务描述
	任务目标
	任务准备（知识、环境、软硬件）
	任务流程
	任务实施
	任务评价
项目总结	项目展示
	项目实训
	项目拓展
	项目评价
	项目小结

3. 富媒体资源模块群子模块

在富媒体资源模块群中，除了文本、音频、视频、动画等子模块外，我们根据教师的需求还增加了课件的媒体模块，以帮助教师更为便捷地分享教学课件及学生作品。

4. 教材版式模块群子模块

由于电子教材和纸质教材在装帧设计上是完全不同的，纸质教材除了版式以外，还要考虑纸张、印刷工艺等要素，因此电子教材更倾向于电子书的设计，需要考虑的是配色、字体等教材版式方面的要素。我们结合电子书的界面设计和纸质教材的版式设计，预设了暖色、中性色、冷色等各类色系的配色方案，以及活泼、典雅、商务、古朴（中国风）等风格的字体组合。

（三）“模块群”设计模型的构建

基于“模块群”及其子模块的设定内容，我们可以构建中职项目式电子教材的设计模型，如图所示。

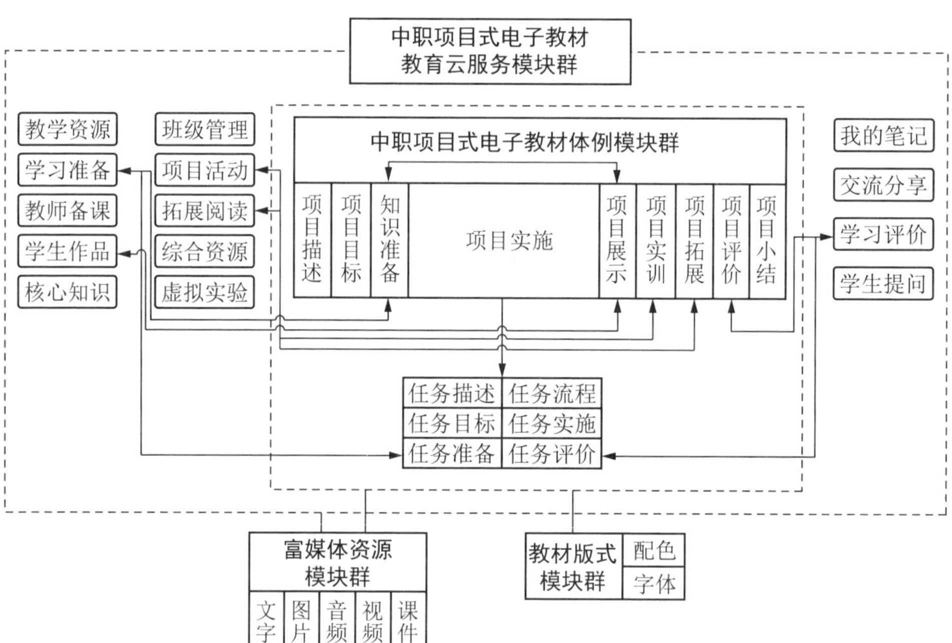

“模块群”设计模型

如图所示，在教育云服务模块群和教材体例模块群中，有些子模块在功能指向维度上是有交叉的，比如学习准备和知识准备、拓展阅读和项目拓展、学习评价和项目评价等，但是它们分属不同的模块群，其呈现形式是完全不同的。在教育云服务模块群中，所有的子模块内容都是集成在平台功能中的，由教师自行发布，可以随时更新；而在教材体例模块群中，相应子模块的内容是作者预设在书稿内的，不能随意更换。因此，教师可根据自己的课程特点、教学设计或学生的学习习惯来选择相应的子模块。另外，富媒体资源模块群可嵌入教育云服务模块群和教材体例模块群中，即这两个模块群可以辅以各类媒体资源；而教材版式模块群服务的是教材体例模块群中的内容，是教材内容的视觉呈现形式。

“模块群”设计模型是有章可循的，我们可将这些“章法”视同一块块积木，学校能够根据自己的需求将这些预设好的积木自由组合，搭建出个性化的、符合教学需求的电子教材。

本文是一项结合信息技术、教育和出版的跨领域、跨专业研究。通过对多所中职学校的需求调研，厘清了中职项目式电子教材的“模块群”结构及其具体的细分子模块，构建出基于“模块群”的中职项目式电子教材的设计模型。

电子教材进入中职课堂是大势所趋，电子教材的定制化开发更是今后的发展方向。我们将继续进行更为细致和深入的研究和实践，以期使“模块群”设计模型愈加完善，实现新一轮的迭代升级。

参考文献

[1] 石伟平，徐国庆 . 职业教育课程开发技术 [M]. 上海：上海教育出版社，2006.
[2] 徐国庆 . 基于学习分析的职业教育项目教学设计模型 [J]. 职教论坛，2015 (18)：4—11.
[3] 吴永和，杨飞，熊莉莉 . 电子课本的术语、特性和功能分析 [J]. 现代教育技术，2013，23 (4)：5—11.
[4] 王晓晨，杨娇，陈桃，黄荣怀 . 基于用户体验元素模型的电子教材设计与应用研究 [J]. 中国电化教育，2015 (10)：82—87.
[5] 胡畔，王冬青，许骏，韩后 . 数字教材的形态特征与功能模型 [J]. 现代远程教育研究，2014 (2)：93—98+106.

引进图书须慧眼识珠用心打磨
——以《小学英语语法 1+2》为例

上海教育出版社　施永琴

摘　要

我国每年有许多引进版少儿英语图书出版，但它们的市场表现并不尽如人意。做好适合国内市场的引进版少儿英语图书，编辑要慧眼识珠，找到适合引进的选题，发挥创造力，做好选题策划、编辑加工、宣传推广等工作。本文以《小学英语语法 1+2》这套书的引进出版为例，从选题开发、选题策划、编辑加工和宣传推广等方面，浅谈引进版少儿英语图书编辑工作要点。

关键词

引进版　少儿英语图书　选题开发　选题策划

少儿英语图书是很多出版社的重点产品线。除了出版原创的英语学习读物，一些出版社还会从国外引进少儿英语图书。我国每年都有许多引进版少儿英语图书出版，但它们的市场表现并不尽如人意。《小学英语语法 1+2》(以下简称《语法》) 是上海教育出版社引进出版的一套小学英语语法学习读物。这套书于 2019 年 8 月出版，每册首印 8000 册，半年内销售过半，一年后已开始重印。从当当、京东等网站收到大量读者好评，有读者评价这套书“图文并茂，适合小学生学习，最重要的是‘老母亲’也看得懂”。本文以这套书为例，从选题开发、选题策划、编辑加工和宣传推广等方面，浅谈引进版少儿英语图书编辑工作要点。

一、选题开发——内容为王，如何研判

对于出版行业来说，“内容为王”这句话从不过时。内容是出版物的核心和灵魂，甚至可以说，找到好的内容，几乎就成功了一半。引进版少儿英语图书编辑要有一双慧眼，才能在国外出版社的茫茫书海中发现好的选题。

（一）选题寻找与发现

编辑需要先确定选题方向，有意识地寻找相关图书资源。要经常浏览国外出版社的网站，翻阅国外出版社的最新目录，挑选适合引进的图书选题。有专家指出，“编辑在做出图书引进决定之前，要充分考虑出版社的市场规模、销售渠道、编辑能力等因素。发现优质图书时，要认真分析是否与出版社资源相匹配。要有国际视野和眼光，要充分了解国际图书市场的动态和趋势，从这个时代和读者的真实需要出发，制订科学合理的图书引进计划，宁缺毋滥”。

以《语法》为例，编辑部在制订年度出版计划时有初步的选题设想，计划出版帮助小学生学习英语语法的图书，丰富小学英语学习读物的产品线。为寻找相关选题资源，编辑开始搜集信息。首先，我们作了市场调查，发现市场上小学英语语法书不少，其中一些以大段的语法规则讲解为主，没有插图，对小学生而言枯燥乏味；有一些语法书用漫画形式呈现，轻松活泼，但它们的语法知识编排并不系统；还有一些引进版语法书形式和内容都不错，但它们的语法讲解形式和练习题型更适合初中以上的学习者。根据市场调查，我们决定出版一套符合小学生学习兴趣、图文并茂、侧重理解和运用的语法书。在翻阅国外出版社目录时，我们发现一家出版社有两套语法学习书比较符合需求，于是登录这家社的网站，找到两套书的完整样章和丛书简介，根据这些信息，我们初步判断《语法》这套书的原版比较符合选题设想，需要进一步获取资料，以便作出全面、准确的判断。

（二）选题内容分析、调研与判断

发现适合的选题后，编辑可与出版社联系，获取样书，对选题内容进行更全面的分析与评估。我们与出版社取得联系后拿到了《语法》的全套样书，发现丛书共三个级别，每个级别包含学生用书和练习册，框架结构清晰。学生用书内容丰富，涵盖了小学阶段的语法知识，用表格呈现语法点，用插图呈现语境，用例句示范用法，将语法学习和语篇阅读、写作结合，帮助学生实现阅读、语法、写作能力同步提升。练习册提供了与学生用书配套的语法练习，图文并茂，版式活泼，非常符合小学生的学习兴趣。根据我们对国家课标的了解，《义务教育英语课程标准（2011年版）》提倡要让学生“在具体语境中理解语法项目的意义和用法”并“在实际运用中体会语法项目的表意功能”。《普通高中英语课程标准（2017年版）》强调语法知识与语音、词汇、语篇和语用知识紧密相连，要让学生学会在语篇中理解和运用语法知识。而《语法》这套书在语篇语境中呈现语法，以语篇阅读带动语法学习，既符合小学英语语法学习的特点，又符合新课标倡导的语法学习理念。这个新选题如果出版，将带给学生轻松愉快又有效的语法学习体验。编辑请一些小学英语教师对内容作出评价，老师们普遍表示这样的语法书形式新颖、内容丰富，有利于小学生学习语法。

二、选题策划——生米如何煮成熟饭

找到好的选题内容，只是成功了一半，接下来最重要的是选题策划。好的内容，如果没有好的策划跟进，很可能无法成功或是不够成功。打个比方，好的选题内容就像生米。米很好，但是如果不会烧或烧得不好，水多了、水少了，火小了、火大了，生米煮成夹生饭或一锅粥，就成不了熟饭。如何才能将好米做成熟饭呢？就像厨师烧菜需要“菜谱”一样，编辑做书前要有详细的选题策划案，先想好“菜谱”，再开始烧菜。进入选题策划阶段，对于引进版图书来说，不是简单的“拿来主义”，而是要根据国内市场需求确定具体的本土化出书方案，这也是体现编辑工作价值的重要阶段。

（一）找出选题内容自身的优点与缺点

选题策划的第一步是深入分析选题内容，找出其优点与缺点。例如，《语法》这套书，原版的优点是图文并茂、形式活泼，能激发学生的学习兴趣；将语法与阅读、写作结合，符合英语语法学习的新理念，缺点是练习册的练习题比较简单，缺少语篇阅读练习。

（二）找出选题内容的市场竞争优势与劣势

除了对选题内容自身进行分析，编辑还要研究市场上的同类图书，与准备引进的选题进行对比和分析，调研市场需求，才能更全面地了解该选题在市场竞争方面的优势与劣势。根据前期的市场调查，我们认为像《语法》这样图文并茂、涵盖小学语法知识、语篇带动语法学习的书在国内市场上还是空白。但是，与市场上其他英语语法书相比，整套书还缺少国内小学阶段常见的英语题型。

（三）确定选题内容改进方案

找出选题内容自身的缺点及其与同类书竞争的劣势之后，编辑要确定改进方案，对选题内容进行整合与调整。在内容设计上，是增是减，要从读者的角度出发，想读者所想，尽可能地为读者服务。例如，针对《语法》语篇练习不足的问题，我们决定在练习册中增加两页语篇练习，为此开始积极寻找语篇作者。先让几位作者试写语篇，经过评估和筛选，最终确定了一位符合要求的作者。

针对《语法》原版缺少国内小学英语常见题型的缺点，我们决定增补语法练习，提供语法测评练习。我们的设想是这部分练习的形式要接近国内小学英语常见的测评练习，有助于学生结合校内学习检测学习效果。因此，我们挑选了富有教学经验的小学英语教师来担任语法测评练习的作者，他们熟悉小学英语语法学习的重点和难点，有丰富的测评练习编写经验，编写的测评练习从形式和内容上都符合要求。

三、编辑加工——用心打磨，精耕细作

编辑加工阶段考验编辑的基本功，需要编辑用专业的编校知识和过硬的专业知识，以一丝不苟、精益求精的态度，对图书的内容和形式精心打磨，使之更加符合国内读者的学习需求。

（一）打磨内文

进入编辑加工流程之后，编辑根据选题策划方案，对书的框架进行梳理和调整。有专家认为，“编辑还可以根据策划的需求对内容进行一定修正，如去掉陈旧内容、调整内容结构、凸显重要章节等”。此外，编辑要对书稿的内容质量进行把关，要避免政治性、知识性、文字性差错。根据《语法》的策划方案，练习册一共新增了 96 页语篇练习。编辑对新增的语篇原稿进行审读，发现有些语篇内容较枯燥，有些练习形式单一，随即汇总原稿存在的问题，请作者修改。针对新增语篇需要配图，编辑给插画师提供了绘图说明，之后分别审读插画师完成的草图、线稿和色稿，最终确定了新增内容的图文稿。除了常规的文字加工，编辑还做了一些创新。例如，根据三审提出的引导学生学习的意见，编辑在学生用书的每篇文章旁边增加了一个拿着放大镜的卡通形象，提示小读者自主阅读和发现文章中的目标语法点，培养学生的自主学习能力。

此外，《语法》这套书有大量在线资源，包括词汇练习、语法综合练习以及引进版新增的语法测评练习。因此，除了审读纸质校样，编辑还要审读在线资源。这些练习题量很大，需要编辑耐心、细心地审读，保证练习的科学性和准确性。

（二）装帧设计

引进版少儿图书在开本、装帧形式等方面要根据国内图书市场的需求进行设计，使之更符合国内读者的消费习惯。《语法》原版共 3 册，学生用书和练习册是装订在一起合并定价的。在进行市场调研之后，结合少儿图书的定价原则，我们决定将学生用书和练习册拆分，分开装订和定价，避免由于合并装订定价过高而影响读者购买。在内文版式设计上，我们为练习册新增的语篇练习配了插图，并且采用了与原版其他练习一致的图文版式，使整套书的设计风格统一、协调、美观。

四、宣传推广——好书如何被看见

图书的宣传推广对于销售非常重要。在出书前期和后期，编辑要思考如何让自己做的书在竞争激烈的市场中脱颖而出，如何让它们被读者看到。这个阶段的工作，考验的是编辑的文案提炼力。复旦大学出版社资深编辑李又顺认为，“编辑的文案提炼力是编辑能力素质的重要一环，它反映着编辑的学识水准及高度概括抽象能力”。编辑最了解自己所做的书，一定要提炼图书的特色和亮点，针对目标读者群，广而告之。

（一）确定书名

图书的书名也是关键，好的书名既要体现书的内容和特色，又要上口，容易传播。《语法》这套书的原版书名是 Grammar Triangle，如果直译为“语法三角形”，读者会摸不着头脑。其实，书名中的 Triangle 指的是语法（Grammar）、阅读（Reading）、写作（Writing）三项。编辑与市场营销的同事就书名提出了十几个方案，最后决定用“小学英语语法”来体现丛书的主要内容，用“1+2”来代表“语法 + 阅读和写作”，体现丛书特色。首先，这个书名简短，容易记；其次，书名中的“1+2”看似让人费解，但是它会激发读者的好奇心，引发读者为了“解谜”而进一步了解书名的内涵。

（二）封面设计

引进版图书的封面要在原版的设计上作一定的修改。封面设计不仅仅是美编的事，文字编辑也要深度参与。在书店的货架上，在电商网站上，什么样的书更容易被注意呢？虽然英文中有一句谚语叫“Don’t judge a book by its cover”（字面意思是“看书不要看封面”），但是封面是一本书给人的第一印象，封面的“颜值”在一定程度上决定了一本书能否吸引读者的眼球，让读者一见钟情。《语法》原版的封面设计采用了真人照片，有很强的视觉冲击力，让人眼前一亮，很容易吸引读者的注意力。因此，编辑保留了原版的主要设计元素，作了适当的调整，请美编设计了 Grammar、Reading、Writing 三者结合的图标，将图标放在封面的最上方，凸显丛书特色——以“语法”为核心，通过“阅读和写作”促进语法学习。

（三）撰写辅文

图书的辅文包括前言、序、后记等。“前言”就是一套书的自我介绍。编辑要对图书的内容特色有深度的了解，在前言中要概括图书的内容和特色，要言简意赅地说明书好在哪里、怎样使用。考虑到《语法》的读者是小学生，前言文字力求浅显易懂。编辑撰写前言时先以两个句型相似但意思不同的英文句子为例，引出学习语法的重要性，再提出“语法＋阅读和写作”的理念，自然地过渡到丛书内容与特色的介绍。

（四）制作图书详情页

线上销售的图书详情页是读者了解图书的第一途径，对图书销售非常关键。编辑要深度整合图书内容，提供图书基本信息、书摘、广告语、编辑推荐语。要提炼图书的亮点，用图文并茂、设计精美的海报来呈现。少儿图书大多是家长挑选的，因此要贴近中国家长对英语读物的需求，把家长最想了解的信息告诉他们。《语法》的图书详情页将这套书的特色、使用效果作为主要内容，突出这套书与其他语法学习图书的不同特色，尤其是以阅读和写作促进语法学习的特色。

（五）撰写微信推文

微信推文也是宣传图书常用的一种方式。编辑在撰写微信文时要针对文章的读者来确定文章风格和内容，针对读者需求来选择宣传角度和重点。例如，《语法》的微信推文的目标读者是家长和老师，就从这套书和市场上常见的语法书的区别切入，分析小学生语法学习的痛点和难点，突出这套书涵盖小学阶段语法知识、语篇带动语法学习、帮助小学生轻松学习语法的特色。

对于引进版少儿英语图书编辑来说，首先要有独到的眼光，能够慧眼识珠，找到适合引进的原版图书。其次，要根据国内的市场需求，对原版内容进行充分的研判，确定选题策划方案。然后，在编辑加工阶段，要在内容和形式上精心打磨，使图书更加符合国内学生的英语学习需求。最后，在宣传推广方面，编辑要提炼书的亮点和卖点，做好取书名、写辅文等工作，让自己做的书在同类书中脱颖而出。总之，只有扎扎实实地做好选题开发、选题策划、编辑加工和宣传推广等工作，才能做出适合国内市场、能满足和引领读者需求的好书。

参考文献

［1］ 高亚威 . 少儿英语类外版图书引进的几点思考［J］. 记者观察，2019（12）.
［2］ 管中洑 . 浅谈引进版图书编辑需要具备的能力［J］. 传播与版权，2016（8）.
［3］ 李又顺 . 编辑人格建构刍议［J］. 编辑学刊，2019（1）.
［4］ 廖岩 . 新形势下引进版图书编辑工作浅析［J］. 传播与版权，2020（8）.

对外输出科学教材编制的特点与模式探索

上海教育出版社　章琢之

摘　要

本文从对外输出科学教材编制过程中的顶层设计、文化建设、平等协作3个方面论述其特点，提出了“全面、综合，加强中外人文交流、兼收并蓄”的对外输出科学教材编制新模式，并从组织保障、计划安排、质量监控、与外方协调配合、编写组人员构架、原则目标、总体构想和特色设计、结构和体例设计、目标落实与活动设计、栏目和版式设计等10个方面具体探讨了对外输出科学教材编制的要求和做法。最后提出“如何将相关项目发展为对外输出教材项目典范”的思考。

关键词

对外输出　科学　编制模式　援南苏丹项目

为贯彻落实习近平总书记携手推进“一带一路”建设的重要讲话精神，为世界贡献更多中国智慧、中国方案、中国力量，协助相关国家解决教育难题，推动相关国家的文化教育发展水平，促进相关国家的经济、社会和文化的发展，浙江教育出版社、湖南科技出版社等相继开展对外输出科学教材项目的实施工作。这将开启国与国之间在教育领域全面合作的新篇章，增强我国在马来西亚、南苏丹乃至其他国家教育领域的话语权和参与度，有效提升我国的国际影响力，让人类命运共同体建设的阳光普照世界。

为保证这一项目顺利实施，相关出版社集全社之力，全方位开展对外输出科学教材编制模式的积极探索。

本文即从对外输出科学教材编制过程中的顶层设计、文化建设、平等协作3个方面论述其特点，提出了“全面、综合，加强中外人文交流、兼收并蓄”的对外输出科学教材编制新模式，并从组织保障、计划安排、质量监控、与外方协调配合、编写组人员构架、原则目标、总体构想和特色设计、结构和体例设计、目标落实与活动设计、栏目和版式设计等10个方面具体探讨了对外输出科学教材编制的要求和做法。

一、对外输出科学教材编制的特点

（一）从顶层设计出发，实施“全面、综合”的对外输出科学教材编制新模式

对南苏丹输出科学教材项目是我国首个综合性的教育对外输出科学项目，旨在帮助南苏丹搭建现代化的教育新体系，帮助其实现“新国家、新教育”的发展目标。该项目结合南苏丹的国情特点和教育现状，在多次深度调研的基础上逐步形成和完善。相关出版社已经做了包括《南苏丹教育发展考察报告》《南苏丹教育信息化建设指南》《南苏丹教育现代化建设指南》《课程大纲》这些顶层教育规划，这些顶层设计为对外输出科学教材编制提供了有力的支撑。出版社主要是结合中国教育发展经验，为南苏丹编制英语、数学、科学三科教材、教师用书及配套教学资源。出版社从顶层设计出发，实施“全面、综合”的对外输出科学教材编制新模式，确保了对外输出科学教材开发及后续教师培训、评估等工作有章可循，保证了项目长期可持续发展。

（二）从文化建设出发，实施“加强中外人文交流、兼收并蓄”的对外输出科学教材编制新模式

党的十九大报告站在时代发展和战略全局的高度，深刻阐述了加强文化建设的重要性和紧迫性，明确提出了加强中外人文交流的要求。因此，从文化建设出发，实施“加强中外人文交流，兼收并蓄”的对外输出科学教材编制新模式，推进国际传播能力建设，讲好中国故事，展现真实、立体、全面的中国，提高国家文化软实力，符合我国对外发展战略。

所以，有别于传统的校舍捐建或物资援助，对外输出科学教材编制更关注推动相关国家（如南苏丹）经济社会发展的文化援助。南苏丹建国后，教育制度不完善，师资力量薄弱，教材资源短缺，出版社为南苏丹编写全新中小学教材，培养骨干师资队伍。这种润物细无声的教育援助，为南苏丹长期、持续的发展提供了人力资源、保障，提高了其自身发展能力，提升了南苏丹国家的软实力。这对南苏丹的影响长期而深远，惠及的受众面广，也能加深我国和南苏丹之间的认识和理解，加深两国人民的友谊。

（三）平等协作，加强项目合作

出版社在前期就搭建了中国一流的教材编写团队，组织国家顶级教材专家、一线教

师，通过线上线下的方式，以平等的身份、真诚的态度与外方教育管理部门官员、教师、学生共同研讨、相互学习，了解外方的实际情况。其目的就是要在广泛听取师生意见的基础上，编制本土化的科学教材。

教材编制工作组在与外方密切沟通后，科学教材配备了数位外方专家参与教材审读工作。中国专家向外方专家传递了中国基础教育的先进理念和思想，展示了中国基础教育的高水平，展现了中国基础教育课程教材的成就。外方专家感受到了中国课程教材的活力和魅力，并向中国专家介绍了本土化的具体细节，使新编制的教材既体现中国在教育发展领域的宝贵经验和发展水平，也密切结合外方的当地特征和民俗风情，满足外方政府的殷切期待和外方人民的实际需求。也就是说，教材编制的工作，需要中国和外方专家平等协作、共同努力，为外方师生量身定制相关教材。

二、对外输出科学教材编制模式的要求和做法

为提升对外输出科学教材编制管理水平和能力，高效推进项目进度，确保项目有效实施，达成预期效果，相关出版社采取全面的管理保障举措，建立健全项目管理体系，涵盖总体，突出重点，明确内容范围。具体为以下 10 个要求和做法。

（一）组织保障

出版社实施三级管理体系，即构建出版社、项目部、教材工作组三级管理体系；主要领导担任项目总指挥，以便协调各种资源。项目部本部负责编制计划、进度控制、成本管理、制定质量、人力资源调配、安全、防疫、应急、援外标识等具体工作。单位相关职能或业务部门，包括总编办公室、财务科、出版科、审读室、教材编辑室等，给予项目部专业支持，并抽调专人专职在项目上工作。项目部下设对应的教材工作组。在实施时，按照本项目关于教材编制工作的整体计划，制定具体任务和要求，并从相关工作的人员分工、落实方法、时间安排等方面进行设计和规划，确定教材编制工作的具体实施计划。

这样，通过加强项目管理制度建设，确保体系健全，人员力量强，分工明确，快速反应，既可以很好地推进援外教材编制项目的实施，也能够有效应对本项目的各种不确定性。

（二）计划安排

为确保对外输出科学教材编制项目顺利结项，实施方案明确项目进度，把控时间节点，实施科学管理，提高管理水平。出版社基于外方现阶段的教育需求，将项目分解工

作任务，设置时间节点，制订阶段计划，以期从教材、教师等方面协助外方解决目前的教育困难。其主要时间节点为：项目启动、签订合同、物资采购、编制计划研究、启动及调研（含会议）、资料翻译及研究、总体框架编写、第一次编写会、体例编写、第二次编写会、完整文本编写、彩稿初样、文本翻译、定稿研讨会、教材定稿、教材印刷、教材国内和国际运输工作、教材分发、培训准备阶段、培训实施阶段、培训总结阶段、配套数字资源研究、数字资源开发、教材评估、教材验收，等等。

（三）质量监控

由于对外输出科学教材编制属于综合性项目，涉及教材编写、人员培训、物资使用等子项目，为了保障项目质量，取得预期效果，需要因地制宜，结合当地实际制定相应的常态化管理制度和监控机制（详见各章质量管理监控的相关内容）。

一是派遣专人专职负责质量监控工作，确保教材、培训和物资等质量。

二是制定相应的教材编写制度、教学培训制度、教材印刷制度等，加大执行力度，保障实施效果。

三是科学分析教材编写、人员培训等工作中的重点要点，加强把控力度，保障项目质量。

四是采取周报、月报制度，实行滚动监督；及时发现问题，制定相应整改措施，保证项目质量持续改进。

（四）与外方协调配合

因风俗习惯、文化差异等客观因素，在对外输出科学教材编制过程中，特别需要加强沟通交流，以确保各项工作顺利推进，保障项目如期完成。

一是与中国相关政府管理部门、中国教育学会、外方驻中国大使馆、中国驻外方大使馆、外方基础教育部门、相关大学建立联系，找到关键人员，落实具体联系的对接人员，做好对接工作。同时，与驻外方的中资机构继续保持密切联系，助力项目稳步推进。

二是充分了解当地法律法规、风俗习惯、宗教信仰、政治派别等，随时跟踪了解外方高层和主管人员的人事变动，掌握工作主动；选择最适用于当地人交流的沟通模式，提升工作效率；充分发挥沟通协调作用，确保与外方沟通顺畅有效。

三是明确双方职责划分，确保职责边界清晰，明确假设条件、约束条件和验收条件，杜绝模糊沟通，实施文件、意见的追踪和确认制度。在尊重外方意见的基础上，积极主动与外方商讨下一步工作方案。

（五）编写组人员构架

出版社在项目前期调研时，就深入研究国际最新科学教育理念，访寻国内著名科学教材专家和各地优秀的一线教师和教研员，组建了一支由中国顶级教材专家、优秀教材编辑组成的团队。

（六）原则目标

科学教材编制工作组从本套教材编制工作实际出发，呼应教材编制工作目标，突出重点，切中要害，阐明观点，不需要面面俱到，如整体思考的原则、突显特色的原则、重点修改的原则等。

教材编制工作组在开展以下调研活动的基础上，充分了解外方的教育国情、国策，以及外方的教学实际情况，并确定了教材编制工作目标：

一是学习外方的教育法律和相关政策，了解国内外教育理论和发展动态，进行国内外相关教材的比较研究，把握教材编制整体方向。

二是开展外方学校教育教学现状的调查研究，思考本套教材重点需要解决的问题。

三是根据本项目关于教材编制的整体要求，审视教材编制工作的实际情况，根据时间节点，分段制订教材编制的具体工作目标。

四是回顾和总结已编制教材编制工作的经验与不足；细致分析和研究教材使用的意见和建议。

（七）总体构想和特色设计

南苏丹新颁布的《科学课程大纲》已经根据南苏丹的国情，很好地呈现了科学的课程理念。教材编制的总体构想和特色设计都应简要说明本套教材是如何呼应和落实课程大纲理念的。

一是逐条梳理教材各个单元中的陈述内容、活动内容、栏目内容、例题作业和资源内容，对应课程大纲理念的呼应和落实。

二是教材编制时所遵循的教育思想、教育理论和学科建设思想。

三是教材编制时要突出教材在整体上凸显的特点、在结构体系方面呈现的特点、在体例栏目设计方面体现的特点、在内容选编方面呈现的特点、在指导教学设计方面所倡导的教学思想、在图文排版设计方面所体现的特点、在针对适用对象方面所作的特别思考。

（八）结构和体例设计

整套教材结构和体例应清晰完整，并努力做到基本一致，如核心栏目相对固定。可制定并呈现的教材体例应作为整套教材的样本，起到模板和示范作用。

一是根据外方学生的认知发展规律，从易到难、循序渐进地构建教材结构体系。

二是注意反映整套教材的编写思路和逻辑关系。教材主线和内在逻辑关系应简单明了、脉络清晰。

三是既要符合外方课程大纲的理念、目标、内容与要求，也要反映国际先进的学科理论和学科教学理论。

四是呈现的结构图表、栏目应清晰反映教材内部的体例结构，如科学教材中核心板块、辅助（拓展）板块、探究或活动（实验）板块等应主次分明，重点突出；各板块为教材落实课程目标发挥不同的作用，分工明确，且应互相呼应和衔接。

（九）目标落实与活动设计

科学课程目标的具体落实是通过每个单元各个部分的内容加以实现的，教材编制要注意编选的内容与目标要求的呼应和关联，精选内容，剔除不必要或偏离的目标、不够典型的材料。逐条梳理教材各个单元中的陈述内容、活动内容、栏目内容、例题作业和资源内容，将其与单元具体目标对应，以观察和判断其体现和落实程度。

一是按照《课程大纲》要求和教材制定的目标，科学设计学生活动。

二是按照外方学生的年龄特点和认知规律，建议联系学生经验与生活实际设计学生活动。

三是提供活动开展的详细步骤和方法，尽可能规避问题的出现，并对每一个活动提出评价的具体标准。

四是从可行性和可操作性方面，选择活动场所，确定时间安排，落实实验设备。以尽可能少的时间、精力、设施的投入，取得尽可能多的活动效果。

五是合理配置不同类型的活动，活动形式丰富多样。

（十）栏目和版式设计

教材整体版式设计首先要考虑外方学生的年龄特点和认知水平以及外方教师的教学实际，了解使用者的需求，明确需要达成的目标，同时要注意定位明确，编写意图清晰，配比、顺序合理。

一是每个单元设计应由一些固定的栏目组成，构成统一的体例结构。在一个单元内，各栏目应围绕教学展开，相互联系、作用互补，形成一个有机整体。

二是栏目设计注意考虑促进教学的有效开展，易教易学。须关注信息传达的有效性，避免形式大于内容的做法。

三是教材的版式及装帧应进行整体设计，系统安排，体现一定的风格特点。制订教材版式设计要求，做好教材版面设计的定位。

四是教材中的文字和图表的科学性、必要性、针对性、准确性、相关性、有效性、教学性等均应仔细斟酌，避免无意义或作用不大的文字和图表占据版面。

五是要注意文字与图片的关系，注意视觉效果、诱导效果、阅读效果、说服效果，将科学性与趣味性相结合，做到图文匹配，相得益彰，有机结合，加强信息传递的有效性。

六是教材中的插图应注意精准、明确、简洁，并具有一定的审美价值。避免使用怪异、另类或可能产生歧义的图片；避免使用带有商品广告等信息的图片。

三、结语

对外输出科学教材编制是一项长期而艰苦的工作，要有长期的前瞻性的规划，考虑项目整体任务按期高标准、高质量完成，同时也要考虑项目整体结项后的继承与发展。

编制对外输出科学教材是中国文化“走出去”的重要战略举措，也是中国对外援助的重要内容。在长期不断的援助过程中，要让受援国获得自身发展的能力，产生真正的援助实效，需要在对外输出科学教材编制时提炼概括受援国的民族精神和国民品格，是民族精神与国民个性、历史传承与时代进步、内在价值与外在形象的有机统一，是受援国发展生生不息的力量源泉，将深深融入这个国家砥砺奋进的发展史、奋斗史。在对外输出科学教材编制时，我们必须与受援国专家一起努力，为创造受援国新奇迹、展现新气象提供强大精神和文化驱动力。出版社有能力也有义务实施好这一援助项目并不断探索和开发新的合作项目，实现援助国与受援国双方的共赢互利。

浅议数据分析在零售图书重印中的应用

华东理工大学出版社　王　雪

摘　要

重印是一般出版商生产销售环节的重要组成部分，对于零售图书来说，重印工作更为重点产品的持续生产销售提供关键支撑。同时零售图书的重印决策过程也因为受到的影响因素众多而相对复杂。本文通过分解重印的各项重要影响因素，并介绍数据分析的常用方式，探究零售图书提升重印效率的有效路径。

关键词

零售图书　重印　数据分析

开卷《2020 中国图书零售市场报告》显示，2020 年全国图书零售市场码洋规模首次出现负增长，为 –5.08%，但同时新书品种 17 万种，同比下降 12%，已是连续第 5 年下降。由此可见，在图书零售市场规模扩大的进程中，老品种贡献率逐年上升。重印作为核心环节，作用可见一斑。

在一般的图书生产销售过程中，重印工作既是生产的重要组成部分，也是良性销售的重要保障。重印效率的高低也直接决定着产品的平均成本率和库存周转率，进而影响出版商的效益。

一、零售图书重印效率的影响因素

对于出版业的实际运营来说，往往要做到的是先满足市场的产品需求，在此基础上考虑批量、时间等成本要素进行决策。重印决策链通常很长，编辑、发行、印制、储运等部门都可能参与，所以制约条件也相对复杂。同时零售图书的规律性和可预判程度弱于教材等稳定的强周期产品，所以有必要引入衡量重印工作效率的标准，以便于考量一段时间内重印策略是否符合市场规律，是否有需要调整之处。重印效率可根据出版商诉求进行自定义，简单有效的重印效率指标可从观察期内重印频率、重印码洋 / 生产总码洋和重印库存 / 总库存等维度设置。

影响重印效率的内外部因素很多，对于以市场为主导的零售图书来说，主要影响因素包括常量因素、经验因素以及数据分析因素等。

（一）常量因素

所谓常量因素，一般是指一部分长期存在的直接影响重印决策的客观条件，如经营风格、仓储面积、可投入成本等。常量因素更多派生于出版商整体运营层面，虽然影响重大，但对重印本身来说分析价值很小，对重印效率的影响也相对稳定。无论是零售图书还是非零售图书，常量因素的影响均客观存在。

（二）经验因素

重印作为一项专业性较强的工作，一般来讲应由专人负责，对于零售图书，专业性更为明显。一个成熟的零售图书重印负责人，应掌握包括编辑、发行、印制等诸多出版方面的专业知识，如产品销售曲线、出库-销售关系、印数-成本率关系、各类工艺图书的印制周期等。经验因素对重印有重要指导，能够大幅缩短响应时间，这对敏感性极强的零售图书尤为关键。同时，丰富的经验也可以使重印效率处于相对稳定的水平。

实际操作中可通过积累、整理、分享等方式，强化经验因素对重印的有利影响。但既为经验，难免为个人素质所囿，所以可供分析的深度广度均有限。

（三）数据分析因素

对于如今变幻莫测的零售市场，数据分析是做好零售图书的必备能力，也是重印工作的灵魂所在。通过合理的数据分析，可以把重印效率始终控制在较高水平。

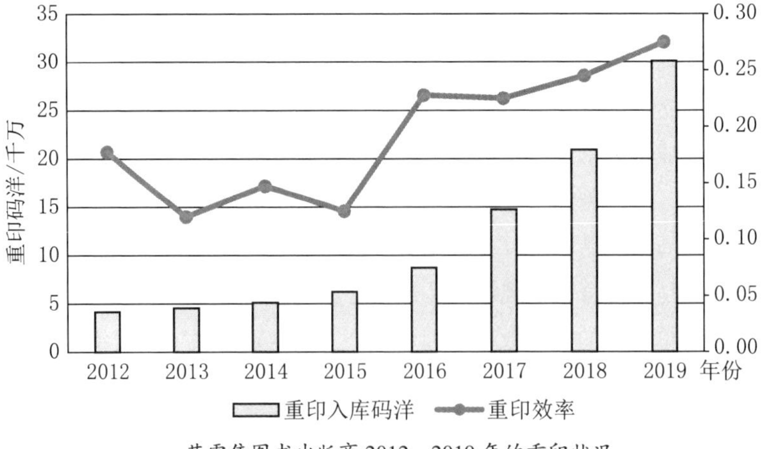

某零售图书出版商2012—2019年的重印状况

如图，除重印码洋外，也引入了自定义的重印效率指标，即：

重印效率 = 2× 重印总码洋 × 重印品种总数 /（重印总次数 × 生产总码洋）–20% × 重印库存 / 生产库存（式 1）

由图可以看出，该出版商重印规模逐年增大，2016 年之后进入了快速增长阶段。重印效率在 2016 年也获得大幅提升，并在后续几年维持稳中有升的趋势。

在对该出版商重印效率的分析中发现，除了产品质量保障外，2016 年起对重印工作做了调整，尤其是发起端，引入了数据分析专员，要求在重印发起前对既有数据整理分析，并对市场作出充分预判。事实证明，必要的数据分析能够有效提升重印效率。近几年数据样本的更加全面以及获取的便利性也助推了重印工作中数据分析的价值。

二、零售图书重印中的数据分析技巧

（一）数据来源与样本选择

在数据获取日益便捷、数据量极为丰富的当下，选择合适的数据来源和样本数量，是数据分析的前提。对于零售图书来说，来自市场的直接销售数据无疑最有说服力。同时必须考虑的是现行的销售行为中，多数销售离不开中间渠道，渠道环节对销售数据的放大不可忽视。所以精准做好重印，二者必须同时考虑。

1. 销售数据

在销售数据的获取方式上，多家第三方数据公司均可提供，但目前还不够精确，仅能够一定程度上反映销售轮廓和趋势。近年来销售渠道的变革，让出版商自行收集销售数据成为可能。实体店面向出版商的数据平台逐渐完善，快速发展的线上渠道数据获取更是一贯透明，加上出版商直接面向读者的自营渠道份额提升，使得数据盲点急剧减少，来自渠道乃至读者的大量销售数据和销售行为为分析提供了充足的数据样本。

自行收集销售数据要控制好频率、覆盖面和持续性。对于常销品种，仅考虑重印工作，按月收集的频率是合适的，也符合多数渠道的特性；重点新品上市或重要营销节点等特殊时期，不在此讨论之列。覆盖面上，要最大范围地收集销售数据，并标记好数据来源。同时要保证持续性收集，就数据分析而言，连续的数据才是有效的。

2. 渠道相关数据

渠道的相关数据大都可以从出版商的内部系统中直接获取或简单加工而成。出版商内库库存、在途库存，每家客户的外库库存以及可推算的商家实际库存等都是渠道环节的必要数据。

3. 其他数据

销售数据和渠道数据解决的是“重印数量”的问题。而在时间维度上，在决定重印的发起时间时，具体产品的内部流程时长、生产周期和发货物流时间对重印的发起时间也有重要参考价值。

零售图书销售行为中产生的数据数量总量不大，预处理比较容易，收集后经过标准化处理即可。

（二）数据分析方法

1. 确定重印数量的分析方法

数量是重印要解决的关键问题。重印发起时，我们通常会有明确的时间目标，即本次重印可满足未来多长时间的销售。理想状态下，如果能对未来销量作出预测，加上可直接获取或计算的几类库存数据，经过计算即可预估本次重印数量，即：

重印数量 = 未来销量 + 渠道合理库存 – 现有渠道库存 – 现有内库库存（式 2）

实际操作中，未来销量、渠道合理库存、现有渠道库存三项可用穷举法对每一个客户（销售渠道）进行单独计算后加和求出，故式 2 可演化为：

重印数量 = $\sum$（单客户未来销量 + 单客户合理库存 – 单客户现有库存）– 现有内库库存（式 3）

式 3 中，现有内库库存为出版商内部即时数据，可直接获取，单客户现有库存为每月常规收集数据，所以仅单客户未来销量和合理库存两个变量需要分析计算。

以预估年周转率为 2 的某产品 2020 年下半年（7—12 月）的重印量为例，与之相关的所有客户基础信息如表所示。

与某产品相关的客户数据信息表

	渠道类型	2018 年下半年销售数据	2019 年下半年销售数据	现有库存	合理库存系数	重要预期系数
客户 1	新华书店	Q_{18}	Q_{19}	S	$f_{外库}$	$f_{预期}$
客户 2	天猫书店					
客户 3	自营渠道					
客户 4	民营零售					
……						
客户 n	新华书店					

注：Q_{18}、Q_{19}——同期销售数据，近几年渠道变化较快，通常取 2 年数据即可；
S——当前该客户现有库存；
$f_{外库}$——该客户合理库存系数，通常同类型客户可设置同一数值，由销售部门根据实际情况确定，如新华书店及零售渠道取 0.5，天猫书店取 0.25，自营渠道取 0 等；
$f_{预期}$——该客户重要预期系数，未来销售期内，若无特殊情况，该值取 1，若可预见发生重要影响（如重点营销、取消合作等），则单独设置该系数，此系数根据需要可分客户或按客户类型设置。

根据式 3，本次重印数量可计算为：$\sum_{1}^{n}\left[\frac{Q_{19}^{2}\times(1+f_{外库})\times f_{预期}}{Q_{18}}-S\right]-S_{内库}$ （式 4）

式 4 中，$S_{内库}$为现有内库库存。

以上是针对两年同期数据齐全的前提下所作的计算。如果仅有一年数据或无同期销售数据，可参考该品种所在聚类分析的其他图书的销售数据，聚类分析的因子可包括多维度的图书业务分类、销售时间段等。

实践中，对于可能新增的渠道，除有明确预期外，一般不予考虑。

2. 确定重印发起时间的分析方法

确定重印的发起时间，通常需要考虑现有内库库存的预估消耗时间、内部流程时长、印制周期、发货时长等因素。除现有内库库存的预估消耗时间外，其他环节的时长相对固定。一般的出版商使用的 ERP 均可实现库存预警，但预警逻辑通常为静态指标。如能把动态的销售数据、出库数据和内库库存关联考虑，会使得重印的发起时间更加科学。

三、结语

影响零售图书重印的因素很多，虽然零售图书的可预判性偏弱，但仍有大量数据可供分析利用。数据分析是影响重印效率中弹性最大的因素，尤其是在确定印数环节更为明显。使用数据时逻辑较为简单，但数据收集整理要严格按标准进行，且要对出版全流程特别是销售环节有较深入的了解。实际工作中，可根据出版商的自身特点调整合适的各类系数，成熟之后如能用模型固定或植入 ERP，使用会更加便捷。

参考文献

[1] 许维丽. 图书重印与再版选择形式的探讨分析 [J]. 新闻传播，2019 (11)：77—78.
[2] 张安川. 基于数据挖掘的教材库存控制与重印策略研究 [D]. 重庆：重庆大学，2018.

浅论小语种国别文学的译介与推广
——以“挪威现当代文学译丛”为例

上海译文出版社　杨懿晶

摘　要

本文通过对“十二五”及“十三五”期间挪威文学在中国翻译引进情况的梳理，结合回顾上海译文出版社“挪威现当代文学译丛”的策划与出版，分析了国内现阶段小语种国别文学在翻译引进过程中面临的一些难题，试图能为同类型小语种文学丛书的统筹推广提供一些参考，并对文学翻译如何成为一种双向文化交流提出一点个人见解。只有具备了更高的国际视野，才能更好地建立文化自信，实现出版业的创新和出版大国的目标。

关键词

挪威文学　版权引进　小语种翻译　文化交流

党的十九届五中全会审议通过的《中共中央关于制定国民经济和社会发展第十四个五年规划和二〇三五年远景目标的建议》，就“十四五”时期繁荣发展文化事业和文化产业，提高国家文化软实力作了系统阐述，明确要求“以讲好中国故事为着力点，创新推进国际传播，加强对外文化交流和多层次文明对话”。习近平总书记也指出：“一切生命有机体都需要新陈代谢，否则生命就会停止。文明也是一样，如果长期自我封闭，必将走向衰落。交流互鉴是文明发展的本质要求。只有同其他文明交流互鉴、取长补短，才能保持旺盛生命活力。”而文学正是了解一个国家的重要文化窗口。在文化全球化不断深入的当下，文学交流正在不断拓宽其深度和广度，地域上的限制不再是交流的阻碍，反而能够成为一种机遇，促进人类文明成果的共通传承。作为一名从事翻译文学引进的出版工作者，很多时候不仅是图书编辑，更是两种文化之间沟通的桥梁，助力文化的积累与流传。

近年来，随着“冰上丝绸之路”和“北极走廊”等重要理念的提出，上海译文出版社与北欧诸国在文化各领域的交往持续加深，以文化交流促进经济发展，推动国与国之间更好地相互了解与合作。北欧独特的地理空间和人文精神让北欧文学呈现出别具一格的风貌，在世界文学之林自有其一席之地。然而，“北欧文学”这个概念较为笼统，反而模糊了个别国家的文学形象，挪威文学就是一个比较典型的例子。作为我国外国文学研究的一个重要领域，挪威现当代文学的译介出版目前还处于相对薄弱的阶段。在“十二五”与“十三五”期间，这一领域逐渐受到国内出版社越来越多的重视。挪威现当代文学的译介在数量上有了明显增长，但在品类的多样性和作家的文学性上都存在较多的空白。这一方面是由于挪威语作为一门小语种，在国内专业的教学和研究机构数量较少，导致专业的翻译人才稀缺；另一方面，也是因为国内往往把挪威和瑞典、丹麦、芬兰、冰岛统称为“北欧五国”，在出版套书或丛书时也多以“北欧文学”为首选的出版门类，而较少对某一国别文学进行系统的梳理。

在筹划出版“挪威现当代文学译丛”以前，上海译文出版社（以下简称“译文社”）已经引进过挪威当代知名剧作家约恩·福瑟的两部戏剧选集，引发了相当多的关注与良好的社会反响。也是从此开始，我们意识到挪威现当代文学在中国翻译引进图书市场的缺位，萌生了打造一套全面译介挪威现当代文学成果的丛书的想法，以求把更多、更好的挪威文学作品介绍给我们的读者。这既是译文社作为一家优秀出版社的社会担当，也是身为国内领先的翻译类出版社一直以来的努力方向。这套译丛从策划出版、翻译编辑到最终问世，用了整整 5 年时间。笔者基于担任这套译丛责任编辑的经历，试借此文对小语种国别文学在国内的译介与推广作出一点归纳和思考。

一、“十二五”与“十三五”期间挪威现当代文学译介概览

作为北欧五国之一，挪威与其他四国（丹麦、瑞典、芬兰和冰岛）在语言和文化上有着密切的联系，尤其是挪威语、瑞典语和丹麦语之间，基本没有阅读和交流的障碍。然而，在北欧地区以外，挪威语仍然是一门相对“冷门”的小语种，这在某种程度上限制了其他国家对挪威文学译介的视域。“十一五”期间，国内对挪威文学的译介主要还是集中在戏剧大师易卜生和三位诺贝尔文学奖得主身上（比昂斯滕·比昂松、克努特·汉姆生和西格丽德·温赛特）。2000 年前后，另一位颇受瞩目的挪威当代作家乔斯坦·贾德，有包括《苏菲的世界》在内的多部作品被译介到中国，尤其影响了之后挪威儿童文学与青少年文学的引进出版。

随着与挪威之间文化交流的日益增多，中国越来越多的出版社在引进挪威现当代文学作品时，会通过挪威海外文学推广基金会（NORLA）申请一定比例的翻译资助。挪威文学海外推广基金会成立于 1978 年，致力于支持挪威文学在本土外的翻译和出版。自 2004 年起，基金会在全球支持了超过 6600 种挪威图书，近 70 种语言的译介出版。根据 NORLA 的统计数据（参见表 1 与表 2），“十二五”与“十三五”期间，挪威文学

的中文译本数量仍然较少，其中虚构作品的数量高于非虚构作品，这与挪威文学在全球的整体译介趋势相符。而挪威虚构文学作品在中国的翻译出版又有几个较为明显的特征。第一，儿童文学，尤其是图文书占到了较大比重。近年来，少儿图书是国内图书市场发展最快、份额增长最大的类别；同时，少儿类图书文字较少，翻译所需时间较短，因此，引进出版的周期也更短，致使不少出版社在引进挪威文学作品时优先考虑这一类别。第二，较多引进同一作家的系列作品，其中又以畅销书、类型小说为主，例如广西师范大学出版社的卡尔·奥韦·克瑙斯高的《我的奋斗》系列和博集天卷出版社的尤·奈斯博的“哈利·霍勒警探”系列，分别是这两个领域的典型代表。第三，挪威文学作为“北欧文学”的一部分，缺少明晰的国别文学面貌。中国国际广播出版社的“北欧文学译丛”与魔铁大鱼读品的北欧文学系列，都收录了不少挪威当代文学佳作，但仍然将其置于“北欧文学”的大框架之下。

通过对现状的分析，我们意识到，国内目前对挪威现当代文学的译介仍然存在较大的缺口，除了畅销书和类型小说的引进出版外，对纯文学的关注尚十分有限，在系统性、成规模的书系方面也有很大的空白亟待填补，而这就成为我们策划这套“挪威现当代文学译丛”的起点。

表 1　挪威文学翻译资助申请中文翻译项目概览

年份	中文翻译项目	虚构作品	非虚构作品	备　　注
2010	3	1	2	
2011	11	4	7	
2012	3	2	1	
2013	12	12	0	虚构作品中有 5 本阿澜·卢作品，4 本尤·奈斯博作品
2014	5	3（2 本童书）	2	
2015	7	6（5 本童书，其中有 3 本图文书）	1	虚构作品中仅有一本严肃文学《我的奋斗》
2016	18	16（12 本图文书，均为童书或青少年图书）	2	
2017	15	10（4 本图文书）	5（4 本为蒙克画册）	虚构作品中有 4 本“挪威现当代文学译丛”
2018	20	13（4 本童书）	7	虚构作品有 3 本，非虚构作品有 1 本“挪威现当代文学译丛”
2019	9	6（3 本图文书）	3	虚构作品中有 2 本“挪威现当代文学译丛”

表 2　全球挪威文学译介项目翻译申请统计表

年份	语种	共计收到申请	通过申请	虚构作品	非虚构作品	童书
2010	45	351	329	246	83	
2011	42	398	383	299	84	76
2012	47	446	431	327	104	82
2013	46	427	412	322	90	
2014	47	431	419	343	86	99
2015	46	451	431	339	92	114
2016	46	518	499	383	117	129
2017	44	557	538	409	129	152
2018	45	651	639	485	166	197
2019	47	585	572	404	168	136

数据来源：挪威文学海外推广基金会（NORLA）https：//norla.no/en/information/norla-s-translation-subsidies-grants 最后访问时间：2021 年 5 月 10 日。

二、深入策划精品书系，填补国内市场空白

（一）坚持定位，深入沟通，打造精品

译文社自诞生之日起，就以传播世界先进文化为己任，引进出版了大量优秀的外国文学、人文社科的经典著作，引领出版和阅读的潮流，是中国读者了解外国文学动态的一个重要平台。随着时代的进步，建设与上海国际文化交流中心地位相匹配的中外文化交流出版基地成了上海译文社新的理想和目标。因此，我们决心出版一套与上海译文社出版理念与定位相符的精品文学译丛，较为全面地展示挪威现当代文学最重要的作家及作品，为中国读者和研究者提供一次全面了解挪威现当代文学的良好契机。尽管长期从事外国文学的翻译出版工作，但我们对挪威文学的了解也不甚全面，故而通过挪威海外文学基金会的牵线，我们与挪威几家最重要的文学出版社及文学代理作了当面交流，经由多方推荐，初步确认了待出版的作品清单。

（二）由点及面，以作家品牌推广书系

在选择待出版作品的过程中，我们逐渐意识到这样一套纯文学译丛可能面临的市场困境。首先，其中大部分作家及代表作品虽然享有较高的国际知名度，甚至不乏诺贝尔文学奖的候选人，但他们的名字对国内读者而言大多是陌生的。基于这样的考量，我

们对书系内容进行了调整，加入了一些能够引发读者兴趣、受到读者认可的作品，例如电影大师英格玛·博格曼之女琳·乌尔曼的半自传体小说《喧嚣》,《纽约时报书评》年度十佳的纪实文学作品《我们中的一个》，都柏林文学奖得主、诺贝尔文学奖候选人佩尔·帕特森的新作《我抗拒》，有“挪威钱德勒”之称的“北欧黑色小说之父”古纳尔·斯塔阿莱森的“瓦格·韦于姆”系列畅销作品，等等。这些自带“热搜”的名字将成为吸引读者目光的聚焦点，引领他们发掘译丛中其他题材多样、各具特色的优秀作品。

（三）正视翻译困境，寻求多方突破

挪威语是一门只有 500 万人使用的小语种，这也间接导致了国内挪威语翻译人才的稀缺。如何保质保量地进行翻译，最大限度地还原文字本身的风格，成了编辑出版这套译丛的一大难题。经过多番调研沟通，我们意识到不少作家的作品在欧美国家出版时，都有相对固定的、得到作者本人认可的译者，这就成了我们解决这一难题的突破口。在挪威出版社与作家本人的推荐下，对于其中一时难以找到最佳译者的作品，我们最终确认了最贴近原文风格的英语、法语和德语译本。多年来，译文社积累了大量优秀的译者资源，通过其他更有把握的语种转译，一方面能够帮助编辑更好地把控内容，另一方面也能够确保译丛整体的出版时间。

三、准确定位出版时机，助力良好出版环境

高品质的文学图书也需要良好的市场推广，才能走向更多的读者。因此，在筹划出版期间，作为责编，始终留意寻找合适的出版时机，最终注意到 2019 年有两个关键的时间节点。其一，2019 年恰逢中华人民共和国和挪威王国建交 65 周年，本套译丛可作为建交周年献礼，见证两国长期以来的友好交流。其二，挪威是 2019 年法兰克福书展的主宾国，将在法兰克福书展上举办大量文化活动，本套译丛可以作为主宾国活动亮点之一，参加主宾国展馆系列活动，向世界展示中国在中挪双向文化交流方面作出的贡献。

2019 年 8 月上海书展与国际文学周期间，译文社推出了筹备已久的“挪威现当代文学译丛”(10 卷)，并在上海朵云书院旗舰店举办了隆重的开幕仪式。活动邀请到译丛作家代表罗伊·雅各布森与挪威文学海外推广基金会主席玛吉特·瓦尔索出席。罗伊·雅各布森是挪威目前知名度最高的作家之一，也是挪威语言文学院成员，其作品多次提名并摘获北欧地区几大重要文学奖项，已被翻译成 30 多种文字，2017 年凭借《看

不见的岛屿》入围国际布克奖短名单，也是首位入围这一奖项的挪威作家。“挪威现当代文学译丛”收录了他的代表畅销作《奇迹的孩子》。雅各布森受邀在国际文学周开幕式上发言，接受多家媒体专访，并在书展现场举办了签售活动，之后，他又与上海和北京两地的作家展开文学对谈。同时，对于无法到访的其他几位作者，出版社经多方协调，邀请他们提前录制了短视频，在多个媒体渠道进行播放，多样化、全面化地推介了本套译丛在国内的出版。同年 9 月，译文社又在广州举办了译丛发布和新书诵读活动，同样得到了诸多媒体和读者的关注。

在两个多月的推广期内，译文社与挪威王国驻北京大使馆、挪威驻上海总领事馆、上海市对外文化交流协会等有关单位通力协作，共有 50 余家国内外媒体对本套译丛的活动进行了专题报道。在 10 月的法兰克福书展上，不仅有整套译丛完整亮相主宾国展馆，译文社领导参与发布活动，让这套丛书化身为文化的使者，为中外读者带来更有文化内涵和深度的挪威风貌，展示了中国视域下的挪威文化，也见证了中挪文学的良好互动。同年 12 月，在上海市外国文学学会、复旦大学外国文学研究所和复旦大学北欧文学研究所共同举办的“跨界与散播：全球化语境下的北欧文学”年会上，本套译丛作为与会专家的研究对象之一，参与分会场“北欧文学的翻译和影响”的讨论。

2020 年，“挪威现当代文学译丛”获上海市文创基金资助项目成果类奖项。

只有具备了更高的国际视野，才能更好地建立文化自信，实现出版业的创新和出版大国的目标。如今，小语种国别文学在国内的译介往往面临规模较小、翻译难寻、市场推广较难的困境，如何从源头策划精品，有效把握出版时间，寻求出版效益最大化，是同类型出版物必须克服的难题。“挪威现当代文学译丛”出版后，成为目前国内规模最大、收录最全的挪威现当代文学译介项目，具备较高的文献价值和学术价值，为我国的文学翻译版图作出了贡献。身为编辑，也在策划出版与推广这套译丛的过程中，对习近平总书记所说“文明因多样而交流，因交流而互鉴，因互鉴而发展”有了更深的感悟，通过文学的交流与对话，中华文明“必将以更加开放的姿态拥抱世界、以更有活力的文明成就贡献世界”。

参考文献

[1] 谢群，李晶，李玮琳. 中国“十一五”期间北欧文学研究[J]. 外国文学研究，2010（6）：19—26.
[2] 何成洲. 中国与北欧文学交流研究的几点思考[J]. 世界文学评论，2007（2）：27—29.

古籍图书编辑中简繁转换造成的词语错误及对策

上海古籍出版社　乔颖丛

摘　要

Word 的简繁转换功能是古籍图书编辑经常接触的，但却极其容易造成词语转换错误。一些隐蔽性极强的错误尤其应该引起我们的重视，无论是常见如“奔馳—賓士”“吉士—起士”，还是生僻如“瑞安—里安”等。繁体转简体我们往往很少注意，但是也会带来错误，如“《中國小説史略》—《中小学说史略》”。为了规避此类错误，编辑除了先期介入外，更应该有一定的敏锐性，通过字体、简繁字错误、常见词错误等，辨别出经过简繁转换的稿件；并采用核对原始简体稿、校对专名及引文、掌握常见的词语转换等方式，剔除简繁转换稿中的词语错误。

关键词

古籍图书编辑　简繁转换　词语错误

作为古籍图书编辑，Word 里简繁转换是我们时常接触的功能。它给我们提供了不少便利，却也容易造成词语转换错误，像是非常著名的“终南捷径”转为“終南快捷方式”，“卜算子”转为“蔔運算元”等，这些错误非常醒目，编辑也易于辨别。但还有许多词语转换的错误，却是相当隐蔽、不易发现的。词语转换出现在普通行文里，如果可以读通，也尚可接受（如信息—資訊）；但若出现于人名、地名、书名等专名里，或出现于引文中，甚至出现于古籍整理之中，将会造成比较严重的错误。这些错误在目前的正规出版物中却也时常能够见到，应该引起重视。

关于词语误转问题的提出及原因，江庆柏《电脑自动转换中文简繁字产生的问题》（《古籍整理出版情况简报》2014 年第 1 期，第 3 页）、漆永祥《当前古籍整理诸问题刍议》（第 9、10 两条，书目文献公众号，2019 年 10 月 28 日）、苏芃《终南快捷方式——互联网时代的文字错讹》（《光明日报》2019 年 3 月 2 日）等皆曾论及，读者可以参看。

其原因简单说来就是“由于计算机专有名词 Shortcut 在内地和港台的翻译不同”，故导致“在对这类译词进行繁简转换时，即使上下文不涉及翻译用语”，也会出现词汇整体变化的情况。本文将针对具体编辑中常见或生僻，但都比较隐蔽的错误，进行简单介绍，从而提请编辑特别是古籍编辑注意。

一、“賓士”还是“奔馳”——简繁转换词语常见错误之一

王闿运《湘绮楼日记》载民国元年十二月十八日，“皆言宜留此度歲，遂定起行李。碩甫往來奔馳，竟未遑食”一条，但在《沈曾植年谱长编》（中华书局，2007 年）民国元年壬子条中，引此句作：“碩甫往來賓士，竟未遑食。”乍看似乎都可通。那么，“賓士”“奔馳”，究竟孰是孰非呢？

王闿运，号湘绮，湘潭人，晚清著名经学家、文学家。1852 年中举人，曾入曾国藩幕府。1880 年入川，主持成都尊经书院。后主讲于长沙思贤讲舍、衡州船山书院等。1908 年，授翰林院检讨，加侍读。辛亥革命后任清史馆馆长。著有《湘绮楼诗集》《湘绮楼文集》《湘绮楼日记》等。《湘绮楼日记》记录了王闿运同治八年至民国五年（1869—1916）之间所历事，凡四十余年，内容丰富，与《翁同龢日记》《越缦堂日记》共列晚清三大日记。

这条日记中的“硕甫”指的是易顺鼎（字硕甫）。其父易佩绅（字笏山）是与王闿运交谊甚笃的旧友。据日记，易顺鼎差点成为王的门生，“笏云本欲遣子就学”，但因“其妻云从我（王闿运）则习放荡”，故作罢，王为此还心有不平。但此后王闿运和易氏父子仍颇相往来，易顺鼎和他多有往来酬和赠答的诗歌。日记此条记载王闿运在民国元年底往上海时，他的亲朋樊增祥樊山、易顺鼎硕甫、陈三立伯严等纷纷前来迎接。当王闿运决定于上海“度岁”即过年后，作为晚辈的易顺鼎“往来奔驰”，为他安排住行，以至于“未遑食”。此处“往来奔驰”是形容易顺鼎为王闿运来来往往奔走安排，作“宾客”显然于意未当。

简体“奔驰”转为繁体“賓客”的例子还见于笔者审稿时，有一处引到《姚锡光江鄂日记》“往来津、京、上海间，外商洋人，内谒当道，南北奔驰，再历寒暑”，繁体稿件转为“南北賓士，再歷寒暑”，也是乍看可通，实则大谬。“奔驰”转“賓客”除了见于这类颇为隐蔽的例证外，还有一例比较有趣。在三秦出版社 2015 年出版的《新编元稹集》中，解释《两省供奉官谏驾幸温汤状》“陛下若騎從輕馳，則道途無拱辰之備”的“馳”字时，有这样一处注释：“馳：車馬疾行，泛指疾走，賓士。”显然，“賓士”是“奔馳”之误，很有可能是简繁转换时的词语错误。这处是错得相当明显的，编辑不

该失察。

二、“吉士”还是“起士”——简繁转换词语常见错误之二

“吉士”变成“起士”，也是文献中时常可以发现的，因简繁转换造成的词语错误。“吉士”和“起士”都是英文 Cheese（奶酪）的中文翻译，而港台常用“起士”，所以在以港台常用词为基础的电脑自动简体转繁体时，就会将“吉士”统一改为“起士”。在港台语境中，当用作奶酪意思的时候，“吉士”改“起士”固无不可（正如“奔驰”和“宾士”都是 Benz 的音译，港台语境中改品牌“奔驰”为“賓士”也无误），但是在古代职官“庶吉士”中，“吉士”变为“起士”，就贻笑大方了。

庶吉士是明清所设职官，相当于候补翰林。“庶吉士”一词，是《尚书・立政》“庶常吉士”的简称，是“众掌常事之善士”，“吉”也即“善”。“庶吉士”作为官称常见于明清以降文献中。

但在繁体书稿中，我们常常见到因简繁转换而来的“庶起士”。笔者曾在审稿时见过：“雍正五年成進士，改翰林院庶起士。”“嘉慶十六年進士，選庶起士，授編修。”如果了解庶吉士的官制及简繁转换这一弊病的话，此类错误还是很容易避免的。但是在目前的出版物中，仍可见“庶起士”的身影。中华书局 2011 年《书目答问汇补》中，出现多处“庶起士”，如“張澍……嘉慶進士，選庶起士”，“陸奎勛……改翰林院庶起士，散館，授編修”，“胡亶……改翰林院庶起士，散館，授編修”等；商务印书馆 2015 年《陶模奏议遗稿补证》也多见“庶起士”之误，如“何福坤……改庶起士，授編修”。

还有一处非常有趣的例子，是繁体书稿中“起士”误作“吉士”的。三秦出版社 2016 年《岭海名胜记增辑点校》卷九《从祀文庙疏议》：“誠以此時附兩先生廡序中，儻可以立儒幟而吉士風乎！”此处的“吉士风”显然不通，当作“起士风”。“兴起士风”“振起士风”文献多见，《从祀文庙疏议》亦见于中华书局 1987 年《陈献章集》附录，作“儻可以立儒幟而起士風乎”，可见此处“吉士”为“起士”之误。我们知道，简转繁中，只有“吉士”转为“起士”，而绝无逆转的，那么这个错误是怎样形成的呢？笔者猜测，很有可能最初的稿件是繁体稿，作“起士”，后来经历了转简体，再转繁体，两次转换导致了这样的错误。我们知道，简繁转换是有很大的不确定性的，不确定性体现在两点：一、同一篇文章中同一个字词，不一定能够全部转换；二、经过两次转换后，不一定能够回到原初的面貌。这就导致繁转简“起士”转“吉士”后（繁转简也会有词语错误，详见下文），简转繁可能会漏转，此处“吉士”因此得到保留。这也算是简繁转换中一处非常特殊的错误。

三、“瑞安”还是“里安”——简繁转换词语生僻错误

笔者在审稿时，还意外发现过一处很特殊的错误。繁体稿件中有：“黄紹箕（1854—1908），字仲弢，浙江里安人，張之洞的門生、侄女婿，時任翰林院侍講，恰在張之洞幕中。”但查原始的简体稿，却作：“黄绍箕（1854—1908），字仲弢，浙江瑞安人，张之洞的门生、侄女婿，时任翰林院侍讲，恰在张之洞幕中。”

黄绍箕，《清史稿》卷四四四有传，宋慈褒还作《黄绍箕传》，记述其生平功绩，明言其为浙江瑞安人。瑞安在清代时为浙江温州府下辖县，《清史稿》卷六五《地理志・浙江・温州府》载：“瑞安冲，繁。府南八十里。”“里安”作为地名则史籍未见。这也是一处非常典型的简繁转换所导致的词语错误。若无一定的地理学知识，此处“浙江里安”之误，还是相当难以察觉的。无独有偶，笔者发现凤凰出版社 2012 年版《明史文苑传笺证》中，有多处“里安”，如卷一《杨维桢传》：“父宏，贈奉訓大夫、知溫州路里安州事、飛騎尉，追封會稽縣男。”《高明传》：“里安人。”“溫州路領永嘉、樂清二縣，里安、平陽兩州。”几处“里安”，都是“瑞安”在简繁转换中的误转。

那么，为什么“瑞安”会被转为“里安”呢？笔者推测，这是由对英文名“Ryan”的不同译法导致的。同样因人名的不同翻译而造成的错误，笔者在审稿中还发现一处：“因欲证实原告所争各情，即传以下所开人证讯供：边列士、宝勒、克勒斯、基而莱、王荣祥、蒋伯尔尼、赫思勃。”而在校对底本时，发现“蒋伯尔尼”其实是“蒋伯恩”之误。

蒋伯恩是民国一名江南富商之子，并不有名。本条出自《外交辩难》，是蔡钧在审办“信隆租船案”时请蒋伯恩等出面作证。“蒋伯恩”前后人名或中或西，并无一定规律，即便作为“蒋伯尔尼”也并不突兀。如果不是校对底本的话，这则错误也是非常容易被忽略的。

“蒋伯尔尼”是繁体的“蔣伯恩”在转换简体时的误转。笔者推测是因为对英文名“Bern”或者“Berne”的不同译法导致的。类似错误还有“布什—布希”“里根—雷根”“斯大林—史达林”等，是需要谨慎对待的。

四、《中國小說史略》还是《中小学说史略》——繁体转简体的词语错误

通常，我们似乎会更多关注简体转繁体时的错误，但在繁体转换简体时，同样会有词语错误。前边已经提到“起士—吉士”“伯恩—伯尔尼”两例，现在再来举一个笔者新近发现的有趣例子。

鲁迅先生的《中國小説史略》，书名在转换简体的时候，会变为《中小学说史略》。这显然是“国小”这一台湾通行的称谓，转换为大陆行用的“小学”了。在特殊语境中，这样的转换或许没有问题，但当出现在书名里，就令人啼笑皆非了。仅供一哂，但也希望古籍编辑在审稿中多加注意。

作为古籍编辑，我们毫无疑问要接触很多繁体书稿——有一些简体书稿也可能是由繁体书稿转换而来的，所以 Word 中简繁转换的功能对古籍编辑，实属时常接触、令人又爱又恨。简繁转换除了会导致一些简繁关系为一对多的单字转换错误（如于於、曆歷、系繫係、御禦等）外，特别需要注意的就是词语转换的错误。词语转换极具欺骗性，尤其是在文从字顺的情况下，我们往往意识不到它被替换了，但如果出现在专名或引文里而未及核验，将会造成严重错误；而即使意识到被替换，因为简繁转换功能具有随机性、不可重复及倒推性，我们有时候也很难确定被替换的原词语到底是什么。

那么，我们该如何规避此类错误呢？最好的方法是在初期就介入稿件的整理或写作。避免词语转换的最佳方法无疑是不使用简繁转换。理想情况下，我们如果能在选题策划阶段，就与作者商定书稿用繁体还是简体，再请其直接以该种形式输入成文，无疑是最好的。而且繁体书稿中应当保留的异体字，如果在最初即用繁体字输入，无疑会得到最大程度的保留，也省去了一定的校对工夫。

但对于编辑来说，接到作者简繁已定的稿件却也是常事，这就只能由我们审稿时候多加注意了。如何发现稿件是经过简繁转换的？除了向作者询问外，还有几个方式可供参考。一是观察字体，直接简体转繁体，字体会是 PMingLiu 体；二是观察明显的简繁字错误，如果一篇稿件中繁体字讹误甚多（如于於、曆歷、系繫係、御禦等混用），十有八九是直接转换来的；三是检查一些常见的转换词语，如信息—資訊、公元—西元、渠道—管道、对象—物件等，如果后者常见，且出现于某些不当的语境中，这部稿子就很可能有简繁转换造成的词语错误，审稿时候需要特别注意。

确定了一部繁体书稿是由简体转换而来的，且我们怀疑会有由此造成的词语错误，接下来如何发现错误之处，并进行改正？笔者以为，可以从三个方面着手：

一是向作者索取原始的简体文件，但是也要注意文件是否由作者直接从繁体再转成。因为简繁转换具有不可逆推性，再转回去不一定如同原稿。

二是多核查专名及引文。简繁转换所造成的词语错误若出现在专名或引文中，是非常严重的，对此我们必须仔细核查。

三是注意常见错误。笔者将网络所见、前辈提出及自己审稿时发现的问题汇总（见附表），应该是尽可能全面搜罗了目前所见的词语转换错误。

附表　简繁转换问题汇总表

简体	繁体	简体	繁体	简体	繁体	简体	繁体
对象	物件	信息	資訊	项目	專案	前缀	首碼
词组	片語	公元	西元	圣诞节	耶誕節	支持	支援
网络	網路	渠道	管道	庶吉士	庶起士	奔驰	賓士
简报	演示文本	循环	迴圈	中介	仲介	字符	字元
文件	檔	倡导	宣導	重定	复位	字号	字型大小
引数	自变量	噪声	雜訊	本州	本州島	九州	九州島
的士	計程車	X 位	X 位元	卜算子	蔔運算元	捷径	快捷方式
布什	布希	里根	雷根	瑞安	里安	斯大林	史達林
数字化	數位化	软件	軟體	激光	鐳射	内存	記憶體
警察	員警	班房	監獄	约翰逊	詹森	撒贝宁	撒貝南
菲尼克斯	費尼克斯	朱迪钺	裘蒂鉞	邮政编码	郵遞區號	响应	回應
汤加拿大	東加拿大						

“大思政”观视域下的外语教材出版策略与实践

华东理工大学出版社　王一佼

摘　要

在“大思政”观不断深入发展的背景下，课程教育与思政结合的相关研究成为教育领域研究的焦点。其中，因外语学科有其包含意识形态的学科特殊性，外语的课程思政研究也受到学界的关注。而教材是实现思政教育目标的基础之一，没有优质的教材作为载体，引领一线教师教学，指导青年学习者学习，课程思政教育很难开展。本文结合笔者在工作中对于外语教材融入思政元素的实践探索，论述其意义与价值，并从外语教材策划中的内容选材、呈现形式、教学手段、编者安排等多个角度，梳理总结其经验策略，以期能抛砖引玉，对学科教育专业出版领域在探索教材融入思政元素的实践路径产生一定的借鉴意义。

关键词

思政元素　思政教育　课程思政　外语教材　外语教育

在2016年全国高校思想政治工作会议上，习近平总书记指出，要坚持把思想政治工作贯穿教育教学全过程，实现全程育人、全方位育人。这一论述，阐释了思想政治教育的“大思政”观念。

而后，关于思政元素与学科教育结合的理论探索与实践研究方兴未艾。截至2021年6月，在“中国知网”中以“课程思政”为主题搜索，有13678篇学术期刊论文，发表年份2020年后激增。其中，外国语言文字领域的研究占比5.35%，且多集中在英语学科。关于课程思政的含义、外语课程的思政目标均已有梳理，外语课程思政内涵及其实施框架也已有系统总结。

教材作为知识的主要载体，教材内容的质量和丰富程度将对教学效果产生直接影响。教材在“课程思政”背景下的重要作用开始受到关注。在外语教材出版领域，课程思政背景下外语教材的现状及其问题也已被注意到。比较突出的问题有，外语教材里中国内容“量少质轻”，对待西方国家的态度缺乏批判性视角；现有读物影响力不足，针对目标用户设计的文本难度不够匹配等。综上，本文拟在现有研究的基础上，对外语教材融入思政元素的必要性及其价值进行进一步的思考与梳理，并结合工作实践，对存在问题进行分析，并尝试提出进一步的解决策略。

一、外语教材融入思政元素的价值

（一）外语科目的学科特点

外语科目与其他科目不同，语言学习具有开放性、情景性等特点。文化取向会影响语言习得，而在语言习得的过程中，也会对文化认同产生影响。自我认同变化是语言学习带来的“非语言结果”。同时，语言对文化认同的构建也会产生作用。一本外语教材可能影响一个学习者的文化认同，文化认同是发展变化的、是动态并可构建的。要想加强外语学习者对于不良文化思想的辨别和抵御能力，教材引领思想的作用显得尤为必要和重要。

（二）新时代背景下的青年读者

外语学习者多为年轻人。以华东理工大学出版社为向读者提供音频获取等服务而开设的细分门类微信公众号后台数据为例，“华理英语”微信公众号的关注人群中，18 岁以下读者占比 17.72%，18—25 岁读者占比 20.11%，26—35 岁读者占比 45%；“华理日语”微信公众号的关注人群中，18 岁以下读者占比 7.64%，18—25 岁读者占比 60.97%，26—35 岁读者占比 18.54%；“华理韩语”微信公众号的关注人群中，18 岁以下读者占比 4.54%，18—25 岁读者占比 62.6%，26—35 岁读者占比 23.24%。目前三个平台用户总量已超过 24 万人。以这一样本数据作简单推测，外语图书的读者人群仍以青年居多。

可见，外语教材的出版，多为青年读者服务。在多元文化盛行的网络时代，信息纷繁复杂，青年读者面对各种说法，容易产生迷茫。如果教材只是一味说教，就很难对他们产生足够的吸引力。因此，有必要思考如何将思政元素以年轻人更能接受的方式融入教材，让青年读者知己知彼，在了解中外文化差异的同时，学会如何用外国人也能接受的方式，说好中国故事，发出代表中国青年的“正能量”之声。

（三）一线教师的迫切需求

根据一线教师的调研结果显示，教师普遍认为，在当前的外语教育课程中，包含的思政元素的外语教材较少。同时，外语教材中思政元素生硬加入的问题也已被关注到。如何对外语教材中的语言场景进行巧妙的设计，而不是随便地将一些语言对话生搬硬套到教材当中，应该引起重视。教材是实现思政教育目标的基础之一，没有优质的教材作为载体，指导和引领一线教师教学，课程思政很难开展。

二、外语教材融入思政元素的策略实践

（一）内容选材："有外也有中""有古也有今"

思政元素的内容要素，大致可以概括出政治、道德、法治、文化四个维度。根据外语教材的特点，关于如何在外语教材中融入思政元素，"在语料层面增加中国元素"这一策略已被提及。外语教材的选材不能只介绍外国文化，应注重以一定的篇幅和习题涉及讲述中国。

以笔者策划的日语国内考试辅导用书为例，在作文部分适当增加引导学习者用外语讲述中国的练习篇幅，有助于帮助学习者能发挥自身优势，学会通过外语将社会主义核心价值观的内容和精神向外传递，深化国情认识，激发深切的爱国情怀。近年来，国内外语考试作文题中，用外语"讲好中国故事"的话题略有增势，其考察的核心就是外语学习者对祖国的价值认同和情感认同。

此外，笔者以为，简单地考虑"有中有外"是远远不够的，也要把握"有古有今"。习近平总书记指出："思政课就要讲好中华民族的故事、中国共产党的故事、中华人民共和国的故事、中国特色社会主义的故事、改革开放的故事，特别是要讲好新时代的故事。"习近平总书记还指出："我国要提高国家文化软实力，就必须使当代中国价值观念走向世界。要加强提炼和阐释，拓展对外传播平台和载体，把当代中国价值观念贯穿于国际交流和传播方方面面。"

当代中国正在经历中国故事的红利期。在网络上以介绍中国农村之美而走红的"李子柒"、美国时装周走秀带火的"中国李宁"、受国内外年轻人追捧的故宫文创等，都反映出了当代中国年轻人深切的爱国情怀，以及世界对于当代中国的关注。从图书出版销售数据来看，由《中国日报》编写的《热词红宝书》热卖这一现象，也说明了年轻人渴望用外语表达当代中国的热情。

然而，目前市面上用外语讲述中国故事的外语教材，较多主题仍停留在中国传统文化上。反复挖掘中国传统文化元素，不利于传播当代中国的价值观。这就要求我们在挖掘思政元素的过程中，关注当今中国，鼓励青年读者关注社会、关注民生，有助于传播正能量。

以笔者策划的《日语视听说教程》《日语口译教程》教材为例，笔者联合上海东方传媒集团有限公司上海外语频道与国内日语教育专家共同编写，选材取自目前国内唯一一档日语节目“中日新视界”。这档节目版权被授权至日本本土电视台播出，用日语为日本人讲述中国当代故事，在中日两国都取得了良好的社会反响。教材从节目中选取素材，话题覆盖全面，关注民生，语言自然地道。

（二）呈现形式：“有文有图，有声音有视频”

当代青年学习者已不能满足单纯的说教式的思想政治教育方式，而是应该通过符合时代特征的方式对年轻人进行思想教育。在外语教材的表现形式上，可采用多媒体技术，通过图文声像等各种手段，融入教材编写之中，以新媒体为传播介质，真实、立体、全面地介绍当代中国。

仍以前文所叙的教材为例，选材内容辅以电视台在中国实地拍摄的真实视频影像，更好地帮助学习者关注当代中国，提升学习兴趣。外语视听类教材出版的难点，往往在于出版方很难获得原版视频的授权。如能在中国本土取材，反倒迎刃而解，可谓一举两得。

（三）教学手段：“有输入有输出”

目前，用外语讲述中国故事的外语教材以读本居多，对培养外语学习者的综合素质并不利。要想真正让学习者能用外语“讲述”中国故事，开口的技能少不了。

仍以前文所叙的教材为例，针对中国学习者开口难的特点，教材中特别设置了课堂活动环节，强调会话、鼓励互动，真正做到培养学习者“讲”中国故事，充分凸显学习主体主动参与学习的特点。同时坚持内外联动，活用各方资源，通过与高校、电视台共同筹划演讲比赛等方式，联动线上线下，进一步推动思政元素以丰富有趣的形式进入课堂。

（四）编者安排：“有中有外”

现在的外语教学中，依然要讲究原汁原味，不地道的语言比如“中国式英语”是不能提倡的。因而，与其他学科教材不同，外语教材的出版过程中，外籍专家是参与选材、编写到审校整个过程中必不可少的重要角色，尤其在语言及教学法上需要他们进行把关。

至于内容，编辑有必要从策划阶段开始，有意识地与主编团队一起，构建知识点与思政元素深度融合的一体化设计，避免出现“两张皮”现象，严把内容关。

以笔者策划的商务日语类教材为例。教材组织中日日语教育专家联合编写，其一大特色便是中方专家设计了教材的话题框架，设定了语言教学目标，日方专家则主要关注日语及日语教学法。全书课文以中日商贸往来的实际案例为故事主线，讲述了一家中国科技公司依托高科技的终端产品，与日本通信公司合作开拓海外市场的故事。教材中并无生硬说教，而是从文本、话术等各细节，帮助学习者自信地参与贸易谈判。这种“润物细无声”的方式，受到了一线师生的一致好评。在教材的回访座谈中，一线教师对这一处理方式反馈良好。教师评价称，学习者在学习商务日语的过程中，不仅学习了与外方沟通、谈判、合作的技巧，也增强了对祖国的归属感、认同感、尊严感、荣誉感。

（五）用词用语：“不自说自话”

习近平总书记在庆祝中国共产党成立 95 周年大会上讲话指出：“文化自信，是更基础、更广泛、更深厚的自信。”讲好生动鲜活的中国故事，是坚定文化自信的内在要求。学习用外语讲好中国故事，可以对外传播中国声音，展示中国良好形象，也可以坚定文化自信。而想要用外语讲好中国故事，把思政素材直接翻译成外文的粗暴做法切不可取。国务院新闻办原主任赵启正曾说：“虽然中国人讲中国故事要站在中国立场，但站在自己的立场并不等于自说自话，要用外国人、海外人士听得懂的用语、习惯和逻辑来表达，让别人愿意听，有兴趣听，听得进，从而达到说明中国，让世界认识中国，为中国缔结良好‘国缘’的目的。”这一观点对外语教材的编写也有重要的指导意义。

以笔者策划的日语翻译技能类选题为例，编者着意加入了中日词汇、文化背景等内容。比如“要求”这个汉日同形词，汉语中词义为“提出具体愿望和条件，希望得到满足或实现”，而在日语中有“因是我方理所当然的权利，故要求对方实现”的语感。所以如在翻译“中国要求加入 WTO”时，就不宜直接用日语中的“要求”，而是要翻译为“希望”。否则容易产生“WTO 有义务让中国加入”的语感。如在对外交流中使用，便容易产生误解和矛盾。类似“差之毫厘，失之千里”的问题不局限于词义的差异，还包括文化背景的差异，在此无法穷举。在教材中有意识地编入这样的内容，有利于帮助外语学习者关注到语言中的细节在对外交流中所起到的重要作用，从而更自信地使用外语对外交流。

三、结语

教育的根本任务是立德树人，教材则是教育的依托与基础。外语教材是为外语课程提供语言素材的原料之一，外语教材中融入思政元素不是将思政内容强加于外语，也不是弱化对学习者外语能力的培养，而是进一步明确教育目标，并将其与教学内容、教学形式、教学手段、教学活动等有机结合，做到价值观引领与语言能力培养相结合。课程思政教育改革工作的开展时间还较短，如何避免“空谈”“生谈”思政元素，编写与出版符合新时代需求、符合语言学习规律的优秀外语教材仍需广大外语教育工作者与出版社编辑共同探索。

参考文献

［1］陈淑清．大思政观视域下大中小学思政课教材一体化构建［J］. 思想理论教育导刊，2020（12）：98—101.
［2］孙有中．课程思政视角下的高校外语教材设计［J］. 外语电话教学，2020（6）：46—51.
［3］文秋芳．大学外语课程思政的内涵和实施框架［J］. 中国外语，2021，18（2）：47—52.
［4］梁书轩．思想政治教育元素融入大学英语教学的路径探讨［J］. 学校党建与思想教育，2021（4）：65—66.
［5］巩婕．课程思政教育背景下看外语教材和教学中存在的文化问题［J］. 传播与版权，2020（5）：186—194.
［6］孙慧莉，赵智慧．“用英语讲中国故事”青少年原创读物出版现状及思考——以《中国好故事》等四套读物为例［J］. 中国出版，2021（9）：29—34.
［7］练丽娟．语言习得中的文化认同研究综述［J］. 新疆社会科学，2017（2）：152—157.
［8］伊力米热·伊力亚斯．论外语专业课程与课程思想政治的有机结合［J］. 2019，32（22）：113—115.
［9］沈壮海等．中国大学生思想政治教育发展报告 2016［M］. 北京：北京师范大学出版社，2017.
［10］贾树枚．中国故事　国际表达：赵启正新闻传播案例［M］. 上海：上海人民出版社，2018.

大型墓志图录的整理与出版浅探

上海古籍出版社　盛　洁

摘　要

随着学术研究的推进，原本处于边缘的史料逐渐走向中心，甲金、简帛、石刻、文书、档案等资料价值日益为现代学者所重，整理与出版的意义日渐增大。近年来，大型墓志图录类图书屡屡问世，墓志图录的整理方式和出版形式较之以往都有巨大的发展。而墓志作为出土文献的特殊性和复杂性，也为其出版带来了挑战。本文结合近年来国内出版的大型墓志图录图书，从墓志图录的性质、整理规范、编纂要点等方面，对于大型墓志图录的整理方式和出版特点进行分析总结，期望以墓志图录的出版为例，对于出土文献类古籍整理和出版进行探索，以开阔专业出版的视野。

关键词

墓志图录　墓志整理　古籍出版　出土文献

北京大学历史系暨中国古代史研究中心教授陆扬曾在《从墓志的史料分析走向墓志的史学分析》中提到："出土墓志数量的不断增加使得墓志在中古史研究中所具有的意义日益突出，而对于这种意义，中国大陆、台湾和日本的史学界都已有了相当的认识，对墓志材料的利用也越来越普遍。在这一点上，西方的汉学界可以说是远远落在了后面。"近年来，墓志的史料价值，得到了学界越来越多的重视，墓志的整理工作也成为历史学界的重要成果之一。不论是各大博物馆、图书馆等官方机构所藏墓志的整理和出版，还是私人收藏墓志的研究与刊布，以墓志整理和研究为主要内容的图书出版无疑进入了高速增长的时期，从数量和质量上，都有划时代的发展。而由于墓志材料的特殊性，对其的整理和出版形式都较为复杂，也带来了很多挑战。本文结合上海古籍出版社近年来出版《墨香阁藏北朝墓志》《陕西省考古研究院新入藏墓志》等，对大型墓志图录的整理编纂和出版方式作一浅探。

一、墓志图录类图书的性质和特点

20 世纪以来，中国古代文献史上有四大重要发现，即殷墟甲骨、汉晋木简、敦煌莫高窟藏经洞文献，以及内阁明清档案。而近一个世纪，诸多墓志和碑刻不断出土，虽发现时间地点较为分散，但在文献价值上具有同样的重要性。饶宗颐先生将墓志与碑并称为“碑志”，认为：“向来谈文献学者，辄举甲骨、简牍、敦煌写卷、档案四者为新出史料之渊薮。余谓宜增入碑志为五大类。碑志之文，多与史传相表里，阐幽表微，补阙正误，前贤论之详矣。”

墓志的首要性质属于重要的出土文献材料，是古籍中特殊的一类，也是近年来最主要的新史料来源之一，可以补充家族世系，与方志、传记、文集相互参证，史料价值很高。墓志大多数经考古发掘和调查发现，与古代社会生活、历史事件、历史人物等都具有密切的联系。当然，出土墓志同时也具备文物、书法艺术品等性质。

以墓志图录为主要内容的图书编纂和出版形式各异。早期的墓志整理，大多只把墓志录文整理刊布，同时简要描述墓志的形制特征、出土或收藏来源，囿于时代或资源所限，往往并不刊布墓志图版，如《唐代墓志汇编》《新出魏晋南北朝墓志疏证》等。随着出版技术的发展，近年新出墓志图录则多扩大开本到 8 开，同时刊布拓片图版和录文整理成果，有的还附上部分志石的全彩照片，如《邙洛碑志三百种》《墨香阁藏北朝墓志》《大唐西市博物馆藏墓志》等，而获中国出版政府奖的《新中国出土墓志》更是囊括各省新出墓志的集成性丛书。其中，大型墓志图录，除了要符合石刻墓志类出土文献的整理出版要求外，也要对墓志图版的尺寸、位置、比例等进行精心编排，带有大型图文书籍的出版特点。

二、墓志图录整理和出版的问题和规范

（一）墓志图录整理出版的问题

新出墓志的大量涌现给予墓志出版众多契机，但目前的墓志整理出版也存在着许多显而易见的问题，主要有三：

一是新出墓志的发现和刊布渠道多元。如仇鹿鸣研究，近年来许多新出墓志的发现与民间购藏和盗掘流散关系匪浅，墓志材料的出土地点、收藏来源情况不明，墓志文献的首次整理和发表也往往较为零散，造成墓志图录的整理和出版或不全，或重复，或存

伪，给墓志整理出版工作增加了很多困难。

二是墓志图录的出版机构专业度参差不齐。规范的古籍整理是一项繁难的学术工作，专业度较高，出版机构需要具备一定的古籍编辑出版能力，熟悉古籍整理各方面的出版规范，对于古文字、古籍标点、校勘、注释、今译、影印都要具有专业素养。随着古籍整理选题的增长，越来越多的出版机构加入墓志出版的行列，其中部分机构缺乏古籍出版经验，不论是影印技术、图文编排，还是具体墓志年代年号、文字释读、定名等方面往往发生失误。

三是墓志整理和出版尚无统一的准则。王素先生就认为，当前墓志整理的最大问题是缺乏统一规范，导致学者们在墓志的定名方式、释文、标点、注释，以及墓志排序等问题上各行其是。对墓志的释文普遍存在繁简字形、横排竖排、专名线使用不统一等情况，对拓片图版的大小、比例尺和文物尺寸的标注、志文志盖的配合等方面，目前出版界也没有形成一定的标准。

这些显著存在的问题，都对我们探索墓志出版的规范和经验提出了紧迫的要求。

（二）墓志图录整理和出版的规范

如前文所述，墓志属于新出土的石刻文献，而出土文献与传世文献同属古籍，墓志的整理和出版也需要遵循古籍整理，特别是出土文献整理出版的规范。

在前期整理阶段，应注意判定墓志出土的时间、地点，全面收集材料，筛去重复内容，去伪存真。整理出版中则应先将传世文献的古籍整理规范和经验用于墓志出版，如对墓志整理刊布，可以参照已有的《古籍整理规范手册》，对墓志材料中的字形字体、标点、校勘、注释、今译等方面进行整理刊布。

虽然目前国内还没有制定统一的出土文献整理规范，但部分经典的出版个例仍可作为典范，给予我们探索墓志出版以重要的启发。《第一批国家珍贵古籍名录》将碑志列入金石碑帖专组，与简帛、敦煌与佛教文献、甲骨具有同样重要的地位。简帛、敦吐文献、金文等出土文献的研究已较为深入，例如唐长孺先生主持整理的《吐鲁番出土文书》是颇为经典的一部古籍整理图书，这些已有整理出版成果可以作为墓志图录出版的参考。

此外，出土文献等的整理和出版，应符合出土文献特点，具备文物性、图像性、史料性，出版时应考虑对保存原貌有利，对展示内容有利，对读者理解有利等要求进行策划。

三、大型墓志图录的具体编纂和出版

在对墓志图录进行具体整理编纂时，往往首先要对整理编辑标准有清晰的规划，并在整理说明或编辑凡例中作出详细的说明。较为复杂的体例问题多出现在定名、编次、录文等方面。除了凡例，在图文编排设计、图版和印制等方面，也要进行精心规划。

（一）墓志的定名

目前的墓志定名方式主要有几种：一是据墓志首题定名，如《中国国家博物馆馆藏文物研究丛书·墓志卷》。二是简化首题，作为名称。如“大唐”省作“唐”，省略部分官衔。三是照录首题，但以编号作为墓志名称，如《唐代墓志汇编》。四是另拟作“某人墓志”“某朝某人墓志”“某年某人墓志”“某朝某人墓志　时间”等。虽然志石或志盖多存有首题，但首题中往往志主姓名不连在一起，或者不出现全名，信息查询较难。因此目前整理多采用这种方式为墓志定名。此外，有的女性墓志，在首题中常出现某某妻某某的形式。有的图录会在女性志主标题下括注性别、夫妇关系等。

（二）墓志的编次

墓志的编次或排序，目前出版中常用的方式是按志主落葬日期或立志年月先后编次。墓志中经常出现的年代包括卒年、葬年等。部分志主由于墓志出土地点相近，会出现葬年一致的情况。部分志主虽葬年不同，但存在夫妇关系，因此很多时候还需要依据其他特殊标准完善排序顺序。

（三）墓志的录文规范

在志文的录文过程中，录字的选用是最主要的工作。常见的录文规范有以下情况。

凡误字，或径改，或于误字后以“（　）”括正字，或出校。

异体字、别体字、俗体字、古体字、避讳字等情况，是统一为规范的繁体字，还是保留原字，目前各行其是，无统一标准。在《墨香阁藏北朝墓志》的整理出版中，将异体字、俗体字统一为繁体字，但如果墓志文本身用的就是今天通行的简体字，则照录。这是目前墓志录文处理异体字的一种常用方法。《吐鲁番出土文书》的整理方式则提供了另一种整理范式，录入标准字，同时在括号中标出异俗字，做到两全。

残字漫漶难辨或缺损者，以“□”表示。残字难以计数者，以“■”或“□”或“□……□”或“(缺)”表示。字迹模糊无法确认者，或字外加方框，或于“□”后以“(　)”标明补校字，如《洛阳出土历代墓志辑绳》。

墓志往往出现提行（平出）、空格（阙）等现象。如果同时有拓片图版作为参照，目前较为流行的做法是不做标识，直接连贯录出，如《北京大学图书馆新藏金石拓本菁华》。也有的墓志整理中，原志文中不论空多少格，录文照空，或均空一格；凡字下空若干格才转行者，均于字下空一格标转行号“/”“\”“┘”或“└”。未来对于平出和阙的录文形式，期待可作更进一步的规范统一。

（四）其他墓志信息的保留和考证

除墓志拓片、志盖和志文录文、释文、注疏外，墓志图录往往择取其他信息同时刊布，包括对于所刊志石的卒葬时间、行款书体、撰者、书刻人名、志文标题、志盖标题、形制纹饰、出土时地、存佚状况、主要著录情况与研究文献等信息的说明与考证。部分墓志图录，还会将这些信息制成表格和索引，附在书末，便于读者利用。

墓志除了作为出土文献，也是出土文物，结合墓葬中的考古发现，在出版过程中尽可能多地保存墓志的文物信息，对于研究历史也具有重要的作用。图录中存在的常见问题是志石、志盖信息不全，即仅有志石，而无志盖，造成文物信息的缺失。志石和志盖俱全者，同样也存在误配的可能，需要仔细审对。

对墓志出土地点及流散情况的记录，因部分新出墓志由私人藏家购藏，往往较难追溯出土信息。但如《秦晋豫新出墓志搜佚》中，仍然尽可能地记录了墓志出土的地点与流向，保留了许多有用的信息，对于了解家族墓地的形成与分化等研究很有帮助。

（五）墓志图录的图文排版

根据墓志是否有志盖、志文长短、志石形制等特点，在墓志图录的排版和图文安排上，需要提前合理安排设计。

志盖、志石具存的墓志，一般有两种排版方式：其一是放大志石，让志文尽量清晰可读。同时缩小志盖，排在志文下部或一侧。其二是遵循实物比例，令志石和志盖同大。两种方式各有优劣，可根据志文情况选择。

对于图版和录文的排版方式，常见方式是将志石图版与录文置于一页内，上图下文排列。也有的图录，采取图版与录文单双页相邻排列的方式，方便图文对照阅读，排版也更加整齐。具体可根据志文长短选择。

（六）墓志图录的开本和印刷质量

早年出版的墓志图书中，囿于当时条件，不少书中所附图版过小，影印质量较低，难以识读，如“陕西金石文献汇集”丛书中普遍存在这类问题。近年新出大型墓志图录，多采用 8 开印制，附有大幅图版。图版印刷质量，各书之间仍有参差，部分图书影印模糊，清晰度较低，也有如同《北京大学图书馆新藏金石拓本菁华（1996—2012）》这样的精品。图版印刷质量，与前期拍摄技术、图片精度、后期印制技术等均密切相关，尤其是拓片拍摄质量，是出版的重要基础。内文用纸、油墨选择，也对印刷质量和书籍的韵致具有重要的影响。

为了更好地展现原拓的精微，有的图录还选取了具有代表性的墓志原石照片，制作全彩四开拉页或彩插，如《陕西省考古研究院新入藏墓志》。

在传世古籍整理较为完备的情况下，随着学术研究的推进，原本处于边缘的史料逐渐走向中心，甲金、简帛、石刻、文书、档案等资料价值日益为现代学者所重，整理与出版的意义日渐加大。大量墓志材料的新发现，以及现代出版技术的提高，表明以墓志为代表的出土文献的出版条件渐趋成熟。探索大型墓志图录的出版路径，既可以开阔专业出版视域，又能为古籍整理研究和学术出版带来重要的社会效益，具有长远的意义。

墓志图录的整理与出版，在提供机遇的同时，也对出版者提出了挑战。墓志出版需要许多与传统古籍整理不同的专业知识与经验、技能。在墓志整理和出版之前，必须对整理目的、读者对象等有清醒的认识，先评估出合理的整理和出版方案，再具体着手进行，则会事半功倍。许多墓志出版的问题往往是在策划方案和确定凡例时没有提前建立好规范，对于小至异、俗体字，大到整体内容、凡例确定和版面没有清晰的规划，从而造成了遗憾。当然，其中许多问题出版过程中难以解决，需要编者和出版者的共同努力，也需要整个学术界和出版界尽快确立相关的规范标准。

参考文献

[1] 陆扬 . 从墓志的史料分析走向墓志的史学分析——以《新出魏晋南北朝墓志疏证》为中心［J］. 中华文史论丛，2006（4）：95.

[2] 饶宗颐 . 法国远东学院藏唐宋墓志拓片图录引言 // 饶宗颐著，郑会欣编 . 选堂序跋集［M］. 北京：中华书局，2006.

[3] 仇鹿鸣 . 十余年来中古墓志整理与刊布情况述评 // 包伟民，刘后滨主编 . 唐宋历史评论第四辑［M］. 北京：社会科学文献出版社，2018.

[4] 强慧婷 . 推进中古社会历史研究［N］. 中国社会科学报，2018-08-20.

“互联网 +”时代图书品牌建设及发展方向——以“独角兽”图书品牌为例

上海人民出版社　张晓玲

摘　要

出版企业的竞争正由产品竞争、质量竞争、服务竞争，转向更加综合的品牌竞争。本文通过上海人民出版社“独角兽”品牌创立和发展历程的梳理以及在“互联网 +”时代背景下营销推广和跨界合作所作的尝试，对图书品牌的策划和培育、图书品牌的推广和维护、图书品牌的拓展和破圈进行思考，提出树立内容为主的经营理念，在坚持正确出版导向的前提下，以读者需求为中心，着力提升图书产品的内涵和质量以内容优势赢得市场。

关键词

图书品牌　品牌建设　独角兽

建设社会主义文化强国，出版是至关重要的一个领域。业界普遍认为，互联网时代出版企业之间的竞争正由产品竞争、质量竞争、服务竞争转向更加综合的品牌竞争，品牌成为读者购买产品的最后决定因素。图书的品牌建设显得越来越重要。

一、图书品牌的策划和培育

（一）策划

图书具有文化产品与商品的双重属性。在其发展过程中，品牌建设也变得越来越重要。图书品牌“是指出版企业的名称、标志、术语和图书书名，或其组合，其主要功能在于区别不同出版者的出版物或同一出版者的不同出版物”。图书品牌“关系到出版物在社会上的大众认可度或专业领域的专业认可度，是出版社核心价值观的外在体现。它代表着出版社的内容挖掘水平，以及出版物的专业、质量水平和提供的服务水平，能让出版社和读者为自己认同的价值取向快速达成共识，从而给出版社带来市场地位和经济利润，给读者带来阅读体验和精神享受”。

图书品牌的创立有助于资源维护、价值拓展、聚集人气，是出版社拓展经营中的重要手段。品牌创立的第一步是出版社结合自身出版优势确立品牌特色，做好细分市场调研。在对图书市场进行有效细分的基础上，充分发挥自身的出版优势和特长，确定目标读者的阅读兴趣和阅读喜好，从读者需求出发，对图书品牌进行准确定位，满足专业市场需要。

“独角兽”是上海人民出版社旗下以法律类图书为主的社科学术品牌，品牌名称来源于中古代的一种独角兽——獬豸，它生性正直，能辨曲直，是“勇猛公正”的象征和最能代表我国传统法制的动物，也是我国许多政法院校和公检法机关不可或缺的雕塑形象。以此为名称，突出了品牌以“法律类”为主的特色。“独角兽”品牌标志由独角兽形象和专有字体构成，形成与目标读者在联想记忆方面的有效连接。“独角兽”的品牌口号是“阅读，不止于法律”，品牌理念是“友善精神，坚毅力量”，主要是在保持法律特色的同时，兼顾一定的包容性，为今后的品牌延伸和扩展预埋管线。

“独角兽”品牌的策划可追溯到 2015 年初，之前，上海人民出版社法律与社会编辑中心已深耕法律类图书多年，积累了得天独厚的出版资源。根据当时国内法律类图书出版情况，得益于中国法治建设的逐步完善，民众法律意识和法律素养的日益提高，普通百姓对法律图书的需求也在不断地增强的背景，法律类图书从以往以“法学专业师生、实务工作者”为主要读者对象的专业出版物，慢慢向大众读者扩容，从 2011 年起，多本法律类图书开始进入畅销书榜单，但多数为译著，如《批评官员的尺度：〈纽约时报〉诉警察局长沙利文案》《谁来守护公正——美国最高法院大法官访谈录》等。基于此，2015 年初，“独角兽”作为丛书名称被正式确立，丛书最初定位是出版优秀的法律知识类读物，一方面引进出版世界一流法律学术著作，另一方面推出国内一流学者的高品质法学学术专著。

（二）培育

图书品牌创立初期还没有形成较高品牌知名度的时候，要集中精力和资源，在专业领域积累优质图书，形成一定的特色和规模，在目标读者圈积累影响力。图书品牌的培育是一个相对长期的过程，选题结构需要进行整体布局，尤其是作为专业类的图书品牌，宜通过专题学术研讨会等方式与相关专家学者保持密切沟通与合作，进行选题开发和策划，并与专业院校和研究机构建立稳定的合作关系。

“独角兽”从 2016 年起，定期与高校老师和法学研究者沟通会商，讨论提出一些可选书目，并与华东政法大学外语学院、同济大学法学院合作，挖掘翻译英、德、日文的法律图书。初步形成了《德国资合公司法》《德国债法总论》《德国刑法总论》《德国企业监事会的权利与义务》《美国合同法案例精解》《费城抉择：美国制宪会议始末》《正义的直觉》《失义的刑法》等选题，并成功申报上海市“十三五”重点项目。2017年，经过近两年的策划与编辑工作，“独角兽”丛书开始陆续出版，当年推出《费城抉择：美国制宪会议始末》和《美国合同法案例精解》。

品牌的培育期，也是根据不断变化的市场与读者反馈，进行自我修正的过程，不断明确完善品牌的内涵与价值取向。2017年，“独角兽”明确法律类知识读物选题的列选条件：具有较高学术价值或者市场效应、积极的现实意义、显著的法学创新价值、受到专家学者与读者的广泛好评。根据世界人工智能发展潮流，也为响应国家关于人工智能发展的战略规划，借鉴吸收国外已有人工智能相关法律研究成果，“独角兽”增加一个子系列，即人工智能法律相关图书，以此体现法学研究的与时俱进，呼应社会发展。

二、图书品牌的推广与维护

（一）推广

图书品牌的成功还需要选择一个合适的时机来扩大品牌知名度，如利用大众传播媒介或线下活动造成声势，提高目标读者对品牌的接触率，并留下深刻印象，扩大认知，增进理解，使图书品牌能够在目标读者群快速传播，达到事半功倍的宣传效果。

“独角兽”选择利用上海国际高端会展资源渠道来扩大图书品牌的传播面。人工智能是新一轮科技革命和产业变革的重要驱动力量，2018年世界人工智能大会在上海举办。“独角兽”品牌所在编辑中心借由这个契机，策划、发起并全程参与“人工智能与法治”系列活动。系列活动启动仪式在2018年上海书展期间举行，高端研讨会被列入2018世界人工智能大会主办方分论坛。研讨会邀请全国专家学者参会，上海市领导及政法系统主要领导到场致辞。研讨会现场共有人民网、凤凰网、看看新闻网、腾讯新闻客户端、腾讯大申网现场直播，播放量总计231万余次。人民日报、央广网、文汇报、解放日报、中新网、新民网、世界人工智能大会官微等媒体共计报道视频新闻12条，新闻80余篇。“独角兽·人工智能”系列丛书是国内首套关注“人工智能与法治”的丛书，在此次系列活动中成功推向市场，“独角兽”品牌也脱颖而出，成功赢得了法学专业读者的广泛关注，实现了图书品牌传播推广的目标。

（二）维护

图书品牌维护的核心在于不断推出优秀图书，保持品牌热度，不断增加读者的记忆强度，积累品牌效应。“独角兽·人工智能”系列图书围绕人工智能与法治主题，涉猎内容前沿，出版形式统一，目标读者稳定。2018 年后，世界人工智能大会每年在上海召开。抓住此机遇，“独角兽·人工智能”发展成为“独角兽”品牌具有标志性的重要出版品类，每年定期出版 3 本译著，并以中国在大数据、人工智能等领域的实践为切入点，每年出版 1 到 3 本原创学术著作，逐渐形成在法律与人工智能领域的影响力。2019 年起，“独角兽”连续两年策划“人工智能专题月”活动，关注“人工智能、大数据与公平正义和国家治理”等前沿话题，使“人工智能与法治”的热点能够长时间持续。

除“独角兽·人工智能”外，2018 年“独角兽”还出版译著《正义的直觉》《失义的刑法》《美国法律体系》；2019 年出版了《死刑——起源、历史及其牺牲品》《德国资合公司法》；2020 年出版了《无罪之罚——美国司法的不公正》《告密——美国司法黑洞》等。在人民网、《光明日报》《文汇报》等重要媒体与平台保持高频度曝光率，受到学界高度关注。

三、图书品牌的拓展与破圈

（一）拓展

迭代创新是“互联网+”时代的主要特点，处于“互联网+”时代的图书品牌的拓展也不例外。根据目标读者的阅读习惯和阅读体验的改变，图书品牌既要从选题方向、也要在营销策略上作相应的迭代创新。“通过迭代创新，提高品牌知名度和美誉度，加深读者忠诚度，增强品牌影响力和竞争力”。

选题方向方面，基于人工智能进入新的发展阶段，成为新一轮科技革命和产生变革的重要驱动力，上升为国家战略，其应用场景不断拓展，渗透到人类社会方方面面的宏观背景，加之“独角兽·人工智能”系列丛书的持续出版保持了高频度曝光率，赢得了学界的持续关注，“独角兽”逐渐形成了在人工智能领域的出版特色。除“独角兽·人工智能”外，从 2020 年起，裂变出同领域的多个系列，“独角兽·区块链”系列是国内社会科学界第一套对区块链的整体性影响进行讨论并引领该领域学术研究的丛书；“独角兽·未来法治”系列持续出版国内学者在云计算、大数据、物联网、人工智能和区块链方面的优秀原创性成果。此外，“独角兽”还在坚持法律类图书特色的基础上，对产品线作了有限的扩展，以法律文化史为突破口，拓展了符合品牌理念的历史文化产品线，满足了专业读者不同的阅读需求。

营销策略方面，也与时俱进，创新拓展。“互联网 +”时代，传播渠道日益分众化，出版单位在进行品牌图书营销时，必须改变传统的“由出版社到经销商再到消费者”的单向营销模式，要充分利用各类传统媒体与新媒体，构筑线上线下同步、新旧媒体融合的立体宣传格局。短视频平台和社交媒体异军突起，读者阅读习惯改变，碎片化阅读和网上阅读成为主流。基于此，继建立微信公众号后，“独角兽”在 2021 年开通了视频号和微博号。新媒体既是品牌的信息发布渠道，也是与读者交流的渠道，线上平台聚合目标读者群，可以更多地了解读者的内容需求和对图书的满意程度。

（二）破圈

“互联网 +”时代，网络技术日益发达，信息剧增，人们可以依据喜好关注各种媒体和公号，相同兴趣爱好的人聚合成同类的网络群体，大家关注和谈论的话题大致相同，形成“信息茧房”。因此，专业类图书品牌发展到一定阶段，因为目标读者圈层有限，很难保持长期增长，基于用户思维和产品思维，如果图书品牌的影响力能逐渐跨越图书出版领域，即“破圈”，就可以发掘潜在读者，实现圈外读者的增长，从而扩大品牌的认知度和影响力。

向“文创领域”的破圈。基于品牌的出版和文创的融合，对出版和文创业务来说是双赢。一方面，出版机构利用品牌影响力为新兴的文创业务开辟市场；另一方面，基于文创产业的品牌延伸，赋予出版品牌更加丰富的内涵，扩大品牌在文创领域的影响力。“独角兽”作为以法律类图书为主的社科学术品牌，也于 2021 年推出了与品牌理念契合的文创产品，把品牌价值从图书延伸到文创。如一“锤”定音法槌笔，设计理念是当笔尖在纸间穿行，包含“独角兽”Logo 的法槌笔亦起起落落，象征秩序得到维护，正义得到伸张。

以跨界联名的方式寻求破圈。2021 年，“独角兽”与字魂网跨界合作，字魂网根据“独角兽”的品牌理念设计推出一款字体——独角兽体，字体兼具宋体的文艺感与黑体的现代感，大气简洁、干脆有力、张弛有度，较粗的字重，营造出力量感，字体重心居中统一，给人以大气稳定之感。“独角兽”品牌标志的字体用独角兽体加以呈现，双方利用自有渠道进行宣传，实现了流量的互为引流。

四、挑战与应对

（一）线上零售占比加大，折扣弊端愈显

随着互联网的迅猛发展，网上销售渠道已经从 1.0 版的淘宝，发展到 2.0 版的京东、

拼多多，以及 3.0 版的抖音、快手，但无一例外，都是大打价格战，用低价吸引用户购买。对出版业来说也是如此。近年来，线上销售占比持续增加，据人民网报道，实体书店与网络书店零售码洋规模占比从 2019 年的 3∶7 变为 2020 年的 2∶8，但以当当网和京东网为代表的线上销售渠道的折扣则一降再降，满减活动以及促销几乎覆盖全年，新引入的直播带货和短视频售书等也多要求“全网最低价”，而线下营销活动获取有黏性的流量的成本也在不断推高。因此，为图书品牌所做的推广工作越来越多，但得到的回报却增长较慢。面对这种情况，要对图书品牌的目标读者对象作更精准的分析，打破对线上销售渠道的过分依赖，提高线下活动吸引用户的有效性，多获得一手流量。

（二）互联网新玩法应接不暇

在“互联网 +”时代，新技术将给出版物的生产传播带来难以预料的变化和无限的可能性，融合转型是当前出版企业寻求未来发展蓝图的重要途径。但微信公众号、微博、短视频各有各的新玩法，对编辑来说，除了掌握编辑技能以外，还需要图片和视频编辑处理能力，了解媒介端融合分发能力。面对这种情况，还是要扩大内容的专业优势，寻求专业渠道合作，在合作中边做边学。

图书品牌的构建可以满足读者对图书品质的更高追求，在品牌建设过程中，首先是内容为王，这是因为内容是图书的核心，是读者体验的起点。要在坚持正确出版导向的前提下，以读者需求为中心，把内容建设摆在图书更加突出的位置。其次是辅以与“互联网 +”时代相适应的营销推广方式，寻求品牌影响力的持续增长。

参考文献

［1］周鹍鹏 . 基于互联网思维的图书品牌塑造策略，编辑学刊［J］，2016（5）.

［2］韩惠言 . 论图书品牌的特性与培育［J］，出版发行研究，2002（9）.

［3］曹建，张钰 . 我国出版品牌建设的经验与思考［J］. 出版广角，2020（20）.

［4］桂方海，褚骊英，代召辉 . 以品牌建设推动图书出版业高质量发展［J］. 出版参考，2020（11）.

［5］张新华，王炜璠 .“出版 + 文创”：以核心资源为基础的出版价值链延伸［J］. 出版广角，2017（304）.

［6］魏玉山 . 政策红利、主题出版、融合发展：2019 年度中国出版业发展报告［N］. 中华读书报，2020-01-22.

日语借词在出版物中的常见误用形式及其规范化方法

复旦大学出版社　赵楚月

摘　要

本文试从出版学的角度整理出部分经常被误用的日语借词，并以《现代汉语词典》为标准对其用法的规范化提出初步见解。汉日语词汇交流的历史源远流长，由于共用汉字，两者相互影响，造成了日语借词界限模糊的问题，而近代以来出版物对日语借词的无序使用则加剧了问题的严重性。本文以当代出版物为对象，立足实践经验，选取了三种日语借词的误用形式，并针对性地指出其正确用法，从而为解决汉语出版物中日语借词的使用缺乏规范的问题提供一些参考。

关键词

日语借词　《现代汉语词典》　出版规范

汉语与日语交流的历史可以上溯到公元前3世纪。在2000多年的双向流动中，日本文人积极学习汉字，利用汉语词汇极大地丰富了日语语言体系。然而进入19世纪，随着日本先于中国通过明治维新实现近代化，大量西方概念经由日本学者使用汉字翻译引进，并开始反过来影响汉语词库。这些来自日语的新词汇一般被称为“日语借词”。

“日语借词”范围的界定经历了一个过程，20世纪中期以来，已有诸多学者从语言学的角度对其定义与演变展开细致的研究。在很长一段时间内，汉语作者对日语借词的使用处于无序状态，造成出版物中日语借词被频繁误用。本文拟从编辑的视角出发，考察不同历史时期汉语作者的日语借词使用情况，并尝试就当代出版物如何对此进行规范化提出一些初步见解。

一、日语借词的概念

现代汉语中，“借词”与“外来词”同义，指“从另一种语言中吸收过来的词”。但是这一定义并不十分严谨。根据孙常叙1957年在《汉语词汇》中的区分，外来词包括借词与译词两大类，而借词又可以分为借取语音形式的借词和借取书写形式的借词，日语借词被归为借取书写形式的借词。到高名凯、刘正埮编写成《汉语外来词词典》（1984）时，则提出日语借词包含三种类型，即日本新造的汉字词、日本利用古代汉语固有词汇表达西方概念的词，以及日本将汉字用于翻译西方概念而成的词。《汉语外来词词典》收录了近900条日语借词，初步明确了其范围，这一范围后来又得到了朱京伟的修正和补遗。

由此可见，语言学界针对日语借词内涵与外延的研究始终处于动态过程。站在编辑的角度看，以《现代汉语词典》为代表的汉语词典对日语借词的划分依然非常模糊。《现代汉语词典》比较机械地指定了11个日语借词，凡例将其定义为“近些年从日语借入的‘外来词’”，用［日］符号标明。这11个标注［日］符号的日语借词分别是“便当”“刺身”“俱乐部”“卡拉OK”“寿司”“数独”“榻榻米”“天妇罗”“瓦斯”“物语”“宅急送”，另有18个释义中明确说明借自日语的词语，分别是“茶道”“东洋”“歌舞伎”“和服”“和文”“假名”“明治”“俳句”“日元”“武士道”“东瀛”“空手道”“浪人”“幕府”“神社”“天皇”“相扑”“桌球”，这29个《现代汉语词典》词条均是日本特有的或发源于日本的事物或专有名称，并未涵盖语言学界所考日本在近代化过程中，为传播西方思想新造、翻用古代汉语、重组汉字形成的新词。

缺乏成型的书面使用规范直接导致了日语借词时常遭到不自觉的误用。混同汉日语词义、混淆相应汉字、生搬硬套尚未被汉语接受的日语汉字词等现象都很常见。为了辨析特定日语借词的使用是否符合白话文写作的习惯，提出一套具有一定编辑出版学实践意义的日语借词使用规则，首先必须对日语借词的引进过程作一番历史性的考察。

二、20世纪中期以前出版物对日语借词的应用

在日语借词使用的规范性程度上，20世纪中期是一个重要的时间节点。一方面，日语借词这一概念的内涵本身在20世纪中期逐渐成形；另一方面，归纳、整理日语借词的汉语词典也始见于这一时期。一般认为，汉语对日语汉字词的大规模引进集中于晚清至民国初年，最先出现的是所谓的“访日游记”。其中影响力最大的是黄遵宪作于1879年的《日本国志》。现今耳熟能详的“共和”“宪法”“市场”“主义”“建筑”“小说”“博物馆”乃至“和歌”“三味线”最早均出自该书。

明治维新后，留日学生、学者开始有组织地创办报刊、翻译日书，介绍西方政治、

经济、社会学说，宣传民族独立与民主革命。梁启超在这一阶段起到了关键作用，据统计，梁氏的著作中共计出现日语汉字词 66 个。遗憾的是，由于留日学生、学者对于日语汉字词的借用同早期的访日游记一样属于自发行为，其中很多因后期词典、教科书的规范化而不再沿用。以鲁迅为例，其作品中使用的“昨今”（最近）、“美点”（优点）、“知人”（熟人）、“约束”（约定）、“意味”（意思）、“原点”（起点）等词语都无法与现代汉语对接。

随着清政府 20 世纪初的教育改革，出现了官方主持开办的江南制造局、京师同文馆，民间创设的商务印书馆、广智书局、广学会等翻译机构。它们为配合新学制，翻译引进了大批日本教科书。这些教科书不仅照搬日本名词术语，而且大量聘用来自日本的译者，数量巨大的日语汉字词于这一时期进入中国，并经过激烈的内部竞争，逐渐趋于稳定、统一。与此同时，收录、整理日语汉字词的词典也开始出现，较为著名的包括《新尔雅》（1903）、《辞源》（1915）、《新术语词典》（1930）、《现代语词典》（1930）和《新知识词典》（1935）。

三、当代出版物中日语借词的常见误用形式

20 世纪中期以后，随着相对成熟的汉语外来语词典的出现以及日语借词概念的提出，规范化日语借词使用的要求也应运而生。尤其是站在出版从业者的角度，为了契合国家“推广普通话，促进汉语规范化”的精神，出版物有必要划清汉语和日语的界限，避免近代以来因共用汉字造成的日语汉字词的无序使用。出于研究的现实性考量，本节将以《现代汉语词典》（汉语）与《大辞泉》（日语）为参照，考察当代出版物对日语借词的常见误用形式。

森田聪通过比照《现代汉语词典》与以《汉语外来词词典》为代表的外来词专门研究著作，共计整理得第一至第六版《现代汉语词典》收录日语借词词条 722 条，其中标有［日］符号或释义中说明借自日语的仅占 4%，大部分日语借词已经随着汉语人群约定俗成的使用逐渐融入了汉语当中。汉语人群在理解日语借词时，往往直观地解读汉字的字面意义，并且自然地带入汉语语境与思维方式，日语借词在进入汉语后发生变化的情况并不罕见。笔者在森田聪研究的基础上对第七版《现代汉语词典》所收录的日语借词作了简单归类，汉日语完全相同的词条占到了一半以上，剩余部分日语借词在传播的过程中则发生了不同类型、不同程度的变化，这些变化具体可以分为词形变化、词性变化与词义变化三大类。

（一）词形变化造成的误用

在现代汉语的体系化过程中，繁体字、异体字、异形字等遭到弃用，被相应的简体字取代。然而，在早先时期引进的日语借词却可能采用了旧时的字形，因此字形的自我更新非常重要。以“计划”“辩证法”为例，前者日语原型为“計画”，后者为“弁証法”，在较早的历史时期，汉语中也时常将其写作“计画”和“弁证法”。然而根据《现代汉语词典》，“计画”这一写法已被明确规定统一为“计划”，而“弁”字甚至未被收录，因此在实际处理时，与错别字无异，应予以修正。

（二）词性变化造成的误用

变更词尾、助词从而改变词性是日语的特征之一，而这有时便会导致日语借词在进入汉语时因抛弃词尾或助词而词性发生变化。以日语词尾“する”为例，它常常跟在名词之后使其变为动词，而汉语引进时往往直接抛弃词尾，导致词性发生变化。造成类似变化的还有“的”字的省略。日语中常见在名词后紧跟“的”字组成形容动词，再跟随平假名“な”起修饰作用，而汉语在借用这类日语词汇时通常简单地引入其名词原型作形容词用，因而导致词性变化。

（三）词义变化造成的误用

在汉日语用法不同的借词案例中，词义改变的占据了绝大多数，远多于词型或词性有所变化的。词义变化又可以分为三种类型：（1）进入汉语时被赋予了日语原型不具有的新义（义项增多）；（2）丢失了部分日语原型的旧义（义项减少）；（3）因理解、使用方式的不同造成汉日语词义完全不同或部分义项有所不同（义项转移）。

1. 义项增多

日语借词之所以出现义项增加的情况，多与中国特有的社会制度、文化背景、学术环境等有关，比较典型的有“编制”“单元”“干部”“关系”“暖流”“品位”“亲和力”等。例如“德育”一词，日语原义是“道德教育”，进入汉语后扩大为“政治思想和道德品质的教育”。又如在中国常见于商业广告的“秒杀”，其日语原型仅指“(在竞技场上)瞬间击败对手”，而汉语却将其延伸至“在极短的时间内结束”，因此常被用于形容商品畅销。

2. 义项减少

义项减少的例子是日语借词中最多的，典型的有“霸权”“悲观”“承认”“单纯”“登载”“反对”“固定”“广场”“评价”“情报”“取消”等。这往往是因为汉语在引进时只保留了原词的部分义项。一方面，一些日语借词有着与日本特殊社会文化相关的义项，汉语在引进时无须保存，譬如“道具”一词除了“出于某种目的而使用的工具”之外，在日语中还指代“武家的枪等武器”“三衣一钵等佛教僧侣的修行必需品”，这两个义项对于充实汉语并无意义。另一方面，日语的构词法决定了它包含很多组合词，复杂的组合形式令这些词汇能够拥有很多义项，而汉语在引进时仅仅选取了其中一个或少数几个。刘露蔓在研究中举了“卖场”一词为例，其日语原型“売り場”是“売る”（动词，意为“销售”）与“場”（名词，意为“场合”）连用而成的组合词，因此也有两个义项：（1）出售商品的地方；（2）适合销售商品的机会或场合。相对的，汉语中的“卖场”为独立的二字名词，只有“出售商品的地方”一层意思。

3. 义项转移

相比义项的增加与减少，义项转移的例子在日语借词中并不多见。然而，发生义项转移的日语借词遭到误用的风险是最大的。所谓义项转移，指最初只表示特定事物或概念的词语，随着语言的发展，其意涵从基本意义上转移，派生出新的意义。日语借词中发生的义项转移又可以分为整体转移和部分转移。这里的整体转移指同一词汇的汉日语词义完全不同，典型的例子包括“辩护士”“财阀”“大本营”“电波”“对决”“番号”“公称”“取缔”等。历史学界由来已久的“封建”概念就来自该词的义项转移。义项部分转移的例子相对较少，主要有“博士”“纲领”“国体”“交通”“阶级”“冷藏库”“理事”“命题”等。

四、规范化日语借词使用的方法初探

由上述日语借词的引进历史与汉日语词义的对比可见，日语借词的使用需要具体问题具体分析，不过，写作者仍需要遵循一些基本原则。20世纪中期是一个时间节点，处理此前或此后的出版物应有不同的标准。对于当代出版物，应明确区分已被《现代汉语词典》等汉语词典收录的日语借词与纯粹的日语汉字词，不能因两者共用汉字就随意混用。本节总结了四条处理现代汉语出版物中日语借词的方式，以期作为规范化日语借词使用的初步尝试。

（一）保留日语原型

在两种情况下，出版物可以并且应该保留未被汉语词典收录的日语汉字词原型：（1）出版物发表于20世纪中期以前；（2）特定日语汉字词的用法已经得到广泛通行。以陈望道译于1930年的冈泽秀虎《苏俄文艺理论》为例，书中出现了“直后”“揭载”“演剧”“氛围气”等日语汉字词，也使用有“新闻”等义项有所转移的借词，但考虑其所处历史阶段，编辑应遵循“非必要不更动”的原则，在修正异体字、异形字的基础上，保持译本原貌。而不符合现代汉语表述习惯，却被汉语人群普遍接受，直至成为约定俗成用法的最著名案例，就是日本作家太宰治的名作《人间失格》书名。面对这种情况，笔者认为可以适当保留原词以便实现传播的目的。不过，考虑到词义或用法的改变可能导致读者在阅读时产生歧义，编辑可以在适当位置补充注释，阐明相关词汇的原义，以便理解。

（二）采用《现代汉语词典》等汉语词典的用法

对于《现代汉语词典》等汉语辞书已有收录的，换言之，已经成为现代汉语一部分的规范日语借词，毫无疑问应当依据《现代汉语词典》的释义使用。值得注意的是第三节所罗列的词形、词性、词义在引进过程中发生了变化的日语借词，在使用时应仔细查阅汉语词典，确认其在汉语中的含义。使用仅在日语中成立的释义应被视为误用，正确的做法是将原词翻译为相应的汉语。

（三）翻译为标准现代汉语

事实上，有相当一部分当代出版物在日语借词的使用方面是不够严谨的。如果把“日语借词”的范围框定在以《现代汉语词典》为代表的汉语辞书以内，那么无论是未经收录的日语汉字词，还是用于表达超出汉语的日语原义的借词，都属于词语的误用，应该被翻译为表达相同含义的标准现代汉语。这对于汉语的纯洁性具有重要的意义。

（四）考察使用率择较优选用

在日语借词的使用中，还有一类极为特殊的情况，即汉语中针对同一概念，借词与译词同时存在。最显著的例子是“论理学”一词。汉语“论理学”的释义为“逻辑学的旧称”，换言之，现代汉语中同时存在借词“论理学”同译词“逻辑学”。面对这种情况，笔者认为，应对借词与译词的使用频率进行比较，例如“逻辑学”的使用率就远高于“论理学”，选用更加通行的词汇，逐渐约定俗成地形成固定用法。

正如对于语言学界而言，划定日语借词的范围需要一个漫长的过程一样，由于缺乏固定的标准，当下出版物对于日语借词使用的规范化也尚处于摸索之中。随着国内引进日本学者、作家作品的增多，日语借词误用导致的问题愈发显著，站在编辑的立场上，从出版规范化的角度明确借词与译词的适用范围，为译者提供参考具有十分重要的意义。

囿于时间和精力，本文仅简单地将被《现代汉语词典》收录视为日语借词的边界，并未考察到词条更多、更全面的《汉语大词典》《辞海》等对日语借词的整理情况，对于语言学专门研究的关注也较为有限，存在明显的局限性。期冀本文能引起出版界重视，对外来词使用规范开展更具深度的研究。

参考文献

[1] 孙常叙．汉语词汇［M］．长春：吉林人民出版社，1957.
[2] 森田聡．《现代汉语词典》中的日语借词研究［D］．天津：南开大学，2016.
[3] 大原信一．近代中国のことばと文字［M］．东京：東方書店，1994.
[4] 刘露蔓．汉语吸收日语借词的词汇特点探析［J］．汉字文化，2019（16）：44.
[5] 谢梓飞．探究日语借词对现代汉语的影响［J］．文学教育，2019（2）：147.
[6] 顾江萍．汉语中的日语借词研究［M］．上海：上海辞书出版社，2011.
[7] 何华珍．日文汉字在汉语辞书中的有关问题［J］．北方论丛，1999（5）：108—111.
[8] 罗晓红．简析日语汉字的形成［J］．现代外语，1987（3）：69—70.
[9] 沈国威．近代中日词汇交流研究［M］．北京：中华书局，2010.
[10]［日］石黑章予．日语常用汉字与汉语现行汉字比较［J］．语言历史论丛，2013：254—275.
[11] 朱京伟．近代中日词汇交流的轨迹：清末报纸中的日语借词［M］．北京：商务印书馆，2020.
[12] 朱京伟．日语借词进入汉语的时间溯源——以《申报》和其他5种清末报刊为例［J］．日语学习与研究，2020（4）：1—10.

混合式外语教材的出版路径和发展展望

上海外语教育出版社　张传根

摘　要

混合式外语教材出版是信息化、智能化时代外语教材出版的新路径。本文介绍混合式外语教材出版的时代背景及外语教学出现的新变化，指出混合式外语教材出版必须遵循的理论及原则，再以上海外语教育出版社推出的“全新版大学进阶英语”系列教材为例，以点带面，探讨了混合式外语教材的构成及其出版流程，并对此类新型教材未来发展进行展望。

关键词

《大学英语教学指南》(2020版)　混合式外语教材　复合型编辑人才

混合式教学（Blended Learning）是以学习者为中心，基于一定的教学目标，把传统的面对面课堂教学与现代网络学习有机融合，实现学习目标最优化的教学模式。《大学英语教学指南》(2020版）指出信息化和智能化时代为外语教学提供了全新的教学方式、学习方式和前所未有的丰富资源，各高校应充分利用信息技术，积极创建多元的教学与学习环境，实施混合式教学模式。教材是教学的重要载体，混合式外语教学的开展亟须出版符合这一新型教学模式的外语教材。目前，国内对混合式外语教学的研究颇多，但对混合式外语教材的研究严重不足，经知网检索，只有饶国慧的一篇文章——《基于混合式学习的教材出版融合创新之路》。文章从教材使用者的立场探讨了混合式外语教材的使用情况，但没有论及其理论依据及具体出版路径。

本文以上海外语教育出版社（以下简称“外教社”）全新推出的混合式外语教材——“全新版大学进阶英语”系列教材（以下简称“进阶英语”）为例，以点带面，探讨了这一类型教材出版的理论、背景、原则、内容、实施路径，并展望其未来发展前景。

一、混合式外语教材出版的理论、背景及原则

（一）理论

混合式外语教材出版必须遵循混合式外语教学理论。混合式外语教学吸收建构主义、人本主义和认知学习理论的核心思想。建构主义强调学习者个体或者学习者之间的互动，在原有知识或经验的基础上实现对知识的重新建构（重组），以培养复杂条件下解决问题的能力，即知识、能力的有机集合为有效实现创新能力的培养提供了方法论指导。人本主义学习理论强调学习环境的创设，强调教师对学习策略、学习手段的指导，强调自我决定学习内容。认知学习理论认为人是学习的主体，会主动学习。这有利于培养学生的责任意识和担当意识。混合式学习将面授学习和在线学习各自的优势有机整合起来，落实到课程和教学活动设计当中。让学习者更具学习参与性，促使人才培养相关各方开放式地接受各种可能，重新审视和重构教与学的关系，让学习者进行有意义的深度学习。

（二）背景及原则

《中国教育现代化 2035》指出要建设智能化校园，统筹建设一体化智能化教学、管理与服务平台。利用现代技术加快推动人才培养模式改革，实现规模化教育与个性化培养的有机结合。《大学英语教学指南》(2020 版）指出大学英语应继续发挥现代教育技术特别是现代信息技术在英语教学中的重要作用，大力推进现代信息技术与课程教学的融合。这两个文件是混合式教材出版的重要政策背景。当前，外语教学的课时不断被缩减，而高校对外语教学的要求未减反增，混合式教材恰是教师寻求“简而未减”“教有实效”的重要突破口。另外，教学环境和教学对象均发生了深刻的变化。高校大多建成了数字教学平台，解决了混合式教学的硬件问题。现在 00 后的学生是数字时代的原居民，利用手机和网络获取知识已成为他们习以为然的学习模式。外语教材编写要向纵深方向发展，混合式教材是必经之路。

混合式外语教材应通过建立网上互动学习平台，为师生提供涵盖课程教学内容设计、教学方法设计、教学过程设计和教学结果评价等构成的完整教学体系，强化课堂互动、教师辅导、学生练习、作业反馈、学习评估等环节的建设。网络教学系统应具有人机交互、人人交互功能，体现易操作性、可移动性和可监测性等特性，允许学生随时随地进行学习，能记录和监测学生的学习过程，并及时为教学管理部门和教师提供反馈信

息。混合式教材的出版，其目的是为了通过教育技术手段，提升教与学的效率，做到教有实效，学有实效。

二、混合式外语教材的内容

教材是教学的载体，分别连着学生和教师。混合式外语教材的开发要兼顾师生的需求，做到有的放矢。

（一）打造线上学习平台

移动学习是信息技术发展的新态势。移动外语学习资源的打造需体现易操作性、可移动性和可监测性等特性。外语学习的主要内容如背单词、读文章、看视频、听录音、练口语都可以在移动终端完成。因此，混合式教材的研发要关注移动终端，尤其是手机端内容的研发。“进阶英语”推出了“WE Learn”App 移动应用学习资源，集在线学习、课堂互动、测试评估于一体。这一平台基于网络协作学习的相关理论，将学习“进阶英语”的学生联接起来，构建一个基于竞争和协作的学习社区。学生可以通过移动应用分享学习笔记和学习成果，也可以协同完成各种课程任务。

学生可利用手机端完成以下线上学习：

一是词汇学习。平台上提供了“进阶英语”纸质教材课文的词汇录音、例句以及测试内容，充分发挥移动学习的优势可帮助学生掌握课文词汇。

二是课文学习。平台上提供了“进阶英语”纸质教材课文的文本、译文和录音，供学生课前预习和课后复习。课文学习不再受课堂时间限制，达到在课时减少时，有效学习时长不减反增的学习效果。

三是练习操练。平台提供了“进阶英语”的课后习题，并对部分练习题的形式予以修改以适应手机端学习的需求，做到移动学习友好化。

四是补充资源。除了提供教材上的内容外，平台还提供了适合手机端学习的资源，如在线测试和人机对话，实现了人机交互效应。平台上内置了与教材学习内容配套的题库，支持大学英语四六级考试等常见题型。值得一提的是，学习平台上还提供了作文智能批阅系统，解决了“学生不愿写，教师不愿批”的传统教学难题。

结果证明，“进阶英语”符合高校“在线课程融入”的改革方向，受到了高校师生的一致好评。“进阶英语”出版后，平台的使用人数逾 400 万人次，迅速成为教材学习的必备资源。这不仅因为平台涵盖了教材学习的内容，更为重要的是它打造了一个在线学习社区的理念，有助于学生在交流探讨、合作竞争的氛围中共同进步。2020 年受新冠疫情影响，高校的线下学习曾一度中断，在此期间 WE Learn 平台成了取代纸质教材的数字教材，保证了大学英语线上教学的顺利开展。

（二）打造教师备课和授课平台

目前，各大出版社推出的大学英语教材的教师用书都会配套 PPT 课件。PPT 课件成了近几十年来大学英语教学的唯一课件形式。PPT 课件有其优势，但是它限制了教师在备课中的主体地位，抑制了教师主观能动性的发挥。混合式外语教材的出版要关注教师数字资源的创新。外教社专门研发了新型的电子课件——TOP 课件（Teaching Operation Planner）。TOP 课件同步呈现纸质教材内容，实现了纸质教材的立体化呈现，同时它还支持音视频播放功能，涵盖了教师手册的内容，成了教师备课和授课的一站式平台。

与 PPT 课件相比，它的界面更加直观，所见即所教，操作便捷，它为教师提供了 30 种功能强大的实用工具，满足课堂教学屏幕缩放、页面定位、链接、板书、课堂互动等五大需求。该课件自带的课堂互动工具成为教师活跃课堂气氛的“点睛之笔”，如教师可通过学号在线滚动确定谁来回答问题，用倒计时功能控制课堂节奏。

外教社在策划 TOP 课件时，给教师以充分的发挥空间，如教师可通过 TOP 课件的链接功能，补充各种格式的教学资源，包括图片、网址、文件夹、音视频等。TOP 课件内嵌的板书功能提供了教师自由发挥的平台，有助于教师发挥教学的主观能动性和创造性。

除 TOP 课件外，WE Learn 平台同样具备教师端的强大功能，为课上、课下和教学管理提供全面支持，如跟踪学生的课堂互动表现与学习难点，及时发现学习过程中需要帮助的学生，协助教师开展对学生线上、线下学习过程的形成性评价。教师可利用 WE Learn 开展以下课堂内的教学活动：

一是授课资源直接投屏。教师可以将补充的教学资源通过手机直接投屏，使用方便。

二是课堂手机签到。教师无需浪费课堂时间点名，可通过手势快捷签到，签到记录实时展示，签到记录可随时下载。

三是互动投票。教师可通过 WE Learn 当堂出题，让学生即时完成，也可布置问卷调查等互动任务。

混合式外语教材的出版，要非常关注课堂内数字资源的开发，因为课堂是整个教学的中心，只有把线上学习搬进课堂，才能提升数字资源使用的黏性。

除了课堂内，教师还可利用 WE Learn 实现以下课堂外的教学管理功能：

一是教师可通过 WE Learn 组建班级，布置学习任务，推送学习资源。

二是教师可全面掌握学生的学习记录和数据，WE Learn 可生成每个学生的形成性评价。

三是 WE Learn 的学习数据分析技术可帮助教师及时准确地定位课程难点和学习状态异常学生。

三、混合式外语教材出版的实施

混合式外语教材的出版首先需做到纸质教材和数字内容同步策划，要改变传统的纸质教材先行，数字资源后配的做法。以“进阶英语”出版为例，纸质书稿策划编辑和数字策划编辑充分研讨，将教材中易于数字呈现的内容数字化，如以扫描二维码的形式提供背景知识介绍，将听力、视频内容充分数字化，将需师生互动、生生互动的课堂活动纸质化，根据真实的课堂教学场景和教学实际，合理配置线上、线下内容，优势互补。

混合式外语教材需要在移动端提供大量线上资源，尤其是音视频资源，这对纸质教材单元主题的可拓展性提出了较高的要求。“进阶英语”单元题材与当前国内外社会现实生活紧密相连。其选文以时文为主，为的是更贴近时代脉搏、更贴近现实生活、更容易激发起学生的学习兴趣，这样的选文更有利于线上资源的挖掘。如反映代表当代人工智能水平的 AlphaGo（阿尔法围棋）的人机大战、人类首次仅凭太阳能驱动的飞机 Solar Impulse 2 的环球飞行、讨论智能手机利弊、谈论网络英语、提倡 Living Green 的文章，等等。

另外，美术编辑也需提前介入，因为版式设计要充分考虑数字端的呈现。如“进阶英语”的 TOP 课件就是以 PDF 版的纸质教材为模板进行加工的，因此美编需要综合考虑版式设计在纸质形态和数字形态的呈现形式。

混合式外语教材的出版无疑对整体策划提出了更高的要求，要提前规划，分工合作。除此之外，要实现混合式教材学生和教师资源的立体开发和维护，还需要组建一个专门的数字出版团队。

外教社成立了数字出版中心，负责线上资源的研发，确保数字平台的正常运行和维护，同时不断对 WE Learn 和 TOP 课件进行优化，迭代升级。如果把纸质教材比作硬件，数字产品则是软件。“硬件”一旦推出，相对稳定，但是软件可以根据用户反馈和教学形势的变化，不断调整更新。这正是混合式教材出版的优势所在，它打破了纸质教材“落字成书”的限制，依靠线上资源不断充实完善。如“进阶英语”纸质书出版之后，除了 WE Learn 外，外教社的数字出版中心近期又为之研发了“词达人”英语词汇智慧学习系统。该系统以微信公众号为入口，结合教材内容和学生的应试需求，帮助教师将词汇教学更好地融入大学英语教学系统。这些线上资源的补充和完善，对用户产生了持续的黏性，对纸质教材的销售产生了重要支撑。

混合式外语教材的出版是一个动态的过程，它的后期服务尤为重要。出版社必须树立教学服务意识，为用户提供线上交流与咨询服务。以"进阶英语"为例，这套教材推出后，外教社的策划编辑、文字编辑、数字技术人员、销售人员和客服人员积极与用户联系，通过微信公众号、QQ 群、微信群等方式宣传线上资源的更新内容，解决用户在使用过程中出现的各类问题。教材服务是混合式教材出版不可忽略的重要内容。

四、混合式外语教材出版的展望

混合式外语教材出版已经走出了用数字资源配套纸质教材的传统出版模式，开始打造纸质和数字互为一体的教学生态系统。混合式外语教材出版要走得更远、更稳，首先需要认清外语教学的本质——即语言学习。信息技术的发展对语言学习的助力不仅要关注多媒体资源的提供，更要关注学习资源的量身定制，即针对教师和学生提供度身定制的数字课程和资源。这是《大学英语教学指南》(2020 版）对外语教学提出的重要要求。为了实现这一目标，混合式教材的出版在继续探索纸质教材出版内容创新的同时，要打造分层次、分类别的数字课程和资源。线上平台可通过测评手段，确定学生的英语水平和学习薄弱环节，为学生推送适合其语言水平的数字课程和数字资源。分层次体现在语言素材的难度上要有梯度划分，为不同的学习者提供不同难度的数字资源；分类别则体现在听、说、读、写、译各种语言技能上，即哪项技能薄弱则提供相应的数字资源强化训练。

混合式外语教材出版对编辑的业务素养提出了新的要求，需要大量复合型的编辑人才。编辑既要懂外语教学理论，具备外语学科素养，还要具备较强的策划、协调和团队合作能力，更要具备一定的信息技术素养，要了解信息化和智能化时代教育技术的发展动态，这样才能作出综合科学的判断。编辑的知识储备和视野是混合式外语教材出版的关键所在。

五、结语

《大学英语教学指南》(2020 版）指出大学英语教师要充分利用网络教学平台，为学生提供课堂教学与现代信息技术结合的线上线下自主学习路径和丰富的自主学习资源，促使学生从"被动学习"向"主动学习"转变。混合式教材的开发是助力教师教学的重要媒介，承担着特殊的历史使命。本文介绍了混合式教材出版的理论、背景，总结了外语混合式教材出版的一般原则，再以外教社全新推出的“进阶英语”为例，探讨了混合式教材出版物的构成及出版过程中该如何操作，最后对混合式教材出版的前景作了预判，即为学生和教师打造量身定制的数字课程和资源。外语教材出版要与时俱进，这一“时”正体现在数字和人工智能技术的高速发展，混合式外语教材如何更好地融合创新，更好地发挥课堂内数字资源的研发，值得进一步研究。

参考文献

[1] 孙曼丽.国外大学混合学习教学模式书评[J].福建师范大学学报，2015(3).
[2] 何莲珍.《大学英语教学指南》修订依据与要点[J].外语界，2020(4).
[3] 饶国慧.基于混合式学习的教材出版融合创新之路[J].出版广角，2020(5).
[4] 岳曼曼，刘正光.混合式外语教学契合课程思政：理念与路径[J].外语教学，2020(11).
[5] 赵舒静.基于纸质媒介与数字资源的混合式教学模式新探[J].外语界，2018(2).
[6] 李荫华，张传根."全新版大学进阶英语"的编写理念与特色[J].外语界，2018(2).
[7] 张传根.大数据时代编辑信息素养的提升[J].出版广角，2015(10).

全民诗词热背景下的古诗词普及读物出版分析

上海交通大学出版社　宋丽军

摘　要

本文通过对近年来中国大陆古诗词普及读物出版的分析，指出近年来古诗词普及读物出版持续升温，助推全民读诗词的热潮，也为古诗词出版奠定了不错的基础，但存在优质品牌不足、同质化现象严重、质量参差不齐、某些畅销书对文学审美帮助有限且容易营造急功近利的读书氛围、缺乏挖掘优质潜力作者的耐心等问题。本文就提升古诗词普及读物的品位、创新程度和满意度提供了自己的建议。

关键词

古诗词　出版现状　出版分析　普及读物

2014年，习近平总书记在北京师范大学考察时表示："我很不赞成把古代经典诗词和散文从课本中去掉，'去中国化'是很悲哀的。应该把这些经典嵌在学生脑子里，成为中华民族文化的基因。"2016年，中国诗词大会第一季在央视一套播出，反响热烈，迄今为止已成功举办六季。2017年起，统编本语文教材进入中小学课堂，古典诗词篇目大幅增加。在全民读诗词蔚然成风的氛围下，出版界积极响应，近几年古典诗词普及读物的出版持续升温。分析全民诗词热背景下的古诗词普及读物出版热现象，不仅有助于看清古诗词普及读物出版的现状和走势，而且可以对进一步做好传统诗词、传统文化出版提供一些启示。

一、码洋呈上升趋势的古诗词普及读物出版

作为文学类图书的一支，古诗词选题近年来备受出版人青睐。具体表现为：

（一）选题热度高、品种不少

北京开卷相关数据显示，古诗词选题呈现码洋比重呈上升趋势、平均销量高于文学

市场平均水平、市场集中度较高等特点。古诗词普及读物琳琅满目，且不必说近几年较受追捧的畅销书《唐诗为镜照汗青》《唐诗里的烟火人生》《飞花令里读诗词》《半小时漫画必背古诗词》，更不用说叫好又叫座的《诗的八堂课》，光是制作精良、图文并茂的经典诗词公版书就让人挑花了眼——开卷诗词曲赋榜前 20 名中有 17 本是古诗词公版书——挑选一部《唐诗三百首》似乎要犯选择困难症了。

（二）新老出版社都想分一杯羹

中华书局、商务印书馆、上海辞书出版社等老牌出版社在传统文化的专业出版和大众普及方面耕耘有年，对古诗词图书品种的贡献一直很稳定，且集中在经典诠释方面。中华书局每年都要推出三全本（全本全注全译）经典书目，如三全本的《诗经》《楚辞》。商务印书馆出版的《诗的八堂课》被评为 2017 年中国好书，开卷累计销量近 5 万册，叫好又叫座。上海辞书出版社则着力打造“鉴赏辞典”这一品牌，《唐诗鉴赏辞典》已畅销 30 年。

引人注目的是年轻的出版机构在传统诗词普及方面也高歌猛进，读客文化的《半小时漫画必背古诗词》、北京联合出版有限公司的《中国诗词大会》系列丛书、果麦的《花间集》、华文天下《唐诗里的烟火人间》等都非常畅销。一些文艺出版社也致力于把传统诗词的美内外兼具地表现出来，如时代文艺出版社的《飞花令里读诗词》礼盒套装备受读者推崇。一些大学出版社不甘落后，成功试水，如清华大学出版社的《唐诗为镜照汗青》首版即在中小学直销超过 120000 册，并登上《人民日报》、新华社推荐书单。

新老出版社齐发力，助燃了古诗词普及读物出版，也促进了广大读者阅读古诗词的热情。出版人逐渐达成共识：在严谨的专业出版之外，有声有色、多姿多彩的大众化出版更能展现传统诗词的魅力与活力，更能吸引读者的注意。依托丰富的传统资源，找对切入点和呈现形式，这样的古诗词普及读物就有畅销 + 长销的潜质。但中国古诗词的大众化出版真的达到高潮了吗？出版机构果然创立了有独特价值的古诗词出版品牌吗？古诗词的普及果真达到深入人心的效果吗？古典文学的多元魅力和文化品位得以充分展示了吗？伴随古诗词出版热产生的问题又有哪些呢？这些都值得思考。

二、对当前古诗词普及读物出版市场的基本分析

观察近几年来关注度较高和口碑较好的古诗词普及读物，有以下端倪可寻：

（一）卖得好的书不算少，打得响、有活力的品牌远远不够

如前所述，古诗词普及读物的畅销品种不断，但多为单品种。出版社在这方面的试水还是比较谨慎的，如《唐诗为镜照汗青》取得销售佳绩后，出版社又请作者按同样的写作方式出品了《宋词一阕话古今》。倘若前部没有如此成功，后一本恐怕也不会问世。而两种书只能算一位作者的系列书，还构不成品牌效应。上海辞书出版社的“文学鉴赏辞典”是个好品牌，其中卖得最好的是《唐诗鉴赏辞典》，而同一品牌下有些品种的书则销量一般；且历经30年，老品牌如何焕发新生命力，也有待思考。中国诗词大会已成为一个大IP，只要这个节目一直办下去且保持足够的热度，相关图书大概也不愁销量。但这是电视台的创意，出版界并没有就这个创意衍生出多少有意思的品牌。北京出版社的大家小书是长销品牌，但囊括太多，不止诗词，且近年来这一品牌也有所萎缩。专门挖掘诗词曲赋的内涵，展现其魅力，做出大系列的品牌，仍旧是致力于弘扬传统文化的出版人值得深思的问题。

（二）同质化现象严重，有文化创新价值和深度品质的好书偏少

观察市场上流行的品种，传统诗词普及书主要集中于以下几类：一是鉴赏类。以上海辞书出版社的“中国文学大系”为代表。但这类书存在质量参差不齐的问题，有些书还有内容错误甚至不妥之处。二是公版书。开卷诗词曲赋榜前一百名，名家名作占大头。李白、杜甫、苏轼、李清照、纳兰性德、唐诗、宋词、元曲、《诗经》是比较有号召力的IP。其中专业出版社的权威注本（中华书局的三全本《诗经》）、民营公司制作精美的图文本（北京联合公司的全彩珍藏本《唐诗三百首图解详析》）或价格亲民的普及本（北京联合公司的《唐诗三百首》）最受欢迎。三是依托现象级电视节目产生的热度书。以《中国诗词大会》《百家讲坛》为典型。为什么大家都把目光集中于这几类书呢？原因或有以下几点：

第一，认为读者买书出于实用目的。因此，有工具书性质的鉴赏类图书、满足读者基本知识需求的经典公版书、热度文化节目书成为保销路的品种。现代人生活压力大，时间有限，聚焦经典中的经典、热点中的热点，的确更能节省时间。

第二，成书较快，较容易在短期内取得收效。出版社作为企业，必须考虑经济效益。所以没有版权问题的公版书会成为香饽饽，版式做得精美，也能吸引一众文艺读者。定价再便宜些，容易走量。前述北京联合公司的《唐诗三百首》定价12元，开卷零售4万多册。而找专业学者给经典作注，显然也比请学者专门写一部讲经典的书更能

节约出书的时间成本，方便短期内完成编辑考核指标。

第三，读者定位为中小学生。相对于成人，中小学生是最有阅读时间和买单能力。面对中小学生，普及基本知识，联系有意思的热点也成为首选方式。公版书、鉴赏图书、热度节目书也主要面向这类群体。

普及类图书的同质化，说明目前还处于“是什么”的阶段。这类书当然有其必要性，但不宜泛滥。出版毕竟还承担着文化创新和聚焦深度的功能，如果一味拉平，缺乏提高，也不利于弘扬传统文化。习近平总书记在十九大报告中提出，要“推动中华优秀传统文化创造性转化、创新性发展”，想在古诗词普及读物出版领域做到“创造性转化、创新性发展”，更需要选题策划思路和品牌拓展的创新意识、动力和实践。

（三）一些书虽畅销好读，但对提升文学审美帮助有限，且营造急功近利的读书氛围

这里说的主要是一些快餐式的爆款书。比如《半小时漫画必背古诗词》，买单的家长普遍反映轻松有趣，孩子很容易产生兴趣并迫不及待地读下去。乍看很美好，可“因为篇幅的原因所以不是讲得特别细”，“仅是快餐式，没有多少古诗词”（当当网读者评论）。半小时漫画系列是近年兴起的品牌，涵盖历史、文学、经济等领域，名声响，销量大。但正如业内人士所言：“这个系列近年来一直盘踞在历史书的销售排行榜前列，也能符合一部分读者快速阅读、形象化共鸣的需要，但毕竟只是快餐，不适合也不应该大规模复制。”再者，这种漫画式的解读虽然巧妙，但喧宾夺主，最后小读者记住的究竟是漫画还是古诗词呢？

中国古典诗学向来有诗教之说，诗不只是单纯的审美对象，更承担着“成孝敬，厚人伦，移风俗，美教化”的功能。此外，古诗词里特有的中华文化传统和审美风格，意蕴丰富，并不适合快餐式阅读。但当下有些出版机构为迎合读者希望一眼饱览文化美景的急切心理，在选题切入点、呈现形式等方面处处提醒读者，一本书就能读懂最美古诗词。人类急功近利的弱点不宜总是成为商机，一本书包打天下的思维实在不宜提倡。文化积累，久久为功，好书还要慢慢读，慢慢品出真滋味。在提倡全民阅读和书香社会的今天，尤其要警惕以读书数量论英雄的论调，还是要回归读书的本旨。

（四）太过依靠流量学者或网红作家，缺乏挖掘、打造优秀潜力学者的耐心

在今天的竞争环境下，急于求成、不敢冒险也不难理解。但指望流量学者或网红作

家打造爆款书、畅销书，虽然见效快，总归少了许多色彩。怎样让更多人认识深具真才实学的专业学者，仍旧是一大功课。

三、古诗词普及读物如何平衡高度、新意和满意度

如今是阅读和出版古诗词的好时代。相比于引进书的出版，古诗词出版如能做出兼具高度、新意和满意度的品牌，就有可能成为经典原创 IP，远销海外，扩大中国文化的国际影响力。

怎样做出深具文化创新价值、积累之功且为大众喜闻乐见的古诗词普及读物呢？笔者认为可从以下两个方面考虑：一是跨界，一是别解。

先说跨界。历史类、传记类的书一直受人欢迎，非常重要的一点是里面有故事。听故事，老少咸宜。聚焦故事，最吸引读者。《唐诗为镜照汗青》的成功正在于讲好诗词里的中国故事，文学历史两开花。要讲好古诗词里的故事，不仅要讲诗词，更要讲古代历史文化和艺术生活，而后者恰恰是今日读者非常感兴趣的点。这就不是单纯的文学书，也不是单纯的历史书，而是兼二者之长的书。

文学不仅可以和历史融合，还可以与心理学融合。这对作者也有更高的要求，如果一个作者能够从心理学的角度讲出中国古诗词之于当代人各种心理困境的纾解良方，就能满足读者解决自身心理问题的需求和了解传统文化的需求——有的读者想用另一种方式了解心理学，有的读者则想从另一个角度了解传统文化。当然，这种书在多大程度上能成功，有赖于作者在心理学和文学上的双重造诣及融会贯通讲解的能力。

当代读者在各种场合都有讲话需求：包括怎么在各种场合得体应对，怎么通过精准言说达成有效沟通，怎么借助艺术表达传情达意。如果一本古诗词普及读物能满足当代读者的社交需求、工作需求、情感需求（满足其一即可），就有了三分成功的可能。剩下的七分在于作者和编排。作者最好既有学识涵养，又有丰富经历，不仅熟谙典籍，更通世故人心，且善于讲话，下笔有神。编排上，如能以直截了当抛出直切读者命脉的各种问题为序，效果或佳。

综上所述，跨界需要做三件事：一是确定读者需求，二是找准作者，三是编排出彩。跨界更多满足读者的某些“次刚需”，即用文学引领生活。

跨界侧重平衡新意和满意度，而别解更侧重高度和新意，在满意度上对标的是有更高需求的读者。典型案例是江弱水老师的《诗的八堂课》。作者力求一种不加注释的写作。八堂课讲了博弈、滋味、声文、肌理、玄思、情色、乡愁、死亡，乍听全是艰涩的文艺理论名词，可作者凭借自己的知识、才情和想象力，融汇古今中外的作品与理论，

将古典诗词讲得声情并茂，如前所述，叫好又叫座。

《诗的八堂课》从文艺心理学和创作角度解读古诗词，展现文学的深度，非常专业。有深度并不妨碍受欢迎，多半因了作者的才情。书里并没多少戏剧性的故事，更多是创作上的探秘。即便不知道作者征引的许多书和人，也能被这种极具艺术美的表达和犀利的洞察所吸引，且读后有升华之感。

另一种别解，则对作者的学术水平有高要求。诗无达诂，很多大家耳熟能详的诗词，在某些关键词的解释上聚讼纷纭，没有一种意见能让人服气。有些学者注重探求诗词本义，解开诗词中的谜团，提出令学界和大众都心服口服的见解，这就有值得大张旗鼓出版的价值。篇目都是大家熟悉的，解读则有文化高度和新意，编排再巧妙一点，相信会有不少读者买账。

综上所述，别解更聚焦古诗词本身，对作者的专业造诣要求更高。做到位了，能引领读者深入文学本旨。

参考文献

［1］ 刘洁．经典何以被戏仿：由《读诗·陶渊明》看古诗词鉴赏类图书出版［J］．中国图书评论，2014（11）．
［2］ 孙瑜．中国世界史图书出版现状分析 // 上海市出版协会，上海市编辑学会编．守正创新 奋楫者先——2020 上海出版青年编辑论文集［M］．上海：学林出版社，2020．
［3］ 江弱水．诗的八堂课［M］．北京：商务印书馆，2017．

浅析碎片化阅读时代的口袋书出版
——以“小文艺·口袋文库”为例

上海文艺出版社　于　晨

摘　要

随着碎片化阅读成为新世纪全民阅读的新常态，口袋书迎来出版的春天。本文以上海文艺出版社近年来出版的开放式“小文艺·口袋文库”为例，通过剖析，得出其成功经验主要是：立足品牌资源，以经典文本促进大众思考；深耕主题领域，构建小众市场的专业护城河；致力形式创新，引领小而美、小而精的审美新潮流。

关键词

口袋书　“小文艺·口袋文库”　碎片化阅读

一、口袋书的兴起

根据 2008 年至 2019 年的全国国民阅读调查报告，我国国民综合阅读率上升了 10% 左右，而数字化阅读率从 24.5% 升到了 79.3%，上升超过 50%。毋庸讳言，随着生活节奏的日益加快，数字技术的迅猛发展，传统的阅读方式已然被改变，碎片化阅读正在成为新世纪全民阅读的新常态。

面对变化了的大众阅读习惯，传统出版社也在探索新的图书出版方式，口袋书就是其中一种思路，比如中华书局的“中华经典指掌文库”系列、新星出版社的“午夜文库”系列、广西师范大学出版社的“星野道夫自然文库”系列、后浪出版公司的“读库”系列等。

所谓口袋书，一般指小开本的简装书，精巧袖珍，方便携带，适合作为手机屏幕的替代品，并且不受 WiFi 和电量的束缚，可以随时随地进行见缝插针式的阅读。口袋书的历史最早可追溯到 1930 年代英国出版的“企鹅丛书”，因其内容丰富，价格亲民，在全球出版界引发了一场“纸皮书革命”。

笔者所在的上海文艺出版社从 2017 年开始推出开放式丛书“小文艺·口袋文库”，轻量级风格、中量级篇幅、重量级阵容，一套丛书涵盖小说、人文、传记等多种文学体裁。5 年来已陆续推出小说系列、知物系列、知人系列等不同主题系列，计划以百种规模，助力碎片化时代的全民阅读。

二、“小文艺 · 口袋文库”的特点

1. 内容经典

早在 20 世纪八九十年代，上海文艺出版社即涉足口袋书出版，“五角丛书”风靡一时，发行逾千万册。主编何承伟认为：“当时这套丛书在社会上反响非常好，不仅是因为便宜，更是因为它的短小、精湛，薄薄的一本册子就可以满足普通读者的阅读需求。”“小文艺 · 口袋文库”与“五角丛书”一脉相承，均致力于以精品出版推动全民阅读，以经典文本促进大众思考。

出版产业的本质是内容产业，只有不断遴选、生产出优质的内容并不断推陈出新，才能立于不败之地。口袋书最初兴起时，在许多国家是精品的代名词，因为往往一本书先做精装本，卖得好再出平装书，最后才出口袋书。这种形式上的精简时常也伴随着内容上的精练，契合碎片化时代直奔主题的阅读需求。而如何举重若轻，从重量级的作家阵容中，精选出中量级的篇幅，并最终呈现出轻量级的风格，无疑是考验出版社的试金石。

上海文艺出版社数代出版人薪火相传，曾接力完成世纪出版工程《中国新文学大系》，其当代原创文学出版中心多年来经营名家作品系列，呈现了包括莫言、余华、苏童、格非、李洱、韩少功等一流作家在内的中国原创文学版图。正是在这样的基础上厚积薄发，才推出了“小文艺 · 口袋文库”的首批 19 种现当代名家小说，包含余华的《我胆小如鼠》、韩少功的《报告政府》、孙甘露的《请女人猜谜》等经典之作。口袋虽小，有容乃大，让严肃文学、深度思考同样成为碎片化阅读的一种选择。

从 2012 年党的十八大报告提出开展全民阅读活动以来，全民阅读连续多年被写入政府工作报告。让经典文学“厚书变薄”，走下神坛，无疑可以降低普通读者的购买及阅读门槛，有效提高全民阅读率，相比连环画、学习资料、实用手册等口袋书，经典文学的口袋书更为开卷有益，潜移默化地提升了大众阅读的整体趣味。

2. 领域专业

从一开始，“小文艺 · 口袋文库”就确定不做单一书系，而是按照主题分辑，力求深耕不同领域，构建口袋书市场的专业护城河。

互联网时代，各种非主流市场累积起来的长尾效应是惊人的。比如英国的33⅓书系，每本书切入一张流行音乐专辑，完全是基于热爱的小众选题，但即使出版社从Continuum（2003—2010年）易主为Bloomsbury（2010年至今），这一书系的主题和形态依然得以延续，10余年来陆续出版了130余本，在粉丝群体中甚至具备了收藏价值。

而我国人口的基数更决定了每一种阅读小众的绝对数量都是可观的，这样的“小众”，严格来说是“分众”，正是大量不同层级、不同方向的分众市场，构成了俗称的大众市场。2019年，上海文艺出版社“小文艺·口袋文库”引进的33⅓系列正式推出首批5本，在不更改原版原作者内容的前提下，中文版每本还附上译者后记，获得了业界口碑和市场好评。目前这一系列介绍地下丝绒和妮可、鲍勃·迪伦、大卫·鲍伊等在国内影响相当大的西方流行音乐史人事，兼具娱乐性和学术性，某种程度上可以视作普及本教材，将陆续出版20种。

“小文艺·口袋文库”2020年推出的知人系列同样走专业路线，包括《爱伦·坡：有一种发烧叫活着》《阿尔弗雷德·希区柯克：他知道得太多了》《梵高：一种力量在沸腾》等7本，每本讲述一个天才灵魂的故事，可谓“胶囊式传记”。而从2018年开始陆续推出的知物系列则关注面包、袜子、问卷、弃物等日常之物的前世今生，涉及丰富的历史文化知识及深入的社会哲学认知，体量虽小，内涵却极大。

创建5年来，这几个主题系列都在不断更新扩容，系列化、规模化地打造“小文艺·口袋文库”这一图书品牌。目前已累计出版30余种，平均单本起印量5000—8000册，重版率超过50%，总印量近30万册，并获得上海新闻出版专项资金资助，持续创造了新的选题生长点和利润增长点。

3. 形式创新

读屏时代，为了与手机、iPad、电脑等无处不在的电子阅读端相区分，纸质图书倾向于强调品相质感和收藏价值，动辄豪华精装，大开本多附件，相比之下，口袋书简洁质朴，从形式上脱颖而出，令人耳目一新。

为了达到一定的生产规模，足以定制相应尺寸的纸张，“小文艺·口袋文库”还统一了开本，最大限度地减少异形口袋书造成的边角料的浪费。从控制成本、减少环境污染的角度来说，口袋书的出版更符合生态文明建设的要求。

但口袋书的形式创新远远不是做减法那么简单，事实上，小开本并不意味着简陋廉价，在装帧印制方面反而有许多特殊要求，比如，版心不能太大，字体行距要在视觉舒适度和信息密度之间作适当平衡，为了能让书摊平，要注意订口的位置，内文尽量使用顺纹纸……

为了让口袋书小而美、小而精，“小文艺·口袋文库”在设计上也动足了脑筋。小说系列的Logo是读者投票选出的变色龙，“兼具经典性和流行形制：福楼拜曾自称‘我不过是一条文学蜥蜴，在美的、伟大的阳光下取暖度日’，古灵精怪小邪性的‘变色’功能，直指青年人喜新求变的天性”，而封面标志性的蓝色更是在印刷厂无数次调试，希冀“成为你的美好时光”。

相较于小说系列的冷淡简洁，知人系列则采用了大胆张扬的封面设计，类似于法国最为成功的阿歇特口袋书风格，“设计者让-克洛德·佛雷斯特选择了极具代表性的‘小海报’封面风格——图画占据了封面的绝大部分版面，浓烈的色彩在图书上架时给读者以强烈冲击感”，当代艺术风格的变形肖像画堪称传主的灵魂捕手，为整套口袋书瞬间增色。

这样的创新获得读者的认可，从微博、微信、小红书等社交媒体上不时可见的“晒书”照片，“小文艺·口袋文库”的阅读逐渐突破地铁、公交等通勤场景，越来越多地与咖啡厅、艺术展、博物馆等文化空间相结合，成为新生代文艺青年心仪的读物。

三、结语

从“小文艺·口袋文库”的出版实例来看，在碎片化阅读时代，坚持精品出版，促进品牌升级，口袋书是一种成功的探索。近年来，上海文艺出版社还与企鹅图书合作出版了“地铁上的哲学”“鹈鹕丛书”等精装口袋书系列，打造了更专业化的高端口袋书产品线，盈利能力也颇为强劲。

从“五角丛书”到“小文艺·口袋文库”，口袋书的出版不断被时代赋予新的内涵。甄选优质选题，针对市场需求，打造营销热点，使更多读者能够不拘泥于阅读的场地，一书在手，随时阅读，深度思考。在倡导全民阅读的今天，这条路不仅应该走下去，而且要走得更远更好。

参考文献

[1] 郝振省.全国国民阅读调查报告（2008）[M].北京：中国书籍出版社，2009.
[2] 穆宏志.2019全国国民阅读调查报告权威发布[EB/OL].搜狐网，2020-04-21.
[3] 李菁.换一种姿势来阅读[EB/OL].中国作家网，2017-05-04.
[4] 王珺.法国阿歇特的“口袋书”系列[J].出版参考，2013（14）：46.

药学图书出版热点与走势浅探

上海科学技术出版社　王佳琳

摘　要

本文通过分析药学图书出版的市场情况，为编撰药学专著和撰写药学科普图书提供建议。通过检索开卷 Smart 数据库，收集书名、定价、出版社、分类和销量等信息，分析近 20 年来药学类图书出版的情况并进一步讨论，共入组药学相关出版读物 2421 本。笔者发现，近年来出版量呈上升趋势，中医养生及特殊人群类用药图书更受读者喜爱，但内容鱼龙混杂、良莠不齐。药学科普图书作为传播药学知识的载体，应兼具科学性、创新性、实用性、通俗性，加强思想性、艺术性和趣味性。从业人员当重视其价值，做好选题策划、内容设计、群众推广和配套的药物服务。

关键词

药学专著　药学科普　图书出版　药学服务

《“十四五”规划和 2035 年远景目标纲要》提出，全面推进健康中国建设。实现这一目标，药学科普不容忽视。当下大众对于合理用药知识有了更高的需求，药学工作人员也需要掌握不断更新的药物知识，通过药学科普帮助人们了解药学知识显得尤为重要。近年来，药学科普图书一直是药学科普工作中的重要一环。本文通过检索收集开卷 Smart 数据库中药学类科普专著出版的数据，根据图书类型进行归类和筛检，探索出版的热点和市场需求的趋势，为后续药学科普工作的开展以及药学专著的出版工作提供参考。

一、资料与方法

（一）资料来源

本文研究数据来源于开卷 Smart 数据库。2020 年 12 月进行检索。检索方法：关键词："药"，分类："大众健康""公共卫生""科普""临床其他""全科""少儿""药学""中医""其他"，不包括一号多书。出版书籍时间范围不限，数据最早可追溯到1998年，按销量进行排序后，下载各分类的前500本专著。

（二）数据处理与分析

以"药"为关键词共搜索到36893本，如图1所示进行筛选，将全部数据整理后导入Excel软件中。采集月新书出版时间、书名、定价、作者、出版社、年销、分类、累计（销量）字段进行排序、分析，并进行下一步探讨。其中一些书属于多个分类，根据唯一ISBN进行删除重复，最终入组2421本图书。

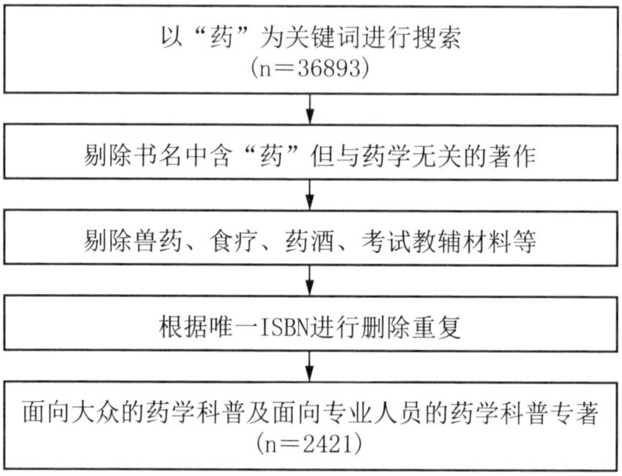

图1　药学科普图书筛选路径

二、结果

（一）药学科普专著出版概括

以"药"为关键词共搜索到36893本，其中面向药学人员的以药学类教材、考试辅导、工具书等专业专著居多，而面向大众的以药膳、药茶与药酒等食疗素材居多，市场反响较好。这符合上海药学会刘丙龙等的研究，大众对参加科普活动的意愿较强烈，热衷于食品药品科普内容需求。根据表1、表2,《冀连梅谈：中国人应该这样用药》《协和临床用药速查手册》《中草药古方养生宝典·本草纲目彩色图鉴》等图书累计销量均已超过14万册。年销量排名靠前的两本书年销量也在3万册左右。医学图书很少出现文艺、经济类图书那样的一炮打响、如火如荼的热销现象，而以长销书、长版书居多。

销售市场良好离不开图书内容的优质、作者的影响力以及好的市场推广模式。

表 1　累计销量前 20 的药学类科普图书

排名	月新书时间	书　　名	作　　者
1	201311	冀连梅谈：中国人应该这样用药	冀连梅
2	201510	协和临床用药速查手册	韩潇
3	201708	中草药古方养生宝典·本草纲目彩色图鉴	卫江、老中医养生堂、孙孝忠等
4	201405	常见疾病谱用药：速查速用手册	康震
5	201504	中药功效快快记忆法（第 3 版）	王满恩、薛建英
6	200907	临床用药速查手册	苏冠华、王朝晖
7	201603	冀连梅谈：中国人应该这样用药（图解母婴版）	冀连梅
8	201902	懒兔子漫画中医·医目了然：家庭常见病中成药使用指南	懒兔子
9	201603	图解经典系列·中草药全图鉴	温玉波、李海涛
10	201006	中药功效“快快”记忆法（第 2 版）	王满恩
11	201609	中医四小经典（便携诵读本）·药性赋（附：药性歌括四百味）	李东垣
12	200911	400 种中草药野外识别图鉴	易蔚、黄克南
13	201901	金版健康文库·中药材百科	薛丽君
14	199811	袖珍中草药彩色图谱	余汉平、华碧春、陈小峰
15	200905	张仲景 50 味药证（第 3 版）	黄煌
16	201204	药房里买得到的传世名方：全家人都能用的家庭常备中成药	佟彤
17	200701	刘太医系列·刘太医说：是药三分毒	刘弘章、刘浡
18	200607	中医临床必读丛书·小儿药证直诀	钱乙、阎孝忠、郭君双等
19	201101	新十万个为什么·人体与医药（儿童博客版）	幼狮文化
20	199807	中药大辞典（上）	江苏新医学院

表 2　年销量前 20 的药学类科普图书

排名	月新书时间	书　　名	作　　者
1	201510	协和临床用药速查手册	韩潇
2	201708	中草药古方养生宝典·本草纲目彩色图鉴	卫江、老中医养生堂、孙孝忠等
3	201901	金版健康文库·中药材百科	薛丽君
4	201902	懒兔子漫画中医·医目了然：家庭常见病中成药使用指南	懒兔子
5	201805	图解中草药大全	刘永新

续表

排名	月新书时间	书　　名	作　者
6	201805	常见疾病用药手册（药店专用版）	刘辉
7	201405	常见疾病谱用药：速查速用手册	康震
8	201609	中医四小经典（便携诵读本）·药性赋（附：药性歌括四百味）	李东垣
9	201609	图解中草药大全	岳桂华、杨高华
10	201704	精编《中草药》原色图谱	林余霖
11	201107	中国中药材真伪鉴别图典（第3版）（典藏版）（全4册）	中国药品生物制品检定所
12	201808	一百天学会开中药方	葛静
13	201906	见识城邦简史系列·药物简史：鸦片、奎宁、阿司匹林与我们的抗病故事	［英］德劳因·伯奇
14	200607	中医临床必读丛书·小儿药证直诀	钱乙、阎孝忠、郭君双等
15	201702	思考中药：纯中医思维下的方药入味课	唐略
16	201307	中医歌诀白话解丛书·药性赋白话解	高学敏、李兴广、王淳
17	201510	老偏方：老祖宗传下来的灵丹妙药（超值全彩珍藏版）	李叶
18	201806	金版健康文库·新编中草药图鉴（精）	曲同宝
19	201504	中药功效快快记忆法（第3版）	王满恩、薛建英
20	201008	中医名家名师讲稿丛书·张廷模临床中药学讲稿	张廷模

（二）药学科普专著出版数量逐年递增

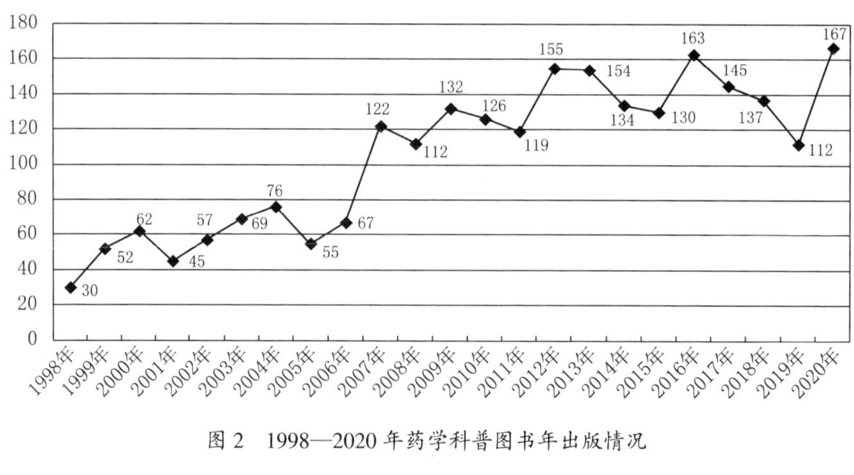

图2　1998—2020年药学科普图书年出版情况

根据图2所示，药学科普图书出版数量逐年递增，但销量却不及其他各类书籍的增幅，分析原因可能是这些科普图书的内容仍较为专业，语言晦涩难懂，受众不明确，读者知晓率低。图文或漫画的图书虽然定价可能更高，但实际销量却不受影响。根据王静雪等的研究，漫画能够助力医学科普图书的出版，它以故事取代知识灌输，以更直观、更有效的方式迅速传播医学专业知识，同时以生动幽默的情节受到读者的欢迎。

（三）药学科普专著的选题、内容和形式

中医中药养生的药学类科普专著较多且市场情况良好，其次为特殊人群（老年、妇儿）的相应读物，而各专病的用药内容的图书累计销量均不高。分析原因可能有：专病类专著内容更为复杂，且专业性较强，不适合大众阅读；读者更倾向于通过快捷渠道获取所需信息，比如网络；患者更倾向于及时就医诊治，或直接咨询医务人员。所以，药学科普图书应针对市场和患者的现实需求，重视选题和内容设计，使药学科普图书更大范围地让居民受益，同时可以运用互联网工具为患者提供主动的药学服务。人民卫生出版社传统出版的数字化转型值得借鉴，不再是选认为最好的读物给读者，而是发现用户需求，给他们最重要的信息，并与其发生互动。如表3所示，人民卫生出版社的药学科普类图书出版量也远高于其他出版社。

（四）药学科普专著的出版方与定价

表3　药学科普图书出版量前20的出版社情况

出版社	出版量（本）	出版社	出版量（本）
人民卫生出版社	438	江苏凤凰科学技术出版社	53
中国医药科技出版社	204	科学技术文献出版社	50
人民军医出版社	159	上海科学技术出版社	47
化学工业出版社	129	学苑出版社	44
中国中医药出版社	108	上海科学技术文献出版社有限公司	32
金盾出版社	88	北京科学技术出版社有限公司	32
广东科技出版社有限公司	76	中国协和医科大学出版社	31
中国科技出版传媒股份有限公司	63	吉林科学技术出版社有限责任公司	31
湖南科学技术出版社有限责任公司	58	山西科学技术出版社	30
福建科学技术出版社有限责任公司	55	中医古籍出版社	29

药学科普的内容涉及多种疾病和健康养生等，涉及面较广。除专业出版社外，目前许多非专业出版社、非医务人员也纷纷涉足这一领域。在图 1 里被剔除的一些以药为名却与药学关联性不大的书籍，出版量和销量都在增加。这是全民健康理念普及的重要体现，也反映医疗机构对健康科普的重视不及非医疗机构。目前，医药学工具书品种数量以及定价降低，许多图书并没有再版。分析原因主要有：数字出版冲击，信息化使检索更加便捷，内容更多、更新更快、成本更低；医药学发展快，许多理论和共识频繁更新，很难集中大批量专家花费大量时间去编纂并每年更新；成册的工具书内容多、成书厚重，不便携带且定价高，不受读者欢迎。在入组的 2421 本图书中，有 613 本药学科普读物累计销量不超过 300 本，其主要为汇编、大全、年鉴的内容，定价高于整组平均值。各类药学科普图书的定价，也值得作者与出版社进一步反思。

三、讨论

科普图书首先是具有科学性，其次是起到普及的作用，在生活中得以运用。药学科普著作作为传播药学知识的载体，其内容的正确性关乎疾病的治疗与人民的健康。研究发现，目前药学科普图书市场可以说是鱼龙混杂，专著类图书编写方式较为单一，发行量也并不多。形成品牌的图书较少，面对业内人员的精品书籍内容趋同。而面向大众的药学科普图书，居民对药师工作的认识、专业的信任也未建立。药学专家往往没有时间和精力来写，于是一些非药学的内容，甚至带有“广告之嫌”的内容夹杂其中。在科学性和准确性的把握上难免有所偏颇。专家在论著里提及，从 2003 年非典时期众人哄抢板蓝根到 2020 年新冠肺炎疫情时期双黄连的一夜脱销，再次见证了药学伪科普对于公众的危害。还有专家在论著里提到药师相比医生和护士具有更全面的药学知识，在开展药学科普活动后，可以显著提升患者的安全用药意识及行为正确率，提升用药依从性达标率，减少药品不良反应发生率，提升对药师的认可度。用药没有小事。这应当引起全体药学从业人员的重视。

药学科普专著存在实需，但有可能受限于政策扶持不及、医院药师的精力有限等多方面的因素，出版还处于缓慢爬坡期。建议有关学会可以发动药师从事药学科普工作。一些药学领域内的大咖作为药学科普图书的作者，虽然写的科学性强，但往往过于专业化或教材化，甚至有的内容连编辑都看得如坠云雾，最后对于读者而言更是犹如天书。有专家论述，目前医学科普存在这样的问题，即没有跳出医学专著图书的模式，按照病因、病理、症状、防治等结构来叙述，最终面向患者的科普读物成了医学理论图书的简单重复。老百姓读不懂，医务人员却觉得简单。

药学科普专著应兼具科学性、创新性、实用性、通俗性，加强思想性、艺术性和趣味性。比如增加生动配图便于理解，设计科普人物形象等。同时，也可将纸质出版、数字出版和线上药学服务融合起来，可以在网上推出相关的音频、视频、用药咨询等，便于即时阅读，提升药师的职业形象和品牌影响力，同时精准且主动为患者提供药学服务。出版优质医学科普图书，需要把握三个关键，除了选题策划、审读加工外，市场推广也极其重要。一本受市场欢迎、公众喜爱的药学科普专著，内容实用是重中之重，市场推广必不可少。

参考文献

［1］ 钟桂鸿，余小冬，刘丙龙．公众食品药品科普信息需求调查与分析［J］. 中国药业，2020，29（10）：103—107.
［2］ 曾亚平．浅析医学科普图书的开发与出版［J］. 产业与科技论坛，2006（8）：89+102.
［3］ 王静雪，孙宇．浅谈漫画在医学科普图书出版中的重要意义［J］. 科技与出版，2016（3）：102—104.
［4］ 孙伟．药学传统出版数字化转型升级路径探索［J］. 科技与出版，2017（3）：56—61.
［5］ 宋永刚．传统医药学词典类工具书的出版困局与出路探讨［J］. 科技与出版，2010（5）：45—46.
［6］ 刘昱辛，张艺霏，卢婧芬，谢雪姣．医学生开展科普工作的现状分析及对策［J］. 中国中医药现代远程教育，2020，18（12）：6—7.
［7］ 盛玉青，王艳，房树华，于绍帅，陈昕晟，王娜．临床药师在药学科普活动中的作用［J］. 抗感染药学，2020，17（8）：1223—1225.
［8］ 王暄．医学科普图书的市场现状及应对之策［J］. 出版参考，2015（Z1）：13—14.
［9］ 许悦．医学科普图书成功出版要素思考［J］. 中国报业，2019（17）：88—89.

沪教版高中语文教科书编写的经验与不足

上海辞书出版社　周　燕

摘　要

沪教版高中语文教科书虽然退出了历史舞台，分析其在使用过程中所留下的经验和不足，对当前和今后语文教材的研究、编写和出版有重要的启发和借鉴意义。教材研究需要从实际使用的角度，具体、微观地对一套教科书进行案例分析，将好的经验吸收、保留和提升，将不足之处引以为戒，从而使教材的编写和出版更加适合教师的教和学生的学。

关键词

沪教版　语文教科书　高中　调研　经验

2019年9月开始，上海、北京、天津、山东等地开始试用全国统一的部编本高中语文教材，上海原有的沪教版高中语文教科书就此退出历史舞台。一套教科书历史使命的结束并不意味着它没有可取之处了，相反，沪教版高中语文教科书在上海使用多年来积累了大量经验，值得我们总结、反思，以提供给后来的教材编写者和出版者参考。而且即使在2019年之前的全国语文教材中，沪教版高中语文教科书也是具有一定特殊性的，因为它遵循《上海市中小学语文课程标准》编写，而非全国的《普通高中语文课程标准》。尽管在当时整个新课改背景下，大的理念和思潮基本一致，但沪教版高中语文教科书依然有自己的特色。为此，有必要认真总结其特点和优势，反思其缺陷和不足。鉴于已有较多研究者从学理上对沪教版高中语文教科书的整体设计思路、编排体例、单元组织、选文系统等进行了研究，我们便试着通过问卷调查（2019年6月前完成），考察这套教科书的使用者——教师和学生——对它的认识、使用感受以及产生的实际效果。希望能够为教材的研究、编制、出版提供参考数据，并为正在试用的部编本语文教科书的完善提供借鉴，使其更加符合教学的需要。

一、调研内容及调研对象

此次调研的内容主要包括三方面：1. 师生对沪教版高中语文教科书的看法；2. 教科书对教与学的促进作用；3. 教科书的实际使用情况和实际效果。调查问卷全部实行网络操作，由上海市各区各校师生在网上填写。问卷设计成两份，一份教师用卷，一份学生用卷。填写问卷的师生来自上海市 17 个区县，教师共计 36 人，学生共计 141 人；涵盖了从市中心到郊区，从教育实力较强的区县到相对较弱的区县，都有一定代表性。

二、对沪教版高中语文教科书的看法

两份问卷的第一部分都是“对沪教版高中语文教科书的看法”。教师用卷共设计了 19 道题目，分为 7 个板块。

第一板块“教科书与课程标准的契合度”。超过半数的教师认为沪教版高中语文教科书提出的教学目标、语文知识和能力要求与语文课程标准的契合度较高。但也有相当一部分教师认为，沪教版高中语文教科书与课程标准在教学目标上存在不一致性，意见更大的是，课程标准所规定的语文知识和能力没有很好地在教科书中得到呈现。

第二板块“教科书对提高学生能力的作用”。六七成的教师认为沪教版高中语文教科书能够促进学生语言能力的发展和母语综合素养的提升，但也有近三成的教师认为教科书无法促进学生语言能力和母语综合素养，或者力度不够。这一点值得教科书编写者特别注意，因为语文教科书最主要的功能就是培养和提高学生“正确理解和运用祖国语言文字的能力”，如果在这一点上有近三成的教师持不认同的态度，显然就有必要进行反思和改善。超过一半的教师认为，沪教版高中语文教科书在提高学生的实践、创新能力和交流、合作能力上存在较大缺欠。

第三板块“教科书对学生的关注度及对其情感态度价值观、学习习惯、文化视野的引导”。如果说第二板块关注的是学生的语文知识和能力，那么第三板块关注的便是学生在知识和能力之外的其他语文素养。关于教科书对学生学习兴趣等的关注，持反对态度的教师比持肯定态度的更多，说明沪教版高中语文教科书关注学情不足。但在引导学生形成积极主动的学习态度和正确的价值观这一点上，教科书得到大多数教师的肯定。在教科书引导学生养成良好的习惯方面，正反意见人数相当。在教科书应该为学生开拓怎样的文化视野上，教师们有较大分歧。

第四板块“教科书对教师的关注”下只设一道题目：“教科书为您的个性化教学留有余地”。超过半数的教师同意这个说法，另外三成多的教师选择“不同意”，也有

13.9% 的教师认为“说不清楚”。可见教科书在落实基本的教学目标和教学内容的基础上，为教师的个性化教学留下一定余地，但空间还不够大。

第五板块“教科书选文及其编排的适恰性”。关于选文的质量有较大争议，负面看法超过正面看法，持正面看法的教师不到 36%。选文是教科书内容得以落实的关键，沪教版高中语文教科书在选文上需要提高。至于各种文体的比例，四成多的教师认为不够恰当。关于教科书内容的难度和编排，持肯定态度和持否定态度的人数相当，后者略多一些，可见其内容的难度和编排需要斟酌。

第六板块“教科书活动设计的适恰性”。在教科书活动设计的“静态”和“宏观”方面，如活动设计对资源的使用、对学生实践能力的作用，得到较多教师的肯定；但在教科书活动设计的“动态”和“细节”方面，如对学生积极性的调动、对学生个性差异的尊重、活动设计的可操作性等，持否定态度的教师多于或约等于持肯定态度的。这说明，教科书的活动设计大的方向没有太多问题，但在灵活性、针对性和操作性上，需要进一步加强。

最后一个板块“教科书习题安排的适恰性”也只设计了一道题目：“教科书习题的种类、数量和难度，符合教学的需要”。近五成教师持肯定态度，三成多的教师持否定态度，约二成认为“说不清楚”。可见，沪教版高中语文教科书在作业（习题）设计上有待加强。

学生用卷在这部分共设计了 21 道题目，分为 7 个板块。

第一板块“教科书选文的质量”，只有一题“教科书选文富有文化内涵，文质兼美，丰富多样”。不同于教师们负面态度压倒正面态度的选择，近八成的学生认可教科书选文的质量。

第二板块“教科书对学生的关注度及对其知识获得、文化视野的作用”。肯定的意见占大多数，学生对沪教版高中语文教科书在贴近学生兴趣、身心发展水平和已有的知识与经验以及有助于开阔文化视野、拓展知识和信息方面，是很认可的。

第三板块“教科书学习情境的作用”。近五成学生认为教科书的学习情境具有生动性、趣味性，能够激发自己的学习热情；但也有三成多的学生选“不太同意”或“不同意”。五成多的学生认为教科书的学习情境能有效调动自己的生活经验，只有二成多的学生持否定态度，也有 24.1% 的学生认为“说不清楚”，可能是因为教科书的学习情境对学生生活经验的指向不够明显。大多数学生肯定教科书设置的学习情境在促进领会学习方法、加深多元文化、提供探究性等方面的积极作用。但只有四成多一点的学生认为教科书的学习情境能引导自己形成个性化的学习方式，说明教科书学习情境在关注个性化学习上存在不足。

第四板块“教科书活动设计的适恰性”与教师用卷中的第六板块相似，但师生填写的结果却不太一样。除了“教科书活动设计的灵活性和对学生个性差异的关注”这一条，学生比教师同意的人数少一点外，学生对教科书的活动设计相对比较认可。在教科书培养批判性、个性化、创造性、自信心等方面，学生持正面看法的人数远超过持负面看法的人数。但学生选“说不清楚”的比例也比教师要高，这可能说明学生对教科书的活动设计并不是很留心、很清楚。

第五板块“教科书评价方式的有效性”，这一块内容是学生用卷独有的。教科书的评价方式主要指的是作业评价及其设计。大部分学生认为，教科书的评价方式具有激励性和多样性，能为自己的学习提供诊断、补救或提升的途径和方法，但也有约二成的学生不认同。另外，只有约四成的学生认同教科书的评价方式能全面评价自己的学习，其他的学生都持不认同或“说不清楚”的态度。

第六板块“教科书内容的容量和难度”。意见比较一致，大部分学生认为教科书内容的容量和难度都适中，只有少部分选择“偏大”或“偏小”。选择“过大”或“过小”的学生极少，且没有一个学生认为难度过小。这和教师们的选择形成鲜明对比，教师用卷中的第 11 题“教科书内容的难度和容量适当，梯度安排合理”，持否定态度的教师多于持肯定态度的教师。看来在这个问题上，师生的看法有较大差异。

最后一个板块“教科书习题安排的适恰性”和教师用卷一样，只有一道题目：“教科书习题的种类、数量和难度，符合学习的需要”（教师用卷为“符合教学的需要”）。学生的答案比教师更乐观些，五成多的学生选了“完全同意”或“基本同意”；选择“不太同意”和“不同意的”人数比教师少。这是否意味着沪教版高中语文教科书习题的安排，相比教师教学而言，更符合学生学习的需要？

三、教科书对教与学的促进作用

调查问卷的第二部分是“沪教版高中语文教科书对教与学的促进作用”。教师用卷在这一部分设计了 10 道题目，分为 4 个板块。

第一板块“教科书使用方法说明的清晰度”。认为教师使用教科书方法的说明清楚的占近六成，认为学生使用教科书方法的说明清楚的不到五成。教科书作为教学的核心资源，其使用说明应该清楚明了，让师生一目了然，可见沪教版高中语文教科书的使用说明需要改善，尤其是要进一步考虑学生的接受度。

第二板块“教科书对教学目标、重难点的确认”。超过五成的教师认为教科书中教学目标清晰明确、易于达成，且学习重难点的说明对教学具有指导作用。但也有三成多教师持否定态度。教学目标和教学重难点是课堂教学的抓手，教科书对此应有一定指引，但更多还是要通过教师自己对文本的解读和对学情的掌握来确认。因此，这样的肯定率已经不低了。

第三板块“教科书对教学时间的分配和教学资源的提供”。五成教师肯定教科书对不同学习内容的教学时间安排合理灵活，大多数教师认为教科书推荐的教学资源容易获得。可见，沪教版高中语文教科书在这方面考虑得比较周到，对教学工作起到较大的辅助作用。

第四板块“教科书提供的学习方法的适恰性”。在教师们看来，沪教版高中语文教科书提供的学习方法在丰富性和个性化方面不太令人满意，但提供的学习方法本身还是很典型很有用的，能够让学生举一反三运用在不同的情境中。

学生用卷在“教科书对学习促进作用”这一部分共设计了 7 道题目，分为 3 个板块。

第一板块“教科书使用方法说明的清晰度”，与教师用卷的答题情况差异较大，大部分学生则持肯定态度。既然是针对学生的使用方法而言，使用者本人的感受应该更为准确吧。

第二板块“教科书提供的学习方法的适恰性”，与教师用卷中的第四板块内容基本一致。相比之下，学生比教师更倾向于认为教科书中的指导有助于形成个性化的学习方法、教科书提供的学习方法丰富多样。论到教科书提供的学习方法的典型性和实用性，师生们都比较满意，学生持肯定意见的比例又比教师更高些。第 23 题“教科书在内容编排、练习设计等方面包含着语文学习方法的指导”，是学生卷独有的，近 64% 的学生选择“完全同意”或“基本同意”。

最后一个板块“教科书对学习资源的提供”，只有一道题目“教科书推荐的学习资源（如阅读书目、网络资源）容易获得”。这一题支持率高达 73.1%，比教师用卷中“教学资源容易获得”的支持率还要高 9.2%。可见在教学资源和学习资源的提供方面，沪教版高中语文教科书做得相当不错，提供的学习资源的获得尤其便捷。

四、教科书使用的实际情况和实际效果

调查问卷的最后一个部分是“教科书使用的实际情况和实际效果”。教师用卷共设计了 8 道客观题和 3 道主观题。客观题可以分成两部分：一是教师对教科书的使用情况，二是教师对学生使用教科书情况的了解。主观题是对客观题第一板块的进一步

追问。

客观题第一部分“教师对教科书的使用情况”，一半教师表示自己遵循教科书的使用说明和教学建议开展教学活动，八成教师表示自己依据教科书提供的内容、活动等来进行教学设计，近七成教师表明自己是遵循教科书的评价设计来实施教学评价的。可见，教师在很大程度上是围绕教科书来实施教学的。第33题，86.1%的教师表明自己经常参考其他教学资料来进行教学。这一题的具体情况在主观题第1题中得以呈现。面对“您在备一节新课时，一般还会参考什么资料”这个问题，75%的教师选择“配套教参”。令人意外的是，选择“网络资源”的教师有88.9%，超过了配套教参，可见网络时代，教师的备课已经依赖网上资源超过了依赖纸质文本。与此相关的，还有主观题第2题和第3题。第2题要求填写的是教师备一节新课所花的时间和备课时阅读教科书的时间。大多数教师备一节新课的平均时间是2—3天，最少的是50分钟，最多的是一年；也有教师认为长短不一，根据具体课文而定，有时候需要看的书很多。至于备课时阅读教科书的时间，多数教师会花1小时左右，也有少数教师花20分钟、半小时，极少数教师会花2—3小时来阅读教科书内容。也有教师认为要视选文而定，精讲篇目会花多一点时间来读，非精讲的课文读的时间就比较少。第3题问的是教师在教学中是否调整了教科书内容的顺序以及如何调整。91.7%的教师都表明自己调整了教科书内容的顺序，主要是单元顺序、篇目顺序、文体顺序，也有个别教师根据课时需要、学情变化来调整。看来，主要是教师们对沪教版高中语文教科书主题和文体交杂的单元设计不满意，对古诗词按树木花卉、亭台楼阁的线索进行的分类也颇有微词。他们比较普遍的做法是把文言文和现代文分开，文言文部分重新按照名家或主题来整合。

第37题是此次调研中的唯一一道多选题，问的是“哪些因素导致教师无法充分利用教科书”。选择最多的选项是“当前的模块课程与课时安排”和“当前的评价方式”，选择率都是69.4%。可见高考的指挥棒对教师按自己的想法使用教科书造成了相当的制约，而既有的课程和课时安排也造成了较大影响。而选项“教师对教科书编写意图还不十分清楚”的选择率也有38.9%，这个值得我们注意，因为教科书编写意图的清晰与否直接影响教师对教科书内容的把握。

客观题第二板块是“教师对学生使用教科书情况的了解”。在大部分教师看来，学生并不完全按照教科书的建议来学习，也有相当多的教师并不清楚学生是如何学习的。只有少部分教师认为学生喜欢教科书的活动设计，而大部分教师不认同或不清楚。可见，沪教版高中语文教科书的活动设计有待加强。在大多数教师看来，学生们不太喜欢教科书的内容。这一点与学生用卷反映的情况不一致。

学生用卷的最后一部分，除了教科书使用的实际情况外，还问了教科书使用的实际效果。“实际情况”部分有 5 道题目。第 29 题“你按照教科书的使用说明和学法建议来学习”，相对于教师用卷“完全同意”的选择率为 0，学生用卷的选择率为 12.1%，“基本同意”两卷选择率相当，选“说不清楚”的学生用卷多一成。可见还是有较多学生按照教科书的建议来学习的，当然不是很注意教科书的建议以至于不清楚的也不少。第 30 题“你喜欢教科书的情境设置，乐于参与教科书设计的活动”，学生持肯定态度的人数占 50.4%，远远超过教师，可见学生们还是挺喜欢教科书设计的活动的。第 31 题“你喜欢阅读教科书所选择的内容”，学生认同的人数占 60.3%，远远超过教师们所认为的。看来学生对教科书的看法和感受，教师们并不是很了解。

“实际效果”部分有 8 道题目。第 34 题“教科书能够提高你的语文学习兴趣”，近五成学生认同，23.4% 选择“说不清楚”，27% 持否定态度。这一题与教师用卷中的第 5 题和学生用卷中的第 2 题有关，后二者也涉及教科书是否贴近学生学习兴趣，肯定率分别是 37.2% 和 63.1%。总的来说，沪教版高中语文教科书在如何提高学生学习语文的兴趣上有待提高。第 35 题“教科书中设计的学习情境能引导你发现问题”，51.7% 的学生认同，这一题与学生用卷的第 8 题类似，两题各选项的比例也差不多，说明答案是可信的，沪教版高中语文教科书在引导学生发现问题上有较好的效果，但仍有较大的进步空间。第 36 题“教科书的学习情境能促进你深入思考”，56.8% 的学生认同，这与 35 题有密切联系，能引导学生发现问题的学习情境一般也会促进其深入思考。第 37 题“教科书中的学习活动能帮助你形成良好的语文学习习惯”，53.9% 的学生认同，教师用卷中的第 37 题也涉及语文学习习惯，肯定率为 47.3%，与此题比较接近。但此题学生选“说不清楚”的有 24.1%，远远高于教师用卷的第 37 题，可能学生对语文学习习惯的培养并不是很留心。第 38 题“教科书中的学习活动注重引导你掌握语文学习方法”与第 6 题接近，各选项比例也基本一致：超过五成的学生认为教科书注重引导自己掌握语文学习方法，二成多学生选“说不清楚”，另外二成多学生持否定意见。第 39 题“教科书中的学习活动注重引导你进行自我反思”，近五成学生持肯定意见，选“说不清楚”的占 27.7%，持否定意见的占 22.7%，看来在引导学生自己反思上，教科书并不令人很满意，而且学生对什么是自我反思似乎也并不很清楚。第 40 题“教科书的学习活动给予你个性发挥余地，能让你获得成功体验”，肯定率比第 39 题更低，四成多一点，与此相关的第 9 题肯定率和否定率与 40 题都基本一致，看来在个性化方面，教科书还有很大的改善空间。第 41 题“教科书适合你自学”，45.4% 的学生持肯定态度，39% 的学生持否定态度，其余选“说不清楚”。可见，相当多的学生认为沪教版高中语文教科书并不适合自学，这一方面说明教科书有一定难度，适合课堂教学，另一方面可能也说明一些针对学生的说明、指示、活动等清晰度不够，学生无法靠自己完全明白该怎么做。

五、结论

此次调研，根据收集到的信息，我们似可得出以下结论：

沪教版高中语文教科书与课程标准的契合度较高。在教科书的教学目标以及语文知识和能力的呈现方面，可更进一步紧贴课标。

沪教版高中语文教科书能够较好地促进学生语言能力的发展和母语综合素养的提升。但在知识和能力之外的其他语文素养方面需要进一步着力，比如更加关注学情，引导学生养成良好的语文学习习惯，开阔学生的文化视野。

沪教版高中语文教科书在选文的文体比例上值得斟酌；教科书给教师个性化教学留下一定余地，但空间还不够大。

沪教版高中语文教科书的活动设计在大的方向上没有问题，但在灵活性、针对性和操作性上，可进一步加强。

沪教版高中语文教科书的学习情境创设比较注意调动学生的生活经验，能促进学生深入思考，在学习方法、多元文化、探究性等方面也有较多考虑，但在趣味性、激发学习热情、关注个性化学习等方面，存在不足。

沪教版高中语文教科书的评价方式比较具有激励性和多样性，能为学生的学习提供诊断、补救或提升的途径和方法；教科书评价目标可以进一步改善，以便全面评价学生的学习。

沪教版高中语文教科书对教学目标和教学重难点有较好的指引。

沪教版高中语文教科书对教学时间的分配和教学资源的提供考虑得比较周到；提供的学习资源的获得尤其便捷。

沪教版高中语文教科书提供的学习方法典型且实用，能让学生举一反三运用在不同的情境中；在学习方法的丰富性和个性化方面，可进一步加强。

教师们都紧紧抓住教科书的内容进行教学；除了相当一部分教师遵循或基本遵循教科书的建议来开展教学外，还有很多教师对于如何开展教学活动有自己的想法。大部分教师遵循教科书的评价设计来实施教学评价（作业评价）。

教师备一节新课的平均时间是2—3天；备课时多数教师会花1小时左右的时间阅读教科书；备课所参考的教学资料最多的是网络资源，其次是配套教参。绝大多数教师调整了教科书内容的顺序，尤其是文体（文言文和现代文）顺序。导致教师无法充分利用教科书的最大因素，还是高考的指挥棒；当然通过把教科书编写意图呈现得更清晰，也会有利于教师更好地利用教科书。

沪教版高中语文教科书在引导学生发现问题上有较好的效果，但还有较大的提升空间；在如何提高学生学习语文的兴趣上需要改善；在引导学生反思上并不令人很满意。相当多的学生认为沪教版高中语文教科书并不适合自学。

语文教科书是语文课程教与学的核心载体，上承课程标准，下接课堂教学，是意识形态和语文知识的载体，也是教师教学和学生学习的依据。沪教版高中语文教科书虽然退出了历史舞台，但它在使用过程中所留下的经验和教训，对我们当前和今后语文教材的研究、编写和出版仍有重要的启发和借鉴意义：教科书应遵循课程标准进行编写，两者要有较高的契合度；教科书不但要注重语文知识的呈现，也要加强学习习惯和方法、情感态度和价值观的引导；教科书的内容是最关键的，选文品质、各种文体的比例和编排顺序应符合教学需要；教学内容不但要顾及学生生活经验，还要有趣味性，以激发学生的学习热情，且能引发学生问题意识和反思；教科书要为教师个性化教学和学生个性化学习留有足够的空间；教科书编写意图的呈现要清晰，教学目标和教学重难点要突出；教学活动的设计要有助于达成教学目标，还要讲究灵活性和可操作性；教学时间的分配要合理，提供的教学资源要便于获取；教学评价不但要有多样性和激励性，而且要能全面评价学生的学习；教科书要适合课堂教学，并兼顾学生自学的可能性；配套的教学参考书是教师备课的重要资源，应认真编写以达到较好的辅助效果……我们的教材研究需要从实际使用的角度，具体、微观地对一套教科书进行案例分析，将好的经验吸收、保留和提升，将不足之处引以为戒，从而使我们的教材编写和出版更加适合教师的教和学生的学。

儿童科普音频创制与运营模式浅探
——以《赛思叔叔的十万个为什么》原创儿童科普广播剧为例

上海科学技术出版社　孙　云

摘　要

随着新媒体迅猛发展，儿童通过线上音频获取科普知识已成为一种趋势。上海科学技术出版社《科学画报》编辑部基于科普出版优势，用心打造《赛思叔叔的十万个为什么》原创儿童科普广播剧，其线上内容主要以音频形式呈现，每个音频约6分钟；线下内容主要是与音频相配合的图文纸质内容，以图文并茂的方式描述音频中的科学内容，适合父母和儿童通过终端一起观看学习。项目组在知识产品开发、知识服务、用户服务等方面作了积极的探讨和尝试，并取得了一定的成果，为传统科普期刊转型和发展探索出一条可供借鉴之路。

关键词

儿童科普　线上音频　融媒体　传统期刊转型

中共中央政治局委员、国务院副总理刘鹤在参加2020年全国科普日活动时表示：习近平总书记高度重视科技创新和科学普及，强调科技创新、科学普及是实现创新发展的两翼，要把科学普及放在与科技创新同等重要的位置；要大力加强科普工作，着力构建社会化科普工作新格局，出版更多更好介绍科学家及科学知识的通俗读物，发展科普教育产业，提高全民科学素质。

随着新媒体迅猛发展，儿童通过线上音频获取科普知识已成为一种趋势。上海科学技术出版社《科学画报》编辑部基于科普出版优势，用心打造《赛思叔叔的十万个为什么》，通过科普激发青少年和儿童们的好奇心，培养一代爱科学、有梦想、有潜力、有希望的科技创新青少年群体。在全社会要更加重视科普工作的当下，这套原创儿童科普广播剧引起社会的关注。

一、儿童音频市场前景乐观

在科学普及日益受到重视的今天，每一位家长都希望自己的孩子能拥有科学思维，并以此拓展科学见识。中国目前0—14岁少年儿童数量超过2.2亿，在国家鼓励生二孩政策的引导下，未来数年少儿人口数量还会有明显上升。儿童群体规模的扩大奠定了儿童广播节目受众基数增长的基础。时间的碎片化、连接的移动化、用户的个性化其实也给作为传统媒体的广播带来了巨大的发展机遇。通过有声读物（音频形式）来获取科普知识已是一种趋势。但是，新媒体时代的海量数字化信息在给人们带来便捷的同时，也带来了科普内容鱼龙混杂的局面。如何为儿童选择优质的科普资源，如何给儿童更专业的科普教育，是每一位家长的诉求。为此，打造权威的线上科学启蒙课势在必行。

近年来，线上已经出现了一些儿童科普资源，但是这些科普资源大都呈零散分布，知识产品不成体系；线上的儿童科学启蒙课程大多没有配套的线下科普图书或期刊，使得儿童难以对线上内容进行扩展、细化和动手完成实验操作等。

上海科学技术出版社下属具有88年悠久历史的著名科普杂志《科学画报》，决心为儿童打造一套优质的线上科学启蒙课程，出版"既适合儿童需求，又满足家长要求"的儿童音频产品——《赛思叔叔的十万个为什么》原创系列儿童科普广播剧。

二、《赛思叔叔的十万个为什么》的特色

在前期调研和深度剖析的基础上，《科学画报》编辑部积极探索科普创新，推出《赛思叔叔的十万个为什么》原创儿童科普广播剧，创建了"既适合儿童需求又满足家长要求""线上课程与线下杂志相融合"的融媒体（纸刊数字联动）模式，目前已完成100个科普广播剧。内容以科普广播剧（音频）为主体，兼顾配套图文。科普音频：每个小课程主要以音频形式呈现，每个音频约6分钟，以科普故事的形式呈现。配套图文：每个小课程中，与音频内容配套的图文内容，以图文并茂的方式描述音频中的科学内容，适合父母和儿童通过终端一起观看学习。

原创儿童科普广播剧的作者全部为资深科学家。《赛思叔叔的十万个为什么》以"给儿童最优质的科学启蒙"为核心，内容全部由各科学领域的资深科学家创作。资深科学家向儿童展示人类生存的物质世界的真实画卷，不仅确保了内容的科学性和可靠性，也能让儿童感受其中的科学精神和人文情操，帮助儿童建立科学的价值观，以科学的态度看待身边的事物和人类的生存空间。项目组邀请的科学家作者包括王德华（中国科学院动物研究所研究员、博士生导师）、蔡波（中国细胞生物学学会科学普及工作委

员会副主任，中国科普作家协会会员)、禹娜(华东师范大学教授、博士生导师，国家自然科学基金项目评审专家)、何鑫(上海自然博物馆副研究员，上海广播电台系列科普栏目嘉宾)等。

《赛思叔叔的十万个为什么》以儿童的认知规律和学习动机为出发点，以有料又有趣的儿童故事为内容载体，兼顾科学性与艺术性；经后期制作和优化，儿童科普广播剧中融入了“赛思叔叔”“优优”等角色设定；剧情由表及里，引人入胜；背景音乐紧跟剧情，富有节奏感。既符合儿童的认知心理，又使儿童喜欢听、反复听，还能赢得家长的充分肯定和高度评价。

项目组充分发挥科普创作优势，构建了儿童科普广播剧的系列框架，以优质内容为根本，打造精品化产品。本项目的广播剧全部由专业儿童播音员演播，精彩的内容和有趣的音频氛围增强了儿童的沉浸式体验，拉近了儿童与广播剧之间的距离，让儿童在轻松快乐的收听体验中收获科学启蒙的种子。

三、《赛思叔叔的十万个为什么》的社会效益

提供精准知识服务，优化科普形式。《赛思叔叔的十万个为什么》儿童科普广播剧定位清晰，以音频形式承载丰富有趣的科普内容，既突破了儿童通过纸媒接受科学知识的传统场景，又遵循儿童的心理规律。

在科学普及已成为教育刚需的当下，本项目的产业价值得以极大释放。与电视、网络视频节目相比，只闻其声的音频节目始终是让儿童解放双眼双手、抒发想象力的优选。本项目使得家长和儿童可充分利用日常碎片化时间空隙，利用手机端即可播放，乘车途中可随身听，满足儿童上下学途中或每晚睡前的收听需求。

除了生动的音频课程，大量精美的彩色图片和配套期刊上的科学小栏目，让儿童用户感受到科学的无穷魅力。《赛思叔叔的十万个为什么》不仅拓展了儿童的科学视野，还能帮助儿童更好地理解科学概念，培养儿童的科学思维。

多媒体联动，引领科普创新，提升影响力。《赛思叔叔的十万个为什么》儿童科普广播剧的核心价值是优质的内容，特色是精准的服务。项目组充分利用自身资源不断丰富产品形态，建立完善的用户运营机制，快速响应市场需求，真正从内容的生产者向内容的经营者转型。不仅提升了《科学画报》的核心价值，扩大了科普期刊的影响范围，有利于传统科普期刊和新媒体科普广播剧的融合发展。

在“赛思叔叔”的激发下，项目组已收到来自全国各地儿童的投稿作品，其中既有儿童原创的令人“脑洞大开”的科幻短文，也有他们对新科技解读的科普短文，部分优

秀文章已刊登在《科学画报》上。

语音形态具有比文字符号更强大的感染力，能够提供给用户切身的临场感受，加深传受双方的社交互动，并强化二者的情感关联。儿童科普广播剧《赛思叔叔的十万个为什么》顺应融媒体时代发展趋势，丰富了儿童的科普教育资源，有助于儿童树立科学精神，实现了让科学照亮未来的目标。

参考文献

[1] 孙向彤 . 移动互联时代少儿广播节目的垂直化发展 [J]. 中国广播电视学刊，2016（6）：15—17.
[2] 程丹 . 音频产品在融媒体环境下的生产改革——《以遇见好诗歌》为例 [J]. 新闻前哨，2018（8）：21—22.
[3] 许欢，桑裕臻 . 知识付费与出版业创新研究 [J]. 出版广角，2018（7）：25—27.

回应社会热点　策划图书选题
——以人工智能法律、民法典图书为例

上海人民出版社　秦　堃

摘　要

法律图书专业性较强、市场较为小众，在策划选题时，回应社会热点是一个值得考虑的方向。围绕社会热点策划法律图书选题，应当选择具有发展潜力的、与百姓生活息息相关的社会热点，比如人工智能法律图书、民法典图书。在具体的选题策划阶段，应当长期规划、厚积薄发，并关注最新焦点问题。在此类图书出版营销过程中，可以采用多种方式扩大影响力，比如借助聚焦相同社会热点的平台宣传营销，出版外文版，实现世界范围内的宣传推广。

关键词

社会热点　法律图书　策划营销　人工智能　民法典

京东大数据曾对2019年销量突然上涨的几十本书籍作了销量跟踪与舆情比对，发现社会热点对人们阅读兴趣和图书销量具有相当可观的影响。笔者认为，在策划法律图书选题时，回应社会热点是一个值得考虑的方向。但需要注意的是，这类策划的目的不能纯粹是做一本“蹭热点”的图书。图书不同于报纸和期刊，出版周期较长，对社会热点的回应也应该谨慎选择，应选择可以深入挖掘的社会热点，做一个较长的规划。本文以人工智能法律、民法典图书为例，分析如何围绕社会热点进行法律图书选题策划与市场营销。

一、起点：选择合适的社会热点

围绕社会热点策划法律图书选题，首先面临的是社会热点的选择问题。这一选择需要考虑相关社会热点本身或其涉及的某一学科领域是否具有发展潜力，通过回应相关社会热点是否能够服务某一国家战略，如此，选题策划才具有较强的生命力，并有利于系列选题的开拓。

（一）具有发展潜力的社会热点

选择社会热点时，应当考虑的一个因素是社会热点本身或其涉及的某一学科领域是否具有发展潜力。昙花一现的社会热点适合报纸或者期刊关注，图书出版的周期较长，应更多关注有持续影响力的社会热点。以人工智能法律图书为例，自2016年阿尔法狗战胜围棋世界冠军李世石之后，人工智能成为社会热点话题。在法学领域，人工智能对现有法律制度、法律体系提出了一系列挑战，法学研究也逐步回应这些挑战，进而推动了人工智能法学研究的发展，在这一过程中，伴随相关科学技术的突破以及学术研究的深入，“人工智能对法律的挑战及法律的回应”始终是一个社会热点，围绕这一社会热点策划的图书不会在短期内过时。国务院于2017年7月8日发布了《新一代人工智能发展规划》，提出要“建立人工智能法律法规、伦理规范和政策体系”，“重视人工智能法律伦理的基础理论问题研究”。人工智能在法律方面的影响也成了一个热点问题。

（二）与百姓生活息息相关的社会热点

选择社会热点时，除了考虑热点本身的价值外，还需要考虑关注热点的群体（也就是未来图书的营销对象），基于这个考量，应当选择与百姓生活息息相关的社会热点，以便引起更大范围读者群体的关注，有利于后期图书营销。例如，《中华人民共和国民法典》草案公布后，在社会上引起热议，民众对于居住权、婚姻冷静期、高空抛物等内容非常关心，“2018年9月至2020年5月共有38万余人次对民法典草案提出近79万条意见，这也是近年来公众提出意见最多的一部法律”。因此，上海人民出版社在2020年围绕《中华人民共和国民法典》这一社会热点策划出版了《民法典与日常生活》一书，引起社会广泛关注。

二、重点：围绕社会热点展开策划

在选定某一社会热点之后，如何进行具体的法律图书选题策划是重点。

（一）长期规划

社会热点图书需要面向社会大众，应遵循相关领域研究的一般规律，长期规划、厚积薄发，由浅入深地向读者介绍热点涉及的某一领域的概况及最新进展。以人工智能法律图书为例，人工智能法学研究本身是在不断推进的，“从人工智能法治理念框架、法律体系、政策体系和伦理规范等制度规范层面的研究，逐步触及法律人工智能论证模型、推理规则的研究，紧跟聚焦人工智能技术的最新发展，学者对区块链、智能合约、算法解释等进行了有针对性的研究，对于人工智能的主体地位、言论、劳动权利、致害责任分担等问题进行反思”。因此，在策划人工智能法律图书时，应先推出概览性质的图书，再推出专题性质的图书。例如，上海人民出版社在策划“独角兽法学精品·人工智能系列”时，2018年第一辑筛选并翻译了国外有关人工智能研究较有影响力的三部经典著作，推介给中国读者：《谁为机器人的行为负责？》《机器人是人吗？》《人工智能与法律的对话》。这三部著作的特点都是涵盖范围较广的，能够帮助读者迅速了解人工智能在法学领域引起的问题及已有的应对措施。2019年第二辑精选了《机器人的话语权》《审判机器人》《批判区块链》三部著作，相比第一辑，第二辑的图书，专题性更强，更适合已有初步了解的读者进一步了解人工智能对法律的挑战。

再以民法典图书为例，上海人民出版社出版的《民法典与日常生活》是一个酝酿了三年的选题，也是长期关注法治中国建设过程中推出的一部法律图书。早在2017年第十二届全国人大五次会议通过《中华人民共和国民法总则》后，出版社就约请专家撰写并出版了《生活中的民法——〈民法总则〉的生活解读》一书，尝试以通俗的语言解释《中华人民共和国民法总则》法律条文的内涵（包括新的规定、重要的更改）及其背后的民法原理。《生活中的民法》推出后，取得了较好的市场反响，在《中华人民共和国民法典》草案公布后，出版社基于前期的经验积累与长期关注，约稿撰写一本解读《中华人民共和国民法典》的图书，这才有了《民法典与日常生活》一书。

（二）创新角度

社会热点是人所共知的，围绕社会热点策划图书如何脱颖而出，则需要加入策划编辑的辛勤努力与思考，从一个新的角度切入，策划出与市面上同类图书具有不同特色的读物。以民法典图书为例，针对市场上必然出现的《中华人民共和国民法典》条文解读、司法适用解读、新版民法教材、民法典相关问题学术探讨类选题，经过反复考量，上海人民出版社在策划《民法典与日常生活》一书时从百姓生活的视角切入，确定文字部分分为典型案例分析、热点问题解读，正文前配彩色插页，内容为精选的案例场景与热点问题情景。典型案例部分选取了73个关涉居住权、高空抛物、农村土地和拆迁、隔代探望权等与人们日常生活紧密相关的鲜活案例，在简要介绍案情的基础上，提炼案件涉及的核心法律要点，予以生活化的解读与分析。热点问题解读部分精选了此次民法典编纂过程中热烈讨论的45个焦点问题，通过生活化、趣味性的语言分析了诸如居住权、婚姻冷静期、高空抛物、物业合同等社会热点问题的相关法律规定，以及这些新内容对民众日常生活、经济活动等领域可能带来的影响。在出版当月的《中国新闻出版广电报》上，记者准确地记录了本书的鲜明特色："13 幅彩色插图、73 个案例、45 个热点问题，《民法典与日常生活》（上海人民出版社）可谓集多形式于一身。""在选择案例和热点时，出版社与撰稿专家反复开会协商，选择了民众最关注或话题量比较大的内容。"

（三）追踪焦点

有潜力的社会热点在发展过程中往往会阶段性地呈现新的焦点问题，在策划相关图书时应紧密关注。例如在人工智能领域，国外的理论研究起步较早，成果也多于国内成果，在国外受关注已久。根据《世界人工智能法治蓝皮书（2019）》统计，国外人工智能法学领域的著作在 1998 年已经出现，而国内相关著作最早出版于 2017 年。因此，目前国内人工智能法律类图书多为国外经典著作的引进，以及国内学者撰写的概览性质的著作，例如华宇元典法律人工智能研究院所著《让法律人读懂人工智能》，梳理与法律行业密切相关的专项技术，从法律人的角度出发对这些技术要素重新作出解读。国内人工智能法律领域发展较快的方面出现在司法实务中，上海市高级人民法院组织研发的"上海刑事案件智能辅助办案系统"将大数据、人工智能等现代科技深度运用到刑事诉讼活动中，从源头上预防冤假错案的发生，开启了人工智能在司法领域深度应用的先河，为现代科技助力司法改革、破解司法改革难题蹚出了一条新路子。这是现阶段社会关注的焦点之一。上海人民出版社围绕这一点，策划出版了上海市高级人民法院原院长崔亚东所著《人工智能与司法现代化》一书，对上海司法实务界运用人工智能推动以审判为中心的诉讼制度改革，研发"上海刑事案件智能辅助办案系统"过程、应用成效，在业务、技术上的重大突破等进行了总结提炼。

三、增长点：多种方式扩大影响力

（一）借助聚焦相同社会热点的平台宣传营销

社会对热点的回应是多种多样的，并不局限于出版领域，还包括新闻报道、学术研讨乃至大型会议等形式。在社会热点图书出版营销过程中，可以考虑适度借助其他平台尤其是国家级平台扩大图书影响力。以人工智能法律图书为例，近年来人工智能越来越受到国家重视，2018 年、2019 年两届世界人工智能大会均在上海举办，世界性的会议对于人工智能法律图书无疑是一个很好的宣传平台。上海人民出版社早在 2016 年便注意到人工智能的相关法律问题研究，在向作者组稿的过程中，也在不断地询问相关选题，并于2018年上海书展期间一举推出“独角兽法学精品·人工智能系列”图书。在图书出版过程中，出版社获悉世界人工智能大会要在上海举行，认为这是一个非常好的、能更加深入参与这一领域的机会。于是，出版社与上海市法学会沟通后，策划了跨度从2018上海书展到2018世界人工智能大会的“人工智能与法治”系列活动，联系人工智能大会组委会后，研讨会立即被确定为大会特色活动之一。2019年这项活动升格为“世界人工智能大会法治论坛”，规格更高、规模更大、更国际化，论坛以“共建未来法治，共享智能福祉”为主题，来自全国各地和23个国家的法学法律界人士、专业技术人员，以及社会各界人士800余人参加了论坛。此次活动中央电视台在“新闻30分”“东方时空”“午夜新闻”“新闻直播间”等栏目先后五次予以报道。人民网现场直播收看人数203万，总浏览量327万。《解放日报》《文汇报》、新华网、央视网、澎湃新闻、上观新闻、凤凰网等媒体给予了充分报道。在世界人工智能大会的平台上，人工智能法律图书获得了更大的影响力。

除会议等平台外，各类媒体宣传也是值得借助的有力途径。以民法典图书为例，上海人民出版社在编辑《民法典与日常生活》的同时，也同步筹备电子书、有声书事宜，力图面向更多的读者；提前一个月开启预售，预定数增长至上海人民出版社同期最高。图书出版后，进一步加大宣传力度，在《光明日报》《中国新闻出版广电报》《文汇报》等媒体上进行宣传，并制作系列短视频在微信公众号上进行宣介。本书在出版发行的10个月内，也获得了多方面的认可，甫一出版即入选2020年7月“中国好书”榜单，之后相继入选“《中国新闻出版广电报》2020年度好书”“2020百道好书榜社科类TOP100”、2020年向全国老年人推荐优秀出版物、国家新闻出版署《2021年农家书屋重点出版物推荐目录》、2021年3月华文好书榜等，央视《读书》节目作了专期介绍，在2021年4月23日的《2020年度中国好书》盛典上，本书成为33种2020年度中国好书之一。

（二）出版外文版，实现世界范围内的宣传推广

中文图书面向的是中文读者，对于国外学界与读者而言，获取信息、进行学术借鉴与探讨并不容易。因此，另一个扩大社会热点图书影响力的方式是出版外文版，实现“走出去”。近年来，人工智能在世界范围内迅猛发展，被广泛应用于自动驾驶、无人机、安防、教育、医疗、金融等方方面面，深刻影响着我们的社会和生活，司法当然也在其中。上海市高级人民法院组织研发的“上海刑事案件智能辅助办案系统”是现阶段

社会关注的焦点之一。《人工智能与司法现代化》中文版在2019年1月出版后，广受好评，4个月内销量已超6000册。人工智能在司法领域的应用，标志着我国正在抢占先机，争当世界“领跑者”。《人工智能与司法现代化》中文版出版后数月，德国斯普林格出版社即决定购买英文版权，并于同年出版英文版，在2019世界人工智能大会上首发，引起广泛关注。这一项目获得2019年经典中国国际出版工程资助，其英文版推出，实现了世界范围内的宣传推广，向世界提供了关于人工智能在司法领域应用的中国视角与中国观点。

综上所述，法律图书专业性较强、市场较为小众，在策划选题时，回应社会热点是一个值得考虑的方向。围绕社会热点策划法律图书选题，应当选择具有发展潜力的、与百姓生活息息相关的社会热点；在具体的选题策划阶段，应当长期规划、厚积薄发，并关注最新焦点问题；在此类图书出版营销过程中，可以采用多种方式扩大影响力。

参考文献

[1] 社会热点对图书销量影响有多大？看了你就知道[EB/OL]. https：//m.thepaper.cn/newsDetail_forward_7060907，2020-04-21.
[2] 民法典草案拟引入离婚冷静期，全国人大回应[EB/OL]. https：//www.sohu.com/a/395941975_161795，2020-05-18.
[3] 崔亚东主编 . 世界人工智能法治蓝皮书（2019）[M]. 上海：上海人民出版社，2019：12+71—82.
[4] 刘蓓蓓 . 引导日常生活　走进百姓心里[N]. 中国新闻出版广电报，2020-07-10（5）.
[5] 金鑫 . 2018世界人工智能大会上，上海人民社牵头举办人工智能与法治高端研讨会　出版人在智能大会上一展专业功底[N]. 中国新闻出版广电报，2018-09-26.
[6] 我国首次利用“人工智能”开庭审案，这项黑科技全球领先[N]. 法制日报，2019-01-24.

基于核心素养的中小学音乐教材建构与实施
——沪教版全国音乐教材浅析

上海教育出版社　王　俭

摘　要

音乐是一门艺术，而音乐学科作为实施美育的一种途径，在基于核心素养的学科课程目标下，在提高学生知识能力、实践能力的基础上，对于美化情操、提升审美能力有着非常重要的作用。而基于学科的课程标准，科学合理地建构学科教材，促进教材实施，更是推动学科建设和发展的重要部分。

关键词

核心素养　传播民族文化　彰显时代特征　教学实施

沪教版全国音乐教材是在全面建设小康社会背景下，通过对农村学校艺术教育进行充分调研和分析的基础上进行编写的。教材始编于2002年，按照教育部制定的《义务教育音乐课程标准》的要求，于2012年进行了修订。

一、教材建构

教材的建构以落实艺术学科立德树人为根本任务，将学科核心素养贯穿于教材之中为指导思想，并根据学科教学要求，不断在教材修订过程中进行完善。

（一）坚持正确的政治方向，加强教材的思想性

按照国家教材局对教材工作要求，教材组多次对教材的思想政治性进行自查，全面推进社会主义核心价值观在教材中的体现。

1. 树立以德育人的学科理念

中小学教材必须体现党和国家意志。音乐学科属人文学科范畴，具有思想性与人文性的特点，其在意识形态领域的影响十分深远。教材组坚守“以德育人”的理念，收入

了经典的、有艺术性的爱国主义作品。如在主题单元《祖国颂歌》中，《红旗颂》《在灿烂阳光下》《爱我中华》等耳熟能详的红色经典音乐作品，使学生在潜移默化中养成热爱祖国、热爱民族的思想，树立正确的人生观。

2. 彰显时代精神

教材所选用的教学曲目充分体现了时代精神，并富有新意。教材选取了近年来获“金钟奖”和“五个一工程奖”的获奖作品，如《阳光路上》（歌曲）、《永不消逝的电波》（舞剧）、《御风万里》（管弦乐）等。另外，还选取了中外优秀的当代音乐作品，如《飞歌》（大提琴与多媒体交响协奏曲）、《航天进行曲》（歌曲）、《破铜烂铁交响曲》（打击乐）等。

（二）弘扬我国优秀的民族民间音乐文化

教材选用了大量民族民间音乐作品。所选用的曲目既有原汁原味、乡土气息浓郁的各民族各地区民歌、民间戏剧与曲艺，如《乃哟乃》《快乐的啰嗦》等；也有根据民歌改编的音乐作品，如《青春舞曲》，以及根据民族调式与体裁创作的音乐作品，如《水乡歌》《康巴盛会》等。同时力求从学生熟悉的生活环境中去发掘具有乡土特色的音乐资源，将其适当调整到学生能达到的难度要求，使教材在广大中小城市和农村地区有可操作性，以适应当地教师教学和学生学习的水平。

弘扬民族传统音乐文化，将我国各民族、各地区优秀传统音乐作为重要的教学内容。教材中，中国作品占三分之二以上，其中民歌及民族器乐作品占二分之一左右，并在中外作品的排序上作了进一步调整。版式和内容都体现不同的艺术风格和浓郁的文化气息。

（三）注重教材知识体系的科学性

1. 知识与学科素养

知识既是素养的构成要素与核心，又是素养形成的基础与条件。学生通过学科学习达成良好的素养，必定要有扎实的学科知识。在音乐学科中，学生对基础音乐知识的理解和掌握，对提高其审美情趣，达成情感体验起到非常重要的基础作用。沪教版教材对学科知识的编排由浅入深、循序渐进，音乐知识脉络清晰，易于掌握。

2. 知识与学科内容

学生对学科知识的获取离不开实践，同时也不能与教学内容相脱离。本教材的知识渗透力求运用音乐本身来体现学科的特点——以丰富的音乐作品提供基础的学习平台；

以丰富的音乐音响引领体验和研究；教材中的音乐知识全面、显性，并且与作品紧密相关。在纵向上，知识点的出现源于作品；在横向上，整个知识线由浅入深，环环相扣，循序渐进。如“队鼓咚咚”单元中，通过学唱歌曲《只怕不抵抗》，了解音乐家冼星海；在《自新大陆交响曲》的欣赏中，学习弱起节奏等，其意图是引导学生对音乐知识的理解尽可能依附于作品，从而使其认知能力得以提升。

（四）注重学生能力的培养与提高

在音乐学科中，通过音乐内容的学习和实践，使学生在演唱、欣赏、演奏、识谱、创造等方面的能力得到培养和提高是课程的一项重要目标。

教材中的每一课都通过结合音乐核心知识与技能的要求设计创造性的活动来实现对学生多种能力的培养。在设计中充分考虑活动的可行性、趣味性、选择性。把栏目真正建设成为丰富音乐思维与想象、尝试集体探索和创造的活动乐园。借助于生活经验的迁移，让学生获得音乐学习的认知，切实培养学生的创新思维和能力。

1. 加强基础能力的培养和技能训练要求

通过对音乐知识的系统性架设和教学，使学生在音高、时值、节奏等音乐要素的基础能力方面达到要求，并不断通过作品欣赏和活动实践逐步发展和提升。

在音乐学科教材的内容建构方面以多种风格、体裁的音乐作品丰富学生的艺术视野，使其通过对音乐感受能力的不断提高，形成一定的艺术修养。

2. 提升综合表现力和创造力的培养

音乐学科教学中对学生能力的培养包括音乐的感受能力、鉴赏能力、表现能力和创造能力。通过听、唱、动、创等一系列实践活动，让学生在感受与鉴赏、体验与表现、拓展与创造中同步实现核心素养。如在主体教材内容“唱歌”“欣赏”等栏目中设计了“歌曲表演”“造型律动”“节奏声势”“小歌舞”“自制小乐器”“集体舞”“情景表演”等多种活动形式，通过这些活动形式引导学生感受音乐、体验音乐、表现音乐。如每个单元都有一个“导入性”的栏目——“开心一刻”，活动形式丰富多样，与每单元必学的教学内容（欣赏、唱歌）紧密结合。为课程导入提供了教学内容，同时，也让学生在动中进入学习情境，如在“田间歌谣”单元中设计了“数九歌”；在“采金秋”单元中设计了“节气歌”；在“活动与创造”板块中，将听赏、演唱、吹奏、律动、编创等融为一体，设计了“听音乐讲故事”“音乐情景表演”“配乐朗诵”等活动，引导学生参加班级、学校和社会的音乐实践，使学生在提高音乐能力的同时，又增强了集体意识和实践能力。

（五）注重学科评价

教材在评价内容板块的设计体现了多元化的特点。教材紧密结合音乐内容，围绕单元教学目标设计评价活动，为学生提供个性化与群体实践性的评价园地，让学生通过主动展示、相互激励评价和互动交流，以达到学生集体的共同提高。通过多种评价方式增强学生学习的信心和动力，促进学习质量的不断提高和知识技能的形成。如每三单元后设立的自我评价性的栏目，包括“赛歌会”（音乐综合考评）、“编与唱”（音乐技能题）、“走迷宫”（音乐知识趣味题）、“智慧园”（音乐知识趣味题）、“才艺展示”（音乐技能题）等。它们都以趣味化的方式呈现，通过对所学音乐知识的总结、学生的自主评价，感受成功的快乐，改变以往枯燥、形式化的评价过程。

二、教材实施

核心素养以“全面发展的人”为重点，以科学性、时代性、民族性为基本原则。音乐学科的核心素养要切实地落实，必须经过有效的教学才能得以实现。

（一）整体把握教材结构，有效落实核心素养

充分利用教材提供的栏目与内容落实教学目标。教材为教师在音乐教学中落实核心素养的目标提供了有效思路，如“音乐小辞典”为“知识与技能”目标提供了具体的内容；“单元导入”为“艺术感知”设定了情境；“音乐园地”可运用模仿学唱、听赏研讨、互相交流、个人展示等方式学习。

（二）架构科学的结构体系，发挥教材的教学作用

教材在架构上清晰明了，为教师提供了教本，同时也为学生提供了学本。在教学实施环节，教师要有科学架构教材的能力，从而充分发挥教材的教学作用。

1. 以结构化组织教学材料

教学实施者通过一定的主题综合素材，使不同材料之间的相关性得到加强，从而使之形成一定的联系，使教材内容为教学服务。

2. 以层次化递进教学材料

将材料按照教学的要求进行梳理，包括知识的难易度、情感体验的年龄特点等，由

浅入深逐步推进，形成渐进的层次和逐步提升的梯度。

3. 以模块化呈现教学材料

从音乐实践的不同方面设计一定的模块，将相关内容纳入其中。通过模块化教学，实现对学生综合能力的培养。

4. 以互动实现教学反馈

互动式教学反馈可以适用于教材中的每一项内容，通过相应的实践、评价、反馈设计，为教学评价作基础铺垫。

5. 以信息化完善教学资源

在教学中可运用信息技术及其与学科的整合，在每册教材都有配套教学资源的基础上，依据教学内容，合理地增加音视频等多媒体教学内容，使教材资源得到进一步完善与深度开发。

（三）开展生动的教学，突出学生的主体地位

教学上要紧紧围绕对学生音乐实践能力的培养，在内容的选择上则侧重于其实践的价值。教师可以灵活地开展丰富多彩的教学实践活动，如律动、朗读、舞蹈、表演等，引发学生的学习兴趣和参与度。在每个作品的教学中都能从学生的认知出发，提出实践水平的要求，并且有实践方式提示。

教学设计上力求创新，既要体现出关注音乐本原的思考，又要注重对培养学生创新能力的预设。通过节奏创作、旋律创作、肢体语言的创编、音响探索、模拟、情景表演等实践活动，从学生学习音乐的兴趣出发，提高学生运用音乐知识的能力。

（四）依托音乐传导文化，有机渗透人文精神

人文精神的开掘必须在对音乐作品的剖析中进行，例如欣赏曲目的历史背景、时代动态、作曲家的人物性格、作品的风格、反映的情感思想等，这些都属于人文范畴。在讲述音乐知识时也可以开掘人文精神，如在生活中产生的民歌，在社会进步中发展的民族音乐等都是人文思想传播的载体。这些意图都编织在教材之中。因此，只有把握好教材，才能做到音乐性与人文性的有机联系。

三、结语

“十四五”时期，我国将开启全面建设社会主义现代化强国的新征程。在这个背景下，建构体现社会主义核心价值观和学科内涵的教材是时代的要求。基于核心素养的中小学音乐教材建构与实施势必要通过教材编写与教学实施者的共同努力。通过科学建构、有效实施，共同为落实艺术学科立德树人的根本任务，积极推进民族文化的传播而不懈努力。

法学类图书编校中的两点心得

上海人民出版社　周文臻

摘　要

本文从编辑工作实践中感受到的法学类图书的独特性出发，总结了编校法学类图书的两点心得，分别是注重对法学类书稿的语言特色的掌握和坚持正确的政治导向，并作了具体阐述，希望能对提高法学类图书的编校质量有所助益。

关键词

法条　法律术语　隐形政治错误　政治导向

法学类图书是图书市场中的一个重要门类，法学类图书的编辑也具有其自身的特点。对于法学图书编辑的独特性，笔者感触最深的便是：有时让人感到棘手的法学书稿的语言风格，以及号称独立的法学与政治之间“剪不断，理还乱”的复杂关系。随着审阅书稿经验的增多，笔者对法学类书稿这两大独特之处有了更深刻的理解，进而对其所引发的法学类图书编校有了一些心得，现将其分享如下，希望能对提高法学类图书的编校质量有所助益。

一、注重对法学类书稿语言特色的掌握

法学是发展历史最为悠久的学科之一，是与医学、神学、社会科学并称为人类历史上最为古老的学科之一，并在历史的长河之中逐渐发展出了一套独树一帜的术语、概念和理论体系，成为一门具有独特的问题意识、理论关怀、学术品格的现代显学。构成法学这幢赫然屹立的大厦的基础即是富于浓厚的法学色彩的语言，其不仅是法学自身独特性的一张名片，也构成了隶属于法学本身的学科壁垒，更给法学类编辑人员对法学书稿的加工带来了相当的难度。目前，关于法学语言的研究成果已经蔚然可观，已成为法学门下具有“自己独特的研究方法的独立学科”。法学类图书的编辑直接参与法学知识体系的生产与再生产，不仅在长期处理法学书稿的过程之中受到法学语言的浸润和熏习，其加工的法学类图书又反过来形塑法学类书稿语言的风貌。故对法学类书稿中法学语言

的处理，不但决定着一本法律书稿的“法学味”，更关涉着法律知识与理论的正确呈现与传播。为做到这一点，笔者在日常处理书稿的过程中处处留心，不断总结经验，并有了如下心得。

（一）了解法条的结构

首先，现行的法律条文具有从条到款再到项的固定结构。一般法律条文的条通常伴随着如“第一条”“第二条”之类的提示性文字，而法律条文的款则为单独成段，不加序号的自然段，法律条文的项则之前则冠有“一”“二”等序号。在处理法律书稿的过程中，经常发现作者将两者张冠李戴的情况，故编辑在核引法条原文的过程中，除确保引文和法条原文内容一致以外，还必须确保法条引文对应的款项名称的正确性。更容易出错的是外文法条，因外国法律条文有不同于中国法律条文的结构，不宜直接套用列举中国对法律条文排序时的固定表达，更不宜将两者混用，如一会用“款”“项”，一会儿用“a”“b”。故针对引用的外文法条，编辑应不畏烦琐，尽量查找外文法条的权威译本，以权威译本中指涉这些法条的固有方式为根据进行核对。

（二）熟悉法律条文的表达

法条通常遵循一些固定的表达方式，这些表达方式是立法机关经过精心考量的结果，是明确传达法条意涵，起到法律宣示作用的必然要求，也潜移默化地影响着适用它的法律工作者和研究它的学者，扮演着法律文书和法学论文写作文风的风向标的角色，同时也是法学编辑加工处理这些稿件的参考。笔者在加工稿件时经常碰到作者的表达与固定表达“貌合神离”的情况，对其予以鉴别和修改，不仅需要编辑对这种固定结构的表面形式相对熟悉，更需要对这些固定表达之中语素的功能有一定了解。如笔者近期编辑、处理的一本稿件之中，出现了大量的“若……的，则”的表达，这种表达源于法条中常用的“法律行为＋法律后果”即“……的，则”的表达公式。但须注意的是，法条中“……的”中的“的”已经表明该句属于某种假定的情况，此时再加上“若”，则属画蛇添足。

（三）重视法律术语的翻译

法律翻译是理解外国法律制度、理论、思想的前提，也是实现法治文明交流的关键。“在法律翻译中，术语翻译是基石”，但同时也是重点和难点所在，正如有学者所指出的，术语在不同语言间所做的“跨语际漂浮”，不仅涉及其术语从一种语言到另一种语言的转化，更会牵扯出原术语及其翻译所分别扎根其中的宏观文化背景，并引发两者之间的冲突、交流和相互融合，当然，也不可避免地引发原术语的偏离、暧昧与模糊，但与其说这是必须予以避免的谬误，倒不如说是一个法律术语可以被理解的前提，因为只有在我们自身文化所决定的思维方式之下，才能理解被翻译而来的“术语”，当然也会因为我们自身的文化“滤镜”而使其不同程度地得到扭曲。所以，在这个意义上，既要求对这些术语的翻译既完全忠实于术语的原意——当然也是阐释的结果，又要使其通俗易懂，便于理解和传播，无论对译者还是编辑而言，都不啻强求。因此实际情形则是，译者常常需要在满足术语在传播方面的要求和保留原意之间作出取舍。而作为编辑，其对法律术语翻译的处理必须在这一前提之下进行，但这也不意味着编辑完全可以让作者对其翻译“文责自负”。

在审定术语翻译的过程中，编辑至少应做到以下几点：

第一，尊重术语约定俗成的译法。遵守约定俗成常被认为是专有名词翻译的重要原则之一，因为任何学术书籍都非单独存在的，每一个有意义的学术成果都意味着对原有成果的一次推进，同时也成为学术进一步推进的起点，故遵守术语翻译约定俗成的规则，一方面可以使学术成果接续学术研究的传统，构成连续不断的学术研究序列，另一方面也便于后来的研究者站在其基础上进行研究。为体现对学术传统的尊重，除情势变更导致某些原先公认的术语翻译明显过时、不当，应当依约定俗成的规则对其予以保留。

第二，提高政治站位，保持敏锐的政治意识，“某些译名由于背离国家立场，体现出不平等性，势必会引起遭受不平等一方的反对，不利于国家文明之间的交流与互鉴。对于这类译名，即便是因其具有很高的流通度而被认为是约定俗成，也需要改正过来”。

第三，充分相信译者，有些英文法律术语，在汉语中并无对应的概念，也无约定俗成的译法，其译法往往是作者的创造性和首创精神的体现，对于这类译名，不妨“让子弹再飞一会儿”，把决定其能否生存下去的权利交给学术共同体，而不对其随意扼杀。

二、坚持正确的政治导向

一方面，法律类图书承担着深化法学理论研究、普及法律知识、弘扬法治理念的使命，其对各项具体法律制度的深层次阐释与剖析为中国特色社会主义法律体系的完善起到积极的推动作用。另一方面，制度总是负载价值的，例如，西方民主、自由观念和其宪法制度之间的关系不容否认，现代中国的法律理念和制度多是从西方资本主义国家引进的，而吸收、借鉴西方法律制度中的精华现在是、未来可能仍旧是法学研究的一个重要前提，但做好对西方法律制度的甄别、鉴定，防止随制度移植而来的西方价值和制度的渗透，仍然是法学图书编辑不可推卸的责任。为使法学类图书成为抵御西方价值入侵的桥头堡，编辑要自觉抵制三权分立、宪政民主，不得让图书贬低、抹黑和否定中国法治的成就，防止鼓吹西方宪政理论，使法学类图书成为抵御西方价值观入侵的桥头堡。为做到这一点，法学类图书编辑应该坚持正确的政治立场，锻炼过硬的政治素养，培养高度的政治敏锐力。笔者结合工作经验和理论思考，认为关于这一点，法学编辑应当做到以下两点。

（一）注意书稿中分裂国家的表述

香港、澳门、台湾等，因与大陆从属于不同的法系而常常与外国的法律制度放在一起论述，此时应当特别注意这几个地区的称谓，如不能说“美国、日本、台湾在证券信息披露方面……”，应当在“台湾”前加上“中国”。此外，在论及这几个地区时，标题相比于正文是编辑更容易忽略的方面，编辑对正文往往更加敏感，但可能对标题中的错误提法一带而过。如编辑一般都会对正文中出现“台湾”的地方条件反射般地加上“中国”，但若此时对台湾的论述被置于“国外的相关法律制度”之下，则编辑还应对标题作出处理，将此处明显有误的“国外”改为“其他国家和地区”。法学中用到比较法研究的地方很多，编辑在处理这些内容时，更要提高警惕、擦亮眼睛。

（二）识别隐性的政治错误

编辑在编辑工作中，还应当注意提升自己的学理素养，从而准确甄别一些不易发现的政治错误。就笔者所见而言，中国法学界在长期的研究中，已经形成了一种较为常见的研究范式，即从现实中存在的某种问题出发，通过对我国的现行法与其他国家和地区的法律制度进行比较，指出我国现行法的“不足”——实际上大多是我国现行法与外国法之间的差异，然后以提出修改、完善我国国内法的对策、建议结尾。从提出问题出发，归于解决问题，平心而论，这种范式既是一种合理的行文结构，也是一种组织思路，厘清行文线索的科学方式，有其优越性所在，所以才能一度盛行法学研究。从编辑的角度出发，也必须警惕对这种范式的滥用滋生的两方面问题：第一，作者在进行这种研究时，往往避重就轻，只大谈我国存在的这些问题，而对国外是否具有这种同样的问题往往语焉不详。这一疏忽对整个研究决不是无伤大雅的，甚至可能消解整个研究得以成立的逻辑起点。在国外同样存在类似问题的前提下，可能只需要提一个问题就可以使作者的努力归于徒劳：既然我们所要借鉴的法律制度并不能解决我们想要解决的问题，那对其予以借鉴有何意义？第二，在为借鉴而借鉴的思路指导下，部分这类研究倾向于将我国的现行法与其他国家和地区的法律制度的差别等同于我国现行法的不足，并将外国法律制度视作我国现行法改善和修改的模板，潜台词则是我国现行的法律制度与其他国家和地区的制度之间的差别是由我国法律制度的落后所导致的，故应当参照先进的模板对我国的法律制度进行完善。如果说这种观点在我国法治建设初期尚有一定的合理性的话，那么在中国特色社会主义法律体系已经基本建成的前提下，不加分析继续认为我国法律制度居于落后地位，而推定其他国家和地区的法律制度是先进而值得学习的，属于在文化方面示弱的表现，既不符合实情，也与坚定中国特色社会主义道路自信、理论自信、制度自信的要求相悖。

综上所述，一些看似规整的法学研究之中可能会出现一些隐性的政治错误，虽然表面上仅涉及学术探讨，但实质则有存在鼓吹其他国家和地区法律制度而贬低本国法律制度之嫌。对于这类研究，在作者对意欲学习、借鉴或移植的某种其他国家和地区的法律制度的正当性和必要性作出充分的说明之前，应不予将其出版，这既是法学类图书编辑“扛起文化担当的大旗，进一步坚定并大力弘扬社会主义法治文化自信”的必然要求，也有助于引领法学界的学风、文风，实现法学研究从“立法论”向“解释论”的转换。

参考文献

[1] 张清 . 我国当代法律语言学研究综述 [J]. 天津外国语大学学报，2021（3）.
[2] 李文龙，胡晓凡 . 法律术语译名的约定俗成研究 [J]. 天津外国语大学学报，2021（3）.
[3] 李安尼 . 新时代法律类图书主题出版的几点思考 [J]. 新闻传播，2021（4）.
[4] 王利明 .“一个解释论的时代已经到来”[N]. 北京日报，2013-03-18.

传承三联品牌，探索新时代主题出版之路
——以《解放·城市底片》丛书为例

上海三联书店　姚望星

摘　要

上海报业集团解放日报旗下的上海三联书店历史悠久，是三联品牌的继承者之一。回望三联的历史，她的历程始终与时代脉搏紧密相连。在中国特色社会主义新时代，建设社会主义文化强国，上海三联书店将抓好主题出版作为传承三联品牌的重要任务之一。2019 年是新中国成立 70 周年，也是上海解放 70 周年，上海三联书店出版了《解放·城市底片》丛书，用大量新闻老照片讲述了新中国成立至今上海这座城市方方面面的面貌和深刻变化。本文通过《解放·城市底片》丛书的编辑出版经历，记录上海三联书店以传承三联品牌为己任，对新时代主题出版的思考、探索与实践。

关键词

传承品牌　韬奋精神　主题出版　大众化

上海三联书店是上海报业集团解放日报旗下的一家有着悠久历史的出版社。一部三联的历史，就是半个世纪以来中国知识分子的精神史。出版社秉承店训“竭诚为读者服务”，坚持“走特色发展之路，走联合发展之路”，在互联网大数据时代，在传统纸质出版物的市场日渐低迷的现实环境中，传承韬奋精神，抓好主题出版工作，精心呵护三联品牌、发扬光大三联品牌、做大做强三联品牌，获得社会效益和经济效益的双丰收。

2019 年是新中国成立 70 周年，也是上海解放 70 周年。上海是党的诞生地，是中国工人阶级的发祥地，在中国近现代追求民族解放的历史上有着举足轻重的地位。如何通过主题出版物这个载体，在这个重要的时刻讲好上海的故事，通过上海这座城市的深刻变化展现中华民族的复兴之路，是新一代三联人的重要任务。经过对目前国内主题

出版现状进行充分分析，解放日报社、上海三联书店精心策划，推出了《解放·城市底片》丛书。丛书用大量新闻老照片讲述了新中国成立至今，上海这座城市方方面面的面貌和深刻变化，用图片和文字讲述了上海这座城市独一无二的故事。本文基于笔者作为《解放·城市底片》责任编辑的工作经历，试图围绕主题出版和出版社品牌传承与建设开展探讨。

一、讲好上海这座城市的故事：《解放·城市底片》的诞生

2021年5月31日，习近平总书记在主持十九届中央政治局第三十次集体学习时强调，讲好中国故事，传播好中国声音，展示真实、立体、全面的中国，是加强我国国际传播能力建设的重要任务。出版物肩负传播科学知识、弘扬先进文化的重要使命，在引领风尚、教育人民、服务社会、推动发展方面发挥着重要作用。这也是三联书店诞生以来，始终保持的优良传统和人文精神。今天，如何传承和弘扬中华优秀传统文化，引导人们了解中华民族的悠久历史和灿烂文化，推动社会主义文化事业繁荣昌盛，是传承三联精神和做大做强三联品牌的重要目标。

“文章合为时而著，诗歌合为事而作”，这是主题出版不变的宗旨。回望三联的历史，她的历程始终与时代脉搏紧密相连。20世纪30年代，在民族危难之际，韬奋先生创办的生活书店成为代表人民的坚强阵地，以韬奋为代表的三联先辈明确提出出版工作是“力谋改造社会”，先后出版了《莫斯科印象记》《大众哲学》《萍踪寄语》《资本论》等一大批马克思主义经典读物。这些图书的出版，传播了先进的思想理论，唤起了民众的爱国觉悟，引起了巨大的反响，为中国社会的进步发挥了重要的作用。

今天的三联人，没有忘记三联的文化使命和文化责任，始终将主题出版视为传承三联品牌的重要任务。建党百年、全面建成小康社会、浦东开发开放30周年、新中国成立70周年、改革开放40周年赋予出版社主题出版丰富的素材和契机，《浦东逻辑——浦东开发与经济全球化》《中国的经验：改革开放四十年的经济学总结》等一批重磅主题图书的出版，成了出版社品牌建设重要的组成部分，实现了两个效益的统一，也为出版社积累了相当的出版经验。

2019年是新中国成立70周年，也是上海解放70周年，上海是党的诞生地，在中国近现代追求民族解放的历史上有着举足轻重的地位，上海这座城市方方面面的深刻变化，在一定意义上也是新中国发展变化的时代缩影。《解放日报》自1949年5月28日上海解放次日创刊以来，积累了近百万张新闻资料底片，这些珍贵的影像记录了上海这座城市的沧桑巨变。作为解放日报社旗下的一家出版社，三联书店有得天独厚的资源优

势。在报社的大力支持下,《解放・城市底片》就此诞生了。丛书已出版《开国那几年:1949—1953》《意气风发时:1954—1958》《走出困难期:1959—1963》,之后年份的还在持续出版中。已出版的几种,生动还原新中国新上海一个个难忘的画面:市一届人大一次会议的召开、我国第一艘大型江轮快速轮“民众”号在黄浦江下水、上海电机厂诞生的新中国第一台六千千瓦汽轮发电机……这些珍贵的照片,在影像资料稀缺的年代,记录下了上海这个城市众多的第一,呈现了当时社会承前启后、万象更新的景象。更可贵的是,这批新闻老照片内涵丰富,几乎涉及1949年后上海这座城市政治、经济、社会、文化乃至市民生活的方方面面,勾起了沉淀在人们记忆中的历史画面。该丛书的问世,让上海这座城市的不平凡历程变得可读,同时又具有相当的史料价值。

二、重大主题深入浅出:《解放・城市底片》的探索

主题出版一般都与党和国家的重大事件、重要节点相关,题材宏大。2021年是中国共产党成立100周年,一部叫《觉醒年代》的电视剧刷新了人们对党史题材电视剧的认知。《觉醒年代》回溯了中国共产党的起源和孕育过程,如此宏大的题材,在成功的戏剧架构、扣人心弦的故事讲述和丰满的人物塑造的完美配合之下娓娓道来,让人沉浸其中,获得了社会各界一致的肯定。电视剧和图书出版分属不同行业,但从受众心理来看,却存在着共通性,表现重大主题深入浅出,理论阐述变虚为实,易读易懂,言之有物,平易近人,这也正是成功的主题出版物应该具备的特质。

《解放・城市底片》的编辑过程也是如此,书稿尽可能地在素材选取上强调大众性、强调高品质、强调可读性的思路,可谓不谋而合。比如,1950年7月24日,上海市第一届文学艺术工作者代表大会开幕,在乍浦路原解放剧场前,梅兰芳、周信芳两位大师与其他代表穿着新中国成立初期流行的灰布中山装合影,迎向新生活;又比如,书中收录的印有“1953年3月12日,国营益民食品一厂工人正在加紧为中国人民志愿军精制猪肉罐头”的老照片,蕴含着满满的烟火气,记录了上海这座城市所独有的时代特征,也将这个城市点点滴滴的深刻变化,以最接地气的姿态展现在读者面前。

三、严谨细致的专业态度:《解放・城市底片》的用心之处

2019年1月25日,习近平总书记在中央政治局第十二次集体学习时发表重要讲话,强调要扩大主流价值影响力版图,让党的声音传得更开、传得更广、传得更深入。《解放・城市底片》的编辑出版以此为目标,用细致的专业态度、精雕细琢的匠人精神和推广时差异化的定价策略,力求使丛书产生广泛的社会影响。

首先是严谨的学术态度和精雕细琢的匠人精神。中国特色社会主义已进入了新时代，国内文化类消费需求飞速增长，国民的眼界、文化品位日益提升。《解放·城市底片》丛书展示的是上海这座城市自1949年新中国成立以来不平凡的历程，题材的宏大和读者对图书品质的要求日渐提高，对图书内容和整体设计提出了巨大的挑战。为了真实地还原历史，丛书在收录图片上对价值性和释文的准确性要求极高。比如上海自解放至第一个五年计划开始的1953年这段历史时期的社会变迁，在编著过程中，编者根据图片影像，以解放日报当时的报道为基础，反复查索验证，力求还原当时影像得以发生的历史背景和社会环境，做到图像隽永、文字简约，但又不失其义的阅读效果。图书整体设计得到了袁银昌老师的大力支持。图书版面选取活泼又不失庄重的红色和黑色双色配搭，版面照片采用个性化编排设计、一版一样，巧用粗细字体相间的标题设计，精细的图片还原印刷，每处细节都恰如其分地展现了本书的特色，使整套丛书既显现出厚重的历史感，又不乏现代元素，十分契合丛书主题。

其次是差异化的定价策略。《解放·城市底片》在设计上走精品路线，纸张选取、印制工艺等成本较高，价格就难免不太亲民，不利于图书的传播和推广。为了让更多的读者可以看到，本着继承和弘扬“竭诚为读者服务”的三联精神，《解放·城市底片》推出了精装和平装不同定价的版本。这个看来不经意却又诚意十足的小设计，让图书变得亲民而接地气，也让上海这座城市鲜为人知的珍贵故事得以传得开、传得广。

四、结语

今年是“十四五”开局之年，我国将开启全面建设社会主义现代化国家的新征程。在这个重要的时间节点，三联人应该牢记使命担当，更加奋发有为，进一步传播和弘扬先进文化，是主题出版肩负的重要使命，更是传承三联品牌的重要任务。

《解放·城市底片》记录的是上海这座城市的发展历程，是上海这座城市中千千万万不平凡的人和事。为了保护、挖掘这批宝藏的价值，解放日报社启动底片数字化工作，从近百万张底片中精选扫描入库近10万张，并在这批底片中以每年度30幅左右的标准精心甄选影像，根据史料钩沉，详加目录，以“高品质、可读性强”为目标，精心制作。抚今追昔，每每看到这一幅幅写满了历史沧桑的影像，作为韬奋精神的传承者和三联品牌的继承者之一，身为上海三联书店的一员，一种强烈的文化使命感油然而生。正是一代代敬业正派的解放日报新闻摄影工作者的尽心尽职、勤勉敬业和严守规范，才有了今天的《解放·城市底片》。凝结在图像背后的，是薪火相传的解放日报优秀的报业传统，也是韬奋精神最好的践行，激励着今天的三联人一路前行，精心呵护三联品牌、发扬光大三联品牌、做大做强三联品牌。

时代更迭，不变的是出版人肩负的文化使命和文化责任。坚持“走特色发展之路，走联合发展之路”，不断探索新时代主题出版之路，三联品牌与时代脉搏紧密相连。

参考文献

[1] 张文彦，卞卓舟等 . 三联书店简史（稿本）1932—2012 [M]. 北京：生活·读书·新知三联书店，2012.
[2] 韬奋纪念馆 . 邹韬奋研究（五）[M]. 上海：上海三联书店，2017.
[3] 韬奋纪念馆 . 邹韬奋研究（七）[M]. 上海：上海三联书店，2019.
[4] 樊希安 . 美术馆东街 22 号——三联书店改革发展亲历记（2005—2014）[M]. 上海：上海三联书店，2018.
[5] 李建红 . 主题出版的三大规律 [N]. 中华读书报，2018-04-25（6）.
[6] [美] 刘易斯·布兹比 . 书店的灯光 [M]. 上海：上海三联书店，2008.

科普期刊“内容产品化”的探索

——以《科学画报》青少年科技创新系列科普教育课程为例

上海科学技术出版社　顾淼飞

摘　要

在当前的媒体环境下，科普期刊如何实现“内容产品化”，变内容为知识产品，成为值得思考和实践的问题。《科学画报》以产品思维为导向，通过内容调性与用户“痛点”的契合、内容与形式的兼容、多媒体传播渠道的融合，从而把内容做成“爆款”产品，又用“爆款”产品打造出品牌效应。本文将以“大咖来了”青少年科技创新系列科普教育课程为例，从价值定位、内容创制、融合传播三个方面阐述《科学画报》内容产品化的探索。

关键词

科普　内容产品化　科技创新　融合传播

媒体环境正经历着激烈而深刻的变革，传统期刊也因此面临着前所未有的挑战，碎片化、数字化、融合化等新态势、新趋势不断冲击着传统期刊的生存和发展。因此，如何将内容做深、做透、做出效益，就成了值得思考和探索的问题。

应该看到，当下的媒体环境已经不再是“内容”为王，甚至也不是“内容＋运营”为王，而是“内容＋运营＋产品”为王。产品能力的重要性日益凸显。如何将传统期刊的内容借助一定的运营手段和产品思维，实现“内容产品化”，变内容为知识产品呢？《科学画报》作了一些积极的尝试。

《科学画报》创刊于1933年，是中国历史最悠久的综合性科普期刊。《科学画报》在多年的办刊过程中积累了丰富的内容资源。这些内容均来自科学家或科研团队，具有极强的权威性；内容生产均经过严格的选题策划、编辑加工、三审三校等一系列出版流程，具有规范性和可靠性；主题均立足科技创新，接轨前沿科技，具有前沿性和创新性。

基于这些内容资源，《科学画报》以产品思维为导向，深挖内容，创新形式，先后推出“大咖来了”科学家科普沙龙、“大咖来了”青少年科普教育课程等系列产品。2017—2019 年，《科学画报》编辑部在上海科技节、上海书展期间多次举办“大咖来了”科学家科普沙龙，邀请一线科学家开展科普讲座，向公众传播科技创新成果，帮助公众理解科技创新内涵；2020 年，“大咖来了”科学家科普沙龙的开展形式转为线上直播，传播效果持续火爆，八场直播的总播放量达 177.2 万；2021 年，“大咖来了”青少年科技创新系列科普教育课程上线，课程聚焦上海科技创新工作中的先进成果、重大工程和重点发展方向，由汪品先、杨雄里、肖晓、刘庆会、张美红、夏永姚等院士或知名科学家担任主讲人，课程视频达到了全网 177.6 万的播放量，并且被上海市多所中小学校作为科学实践活动课程或科创教育课程引进，取得了良好的线上线下融合传播效果。

经过多年的迭代、优化，“大咖来了”系列活动和系列课程已成为《科学画报》的王牌内容产品，取得了广泛的社会影响，并逐渐形成了一定的品牌效应。究其原因，主要是《科学画报》以产品思维为导向，实现了内容调性与用户痛点的契合、内容与形式的兼容、多媒体传播渠道的融合，从而把内容做成“爆款”产品，又用“爆款”产品打造出品牌效应。本文将以“大咖来了”青少年科技创新系列科普教育课程为例，从价值定位、内容创制、融合传播三个方面阐述《科学画报》实现内容产品化的探索实践。

一、价值定位：内容调性 + 用户痛点

一个内容产品，最先要考虑的就是定位问题。关于定位，著名营销专家艾·里斯和杰克·特劳特在《定位》一书中有这样一段精彩的解释：“定位不是要你在产品上动手脚，而是要你在潜在的顾客心中动脑筋，并把你的产品放进去。”这就要求产品定位时要从用户角度出发，思考用户痛点并结合自身的内容调性，实现二者的契合与统一。

产品定位通常包含两个维度，一是用户定位，即产品要为哪些人提供内容，二是价值定位，即产品能够提供什么价值，使别人成为你的用户——并且这一价值必须是同类产品所不具备的“差异化价值”。

《科学画报》2017 年创办了校园版，致力于向青少年传播科学知识、弘扬科学精神，提高青少年的科学素养和科技创新能力。《科学画报（校园版）》也成为《科学画报》进行青少年科技创新科普教育的传播载体和实践基础，根据杂志内容开发的少儿科普讲座已走进长三角的多所中小学校、科技场馆，覆盖 5000 余人次。因此，基于已有的工作基础，科学画报编辑部将产品的用户定位确定为 8—15 岁的青少年。

而产品的价值定位，需要综合考虑自身的内容调性和用户的需求痛点两个方面。

《科学画报》始终以科普导向为先，内容质量为本，不断加强科技创新类内容的创制，尤其是面向青少年的科技创新类科普教育内容的创制。近年来，《科学画报》开发了大量全面对标科学教育新课标的科普文章、科普图书、科普课程、科普活动，例如“赛思叔叔的十万个为什么”线上少儿音频课、“言知有物”亲子科普活动、“大咖来了”科学家科普沙龙，等等。这些科普内容的呈现形式虽然多样、多元，但从中都能提炼出内容调性的内核——立足科技创新，接轨前沿科学。

从用户需求的角度分析，虽然行业内也开发了一些着眼于科技创新能力的科普教育课程，但是，它们多数以讲述知识点为主，难以呈现学科的体系性和学科之间的交叉性，更难以体现科技发展的前沿动态和科技创新内涵，显得重形式轻内核，重趣味性轻科学性，并不能真正提升青少年在科技创新活动中解决问题的能力。而科学探究类课程虽然获得了较为广泛的应用，也取得了一定成效，但很多只是把高校的课题研究进行了简单的复制或简化，并不能基于青少年的认知特点和兴趣特点进行课程的全盘设计。可以说，目前市场上还缺乏既能在立意上立足科创、接轨前沿，又能适应青少年认知特点、兴趣特点和科学课程新课标要点的青少年科技创新科普教育课程，而这种缺失也就构成了用户需求的痛点。

“大咖来了”青少年科技创新系列科普教育课程将内容定位为一套由院士或知名科学家担任主讲人，以科技创新工作中的先进成果、重大工程、重点发展领域为内容载体，以科学教育新课标贯穿整体的内容策划与形式设计的课程。这一“立足科创，接轨前沿”的特点既保持了《科学画报》的内容个性，也是成为课程满足用户痛点的重要因素。这是“大咖来了”青少年科技创新系列科普教育课程能够取得良好成效的关键。

二、内容再造，形式升级

产品在内容创制过程中可以充分利用期刊已有的内容资源，但在传播形式迅速更新换代的趋势下，将原有内容直接“打包上架”显然不能适应当下的媒体环境，还需要进行内容再造和形式升级，做到内容与形式的兼容。

科技创新类内容大多高深、不易理解，如何将“硬核”的前沿科技知识“软化”到青少年能轻松接受的程度？作为传统期刊，内容素材大多以图文形式为主，如何使其“变身”成为具有画面感和节奏感的视频产品？这是内容创制时需要重点考虑的问题。

“大咖来了”青少年科技创新科普教育课程坚持以重大科技创新成果为主题，坚持“专家科普”，邀请院士或知名科学家担任主讲人，用意就在于此。一方面，院士或知名科学家具有极高的科学素养，能深入浅出、融会贯通地阐释深奥的科学知识；他们作为亲历科技产出的科技创新“领跑者”和“贡献者”，能够全面、透彻地呈现完整的科学框架和正确的科学研究方法，帮助青少年厘清科学研究脉络，理解科技创新内涵。另一方面，以重大科技创新成果作为青少年科普教育课程的主题，也易于利用这类主题天然所具有的关注度高、科技含量足、学科交叉性强等特点，激发青少年热爱科学、投身科学的兴趣。

视频相较于图文，更强调图形、文字、声音、动画等各种元素的合理搭配，强调画面感和节奏感的设计。同时，产品在呈现形式上还需要充分考虑到青少年的认知特点和兴趣特点。为此，“大咖来了”青少年科技创新科普教育课程在内容创制时尤为注重将“高精尖”的前沿科学知识降维、拆解为通俗易懂、形象生动的“科普语言”，并通过视频制作技术呈现出来。课程由主讲人深入浅出地阐释科学探究的完整过程，辅以生动的科学性配图，从而将“科技创新”这一课程目标进一步细化为发现问题、提出问题、收集证据、处理信息、得出结论等环节，全方位提升青少年的科学性思维和科技创新能力，同时也真正实现产品的预期定位。

三、融合传播，引“爆”品牌效应

基于期刊内容开发的衍生产品需要进行线上线下的融合传播；以产品思维的观点，内容产品在上线之后也需要进行一系列的优化、迭代。对于“大咖来了”青少年科技创新科普教育课程而言，优化迭代的依据就是线下实践教学活动和线上推广的传播效果。

“大咖来了”青少年科技创新科普教育课程已在上海市多所中小学校进行了70余次线下实践教学活动，参与总人数近3000人。《科学画报》编辑部向学校提供课程视频、课件、配套图文素材，由科学老师将该课程作为科学实践活动课程或科创教育课程引入课堂并主导组织实施。学校根据自身情况和不同学段的教学特点自主开展视频演示、分组讨论、动手实验、学生讲解等形式多样的教学活动。实践表明，这一课程作为校园科技活动和科学教育的有力资源支持，得到了广大师生的高度好评，《科学画报》的品牌认知度和影响力也得到了一定程度的提升。

线上推广的目的是扩大社会影响和传播深度，引“爆”品牌效应。新媒体的“爆款”逻辑可以理解为打造信息差、放大信息增量的过程，而这一点也体现在内容定位时对于差异化价值的策划思路上。所谓差异化价值，就是“人无我有”或“人有我精”的独家价值，这本身就是一种信息差和信息增量。可以预见，只要把差异化价值做足、做好，“爆款”将成为水到渠成的结果。

“大咖来了”青少年科技创新科普教育课程以专题直播的形式在新浪新闻App上

线，随后在《科学画报》的多个新媒体账号上发布，进行全方位、多渠道的宣传推广。课程视频的全网总播放量达177.6万，且全部成为20万+的“爆款”，取得了热烈的社会反响和显著的社会效益。这一方面是由于视频上线时采用了直播形式，而直播作为一种强调用户互动的新媒体传播手段，天然就能够吸引更多流量；更重要的是，视频上线的时间节点选在了由新浪新闻与科普中国联合打造的“中国科普月”活动期间，从而充分利用了平台的公域流量和引流效应，充分借助了平台方的推荐流量和优先分发机制。这种顺应新媒体传播特点的运营方式为产品增加了流量，产品相继成为“爆款”，也为《科学画报》赢得了相当可观的品牌曝光度和关注度。

《科学画报》还利用丰富的科普内容的编辑和出版经验，根据课程内容进一步创制出科普文章等其他形式的科普作品，借此实现全面的、持续的传播推广。多种形式的科普内容不是简单的叠加，而是互为补充、有机融合，实现了基于该课程的多形态科普内容创制和多媒体融合传播。

本文从价值定位、内容创制、融合传播三个方面阐述了《科学画报》探索内容产品化发展的实践经验。通过内容个性与用户痛点的契合、内容与形式的兼容、多媒体传播渠道的融合，《科学画报》开发“大咖来了”青少年科技创新科普教育课程，将内容转变为知识产品，实现了内容的产品化，做出了品牌效应。这是《科学画报》进行期刊转型发展的有效尝试。未来，《科学画报》将据此进一步探索书刊联动、融合出版等内容创作模式和多元场景、多种渠道下的传播形式。

立德树人背景下的职教劳动教育教材建设探索

华东师范大学出版社　李　琴

摘　要

自提出加强劳动教育的新要求以来，劳动教育工作在职业院校的开展呈现较好的态势。但是作为课程实施的重要一环，相关教材建设在编写理念、内容选取和教材形态等方面依旧存在薄弱之处。本文将以此为背景探讨劳动教育教材建设质量提升的实施路径。

关键词

立德树人　劳动教育　教材建设

2018 年 9 月，习近平总书记在全国教育大会上明确提出把劳动教育纳入培养社会主义建设者和接班人的总体要求之中，加强劳动教育重新成为国家教育方针。2020 年 3 月，中共中央、国务院又印发了《关于全面加强新时代大中小学劳动教育的意见》(以下简称《意见》)，强调劳动教育是中国特色社会主义教育制度的重要内容，要全面贯彻党的教育方针，坚持立德树人，把劳动教育纳入人才培养全过程，促进学生形成正确的世界观、人生观、价值观。劳动教育课程被提升到一个前所未有的重要高度。作为劳动教育的重要阵地，具有实践性、发展性的职业教育教学更应该关注“劳动教育”；而作为劳动课程实施的重要载体，高品质的劳动教育教材不可或缺。

新时代的职教劳动教育教材的编写，必须围绕立德树人这一根本任务，在聚焦现实课程教材问题的基础上，探析新时代劳动教育教材的编写新模式，以促进劳动教育教学质量的进一步提升。

一、新时代职教劳动教育教材编写的意义

（一）促进能力全方位提升

“教育必须与生产劳动相结合”是马克思主义关于人的全面发展教育思想的一个重

要命题。职业教育的目标是培养新时代技术技能型人才和高素质劳动者，其培养体系和内容由职业技能、职业素养共同组成：职业技能的培养由专业课各项技能操作的学习获得，这种获得给予职业教育学生劳动自信、发展自信；职业素养是劳动者对职业认知与胜任能力的一种综合体现，通过劳动实践、自我修养等途径形成和发展起来，在职业活动中发挥重要作用。可见，相较普教而言，职教的人才培养属性与劳动教育的关系更为密切，实施劳动教育有其天然的基因优势。新时代职教劳动教育教材的编写，必须在立足职业教育特点、融合职业教育属性特色的基础上，聚焦新时代劳动者健全人格的塑造、职业能力的提高与创新能力的培养，强化劳动教育的育人功能，促进全员全过程全方位能力的提升。

（二）促进正确劳动价值观的形成

职业教育丰富的技能训练和企业实践活动有利于学生接受劳动教育，但并非可以代替劳动教育。劳动教育并不等同于劳动能力教育，甚至可以说劳动能力教育并非劳动教育的核心内容。劳动教育的核心目标应为促进学习者形成正确的劳动价值观，包括正确认识劳动的价值：劳动创造物质世界，推动人类历史进步，让我们的物质丰富、生活美好；形成积极的劳动态度：热爱劳动、崇尚劳动，以劳动为荣、以懒惰为耻；以怎样的形式劳动：不仅是体力劳动，消费性、创造性、复合性等新形态劳动也是新时代的劳动方式。教材应当是知识性的，正确劳动价值观有其内涵与外延，知识性的阐述有其必要性。但是理解劳动的价值、树立正确的劳动态度、掌握劳动方法需要通过实践来完成。职教劳动教育教材的编写应兼顾“知识”阐述与“实践”设计，让学生在“学中做、做中学”，加深学生对知识的理解，使其学会体现观念的具体行为，促使正确劳动价值观的形成。

二、劳动教育教材现存的问题

（一）教材理念与职教课改新要求不匹配

随着职教课改的进一步深化，作为课程实施的重要一环，职教教材的重要性愈发凸显，编写理念也有诸多革新。尤其是在专业课教材的编写上，基于工作过程的系统化设计、任务引领型设计、项目式设计、能力本位设计等教材设计理念，在打破传统学科知识体系的基础上以更具操作性的逻辑重新组织知识、设计架构，所谓“知识的组织方式往往比知识本身更为重要”，已是被普遍接受的职教教材编写理念。然而观察目前已有劳动教育教材可以发现，或是以实践活动设计为主体的活动记录手册，或是以青少年思想教育为重点的劳动教育读本成为教材市场主流。基于目前学校公共课程学时被严重压缩、劳动课程并未受到足够重视的客观情况，采取可脱离课堂教学的菜单式的劳动实践操作手册和课后阅读读本不失为一种可选项，但这种或偏重实际操作或偏重知识介绍的教材编写方式是与当前职教强调“知识与能力并行培养”的理念不匹配的，其所能达成的育人功效是有所欠缺的。

（二）教材内容滞后于社会经济发展新业态

《意见》特别强调“在大中小学设立劳动教育必修课程，系统加强劳动教育”，结合《意见》出台的时间和背景，不少学校把“劳动教育”片面解读为“体力劳动”，开设的劳动教育课程也都与体力劳动相关，比如整理图书馆、提供社区服务等。相应地，不少劳动教育教材在描述劳动的光荣与伟大，工匠精神、劳模精神的培养等方面也多是侧重体力劳动、技能劳动相关的案例。而众所周知的是，在科学技术发展到今天，我国服务业占比 GDP 已经大大超过第一、第二产业的情况下，消费性和服务性劳动占比日趋增加，脑力劳动、服务性劳动、复合性劳动才更符合时代发展的趋势；而职业教育本身是与经济形势发展密切相关的教育类型，对劳动市场和劳动形态的变化显然更为敏感。因此，如果不顾及劳动形态的变化，一味强调“出力”“出汗”才是劳动，既与时代发展和社会实际脱节，也会造成劳动教育的效果偏差。

（三）教材建设形态有待进一步挖掘与完善

随着现代信息技术尤其是互联网技术和教育技术的发展，新技术手段已被越来越多地运用于教材开发与设计中。从以往的“纸质教材 + 光盘”、电子 / 数字化教材，到即扫即得慕课、微课等视频资源的立体化教材，教材的形态也在发生变化。立体化教材可以突破纸质教材的限制，及时更新各种资源与素材，拓展教师教学和学生学习的空间，是当前职教教材包括劳动教育教材颇为主流的建设方式。但这种方式也存在尚需改进之处，比如资源拓展有限、获取方式单一、无法掌控学生对资源学习的学习进程等，尤其是在劳动教育课时有限、课堂教学与课后实践又都不能少的情况下，如何在课堂进程控制、师生与生生互动体验、教学评价实施等方面借助教材新形态建设得到强化和完善值得挖掘与探究。

三、新时代职教劳动教育教材的建设探索

（一）核心素养导向的整体内容安排

这里所说的核心素养，有现代教育倡导的普遍的核心素养，指学生应具备的终身发展和社会发展需要的必备品格和关键能力，突出强调个人修养、社会关爱和家国情怀；也有职业教育相关的劳动素养要求：教材编写者应深入行业企业调研，了解目前及未来学生毕业之后将面临的岗位能力要求，甚至走在产业前端总结归纳出其劳动素养要求，再以此为根据选择教材内容、设计教学案例。比如，设置智能仓储或物联网相关的体验活动，让学生直观感受科技便利生活、激发学生学习兴趣的同时，这种具有一定前瞻性的体验活动也会促使学生反思自己在劳动素养上的“短板”，寻找自己的不足，从而让学生主动增强劳动意识、提升劳动技能。基于核心素养导向的内容安排，让学生在劳动中紧跟时代脉搏，对学生形成健全的人格和健康的职业观都具有极其重要的意义。

（二）立德树人导向的整体框架设计

1. 基于模块化布局的横向结构设计

根据学生实际状况和职业生涯发展需求，运用模块结构统筹的选择性课程内容理念，将课程内容以基础模块、职业模块、拓展模块设计教材横向结构，确定教材编写框架。基础模块为必修内容，旨在构建劳动教育相关的学科素养基础；职业模块是限定选修的内容，旨在为学生的专业学习和未来职业发展服务；拓展模块主要是为了满足学生继续学习和个性发展而设计的任意选修内容。这种模块化结构设置便于德育渗透，将专业教育与德育结合起来实施思政元素的挖掘和使用。比如，按照劳动场地可以将劳动教育分为家庭劳动、学校劳动、社会劳动、职业劳动等。家庭、学校、社会劳动可以置于基础模块，作为所有学生必须学习的基础性内容，引导学生摆脱懒惰懈怠、不劳而获、享乐主义的心理，吸取进步、顽强、乐观精神；职业劳动置于职业模块，因应职业岗位随着社会分工的发展呈现出多种差异化的具体岗位方向，供学生根据自身情况和未来岗位方向选择适合的内容，培养学生具有高度责任感、团队合作的职业精神，鼓励艰苦奋斗、忘我拼搏、甘于奉献的工匠与劳模精神；拓展模块则可根据国家形势发展、区域经济和行业发展状况，结合学生社会实践和顶岗实习进行劳动政策法规、就业创业创新教育等，普及学生法律法规知识，培育创新能力，提升创新意识。作为教材内容内在逻辑的设计，模块结构是一种在确保内容尽可能全面的情况下服务学生不同学习基础、个性

化发展的较为理想的组织结构，为学生差异化学习提供可能；同时可以帮助不同个体正确认识到自己与家庭、学校、社会乃至国家的关系，提高社会化程度，自觉内化伦理道德，塑造良好品格。

2. 基于情境化设置的纵向结构设计

劳动教育教材当以学习任务或活动为基本单位整合理论与实践知识，搭建教材编写设计的纵向结构。实践对于教育的效果已经无需更多论证，杜威曾经说过，一盎司经验胜过一吨理论，而劳动教育本身就是学生的切身实践、实际操作过程。因此，劳动教育学习任务或活动的实施关键之一在于设计学习活动，并为之设置学习情境。首先，设置“情境”不仅是为了激发学生学习兴趣，还为了给活动的展开提供背景、条件与氛围。“情境”就是课堂教学内容涉及的“语境”，这种情境或者语境，对学生的学习活动而言，必须是真实而能和他们的生活经验贴近，并能促进深度学习的。比如在生活中的劳动，围绕早晨叫早、准备节日礼物等设计木质闹钟制作，陶艺、绳结、雕刻等项目，引导学生完成技术支持下的劳动任务。这种基于生活场景中的真实情境展开的设计制作，能让学校劳动教育更具可行性。其次，学生良好的言行举止和和德行操守需要正面倡导和培养，也需要潜移默化地融入课程教学，因此若想很好地贯彻立德树人的教学目标，就需要有意识地进行教学情境的创设，增强学生对相应德育主题的认知。比如创设开放性的议题讨论你心目中最伟大的劳动是什么，在辩论与举证过程中，让学生明白劳动开创中华远古文明、劳动在社会主义新时代征程中所担负的重要使命，由此完成劳动不分贵贱、只有分工不同的价值观的输入，以激发学生热爱劳动、热爱祖国，坚定投身新时代社会主义现代化建设的决心。情境化的结构设置有利于突破对劳动的狭隘理解，在重视和尊重普通劳动者劳动价值和尊严的同时，便于劳动教育在智力性、创新性、审美性和内在精神性上的价值发挥。

（三）课程导向的新形态一体化教材建设

教材是课程实施的重要抓手，也是最终为课程实施服务的。以纸质教材为核心，利用互联网技术和大数据分析，将多媒体资源和纸质内容作整体设计，打造以教师为主导、学生为主体的新形态一体化教材，是现代数字化背景下技术技能型人才培养课堂的需求。这里所说的新形态一体化教材已不仅限于数字资源的链接与拓展，而是融合纸质媒介、平板和手机皆可使用的教学平台，可以实现教师在线课程定制，师生、生生空间智能互动，包括教师的学习任务发布、课业评价、课后布置任务，学生即扫即得获取学习资源、与教师和其他学习者互动、完成老师布置的作业并提交等一系列功能，不受时间和地域限制的新的教材形态。劳动形态在变化和发展，劳动教育形态也应与时俱进，新形态一体化教材可以很好地融合各专业的间接教育、隐形课程等教育形式内容，使劳动教育教学模式从传统课堂向智慧课堂转变。

加强劳动教育是新时代推进全方位育人的必要手段和重要途径，高质量的劳动教育教材对新时代职业院校的劳动教育实施具有重要意义。以核心素养导向的整体内容安排、立德树人导向的整体框架设计、课程导向的新形态一体化教材建设为核心，探索立德树人背景下职教劳动教育教材建设的实施路径，可为教材建设质量的进一步提升提供可能。

参考文献

[1] 檀传宝 . 何谓“教育与生产劳动相结合”——经典论述的时代诠释 [J]. 课程·教材·教法，2020（1）.
[2] 徐国庆 . 劳动教育 [M]. 北京：高等教育出版社，2020.
[3] 赵清梅 .“互联网 +”背景下职业教育教材新形态一体化建设 [J]. 中国职业教育技术，2018（20）.
[4] 涂鹏 . 新时代劳动教育课程实施困境及其破解 [J]. 教育科学论坛，2021（13）.
[5] 赵继学 . 高职院校育人体系中的劳动教育现状与对策思考 [J]. 产业与科技论坛，2021，20（10）.
[6] 武瑞 . 立德树人背景下中职计算机课程的研究 [J]. 现代职业教育，2021（25）.

纸数融合教材的策划机制和研发路径

上海科学技术出版社　何孝祥

摘　要

纸数融合发展是现今出版转型发展的一个重要方向。在教育出版领域，纸数融合教材出版对发展学生综合实践能力有推动作用。本文以沪科版高中生物学教材中的学生数字化模拟与建模活动的开发为例，探讨纸数融合教材的策划机制和研发路径，明确在此过程中的编辑工作机制。

关键词

出版转型　纸数融合　教材出版　数字出版　学生活动

随着数字化时代的到来，传统教材出版正在寻求向数字教材转型的路径。与传统纸质教材相比，数字教材的优势体现在学习资源的内容能及时更新、资源形式更加丰富、学生学习过程互动性更强、可记录学生的学习过程数据等方面。但是，由于教材特别是基础教育教材的特殊性，使得数字教材出版也存在一定的困难，主要体现在策划过程中缺乏相应的工作机制、尚无专门的审查路径、使用过程中无法有效评价学生学习情况等。因此，须将数字资源与纸质教材的策划、编制、审查和使用等过程相结合，研发纸数融合教材，探寻转型的有效路径。

笔者以上海科学技术出版社出版的普通高中生物学教材（以下简称“沪科版”）为例，基于课程标准和课程内容要求，结合教材编审工作，探讨纸数融合教材的策划机制和研发路径。

一、纸数融合教材中数字化活动的策划机制

纸数融合教材，其本质也是教材，因此在学生活动内容策划过程中，也应遵循主编负责制、责任编辑制等纸质教材出版的策划机制，以保证内容的科学性和适切性。但在此过程中，教材编辑需与数字编辑进行深度合作，保证形式的丰富性和功能的可行性。

（一）确定内容选题的来源和依据

教材中数字化活动内容选题来源和依据一般为课程标准。以高中教材为例，其中学生活动的来源和依据主要是高中各学科课程标准中的活动建议。例如，高中生物学课程标准（2017 年版）在“教学提示”中明确了必修 2 模块的 8 个学生活动。这些活动可以作为数字化活动的内容选题来源。此外，对于活动需要达成的教学目标，主要依据课程标准中的“内容要求”和学科核心素养水平要求。学生活动要落实的核心素养要求主要体现在科学探究维度，包括观察、提问、实验设计、方案实施以及对结果的交流与讨论。课程标准在“实施建议”中提出要“积极开发与利用生物学课程资源”“应特别重视信息化环境下的学习”。这些都是教材中开发与设计数字化学生活动的主要依据。

（二）明确数字化活动内容

在策划过程中，编辑需结合活动类型和活动目标，进一步明确需要研发的数字化活动内容和实现方式。鉴于数字化学生活动的特殊性，此内容需要与主编协商后共同决定。以沪科版《高中生物学（必修 2 遗传与进化）》为例，首先要考虑只能通过传统活动才能培养的学生素养，如实践调查、宣传服务等，数字化活动不能取代这些活动。然后考虑的是数字化活动应发挥的教学作用，或是解决传统活动所存在的问题和缺陷。在遗传与进化教学领域，最大的教学难点和需要解决的教学问题是将微观的、抽象的概念和过程具体化、可视化，如孟德尔遗传定律、自然选择过程等，而数字化活动具有互动性、模拟仿真、大数据计算等特点，可重点考虑设计这些活动。鉴于此，沪科版高中生物学教材将“模拟植物花色分离”“模拟自然选择对种群基因频率的影响”两个学生活动设计为数字化模拟与建模活动。

（三）明确数字化活动采用的技术方法

在明确数字化活动内容后，编辑需要结合活动需求，确定实现活动目标的数字化技术方法。此过程需要与数字编辑共同确定：教材编辑提出需求，数字编辑提出可选的技术手段，并听取主编关于活动形式科学性、教学性等方面的意见。以沪科版《高中生物学（必修 2 遗传与进化）》为例，其中的两个数字化模拟与建模活动，需要实现学生在给定的情境下自主模拟和结果计算过程，同时要记录学生的模拟结果，具有一定的交互性和仿真性，同时还要考虑程序运行的兼容性、传播的便捷性。鉴于此，教材中采用 HTML5 技术实现这两个数字化活动，HTML5 技术具有离线存储、绘图画布、几何定位、智能表单等特性。

二、纸数融合教材中学生活动的研发路径

教材中数字化学生活动研发有两点基本要求，一是基于课程标准，二是比传统活动更有利于实现教学目标。因此，其研发路径主要是围绕课程标准要求和教学目标，明确学生在活动中要经历的过程及通过活动所提升的能力，据此设计程序的界面、操作过程和底层逻辑。其中，学习目标、操作方法、结果记录可在纸质教材中呈现，学生按纸质教材中的操作方法在计算机程序上进行操作，观察、记录结果，并进行分析讨论，最终得到相关结论，实现纸数融合。在数字化活动研发过程中，教材编辑提供活动的初步设计和具体需求，数字编辑设计并实现数字化活动。在此过程中，教材编辑负责明确所设计活动是否符合预期、是否具有科学性等问题，与数字编辑共同进行程序修改和版本迭代。教材编辑还要搜集主编、审查专家和一线老师的使用意见，争取科学性、教学性和体验性达到最佳。

以《高中生物学（必修 2 遗传与进化）》中“模拟植物花色分离”活动为例，根据课程标准要求，此活动的教学目标是“通过模拟活动，使学生理解基因分离、配子随机结合等事件，理解这些事件与遗传信息的传递及子代性状之间的关系”。据此采用数字化模拟，将微观的基因分离、配子结合及抽象的遗传信息等概念可视化、具体化，学生通过计算机模拟基因分离、配子随机结合等过程。与数字编辑确定此程序的底层逻辑主要是随机事件和随机函数，由计算机程序根据学生的操作自动呈现和统计结果，并根据结果计算相关比例，得到模拟结果，最终学生可自主建构“基因分离定律”概念。

三、纸数融合教材中数字化活动在实际教学中的作用

根据纸数融合教材中数字化活动研发的基本要求和研发路径，我们可以发现，与传统学生活动相比，纸数融合的活动形式更丰富和智能，将更有助于学生自主建构概念。学生只需要根据纸质教材中的活动要求和方法，在计算机程序中进行自主操作，就能根据结果得出相关结论，从而自主建构相关概念。而相比于单纯的数字化活动，纸数融合的活动形式更有助于教学活动的实施。学生通过纸质教材能更加明确活动目标和要求，也能及时记录计算结果，更利于过程记录和教师进行评价。

以《高中生物学（必修 2 遗传与进化）》中“模拟自然选择对种群基因频率的影响”活动为例，按课程标准要求，此活动需达成的目标和概念是说明“自然选择促进生物更好地适应特定的生存环境”，学生通过自主模拟捕食活动，经统计、计算可自主建

构此概念。传统模拟活动往往通过“抓小球”等实物进行模拟，其真实性较低，与实际情景有差距。而且，教师无法得到学生活动过程数据。通过计算机建模的数字化模拟活动，结合 HTML5 交互技术，可视化呈现模拟不同环境下的捕食过程，并自动记录、统计相关数据，有助于学生加强真实情境的体验，也更有助于学生分析结果得出相关结论。同时，教师可依据活动过程数据，对学生活动进行有效评价。

在数字化时代，数字化教材和实际教学过程对学习活动的形式和内容提出了更高要求。基于课程标准和教学实际，开发纸数融合的学生活动，将有助于学生自主学习和教师评价。传统纸质教材编辑主要负责的工作是与主编确定内容框架和稿件编辑加工。在纸数融合教材的学生活动开发过程中，教材编辑承担更多的工作，负责整个产品的设计和开发，包括与主编共同确定模型框架、活动目标、活动主要过程、结果呈现方式等；与数字编辑共同确定程序界面、底层逻辑、交互设计、数据库结构；负责搜集专家意见和一线教师、学生使用反馈意见，进行落实修改和优化。笔者以《高中生物学（必修 2 遗传与进化）》中两个纸数融合学生活动开发为例，结合课程标准要求和信息技术特性确定了纸数融合教材中学生活动的内容选择和实现形式，明确了教材编辑、数字编辑与教材主编的工作机制，从而为开发和设计纸数融合教材提供参考。

参考文献

[1] 钱新艳 .“互联网 +”时代教材出版中的二维码应用及“纸”“数”融合实践思考——以医学类高等教育教材为例 [J]. 科技传播，2020，12（10）：70—73.
[2] 周茹茹 . 新媒体背景下纸数融合出版的创新与思考 ——以上海外语教育出版社为例 [J]. 中国传媒科技，2019（12）：104—105.
[3] 梁雷 . 纸数融合在教材中的价值及策划要点 [J]. 中国报业，2021（4）：116—117.
[4] 中华人民共和国教育部 . 普通高中生物学课程标准（2017 版）[M]. 北京：人民教育出版社，2018：4—5.
[5] 刘斌 . HTML5- 未来网络应用的核心技术研究 [J]. 自动化与仪器仪表，2010（4）：30—33.

浅议美育视野下艺术类图书的编辑出版

上海交通大学出版社　彭亚星

摘　要

近年来，我国教育系统以及其他行业开始重视美的教育，中华美育精神有望再度弘扬。艺术类图书的出版在这样一个大的环境和趋势下也迎来更多挑战和机会。艺术类图书的内容本身就包含美感和审美元素，因此在美育视野下，艺术类图书出版的思路也获得了更为深刻的启示。本文探讨美育思想与艺术类图书之间的关系、艺术类图书出版的现状以及在美育视野下艺术类图书出版的思路。

关键词

美育思想　艺术类图书　接受美学　出版思路

2018年9月10日，习近平总书记在全国教育大会上的讲话中强调，要全面加强和改进学校美育，坚持以美育人、以美化人，提高学生审美和人文素养。2020年10月，中共中央办公厅、国务院办公厅印发《关于全面加强和改进新时代美育工作的意见》，按照习近平总书记重要讲话和全国教育大会精神，对推动美育工作作出部署。从传统出版行业来讲，图书在美育工作中扮演着重要的角色。如何让图书在提高审美和人文素养上发挥更大的作用，我们面临更为深入的思考。

艺术类图书与美育有着更为直接的关系。相对于其他品类出版物，艺术类图书的细分类目有着内容和受众群体的独特性，其纸面的呈现由于图像的丰富以及艺术本身的功能而更讲求审美的效果与价值，并给予读者美的享受。艺术类图书的出版除满足艺术专业领域的需求外，还对大众美育有着重要的意义。这对我们打破此类图书编辑出版的困境，并在思路上开拓和创新提出了新的要求。

一、艺术类图书与美育的关系

（一）美育的概念

“运用审美的方式实施教育，旨在提高人们的审美感受能力、审美创造力及审美情趣，以促进其人格的完善以及全民族整体素质的提升。‘艺术教育’作为美育的核心，它的根本目标是培养全面发展的人，广义的艺术教育强调普及艺术的基础知识和基本原理，通过对优秀艺术作品的评价与欣赏，来提高人们的审美修养和艺术鉴赏力，培养人们健全的审美心理结构”。美育的对象，不仅仅包含在校学生，还包含对审美感受、审美情趣有需求的市民大众。本文所讨论的主要是以后者为对象的美育视野下艺术类图书的出版思路，但学校美育与大众审美培养不能相互割裂，二者是相互渗透和关联的。

（二）艺术类图书在美育体系下的分类

艺术类图书按照常规可分为艺术理论、艺术评论、绘画、书法、设计、摄影等，其特点相较于其他品类的图书是鲜明的。看似作者与读者大多属于其对应的专业，在绘画、书法、音乐等类目下又有着技法类（专业）和欣赏类的区分，但实际上很难进行确切的分类。在美育思想体系下，艺术教育中有很大一部分是艺术技巧的教育，并以培养人的艺术感受力与创造力为主。然而，审美教育却不一定涉及艺术技巧的培养，对艺术感受力的培养也是为审美主体形成完善的知识结构和健康人格服务的。

由此看出，艺术类图书的受众群体是极为广泛的，凡是有着提高审美需求的大众就是艺术类图书的读者群体。艺术类图书的对应性又是极强的，学校美育，是构建在美育课程体系之上的，重在艺术技巧的培养，促进人格的完善；大众美育，则是提高人们的审美修养和艺术鉴赏力，提升美的感受能力，达到身心和谐。与此相对应，为学校教学提供的教材是经过教育主管部门规划与审核甄选的；为大众提供的图书则是适应市场需求的。因此艺术类图书的出版在美育体系下尽管都有艺术技巧教育的功能，但由于针对的群体不同而又有所区别，了解这种区别，在艺术类图书的选题策划与营销上就更有目的和针对性。

二、艺术类图书出版现状分析

（一）产品同质化严重，单品种印量缩减

目前市场上传统书画和技法类图书同质化现象严重，看上去非常丰富，但实际上有的苟延残喘，有的你方唱罢我登场，有的昙花一现再无痕迹。其主要原因就是来源基本相同，编辑方式相近，跟风现象严重，原创性与独特性由于跟风和模仿的编写形式受到很大影响。此类图书想要成为坚挺的品种困难重重，在同一种来源下换汤不换药的竞

争，成功与否主要看谁做的市场更成熟、谁的品牌影响力大。

同样的情况也出现在对一些经典图书或公版图书的策划上，反复变换形式由许多出版社出版。从编辑思路上来讲，就是看到这个品类有经济效益，就投入去做，并没有进行充分的市场调查，也没有任何创新性的思维，甚至不会分析读者为什么会喜欢这一系列图书。这种状况的出现也有着客观的原因，目前传统纸质图书市场在新媒体、数字出版的冲击下竞争激烈，印量逐步缩减。为了完成经济指标，编辑不得不拓展品种，通过增加品种数量增加利润，虽然依旧是微薄的；同时却造成大量精力的消耗，无法将一个品种深入地挖掘和分析。编辑思路也成了“快餐式”，寻找捷径，包括跟风模仿，造成了同质化的严重结果，形成了不健康的竞争，对出版社本身也有不利的影响。

（二）高成本高定价的困境

艺术类图书对纸张的依赖性是较强的，它不仅需要视觉上的体验，有时还需要触觉上的配合，例如水墨作品印制在宣纸以及类似艺术纸上才能够体现其意境与风骨。近些年来，纸张价格以及制作工艺价格的上涨导致纸质艺术类图书成本的提高。成本提高也就意味着出版社不得不将定价提高，在市场环境中，没有价格优势必定影响销量，而采取高成本低定价，则会冒极大风险，一旦滞销便造成亏空，甚至还要为库存支付额外的费用。

在这种压力下，有些出版社开始对底本、孤本深入挖掘，印制出版高品质、大码洋的收藏本、限量本。这些出版物定价高昂，数量稀少。这对于一些传统艺术遗珍来讲是合适的，也有一定的利润，这种图书珍藏品的定位从商品角度来讲是成功的，但却限制了优秀版本的传播。出版社在做完珍藏版本后，大多不会出版普及本，否则会对已有产品的品牌造成威胁，大众都以较低价格获得优质内容，谁还会为大码洋的产品来买单呢？这对于大众美育来讲是一种缺失。尽管为了社会效益，部分出版社也出版了平价版，却又没法达到限量版本的品质，无法真正表现、传递原本艺术作品的美感，在审美体验上缺失严重，不得不说这是一种矛盾的结果。

此外，大部分普及性艺术类图书的销售与盈利也十分惨淡，由于大多采用四色印刷，导致印制成本高于纯文字类单色印制图书。定价高、印数少，利润低，编辑需要想方设法节省成本，造成原本的艺术设计和效果大打折扣，审美体验感差。这些出版物即使有好的内容，也大部分在尴尬中消失了。

从艺术图书出版现状可以看到，要么是同质化低水平竞争，缺少原创性和独特性，抓住某个优质内容不放手，各家相互厮杀；要么是一味强调市场，从经济效益出发，怎么赚钱怎么来，淡化了图书广泛传播、教育大众的功能。

三、美育视野下艺术类图书的出版要求

艺术类图书的出版现状，说明传统的策划思路需要调整。在图书市场中，对为图书买单的读者群体开展研究是有着重要意义的，要注重他们在美育视野下对艺术审美能力提升、人格培养的需求。艺术感受力的培养不能一蹴而就，而是循序渐进的，要按照一定的规划思路，由浅入深，找到大众读者的兴趣点和容易接受的形式。这种从美育思想出发的图书出版思路要求我们除了拥有好的作者资源和优秀的版本外，要更多关注读者与受众群体的精神需求与接受方式，形成多样化的图书策划方案。

（一）从读者接受观念出发

对读者接受观念的理解，我们可以借助接受美学的一些思想。接受美学是20世纪60年代末、70年代初在联邦德国出现的美学思潮。接受美学强调文学作品的社会效果，重视读者的积极参与性与接受姿态。图书的受众群体也就是读者，是在社会生活当中的，他们对图书内容的理解与接受程度都受到自己所在的历史阶段、社会环境的影响，从而也影响到了作品（图书）的本身。从市场角度来看，读者的需求，是指“由对图书的消费欲望而形成的、具有相应货币支付能力的需求”。

艺术类图书的读者需求，主要是学习、精神文化与审美需求。读者的期待是多种多样的，其中也包含对出版者的期待，了解这种期待对于策划编辑来讲是重要的。一个强有力的品牌是在读者的期待中产生的。越来越多的读者关注出版信息，品牌力的强大易于对应读者群体的识别，符合读者的审美经验，其接受效果大大提升，而品牌也因此获得长久的生命力。因此，对市场、读者群体的调研以及之后的策划工作，都需要将品牌意识贯彻始终。

对品牌的策划与维护需要始终考虑变化的因素，有时也可以发现新的选题方向。读者的期待会随着需求提高而更新变化。比如他看了一系列艺术通识类的图书，通过精美的印制对艺术作品的呈现，他实现了审美享受的需求，但随后也可能对艺术作品以及更加专业的艺术类图书产生需求；他原本只将艺术作为知识性内容接受的，但随后也可能对其中一个打动他的艺术品的创作者和他所在的画派产生兴趣。也许这只是个体性的案例，但放在大的范围内，道理也是一样，需要我们观察读者群体的需求变化及时调整出版策略。从美育角度来讲，读者群体的需求变化是处于特定状态下实现了接受活动的高潮，读者通过对作品的阅读和欣赏受到启发，产生情绪上的波动，感受到其中的震撼力量，并由此实现了人格的提升、审美修养的提高，从而达到了美育的要求与目的。

所以我们在进行艺术类图书策划时，应该更为深入地关注读者群体需求和读者期待

的变化，有的放矢，事半功倍。

（二）编辑能力的提升与拓展

随着融媒体时代的到来，传统图书出版中内容为王的作者中心观念发生了改变和偏移，读者的感受、选择从某种程度上决定了一本书的命运。因此在碎片化信息充斥的大环境下，如何吸引读者的注意力，成了传统图书编辑必须考虑的问题。艺术类图书的选题策划与营销也是这样，要尝试使用新的方法与手段实现图书的社会与经济效益。

1. 拓展专业能力，发挥创造力

艺术类图书对编辑的专业要求是较高的。在融媒体时代的大环境下，编辑的观察力、分析力、职业修养需要不断提升，否则就不能应对图书市场的变化。此外，艺术类图书编辑需要扩展自己的知识领域，能够更准确地把握读者期待的转变，找到新的选题方向，开发新的选题思路，发挥创造力。

2. 提高审美水平

随着审美需求的提高，人们对纸质图书形态的期待越来越高，纸质出版物的装帧设计成为一个优秀品牌或一个优秀选题的重要方面。有趣的、优秀的、充满美感的设计，首先就满足了读者对美的享受的需求，同时，图书装帧设计水平对读者的阅读审美引导也有着重要的作用。艺术类图书有着天然的优势，绘画、书法等艺术本身就极具美感体验，艺术类图书可发挥的空间也就更大。艺术类图书编辑应当有意识地培养和提升自己的审美水平，通过系统的学习和平时的积累，提升自身的修养和对图书形式和美感实现全面的把握能力。

3. 有的放矢的策划与营销

在融媒体时代，纸质图书的营销开始借助各类媒体与平台，呈现了融合发展的态势。图书本身也以各种形态出现。艺术图书的可变性更强，可以通过多种媒体展现内容，无论是数字形态的传播还是传统纸书的传播。艺术类图书的营销要把握这种机遇，摆脱原本模式化、经验化的策划与营销。

美育的目标是培养人们的审美情趣和文化素养，让受教育者掌握基本的艺术知识与技能，提高审美能力和审美趣味，在审美过程中接受真善美的影响。在这个倡导美育的时代，作为艺术类图书的编辑，应当不断提高专业能力与职业修养，拓展图书出版的思路，抓住机遇，应对变化，以创新性思维用心做好每一本艺术类图书。

参考文献

[1] 王丽丽 . 历史 · 交流 · 反应——接受美学的理论递嬗［M］. 北京：北京大学出版社，2014.
[2] 习近平 . 做好美育工作弘扬中华美育精神［R/OL］. 新华网，2018-08-30.
[3] 宋瑾 . 美育：艺术、审美和品德的融合教育［J］. 北方工业大学学报，2019（2）：23—25.
[4] 孙峰，王悦 . 美术图书出版的困境与数字化转型的探索研究［J］. 编辑学刊，2019（6）：99—104.

后　记

《守正创新　奋楫者先——2021 上海出版青年编辑论文集》编辑出版，凝结着很多同志的辛勤劳动。上海市委宣传部出版处和各出版单位领导重视论文征集活动，鼓励青年编辑积极参与。上海市出版协会胡国强、马加，上海市编辑学会庄智象，上海故事会文化传媒有限公司夏一鸣，《编辑学刊》孙欢，上海大学期刊社秦钠和学林出版社楼岚岚、许苏宜等参与论文征集活动的组织和论文评审。入选论文评出后，特约编辑戴成法对文字和体例格式等进行加工处理，上海人民美术出版社张璎为本书装帧设计，花费了不少时间。值此论文集出版之际，我们向所有为论文征集活动和论文集出版付出辛勤劳动的同志表示诚挚的感谢！

图书在版编目(CIP)数据

守正创新　奋楫者先:2021上海出版青年编辑论文集/上海市出版协会,上海市编辑学会编. —上海:学林出版社,2021
ISBN 978-7-5486-1811-9

Ⅰ.①守…　Ⅱ.①上… ②上…　Ⅲ.①出版工作-中国-文集 ②编辑工作-中国-文集　Ⅳ.①G239.2-53

中国版本图书馆CIP数据核字(2021)第204957号

特约编辑　戴成法
责任编辑　许苏宜　王　慧
封面设计　张　璎

守正创新　奋楫者先
——2021上海出版青年编辑论文集
上海市出版协会
上海市编辑学会　编

出　　版　学林出版社
　　　　　(201101　上海市闵行区号景路159弄C座)
发　　行　上海人民出版社发行中心
　　　　　(201101　上海市闵行区号景路159弄C座)
印　　刷　上海商务联西印刷有限公司
开　　本　720×1000　1/16
印　　张　21
字　　数　39万
版　　次　2021年11月第1版
印　　次　2021年11月第1次印刷
ISBN 978-7-5486-1811-9/G·675
定　　价　75.00元